高等院校"十二五"规划教材

# 现代物流配送中心规划仿真及应用案例

马向国 编著　　刘昌祺 审定

中国发展出版社
CHINA DEVELOPMENT PRESS

**图书在版编目（CIP）数据**

现代物流配送中心规划、仿真及应用案例/马向国编著. —北京：中国发展出版社，2014.10

ISBN 978-7-5177-0222-1

Ⅰ.①现… Ⅱ.①马… Ⅲ.①物流配送中心—经济规划—案例②物流配送中心—运营管理—案例 Ⅳ.①F253

中国版本图书馆 CIP 数据核字（2014）第 188769 号

书　　名：现代物流配送中心规划、仿真及应用案例
著作责任者：马向国
出 版 发 行：中国发展出版社
（北京市西城区百万庄大街 16 号 8 层　100037）
标 准 书 号：ISBN 978-7-5177-0222-1
经　销　者：各地新华书店
印　刷　者：北京明恒达印务有限公司
开　　本：787mm×980mm　1/16
印　　张：23.5
字　　数：432 千字
版　　次：2014 年 10 月第 1 版
印　　次：2014 年 10 月第 1 次印刷
定　　价：45.00 元

联 系 电 话：（010）68990625　68990692
购 书 热 线：（010）68990682　68990686
网 络 订 购：http：//zgfzcbs.tmall.com
网 购 电 话：（010）88333349　68990639
本 社 网 址：http：//www.develpress.com.cn
电 子 邮 件：121410231@qq.com

---

# 前言

物流配送中心在我国的兴起，充分说明了这种组织形式具备发展现代物流的战略优势。配送中心拥有广泛的、相对稳定的零售及消费需求网络，能够保证产品顺畅地进入流通领域，可有效地实现产品的价值。另外，配送中心是产品市场需求信息的最佳反馈渠道，因为它在处理大量订单的过程中，可以准确掌握某类产品的需求情况，了解消费者对产品的改进要求，并且可通过采购过程将这些信息及时反馈给生产企业，以便其及时调整、改进产品，提高市场占有率。因此，对物流配送中心的选址、设计、规划和仿真的研究，已经日益受到重视，对物流配送中心进行规划设计、管理运行，也日益成为物流系统工程技术人员的必备技能之一。

全书从实用角度出发，理论联系实际，并配以大量具体的插图。全书共分为 10 章。第 1 章是“物流配送中心概论”，介绍了配送中心的基本概念、发展历史、在供应链中的作用以及分类、国内外发展现状；第 2 章是“物流配送中心的各功能区及作业流程”，介绍了配送中心的不同功能区的状况和作业流程；第 3 章是“物流配送中心的选址”，详细阐述了配送中心选址的原则、程序和方法；第 4 章是“物流配送中心的布置与规划”，详述了配送中心的规划步骤；第 5 章是“物流配送中心的设计”，从物量流分析、作业系统流程、区域平面布置和设备平面布置以及建筑要求等方面，对配送中心的设计给出了详尽的介绍；第 6 章是“物流配送中心的设备”，介绍了存储设备、搬运设备、输送设备和自动化仓库物流仓储设备；第 7 章是“物流配送中心的管理信息系统”，介绍了配送中心管理信息系统的业务流程及典型模块；第 8 章是“物流配送中心的进出货系统及自动识别技术”，介绍了进出货系统的构成、工作流程和常用的自动识别技术；第 9 章是“物流配送中心仿真”，给出了配送中心的仿真软件介绍及仿真案例；第 10 章是“现代物流配送中心实例”，列举了几个典型的现代物流配送中心的案例。随书还配有电子课件以及书中提到的所有的仿真案例模型和仿真软件，以方便读者使用。

本书由马向国副教授编写，刘昌祺教授主审。本书在编写过程中还得到了北京物资学院物流学院领导、同事们的热情支持及陕西科技大学机械学院相关老师的帮助，在此一并表示感谢。同时感谢物流工程专业研究生詹晓辉、葛莉莉、王丽以及吕耀在本书编写过程中给予的协助。

本书的出版得到了中国发展出版社的大力支持，在此特别感谢本书的责任编辑为本书的出版所做的辛勤努力。

在编写过程中，编者参考了大量的资料和文献，由于篇幅所限，没有一一列出，在此对这些资料的作者深表谢意。

由于编写时间仓促，加之作者水平和精力有限，许多内容未能完善和进一步深入，书中难免有错漏之处，恳请读者批评指正。欢迎读者来邮交流探讨，编者邮箱：mxg105@163.com。

C O N T E N T S

# 目录

# 第一章　物流配送中心概论

物流配送中心在我国的兴起，充分说明这种组织形式具备发展现代物流的战略优势。配送中心拥有广泛的、相对稳定的零售及消费需求网络，能够保证产品顺畅地进入流通领域，可有效地实现商品价值。另外，配送中心是产品市场需求信息的最佳反馈渠道，因为它在处理大量订单的过程中，可以准确掌握某类产品的需求情况，了解消费者对产品的改进要求，并且可通过采购过程将这些信息反馈给生产企业，以便其及时调整、改进产品，提高市场占有率。

## 1.1　物流配送中心的概念及发展历史

### 1.1.1　物流配送的概念及与物流的区别

所谓配送，是指“在经济合理区域范围内，根据用户要求，对物品进行拣选、加工、包装、分割、组配等作业，并按时送达指定地点的物流活动。”（《物流术语》GB/T 18，345 －2006）。

从定义中可以看到，配送是物流中一种特殊的、综合的活动形式，是商流与物流的紧密结合，也包含了物流中若干功能要素。

从商流角度来讲，配送和物流的不同之处在于，配送是商物合一的产物，而物流则是商物分离的产物。配送本身就是一种商业形式，虽然其具体实施时，也有以商物分离形式实现的情况，但从配送的发展趋势看，商流与物流越来越紧密的结合，是配送成功的重要保障。

从物流角度来讲，配送几乎包括了所有的物流功能要素，是物流的一个缩影，或在某个小范围内物流全部活动的体现。一般的配送集装卸、包装、保管、运输于一身，通过这一系列活动完成将货物送达的目的；特殊的配送则还要以加工活动为支撑，所以包括的方面更广。但是，配送的主体活动与一般物流不同。配送是运输及分拣配货，而一般物流则是运输及保管。分拣配货是配送的独特要求，也是配送中心有特点的活动。以送货为目的的运输则是最后实现配送的主要手段，从这一主要手段出发，常常将配送简化地看成运输的一种。

### 1.1.2 物流配送的特点

配送不是一般概念上的送货，也不是生产企业推销产品时直接从事的销售性送货，而是从物流据点至用户的一种特殊送货形式。配送不是单纯的运输，而是运输与其他活动共同构成的有机体。配送中所包含的那一部分运输活动在整个运输过程中处于“二次输送”“支线输送”“末端输送”的位置，其起止点是物流中心至用户，这也是不同于一般输送的特点。供应或供给与配送的区别在于，它不是广义概念上的组织物资订货、签约、结算、进货及对物资处理分配的供应，而是以供给者进货到用户的仓库、营业所、车间乃至生产线的起点。配送不是运送、发放、投送，而是在全面配货基础上，充分按用途要求（包括种类、种类措施、数量、时间等方面）所进行的运送。因此，除了各种“运”“送”活动外，还要从事大量分货、配货、配装等工作，是“配”和“送”的有机结合形式。配送在整个物流过程中，其重要性应与运输、保管、装卸、流通加工、包装并列，是物流的基本功能之一。

### 1.1.3 物流配送中心的概念

配送中心是一种以组织配送性销售或供应、执行实物配送为主要职能的末端物流节点设施，它通过有效地组织配货和送货，使资源的终端配置得以完成。目前，对配送中心的定义不一。

《物流企业操作指南》中对配送中心作了如下定义：接受并处理末端用户的订货信息，对上游运来的多品种货物进行分拣，根据用户订货要求进行拣选、加工、组配等作业，并进行送货的设施机构。在对配送中心进行科学完善的基础上，《物流企业操作指南》权威性地指出了配送中心的设计、流程、模式等。

中华人民共和国国家标准物流术语中规定，从事配送业务且具有完善的信息网络的场所或组织，应符合下列条件：主要为特定的用户服务；配送功能健全、辐射范围小；多品种，小批量。

配送中心的多种定义虽表述不完全一致，但都具备以下几个要点。

（1）配送中心的任务之一是“货物配备”。货物配备是配送中心按照客户的要求，对货物的数量、品种、规格、质量等进行的配备。这是配送中心最主要、最独特的工作，全部由配送中心内部的现代化设施完成。

（2）配送中心的另一个重要任务是“组织送货”。组织送货是指配送中心按照客户的要求，把配备好的货物定时、定点、定量地送抵用户。送货方式较多，有的是由配送中心自行承担，有的是利用社会运输力量完成，有的则由用户自提。从我国国情来看，在开展配送的初期，用户自提的可能性很大，所以对于送货而言，配送中心主要是组织者而不是承担者。

（3）配送中心强调了配送活动和销售或供应等经营活动的结合，是一种经营手段，以此排除了这是单纯的物流活动的看法。

（4）配送中心的硬件配备为“现代流通设施”，和以前的流通设施诸如商场、贸易中心、仓库等有较大区别。这种流通设施以现代装备和工艺为基础，不但处理商流，而且处理物流、信息流，集商流、物流、信息流于一身。

总的来看，配送中心是以组织配送型销售或供应，执行实物配送为主要职能的流通型节点。为了能更好地做好送货的编组准备，配送中心必然需要进行零星集货、批量进货等资源搜集工作和对货物的分拣、配备等工作，因此，配送中心往往还有比较强的流通加工能力。此外，配送中心还应该执行货物配备后送达用户的使命。如果说集货中心、分拣中心、加工中心的职能还比较单一的话，那么，配送中心则能全面、完整地集中它们的功能。所以，配送中心实际上是集货中心、分拣中心、加工中心功能的综合，可使配送达到更高的水平。

配送中心作为物流中心的一种主要形式，有时和物流中心等同起来了。物流中心是指在比较大的地域组织物流活动、提供物流服务的现代物流设施，是一种具有战略性的物流业务实体。

### 1.1.4 物流配送中心的发展历史及背景

配送中心的形成及发展是有其历史原因的。很多学者认为，配送中心是在仓库的基础上发展起来的。仓库的基本功能是保管、储存各种物资，随着经济的发展及生产总量的逐步扩大，仓库的功能也在不断地演变和分化。我国在明代就曾出现过有别于传统仓库功能的转运仓库，叫作“转搬仓”。

新中国成立后，为适应计划经济体制，我国出现了大量以衔接流通为职能的“转运仓库”；又由于中转仓库的进一步发展和仓库业务职能的加强，出现了相当规模和数量的“储运仓库”。现阶段，我国一部分物流企业和配送中心就是由储运仓库通过功能拓展而发展起来的。

20 世纪 30 年代，物流配送中心形成于西方国家，到 70 年代得以迅速发展，其形成和发展都具有特定的时代背景。

（1）生产与流通规模的扩大，引起了物流成本的上升。20 世纪中叶，随着两次工业革命的爆发，世界经济迅速发展，生产规模也不断扩大。与之相对应，货物流通范围不断扩展，货物运输量也大幅上升。这些都直接导致物流成本大幅度增长。为了改变这一情况，人们引入了配送中心这一低成本、高效率的物流形式。

（2）买方市场形成和消费水平的提高，使人们对服务提出更高的要求。随着经济的发展，社会产品日益丰富，市场已经由求大于供的卖方市场转向供大于求的买方市场，同时人们的消费水平也不断提高。在这种背景下，厂商不仅要主动寻求顾客，而且还要借助提供更便捷的物流服务来争取顾客，以期更好地满足人们日益增长的消费需求，从而在竞争中获胜。

（3）新型业态模式的发展，强化了对集中配货的要求。超市、连锁店是 20 世纪流行的新型业态模式。它们多选址于居民区，店面规模小、货物种类多，能够满足顾客的多种需要，因此大受人们欢迎。但这些业态模式对传统进货方式提出了新的挑战，要求能少量、多次、多种类地配送。而如果按照传统的分批、分种类的方式组织货源，势必造成进货成本的大幅上涨，严重影响企业的经营能力。于是采用集中配送的方式进货就成了客观要求，这无疑促进了配送中心的发展。

## 1.2 物流配送中心系统

### 1.2.1 物流配送中心立体概要图

图 1－1 为一般物流配送中心立体概要图。

现代化物流配送中心会根据保管物的种类、数量、物品吞吐量，选择适当的保管设备。这些设备有常温/恒温托盘货架式自动化仓库、箱式自动化仓库、水平或垂直旋转货架式自动化仓库、水平或垂直输送机、码垛机及码垛机器人、分类自动线、拣货自动线、空中或地面AGV、流动式货架、移动式货架、后推式货架、运输车辆等。现代化物流中心除了拥有上述先进的自动化设备之外，还应用WMS、TMS、RFID、条形码、AGV、现代化控制技术、管理系统、自动识别技术和自动化搬运技术，从而充分发挥设备作用，降低物流成本，提高整体效益。

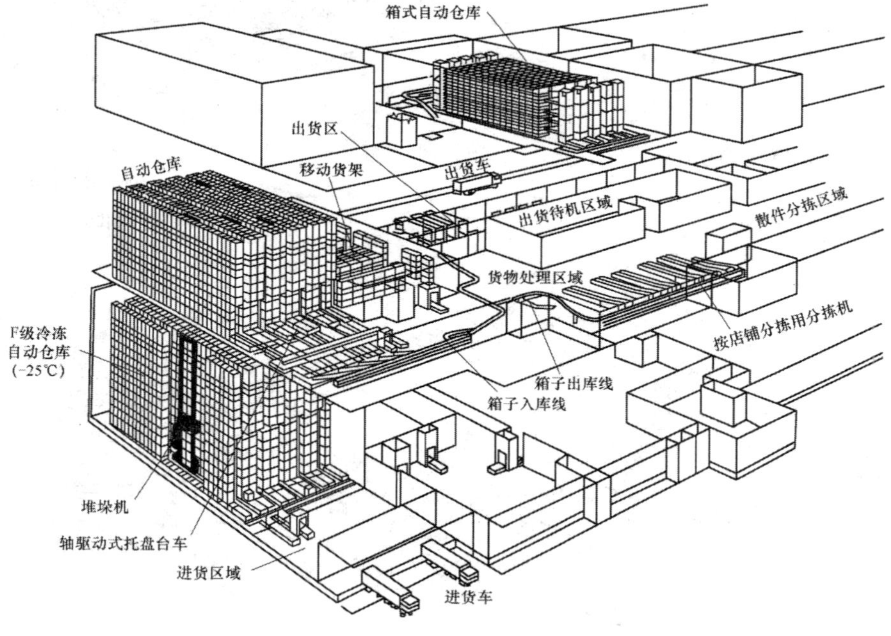


图1-1 一般物流配送中心立体概要图

图1-2为一个三层的物流配送中心输送及拣货系统例。在各楼层及楼层之间的输送机网络包括分类输送机、垂直输送机、倾斜带式输送机、分类滑槽等。

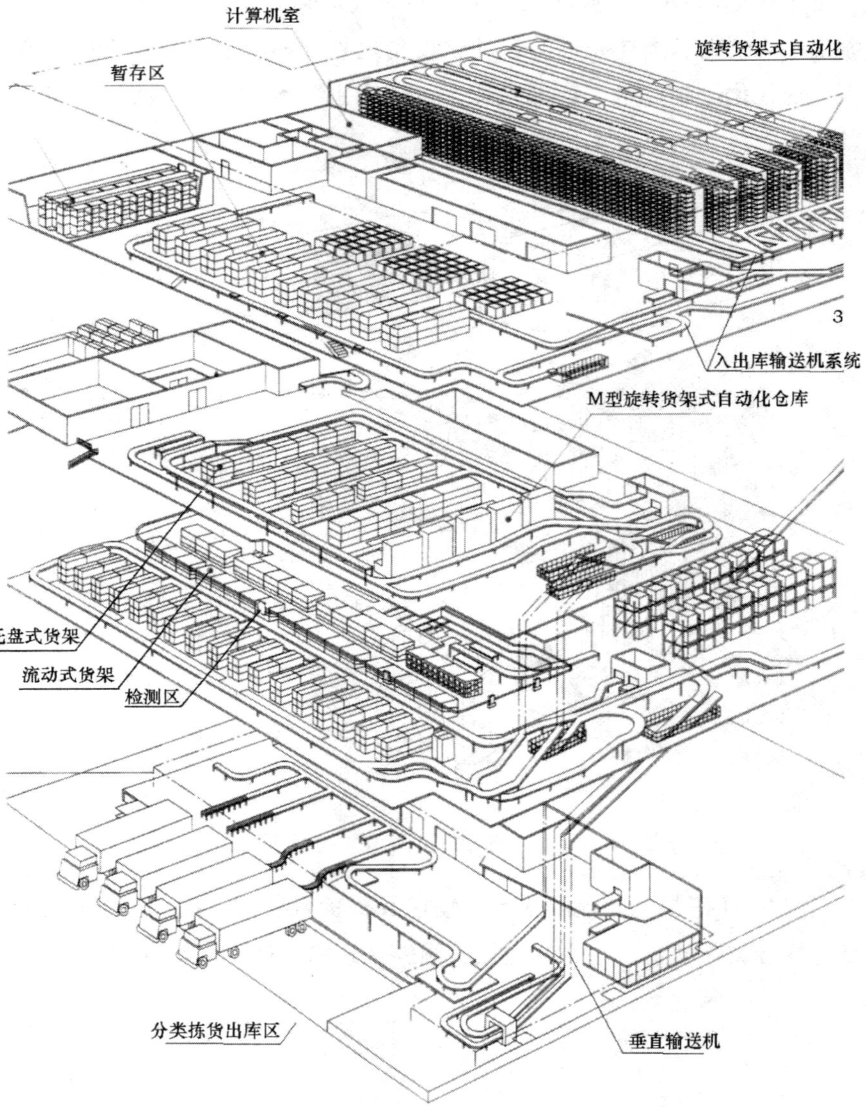


图 1－2　一般物流配送中心输送及拣货系统例

## 1.2.2 一般物流配送中心的基本系统组成

图 1－3 为一般物流配送中心基本系统组成。由图可知，现代化物流配送中心必须具备现代化的计算机控制系统、管理系统和相应的设施设备，如以自动化仓库为代表的各种存储设备、输送系统、分类拣货系统、运输系统等。

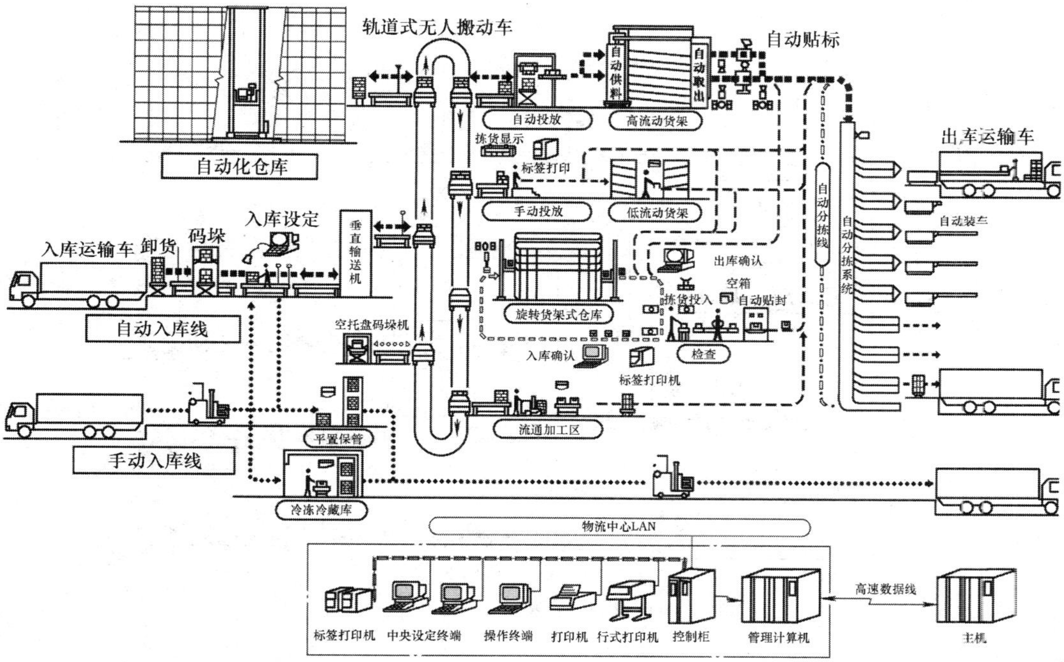


图 1－3 一般物流配送中心基本系统组成

## 1.2.3 一般物流配送中心基本物流过程

图 1－4 为一般物流配送中心基本物流过程。物品入库、保管、分类、拣货、出库、配送等一系列物流过程中均伴随着信息流。

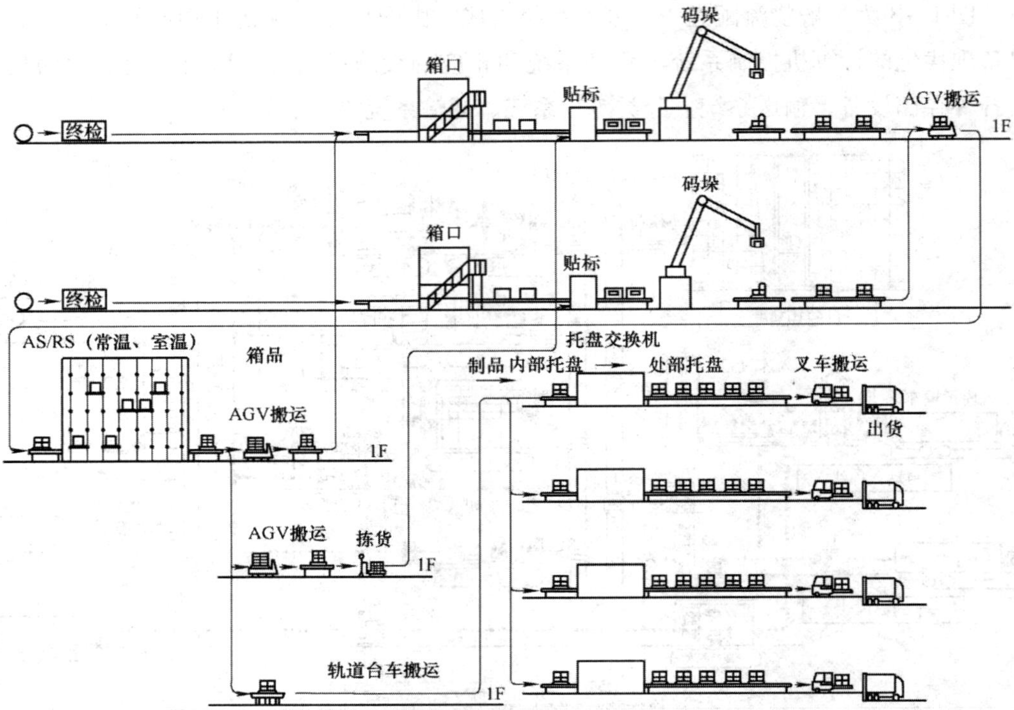


图 1 – 4　物流配送中心基本物流过程

## 1.2.4　一般物流配送中心内部作业流程图

图 1 – 5 为物流配送中心内部作业流程图。这些作业过程都是在现代物流管理系统的监控下有序完成的。

由图可知，物流中心内部的物流过程分入库作业和出库作业两大部分。入库作业包括进货入库、入库分拣、放入货架、保管等作业。出库作业包括拣货配货、流通加工、检验、包装、捆扎、出库分拣、出库、配送运输等作业。

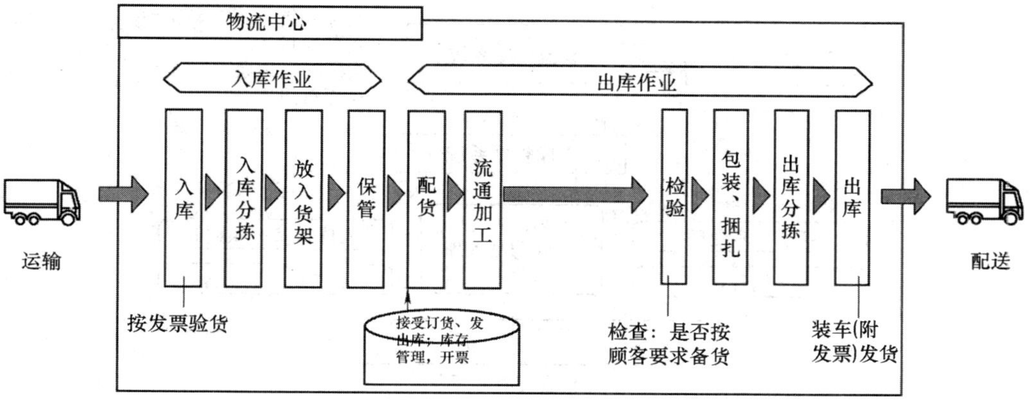


图 1-5　物流配送中心内部作业流程图

## 1.2.5　一般物流配送中心物流和信息流结构图

图 1-6 和图 1-7 为一般现代化配送中心的物流和信息流的结构图。由图可知，信息流贯穿全部物流过程，即是进货、入库、拣货、集货、暂存、出库、发货等过程。

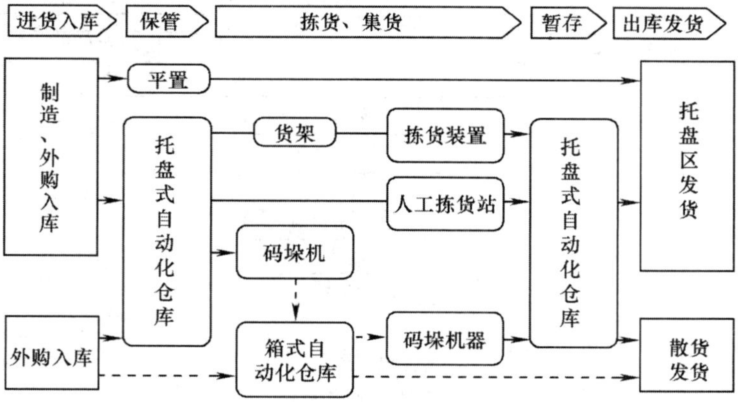


图 1-6　一般配送中心的物流结构图

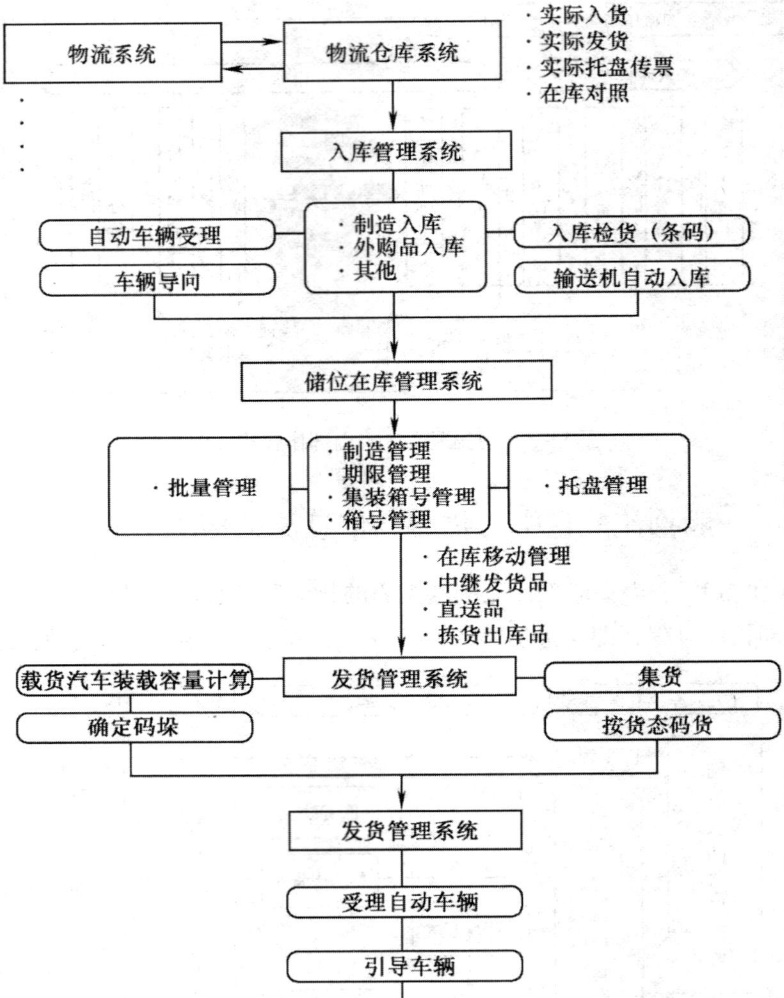


图 1－7　一般配送中心的信息流结构图

### 1.2.6 一般物流配送中心管理系统

图1－8为一般现代化物流配送中心管理系统。现代物流中心的主要活动是信息流和物流。信息流可分为如下三个层次。

（1）上层——战略层管理。

（2）中层——经营管理层管理，又分为进货、存货、销售信息管理。

（3）下层——物流作业层管理，又分为入库管理、在库管理、出库管理。

物流配送中心应根据物流作业配置相应的设备系统。物流作业包括进货、验收、入库、货架管理、拣货、流通加工、包装、分类、出货检查、装货、配送等流程。

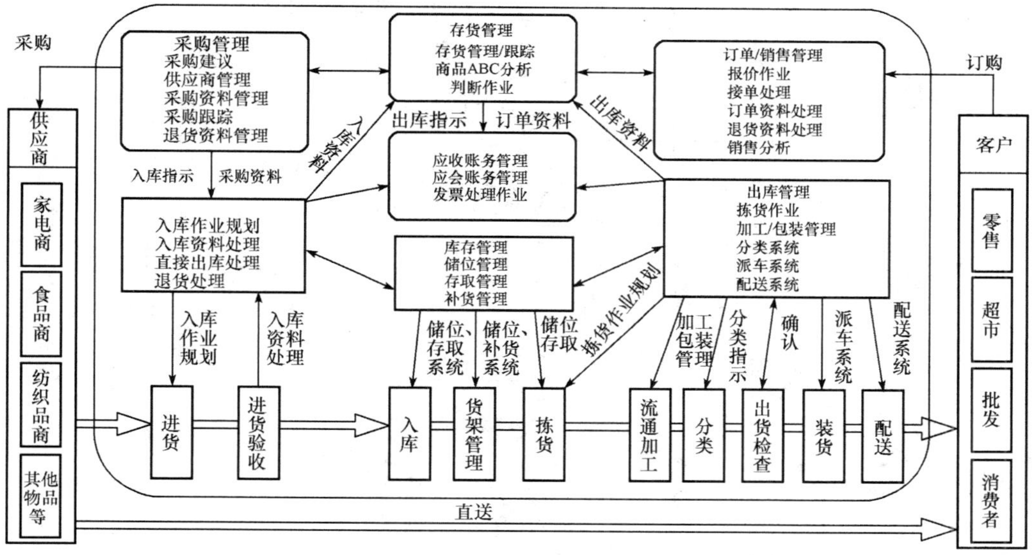


图1－8 一般现代化物流配送中心管理系统

图1－9为物流配送中心控制管理系统框架图。由图可知，从进货到配送的各个作业对应了相应的机械和机具。图1－10体现了条形码、电子标签等先进技术在拣货、保管、补货、分类、发货以及配送跟踪等物流在库管理中的应用。

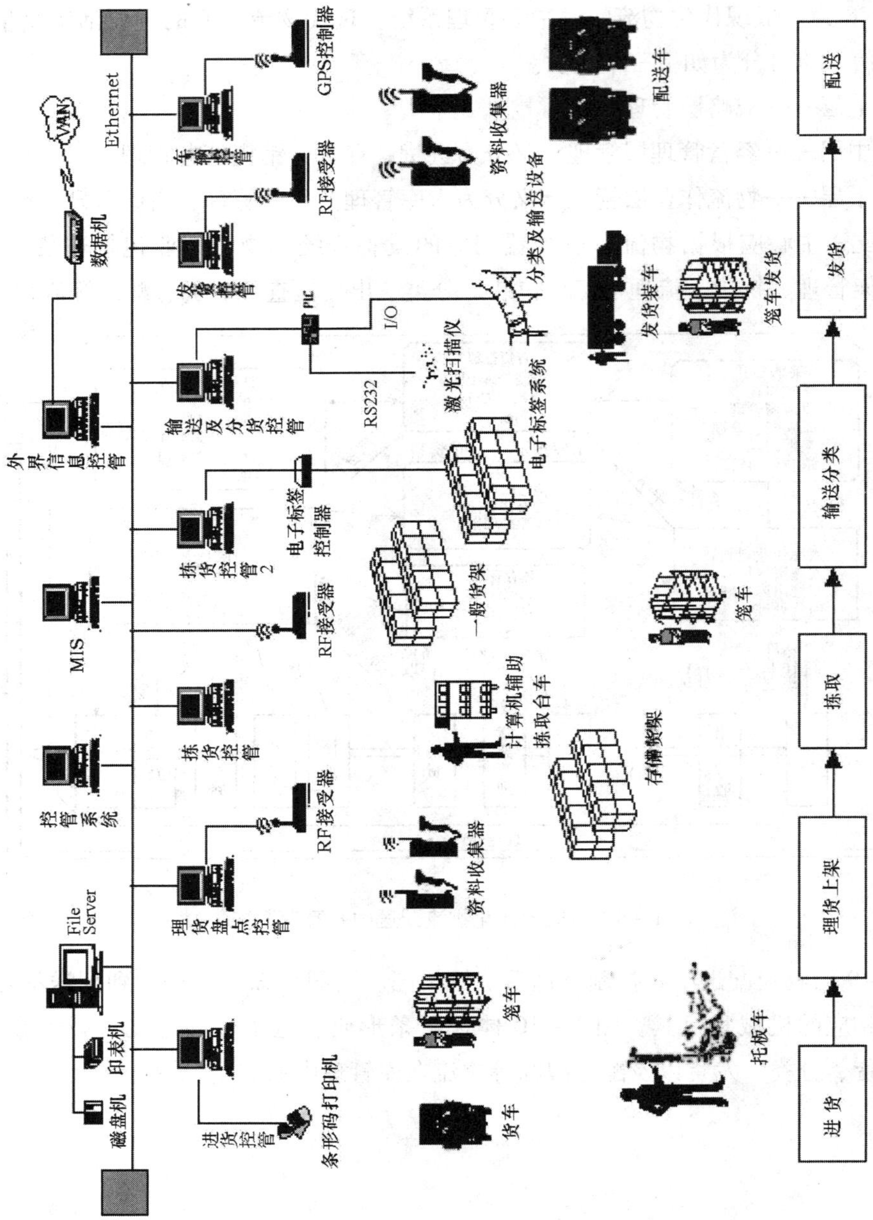


图1-9 物流中心控制系统框架结构

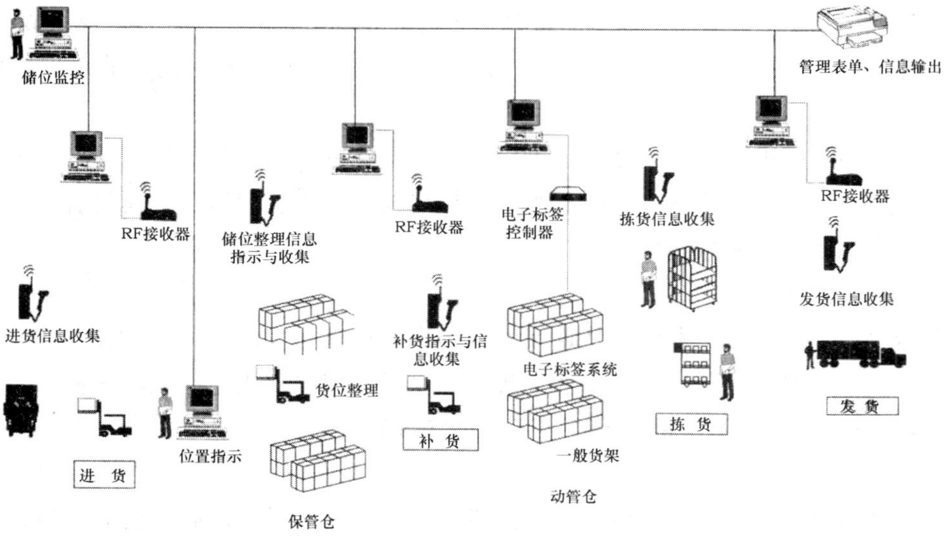


图 1－10 先进技术在物流管理中的应用

## 1.3 物流配送中心在供应链中的作用

配送作为一种专业化、社会化的物流服务模式，适应了社会化大生产的发展要求，体现了现代市场经济的发展趋势，是提升物流业绩的增效器。配送中心作为物流供应链的重要环节，在整个物流过程中发挥着重要的作用。

**1. 完善整个物流系统**

“二战”前，整个物流系统的发展主要注重干线运输的完善和改进，而“二战”后，干线运输无论在铁路、海运或公路方面都达到了较高的发展水平，长距离、大批量的运输实现了低成本化。这是配送中心最根本的作用。

配送中心可以将“小批量、多用户”的代运货物进行集中，对相同方式的产品进行统一运输，运输货物数量的增加可以使企业用整车运输代替零担运输，从而降低单位货物运输成本。同时配送中心还可以简化货物的供应链，减少供应链上的配送运输的作业次数，使企业可以更有效地利用现有资源和人员，节约配送的管理费用等。

**2. 提高物流服务质量**

产品种类的日新月异，消费者对产品品牌忠诚度的下降，使同类产品制造企业之间的竞争越来越激烈，如果产品不能适时、适量地配送到需求点，就会造成缺货现象，使得客户的忠诚度进一步下降。因此，提高配送服务水平，将为企业的发展增强竞争力。

配送中心采用集中库存，可以在更大范围内、为更多用户提供便利服务，大大提高物资利用率和库存周转率；还可以使仓储与配送环节建立和运用规模经济优势，降低单位存货配送和管理的成本。

**3. 提高物流效益**

配送以用户要求为出发点，是直接面向用户的运送活动。配送是“配”和“送”的有机结合，根据“共同受益”的商业规则，以最合理的方式实现顾客的要求。配送是综合物流的终端，“配”是完善“送”的经济行为。

**4. 社会和生态环境**

配送可以减少运输车辆，缓解交通拥堵，减少噪声、尾气排放等运输污染，为保护生态平衡、创造美好家园做出贡献。

## 1.4 物流配送中心的类型及功能

物流配送中心是企业销售物流系统的重要节点，是针对市场“小批量、多频次”的需求特点，并应企业降低物流运作成本的要求而出现的。

### 1.4.1 物流配送中心的类型

配送中心是一种新兴的经营管理型态，由于建造企业的背景不同，其功能、构成和运营方式也有很大区别，在规划配送中心时应注意区分。

**1. 按设立者分类**

（1）制造商型配送中心。制造商型配送中心是以制造商为主体的配送中心。这种配送中心里的物品100%是由自己生产制造，建立配送中心的目的是降低流通费用、提高售后服务质量和及时地将预先配齐的成组元器件等运送到规定的加工和装配工位。这种配送中心从物品制造到生产出来后条码和包装的配合等多方面，都易于把控，所以较易按照现代化、自动化的要求进行设计，但不符合社会化的要求。

（2）批发商型配送中心。批发商型配送中心是由批发商或代理商成立的配送中心，以批发商为主体。这种配送中心的物品来自各个制造商，一般根据类别的不同，对物品进行汇总，然后以单一品种或搭配的方式，向零售商进行配送。它的进货和出货都是社会化配送的，社会化程度高。

（3）零售商型配送中心。零售商型配送中心是由零售商向上整合所成立的配送中心，以零售业为主体。零售商发展到一定规模后，就可以考虑建立自己的配送中心，为零售店、超级市场、百货商店、建材商场、粮油食品商店、宾馆饭店等单位服务，其社会化程度介于制造商型配送中心和专业物流配送中心之间。

（4）专业物流配送中心。专业物流配送中心是以第三方物流企业（包括传统的仓储企业和运输企业）为主体的配送中心。它具有很强的运输配送能力，通常地理位置优越，可迅速将到达的货物配送给用户。这种配送中心为制造商或供应商提供物流服务，所配送的货物仍属于制造商或供应商所有，它只提供仓储管理和运输配送等服务。这种配送中心的现代化程度往往较高。

**2. 按服务范围分类**

（1）城市配送中心。城市配送中心是以城市范围为配送范围的配送中心。由于城市范围一般处于汽车运输的经济里程中，故这种配送中心可直接配送到最终用户，且采用汽车进行配送。所以，这种配送中心往往和零售经营相结合，由于运距短、反应能力强，因而从事多品种、少批量、多用户的配送时较有优势。

（2）区域配送中心。区域配送中心以较强的辐射能力和库存准备，可向省（州）际、全国乃至国际范围的用户进行配送。这种配送中心规模较大，通常用户规模和配送批量也较大，而且，往往是配送给下一级的城市配送中心，但也配送给营业所、商店、批发商和企业用户；虽然也可能从事零星的配送，但不是主体形式。

**3. 按功能分类**

（1）储存型配送中心。这种配送中心有很强的储存功能。例如，美国赫马克配送中心的储存区可储存 16.3 万个托盘。我国目前建设的配送中心，多为储存型配送中心，库存量较大。

（2）流通型配送中心。这种配送中心有通过型和转运型两种，基本上没有长期储存的功能，仅以暂存或随进随出的方式进行配货和送货，典型方式为：大量货物整批进入，按一定批量零出。这种配送中心一般采用大型分货机，其进货直接进入分货机传送带，分送到各用户货位，或直接分送到配送汽车上。

（3）加工型配送中心。该类配送中心即以流通加工为主要业务的配送中心。

**4. 按配送货物的属性分类**

根据配送货物的属性，配送中心可以分为食品配送中心、日用品配送中心、医药品配送中心、化妆品配送中心、家电品配送中心、电子（3C）产品配送中心、书籍产品配送中心、服饰产品配送中心、汽车零件配送中心以及生鲜处理中心等。

所配送的产品不同，配送中心的规划方向就完全不同。例如生鲜品配送中心主要处理的物品为蔬菜、水果与鱼肉等生鲜产品，属于低温型的配送中心，是由冷冻库、冷藏库、鱼虾包装处理场、肉品包装处理场、蔬菜包装处理场及进出货暂存区等组成的，冷冻库温度为－25℃左右，而冷藏库为0℃～5℃左右，又称为湿货配送中心。再如书籍产品的配送中心。由于书籍有新出版、再版及补书等特性，尤其是新出版的书籍或杂志，其中的80%不上架，直接理货配送到各书店去，剩下的20%左右库存在配送中心等待客户的再订货；另外，书籍或杂志的退货率非常高，约有3～4成左右，因此，在规划书籍产品的配送中心时，就不能与食品或日用品的配送中心一样。再比如服饰产品。服饰产品有淡旺季及流行性等特性，而且，较高级的服饰必须使用衣架悬挂，故其配送中心的规划也有其特殊性。

对于不同种类与行业形态的配送中心，其作业内容、设备类型、营运范围可能完全不同，但是其系统规划分析的方法与步骤有共通之处。配送中心的发展已逐渐由以仓库为主体向信息化、自动化的整合型配送中心发展。

### 1.4.2　物流配送中心的功能

配送中心与传统的仓库、运输是不一样的。传统意义上的仓库只重视商品的储存、保管，传统的运输只是提供商品的配送，而随着现代科技的发展以及信息的更加透明化，配送中心应更加重视商品流通的全方位功能。

配送中心的功能主要有如下六种。

（1）集中货物。配送中心接收供应商要送到某一特定门店的商品，然后将它们整合成单一的一次运输。这样做可减少运费，并缓解门店收货的拥挤情况。

（2）仓储保管。商品的交易买卖达成之后，除了少数直配直送的批发商，均须将商品经实际入库、保管、流通加工包装而后出库，因此配送中心具有储存保管的功能。配送中心一般都有库存保管的储放区，因为为了防止缺货，任何商品或多或少都有一定的安全库存，视商品的特性及生产前置时间的不同，安全库存的数量也不同。一般国内制造的商品库存较少，而国外制造的商品因船期的原因，库存较多，约为2～3个月用量。另外生鲜产品的保存期限较短，因此保管的库存量出较少；冷冻食品因保存期限较长，因此保管的库存量出较多。

（3）运输。配送中心需要自己拥有或者租赁一定规模的运输工具。具有竞争优势的配送中心不只是一个点，而是一个覆盖全国的网络。因此，配送中心首先应该为客户选择满足其需要的运输方式，然后具体组织网络内部的运输作业，在规定的时间内将客户的商品运抵目的地。

（4）分拣配送。在配送中心里另一项重点工作就是分拣配送。因为配送中心就是为了满足多品种、小批量的客户需求而发展起来的，因此必须根据客户的要求进行分拣配货作业，并以最快的速度送达客户手中；或者在指定时间内，配送到客户要求的地点。配送中心的分拣配送效率是物流质量的集中体现，分拣配送也是配送中心最重要的功能。

（5）流通加工。配送中心的流通加工作业包含分类、磅秤、大包装拆箱改包装、产品组合包装、商标、标签粘贴作业等。这些作业是提升配送中心服务品质的重要手段。

（6）提供信息。配送中心除了具有行销、配送、流通加工、储存保管等功能外，更能为配送中心本身及上下游企业提供各式各样的信息情报，以供其作为营运管理政策制定、商品路线开发、商品销售推广政策制定的参考。例如哪一个客户订多少商品、哪一种商品比较畅销，从电脑的 EIQ 分析资料中会了解得非常清楚，甚至可以将这些宝贵资料提供给上游的制造商及下游的零售商当作经营管理的参考。

从一些发达国家的实际经验来看，配送中心还具有以下增值性功能：结算功能、需求预测功能、物流系统设计咨询功能、物流教育与培训功能等。

## 1.5 物流配送中心的国内外发展现状及趋势

现代物流是一种先进的组织方式和管理技术，已经成为世界经济发展的热点之一。国外对于物流的研究起步较早，因此相对来说发展得更加完善。我国物流行业开始发展缓慢，但随着技术的进步，发展速度逐渐加快，不过仍有较大的追赶空间。下面介绍一下配送中心的国内外发展现状以及以后的发展趋势。

### 1.5.1 我国物流配送中心的发展现状

长期以来，受计划经济的影响，我国物流业社会化程度低，管理体制混乱，机构多元化，导致社会化大生产、专业化流通的集约化经营优势难以发挥，规模经营、规模效益难以实现，设施利用率低，布局不合理，重复建设、资金浪费严重。由于利益冲突及信息不通畅等原因，造成余缺物资不能及时调配，大量物资滞留在流通领域，导致资金沉淀，发生了大量库存费用。另外，我国物流企业与物流组织的总体水平低，设备陈旧，损失率大、效率低，运输能力严重不足，形成了“瓶颈”，制约了物流业的发展，物流配送明显滞后。商流与物流的分割，严重影响了商品经营和规模效益。

实践证明，市场经济需要更高程度的组织化、规模化和系统化，迫切需要尽快加强建设具有信息功能的物流配送中心。发展信息化、现代化、社会化的新型物流配送中心，是建立和健全社会主义市场经济条件下新型流通体系的重要内容。我国是发展中国家，要借鉴发达国家的经验，利用现代化的设施，但由于目前还达不到发达国家物流配送中心的现代化程度，故只能从国情、地区情况、企业情况出发，发展有中国特色的新型物流配送中心。随着电子商务的日益普及，中国的物流配送业一定会按照新型物流配送中心的方向发展。据国家有关部门预测，未来 10 年全国将计划兴建 100 个物流中心以及 7 个主要交易中心，物流业发展前景十分广阔。

2001 年 3 月，国家经贸委、铁道部、交通部、信息产业部、外经贸部和民航总局六部委局联合印发了《关于加快我国现代物流发展的若干意见》。在国家计委、国家经贸委联合发布的《当前国家重点鼓励发展的产业、产品和技术目录》中，物流配送中心已被列为重点鼓励发展的项目。在中国政府大力发展现代物流业的宏观政策引导下，各地纷纷出台了自己的物流发展规划，把发展现代物流列入了重要议事日程。

### 1.5.2 我国物流配送中心的发展趋势

随着我国加入 WTO，服务业有关领域有的已经对外开放，有的即将开放，更多的跨国企业将进入中国参与市场竞争。在这种在背景下，我国配送中心也将出现一些新的趋向。

（1）专业化趋向。我国入世后市场竞争的进一步加剧，促使企业更加关注核心竞争力的培养，而倾向于将企业内部物流交由专业物流公司经营。但目前我国第三方物流的市场比重仍然不大。据中国物流与采购联合会和美智管理顾问公司联合进行的一次调查，被调查企业中使用第三方物流的只占 22.2%，而美国的同类数据却为 58%。因此，我国第三方物流发展潜力很大。预计今后几年，我国第三方物流服务的比重将会逐渐增大。

（2）规模化、集团化趋向。发达国家的一些物流公司通过重组、资本扩张、兼并、流程再造等形式，已经形成了跨国综合物流企业。这些物流公司，拥有雄厚的资金、先进的技术配备、先进的管理理念与经验、全球性的服务网络。而我国物流企业大多规模小、实力弱、能力低，在与国际大型物流公司的竞争中处于不利地位。因此，国内的中小型物流企业，有一部分将利用拥有国内网络及设施、人力资本成本低等本土优势，与国外大型物流企业建立战略合作伙伴关系；一部分将可能被大型物流公司收购、兼并；还有的将进行战略性重组和改造，向综合物流发展，为大型跨国物流企业配套，成为其供应链中的重要组成部分。

（3）多元化趋向。随着我国改革开放的深入，以及入世后商品分销、公路运输、铁路运输、仓储、货运代理、邮递服务等领域的逐步开放，市场主体将出现多元化的局面。物流企业将形成三类主体。一类是外资物流企业。这些企业主要服务于外资，从事跨国公司在中国的生产、销售和采购等方面的物流活动。第二类是以多元化股权结构为特征的民营物流企业，这是目前物流市场最具活力的力量。第三类是国有经济中传统的运输、货代、仓储、批发企业，它们现在仍是物流市场的主力军。2003 年及今后相当长的一段时间内，我国物流市场将呈现一个国有、集体、个体、中资、外资等各种所有制物流企业相互依存、同台竞争、相互促进的局面。

（4）国际化趋向。由于世界制造业和 OEM 中心向我国转移，以及经济一体化进程的加快，未来我国与世界各国之间的物资、原材料、零部件与制成品的进出口运输，无论是数量还是质量方面都会发生较大变化。为适应这一变化，我国必须在物流技术、装备、标准、管理、人才等方面与世界对接。因此，我国物流配送业在国际化方面将会发展较快。

（5）传统的运输与仓储企业加快向第三方物流转变。由于国际物流企业纷纷来到中国，尤其是我国香港、台湾地区的中小物流企业进入内地市场的速度加快，给国内传统的运输与仓储企业造成了很大压力。因此，2003 年有更多传统的运输与仓储企业加快向第三方物流转变，利用自己的优势，扩大客户群，提升市场竞争力，与国外和境外的物流公司合作或开展竞争。

（6）物流配送信息化建设步伐加快。现代物流是以信息技术为支撑的，没有信息化就没有现代物流的发展。在我国大力发展信息化的新形势下，物流的信息化应该走在其他行业前面。物流配送是政府高度重视的热点行业，为了适应连锁经营的发展等商业需要，物流配送信息技术也将有新的发展和变化。国内外的大型物流企业都在规划建立自己的配送中心，改善信息服务技术，以提高企业的物流配送能力。

### 1.5.3 国外物流配送中心的发展现状、原因及趋势

**1. 国外配送中心的发展现状**

（1）美国现代物流配送的发展状况。从20世纪60年代起，货物配送的合理化在美国普遍得到重视。为了在流通领域产生效益，美国企业采取了以下措施：一是将老式的仓库改为配送中心；二是引进电脑管理网络，对装卸、搬运、保管实行标准化操作，提高作业效率；三是连锁店共同组建配送中心，促进效益的增长。美国连锁店的配送中心主要有批发型、零售型和仓储型三种类型。批发型配送中心主要靠计算机管理，业务部通过计算机获取会员店的订货信息，及时向生产厂家和储运部发出订货指示单。零售型配送中心以沃尔玛公司最为典型。该类型配送中心一般为某零售商独资兴建，专为本公司的连锁店按时提供商品，确保各店稳定经营。第三种是仓储型配送中心，以美国福来明公司的食品配送中心最为典型。该配送中心的主要任务是接受独立杂货商联盟的委托，为该联盟在该地区的若干家加盟店提供货物配送业务。

（2）日本现代物流配送的发展状况。在日本，零售业是首先建立先进物流系统的行业之一。便利店作为一种新的零售业态成长迅速，现已遍及日本，并影响着日本其他零售商业形式。这种新的零售业态需要利用新的物流技术，以保证店内各种货物的顺畅供应。

日本的物流配送具有以下特点。①分销渠道发达。许多日本批发商过去常常把自己定位为某特定制造商的专门代理商，只经营一家制造商的产品。为了保证有效地供应商品，日本许多物流公司不得不对旧有的分销渠道进行合理化改造，更好地做到与上游或下游公司的分销一体化。②频繁、小批量进货。日本物流配送企业的很大一部分服务需求来自便利店，便利店依靠的是小批量的频繁进货，只有先进的物流系统才能满足连锁便利店的需求，使得小批量的频繁进货得以实现。③物流配送体现出共同化、混载化的趋势。共同化、混载化的货物配送使原来按照不同生产厂、不同商品种类划分开来的分散的商品物流，转变为将不同厂家的产品和不同种类的商品混合起来配送的聚合商品物流，从而可以发挥批量效益，大大提高配送车辆的装载率。④合作型物流配送。在日本，生产企业、零售企业与综合商社、综合物流公司之间基本上存在一种长期的物流合作关系，且这种合作关系还随着日本工业生产的国际化延伸到国外。⑤在日本，政府规划在现代物流配送发展过程中具有重要作用。

（3）欧洲现代物流配送的发展状况。在欧洲诸国，尤其是德国，配送是指按照用户的订货要求，在物流据点进行分货、配货以后，将配好的货物送交收货人的活动。

德国的物流配送产业是第二次世界大战以后，随着现代科技的兴起和经济的高速发展而逐步发展起来的。特别是近10年来，德国的物流配送已经摒弃了商品从产地到销地的传统模式，基本形成了商品从产地到集散中心、从集散中心（有时通过不止一个集散中心）到达最终客户的现代模式。可以说德国的物流配送已经形成了以最终需求为导向，以现代化交通和高科技信息网络为桥梁，以合理分布的配送中心为枢纽的完备的运行系统。德国零售业发展的经验表明，它们十分重视按照连锁经营的规模和特点来规划配送中心，往往在建店的同时就考虑到了配送中心的建设布局。

**2. 发达国家物流配送发展较快的主要原因**

（1）以高科技为依托。发达国家的配送都建立在先进的物流技术基础上，在运输技术、储存保管技术、装卸搬运技术、货物检验技术、包装技术、流通加工技术以及与物流各环节密切相关的信息处理技术等方面，都有极大优势。配送中心完全采用计算机管理，从货物入库时的分拣、刷码到进入指定库房里待装配送车辆，全部是自动化操作。有些配送中心的所有环节，包括存货、处理订单和配送商品等，都由以卫星通信为载体的电脑网络跟踪控制。如沃尔玛是美国最大的连锁公司，它的配送配中心配有专业化的人员和自动化程度较高的配送设备，代表了美国目前物流管理与技术的最高水平。日本的配送中心机械化、自动化水平比较高，分拣系统完全用计算机控制。

（2）以规模效益为核心。配送是一种规模经济运动，其重点在于规模。发达国家的实践告诉我们，规模经营产生规模效益，以统一进货、统一配货、统一管理的规模经营取得规模效益，可以享受批量折扣，降低流通费用和社会交易成本。如此一来，企业可以低于社会平均价格出售商品，从而获得合理的商业利润，赢得竞争力。发达国家之所以能够在全社会范围内顺利推行配送制，配送中心的实力雄厚是一个重要原因。以配送业比较发达的日本为例，日本一个连锁企业配送中心负责配送的店铺达70以上。菱食公司是日本最大的加工食品批发商，1997年在日本全国已拥有46个营业所、53个配送中心，其中7个配送中心为区域配送中心。它们是1995年投入40亿日元建成的，拥有大规模的专为流通加工服务的设施。

（3）以灵活多样的形式为基础。目前，配送为发达国家大多数行业所采纳，形式日趋完善。如瑞典轴承商的“用户无忧运转方式”，日本钢铁商的“看板”无库存供货方式等。美国主要有如下几种不同类型的货物配送模式：①以零售业为主的物流配送模式；②以仓储运输业为主的物流配送模式；③以批发商为主的共同配送模式。

**3. 国外配送中心的发展趋势**

（1）多功能化。以往的商品，往往要经过制造、批发、仓储、零售等各环节的多层次复杂途径，才能到达消费者手中，而现代流通业已简化为由制造经配送中心而送到各零售点。这就要求配送中心承担商品从生产线终点转移到消费者手中这一过程中的全部物流活动，不单单是提供仓储、保管、装卸和运输服务，还必须开展配货、包装、配送和各种提高附加值的流通加工服务项目；不仅要承担各种物流功能，还要与订货、结算等商流功能有机结合起来，形成多功能的配货枢纽。

（2）现代化。商业企业的竞争中，科学技术越来越成为制胜的关键。物流技术的现代化包括物流设施的现代化和作业技术的现代化。配送中心大量采用现代化的物流设施、装卸机具和运输机械，如叉车、笼自动分拣输送机、冷藏车等，并借助商品配送的标准化、系统管理和系统优化、商品库存管理、货物运输管理等技术对日常运营进行科学、高效的管理，实现物流设施机械化、物流流程规范化、配送管理电脑化，大大提高了运营效率。

（3）信息化。信息是配送中心组织物流活动的基础之一，因此电子计算机技术和信息技术被广泛运用于日常业务的管理。通过信息在储存、加工、配送等各个环节的协调和沟通，配送中心可以合理地组织物流活动，及时处理大量的订单，将货物送到客户手中，并控制库存规模，尽量降低物流成本。同时，配送中心连接生产和消费，是沟通生产厂商和客户的桥梁，因此，越来越多的配送中心开始与制造商、批发商、零售商等联网，构建完整的信息网络，进行信息处理和交换。这样就能及时有效地向生产厂商提供各种市场信息、销售信息，向零售商提供供应信息，从而指导生产和消费。

（4）配送共同化。近年来，随着消费者需求的变化，多批次、小批量、缩短供货期等物流要求变得越来越强烈，导致相应的物流成本上升，物流系统效率下降。为了谋求物流的高效化，许多国家大力推行配送共同化，由多个生产企业和零售企业共同建设，或是由不同于这两者的“第三方”物流业者投资建设共同化配送中心，提供专业化的物流服务。

（5）全球化。经济的全球化已成为不可抵挡的潮流，现代科学技术的发展大大缩短了世界各地的距离，随着 Internet 及相关技术发展起来的电子商务使商品、货币能够便利地跨越国界流动，为传统的商务活动带来一场革命。目前，发达国家的物流企业、配送公司越来越多地加入到国际性组织的公司和跨国公司，很多配送中心都拥有一部分从事外贸进出口业务的用户，全球化经营已成为竞争的新手段。

**4. 国外配送中心的发展对我国的启示**

我国 20 世纪 80 年代初引入“物流”的概念。90 年代以来，随着连锁商业在我国的兴起，一些不同类型的配送中心陆续建立，但是，由于种种原因，我国配送中心的发展还是相当缓慢，无论是技术还是管理方面都和发达国家存在着较大的差距。配送中心的滞后，不仅成为制约我国连锁商业进一步发展的瓶颈，而且也阻碍了社会化大生产和大流通的形成。发达国家的经验，为我国加快发展物流配送提供了一些借鉴和启示。

（1）全面认识物流在经济中的作用。根据美国经济学家波·物拉卡的观点，物流是“第三利润泉”。这是因为，企业的利润首先来自于成本尤其是物质资源的节约，其次来源于劳动生产率的提高及单位产品劳动成本的降低。然而，受制于科技的发展水平，上述两个利润源泉正日益枯竭，人们开始将目光投向物流领域。而且，随着社会经济的发展，物流费用对于商品成本越来越具有决定性作用，物流领域成为降低成本的最后边界，继物质资源和劳动力后的“第三利润泉”。因此，加快配送中心的建设，推进物流现代化，其意义不仅在于物流本身，对整个经济发展也具有推动作用。

（2）把发展配送中心与商品流通体制改革结合起来。随着我国经济体制改革向纵深递进，流通领域的市场化也不断向广度和深度改革延伸。以“三多一少”作为流通体制改革的方针，以企业内部分工代替改革前的部门间分工，无论是生产还是流通企业都既搞生产又搞流通，贸工农一体化……这一系列改革搞活了流通，促进了生产。然而随着商品的日益丰富，特别是买方市场的逐步形成，其弊端也逐渐显露出来。我们可以借鉴国外配送中心的发展经验，改革现有的商品流通体制，实现企业群体分工，使生产企业的生产职能和流通职能相分离，集中精力搞好生产；配送中心和生产企业之间可通过产权机制或利益机制实现工商联合，提高流通的组织化程度，降低流通成本，形成总体规模效益。

（3）进一步规范现有配送中心的经营。对比发达国家配送中心的发展状况不难发现，我国相当多的配送中心名不副实。例如有的配送中心功能还停留在仓储、保管上；有的配送中心内部设施薄弱，连机械化都没有实现，更不要说计算机化了；有的配送中心所配送的店铺数量极少，远未达到经济配送规模等等。而要想进一步规范现有配送中心的经营，首先，要树立以市场为导向的竞争观念、以科学技术为基础的管理观念以及以开拓经营为主的发展观念，全面提高配送中心的经营水平。其次，要继续重点推进连锁经营的“规模化”和“规范化”，通过资产经营、联合兼并、特许加盟等多种形式，扩大连锁企业的跨地区、跨所有制发展，改变“小而全”的不合理格局，壮大企业实力，全面实施大集团、大公司战略。

（4）大力发展共同化配送中心。近年来，超市、便民店、仓储式商场等新兴商业业态不断涌现和高速发展，对配送中心提出了更高的要求，共同化配送已成为必然趋势。共同化配送中心具有以下优点：①可以弥补单个企业难以负担建设配送中心的不足，使包括人力、土地及资本等有限的资源可以得到最有效的利用；②可以提高物流的专业化水平，最大限度地降低物流成本，从而提高企业的整体运营效率，使分散经营的便利店、中小零售商分享到“第三利润源泉”，促进商业业态的进一步成熟和发展及大市场、大流通格局的形成。因此，我们完全可以利用连锁商业等新兴业态高速发展的良好机遇，大力发展共同化配送中心，促进商业向更高层次迈进。

（5）大胆引进外资建设配送中心。20 世纪 90 年代以来，外资零售企业纷纷进入中国市场，对尚处年轻阶段的连锁超市形成极大冲击。许多连锁超市不仅经受住了挑战，而且在“与狼共舞”中发展壮大。我们完全可以抓住这一机遇，因势利导，有计划地引进外资发展配送中心及相关产业，引进和借鉴国外先进的物流技术和配送中心管理经验，改善和提高物流系统的现代化水平和运营效率，推动我国物流业的发展。

**思考题**

1. 试述物流配送中心的发展背景。
2. 试述物流配送中心的功能。
3. 试述物流配送与物流的区别。

# 第二章　物流配送中心的各功能区及作业流程

配送中心的作业任务包括进货、搬运装卸、储存、订单处理、加工、拣选、包装、配货、送货等。它们之间衔接紧密，环环相扣，有效配合，从而使得物流配送中心能顺利运转。

## 2.1　物流配送中心的各功能区

### 2.1.1　物流配送中心的功能区设置

配送中心功能区是为了实现物流配送作业而设立的诸多作业区域，所设立的具有不同作业内容的区域起着应有的作用，可实现各自的目的，共同完成配送中心的配送业务。

根据各种作业的性质，物流配送中心功能区一般可分为两大类：物流功能区和非物流功能区。其中，物流相关的作业在物流功能区内完成。分析配送中心的作业流程以及配送中心的功能，又可以将物流功能区划分为进货区、存储区、流通加工区、理货区、出库区、退货区。而非物流功能区主要从事物流作业的相关辅助作业以及作为部分工作人员的工作区，可以将其划分为辅助作业区和办公区。各功能区又可根据作业需要分为不同的功能子区。一般的配送中心功能区的设置如图 2－1 所示。

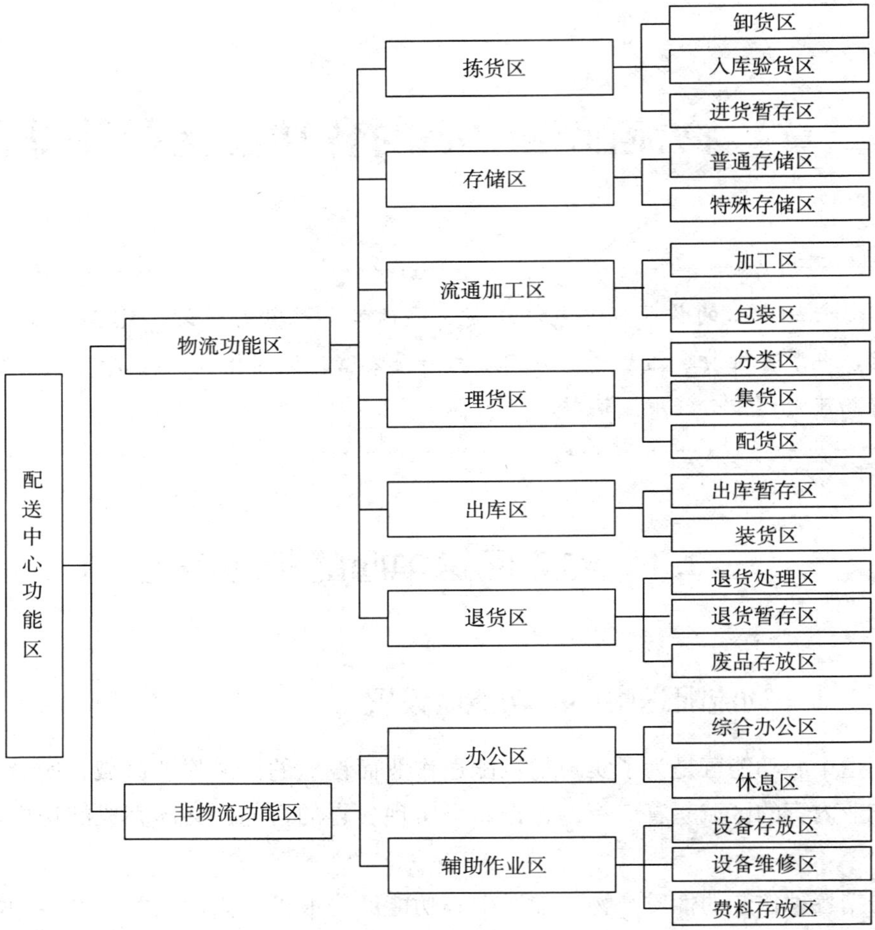


图 2－1 配送中心功能区设置

**1. 物流功能区**

（1）进货区。主要从事从货物运达到入库所要进行的相关作业，包括车辆到达、卸货、验收、理货等作业。各种作业对应的功能子区包括卸货区、入库验货区、进货暂存区等。

（2）存储区。主要进行仓储保管工作。根据所储存货物的性质，存储区包括普通储存区、特殊商品储存区以及堆场等。

（3）流通加工区。主要从事对一些初级产品进行二次加工，或零配件重新组装成产品等加工作业，以及产品包装、运输包装、流通包装、打印条码等作业。流通加工区包括加工区、包装区等。

（4）理货区。主要完成理货、拣货、补货、分类、集货、验货、配货等作业，进行货物运达物流中心后进入后续流程的先期处理，和货物即将从物流中心出去前的先期处理。理货区又分为两类，进货理货区与出货理货区。此外，理货区又可细分为称重区、拣货区、补货区、分类区、集货区、配货区等。

（5）出库区。主要从事将集中待发的货品经过检验至装车起运全过程的相关作业。从布局和结构看，出货区与进货区类似。各种操作对应的功能子区包括出库验货区、出货暂存区、装货区等。

（6）退货区。物流中心对退货、瑕疵品及废品等进行处理及存储的作业区域。退货区包括退货卸货区、退货处理区、换货区、退货暂存区、瑕疵品暂存区等。

**2. 非物流功能区**

（1）辅助作业区。指辅助物流作业场所，如容器回收区、废料处理区、设备停放区、设备维修区等。

（2）办公区。指主要提供部分工作人员的办公场所以及生活服务场所。如接待客户，为供货商提供展览、促销、交易的场所；提供金融、工商、海关、税务等配套服务的场所；为客户及工作人员提供休息、接待、娱乐、餐饮等服务的场所等。办公区一般包括展示大厅、商务洽谈区、配套服务区、休息服务区等。

### 2.1.2 功能区的规划布局

**1. 功能区布局规划原则**

配送中心功能区要依据一定的原则进行相对空间位置的布局设计，以使各功能区之间相互协调，从而实现配送中心作业的高效快捷。配送中心功能区规划布局应遵循如下原则。

（1）动态原则。把流动理念贯穿规划始终，方便物品流动，使配送中心物流、人流、信息流顺畅。

（2）物资流动和人员流动分离原则。为了使物品流动顺畅高效，物流动线与人员通道应该分开，互不干扰。

（3）布局优化原则。在物流中心布局规划时，在满足其他特定要求的条件下，应尽量使彼此之间物资流量大、关系密切的功能区靠近，而物流量小、关系不密切的功能区与设施布置得远一些。同时尽量避免物资运输的迂回和倒流，使整个物流中心的功能区布局达到整体最优。

（4）系统优化原则。在进行物流中心功能设计时，应对物流中心进行准确的功能定位，合理考虑各种物流与非物流关系对物流中心功能布局的影响，从而确定合适的比例进行功能布局设计，优化整个物流中心的效率。

（5）柔性化原则。配送中心功能区的布局设计应随物流量和进出物流中心的物资种类以及社会经济形势的发展变化而做出相应的调整改变。随着社会经济的发展，物流中心物资的流量及种类会发生变化，原布局规划的局限性就会显露出来，因而，物流中心功能布局应该留有发展的空间和适应于变化的设计。

（6）便于管理原则。配送中心的功能布局要有利于货畅其流，有利于生产和管理，有利于各环节的协调配合，使物流中心的整体功能得到充分的发挥并获得最好的经济效益。

**2. 功能区布局规划目标**

对配送中心所设置的各个功能区进行科学合理布局，可使配送中心业务有序运作，降低物料搬运成本，提高工作效率。

配送中心功能区布局规划研究的重点是合理利用配送中心资源，其总目标是通过合理规划内部的物流、人流和信息流，使人力、物力和财力得到最优利用。具体规划目标为：①满足生产工艺流程；②物流线路短捷顺畅；③便于组织生产管理；④满足生产安全及防火、防爆要求；⑤有效利用空间和设备；⑥提供方便舒适、安全卫生的工作环境。

以上目标实际上不可能同时达到最优，有时甚至相互矛盾，这时就要用恰当的指标对每一个规划方案进行综合评价，从而达到总体目标最佳。

**3. 功能区布局规划方法**

平面布局就是在一定的目标下（诸如物料搬运费用最小、行走距离最小等），对各功能分区空间位置的布局规划问题。这种规划一般要经过两个步骤，先是分块布置，然后是完成细节设计。分块布置确定了各分区的形状和相对位置，细节设计则要确定各分区所用的主要设备、附属设施与装置等的相对位置。

随着布局设计研究的不断深入，配送中心的功能区布局也参照性地选择了一些方法，主要可以概括为以下几大类。

（1）传统图解的方式。①摆样法。利用二维平面比例模拟方法，按一定比例制成样片，在同一比例的平面图上表示设施系统的组成、机器或活动，通过相关的分析，调整样片位置以较好的布置方案。这种布局方法人为因素较大，适用于较简单的布局设计。②图解法。产生于20世纪50年代，有螺线规划法、简化布置规划法及运输形成图等方法。该方法的优点是将摆样法与数学模型结合起来，但在实践中较少应用。

（2）数学模型法。即运用运筹学、系统工程中的模型优化技术（如线性规划、随机规划、多目标规划、运输问题、排队论等）研究最优布局方案，通过数学模型提高系统布置的精确性和效率。但是用数学模型解决布局问题有两大困难：①当问题的条件过于复杂时，数学模型很难得到符合实际要求的准确结果；②布局设计最终希望得到布局图，但是用数学模型得不到。利用数学模型和 CAD 相结合的系统布局软件，是解决问题的一种好方法。

（3）系统布置设计（SLP 法）。SLP 法以产品（P）、数量（Q）、路径（R）、辅助服务（S）、时间（T）为基本作业资料，用图表分析和图形模型把量的概念引入设计分析的全过程，通过引入量化的关系密级概念，建立各功能区之间物流关系与非物流关系的相互关系图表，从而构成区域布置设计的数学模型。这是目前布局设计的主要方法，其布局方案如图 2－2 所示。

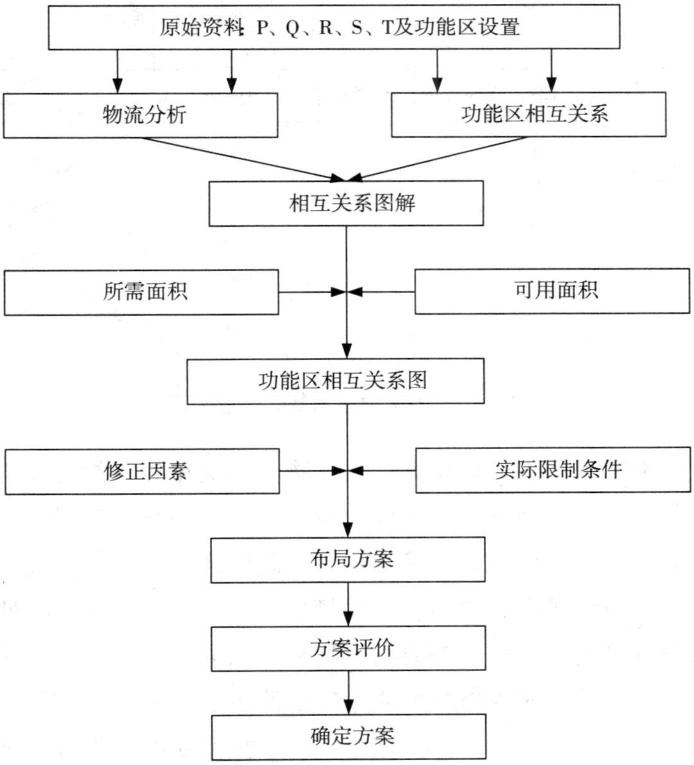


图 2－2　SLP 法布局流程图

## 2.2 物流配送中心的作业流程

物流配送中心在运转中，无论是机械化的物流系统还是的自动化或智能化的物流系统，如果没有正确有效的作业方法配合，则不论所采用的设备或系统多么先进，也不能取得最佳的经济效益。不同类型的配送中心虽然功能不尽相同，但其作业流程却大致相同，主要包括以下几种作业：①进货作业；②搬运作业；③储存作业；④盘点作业；⑤订单处理作业；⑥拣货作业；⑦补货作业；⑧出货作业；⑨配送作业。物流配送中心的基本作业流程如图 2 – 3 所示。

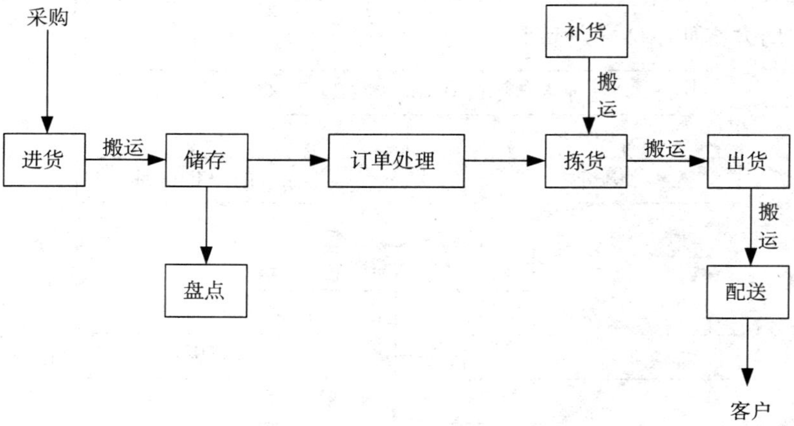


图 2 – 3 配送中心的基本作业流程

配送中心的作业首先从进货开始。当运输物品的货车到达配送中心的月台时，便进行进货作业，然后依序将货物储存入库。由于进货的同时也有货物要出库，所以存储区的货物数量和状态也在变动，为了进行良好的管理，需要定期或不定期地对在库货物进行盘点作业。当配送中心收到客户的订单后，需要对订单进行处理，之后根据订单信息来进行拣货作业，将客户需要的货物拣选出来。与此同时，在拣选货物的过程中一旦发现拣选区所储存的货物剩余的库存量低于库存标准，便向供应商下订货单订货，即补货作业。拣选出来的货物进行包装、分类等发货作业后，便可将货物装在配送车上，由配送人员配送到客户手中。此外，在所有的作业过程中，涉及物的流动的作业，其过程中就一定有搬运作业。搬运作业贯穿整个配送中心的作业流程中。

### 2.2.1 进货作业

进货作业是指把物品做实体上的接收，包括从车上将其卸下、核对该物品的数量及状态、将必要信息书面化等。一般进货主要作业流程与内容如图 2－4 所示。

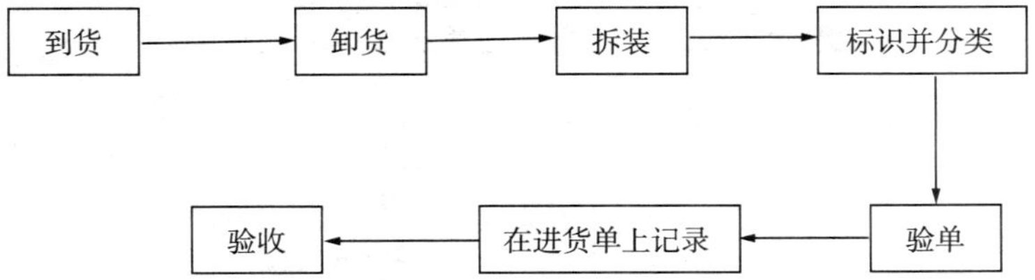


图 2－4 进货作业流程

**1. 进货作业计划分析**

（1）进货作业计划分析的内容：①掌握大致的到货日期、物品名称、物品数量、车辆型式。②尽可能准确预测车辆到达时间。③配合车位信息协调车辆出入。④制定入库库位计划。

（2）进货作业过程中要注意的问题：主要有利用配送车司机来卸货、将多样活动集中在一个工作站、努力均衡地使用码头、尽量保持直线流动、依据相关性安排活动等等。

（3）进货作业计划应考虑的因素：①进货对象及供应厂商总数。②商品种类及数量。③进货车种与车辆台数。④每一车的卸货时间。⑤商品的形状、特性等。⑥进货场地人员数。⑦配合储存作业的处理方式。⑧每一时刻的进货车数调查。

（4）进货管理标准的内容：主要包括一些相关的合同、手续等。例如，对进货源的支付货款标准、手续方面的规定及相关合同，有关订购取消及补偿手续，进货日期管理，订购量计算标准书等。

**2. 物品编号**

由于进货作业是配送中心作业的第一阶段，因而如何让后续作业能够迅速准确地进行，并使货品品质及作业水准也能得到妥善维持，在进货阶段就将货品进行清楚有效的编号必不可少。

编号就是将货品按其分类内容，进行有次序的编排，用简单的文字、符号或数字代替货品的名称、类别及其他有关信息的一种方式。

（1）货品编号的原则。货品编号的基本原则是：简易性、完全性、单一性、一贯性、充足性、扩充弹性、组织性、易记性、分类展开性及应用机械性等。

（2）货品编号的方法。货品编号方法大致可分为下列六种。

①流水号编号法。此法由 1 开始按数字顺序一直往下编，是最简单的编号法，常用于账号或发票编号，属于延展式的方法。见表 2-1。

**表 2-1　流水编号法**

| 编号 | 货品名称 |
| --- | --- |
| 1 | 洗发露 |
| 2 | 肥皂 |
| 3 | 牙膏 |
| 4 | 洗面乳 |

②数字分段法。与上法不同的是，这种方法是把数字分段，让每一段数字代表共同特性的一类货品。见表 2-2。

**表 2-2　数字分段法**

| 编号 | 货品名称 |
| --- | --- |
| 由 1 至 3 预留给肥皂编号用 | |
| 1 | 4 块装肥皂 |
| 2 | 6 块装肥皂 |
| 3 | 12 块装肥皂 |
| 由 6 至 7 预留给牙膏编号用 | |
| 6 | 黑人牙膏 |
| 7 | 中华牙膏 |

③分组编号法。该编号法依货品的特性分成多个数字组，每一数字组代表此项货品的一种特性。例如第一数字组代表货品的类别，第二数字组代表货品的形状，第三数字组代表货品的供应商，第四数字组代表货品的尺寸，至于每一个数字组的位数多少，视实际需要而定。例如：07-5-006-110，编号意义如表 2-3 所示。

**表 2-3　分组编号法**

| 货品 | 类别 | 形状 | 供应商 | 大小 | 意义 |
| --- | --- | --- | --- | --- | --- |
| 编号 | 7 | | | | 饮料 |
| | | 5 | | | 圆筒 |
| | | | 6 | | 统一 |
| | | | | 110 | 4×9×15 |

④实际意义编号法。即依货品的名称、重量、尺寸乃至于分区、储位、保存期限或其他特性的实际情况来考虑编号。这种方法的优点在于由编号就能很快了解货品的内容及相关信息。例如编号FO4，915 B1的意义是：FO表示Food，食品类；4，915表示4×9×15，尺寸大小；B表示B区，货品所在储区；1表示第一排料架，具体见表2-4。

表2-4 实际意义编号法

| 编号 | 货品类别 |
|---|---|
| 260 | 服饰 |
| 270 | 女装 |
| 271 | 上衣 |
| 271.1 | 衬衫 |
| 271.1.11 | 红色 |

⑤后数位编号法。即运用编号末尾的数字，来对同类货品作进一步的细分，也就是从数字的层次关系来看出货品的归属类别。

⑥暗示编号法。即用数字和文字的组合来编号，编号本身虽然不是直接指明货品的实际情况，但却能暗示货品的内容。这种方法的优点是容易记忆，但又不易让外人了解，具体见表2-5。

表2-5 暗示编号法

| 货品名称 | 尺寸 | 颜色与型式 | 供应商 |
|---|---|---|---|
| BY | 005 | WB | 10 |

BY表示脚踏车（bicycle）；005表示大小型号为5号；W表示白色（white）；B表示小孩型（boy's）；10表示供应商号码。

**3. 进货标识**

为了便于识别货物，在容器、零件、产品或储位上应有一定的编号标签，托盘的标签内容应包括如下三点。

（1）托盘识辨码。例如，91253505A，9表示1999年，125表示从1月1日起累计日数，3530表示当天进货托盘的系列号码，A表示储区。

（2）托盘每一层堆积个数、层数、总个数。

（3）储址。箱子标签内容包括拣选位址、商品码、商品名、店码、送货日期、销售价格和分类用的条码。

在进货信息输入计算机的同时打印出 4 联式标签，将其中 3 张贴在货物上随货物移动，另一张由储存人员写上存区和货架号码后输入计算机，以便进一步确认信息正确性和保证入库作业正确无误。

**4. 货物分类**

（1）货物分类的原则。适当的分类能让原本繁杂的作业变得有系统，因而进行货品分类时应注意下列原则：①分类应按照统一的标准，自大分类至小分类依同一原理区分，要合乎逻辑。②分类必须根据企业本身的需要，来选择适用的分类型式。③分类必须有系统地展开，逐次细分，方能层次分明。④分类应明确而相互排斥，当一产品已归于某类，绝不可能再分至他类。⑤分类必须具有完全性、普遍性，分类系统应能包罗万象，适用于广大的地区类别，使所有物料均能清楚归类。⑥分类应有不变性，即货品一经确定其类别后，便不可任意变更，以免造成混乱。⑦分类应有伸缩性，以便随时可增列新货品或新产品。⑧分类必须确切实用，决不可流于空想。

（2）货物分类的方式。货物分类的方式主要可根据下列特征：①为适应货物储存保管需要，而按照货物特性分类。②为配合货物使用而按照使用目的、方法及程序分类。如需要流通加工的划分为一类，直接原料划分为一类，间接原料划分为一类。③为适应货物采购的便利，而按照交易行业分类。④为便利货物账务处理，按照会计科目分类。如价值很高者划分为一大类，价值低廉者划分为一大类。⑤按照货物状态，如货物的内容、形状、尺寸等分类。⑥按照信息进行分类，如送往的目的地、顾客不同等。

大体来说，出货前的分类以⑥为最多，而进货的分类则不一定，应视公司的情况、性质、要求来做选择。

**5. 货物验收检查**

所谓货物的验收即对产品质量和数量进行检查。在质量验收时，主要进行物理、化学和外形等方面的检查。在数量验收时，一方面要核对货物号码，另一方面要按订购合同进行长短、大小和重量等方面的检查。

进货是货物进入物流配送中心的第一阶段。为使后续作业顺利进行，对入库品资料的掌握特别重要，如进货日期、进货单号码、卖主、送货车的名称及型号、货到时间、卸货时间、容器的型号与尺寸和数量、每个容器中的货品数量、总质量、目的地的进货检查和储存以及损坏数量和应补货数量等。

**6. 维护进货记录**

既然进货是货品进入配送中心的第一阶段，因而为了后续作业的便利，应重视对入库品资料的掌握。可以按照各公司的进货表，对进货资料进行有效的收集和记录。

### 2.2.2 搬运作业

搬运工作是物流作业的重要组成部分之一，良好有序的搬运系统可消除瓶颈现象，使物流畅通，确保生产顺利进行，使人力和设备得到有效利用。有效搬运还可以加速货物移动，缩短运输距离，减少总作业时间，降低存储和相关成本。良好的搬运系统不但能改善工作环境，而且能保证货物安全和完好，降低保险费用。

**1. 搬运概述**

搬运是将不同形态（散装、包装或整体）的物料，在平面或者垂直方向加以提起、放下或移动，使物品能适时、适量移至适当的位置或场所存放。

配送中心的搬运活动主要如图 2－5 所示。

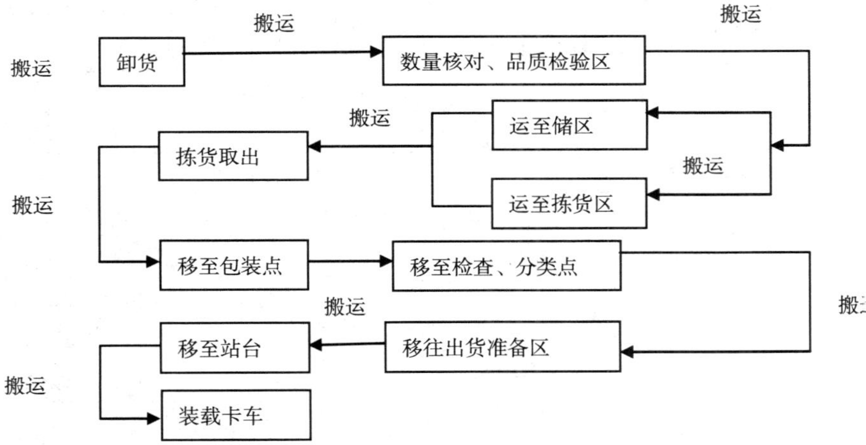


图 2－5 配送中心的搬运活动

物品搬运除了增加成本外，无法增加产品的价值，因此应尽可能地减少物品搬运次数，以降低成本。

搬运改善的五要素主要有：①搬运对象：搬运物的数量、重量、形态。②搬运距离：搬运的位移及长度。③搬运空间：预留足够适当的搬运空间。④搬运时间：搬运过程总耗费时间及完成任务的预期时间。⑤搬运手段：合理选择搬运设备和方法。

其中改善搬运的原则和方法主要见表 2－6。

表 2－6 改善搬运的原则与方法

| 因素 | 目标 | 想法 | 改善原则 | 改善方法 |
| --- | --- | --- | --- | --- |
| 搬运对象 | 减少总重量、总体积 | 减少重量体积 | 尽量废除搬运 | 调整厂房布置 |
| | | | 减少搬运量 | 合并相关作业 |
| 搬运距离 | 减少搬运总距离 | 减少回程 | 尽量废除搬运 | 调整厂房布置 |
| | | | 顺道行走 | |
| | | 回程顺载 | 掌握各点相关性 | 调整单位相关性布置 |
| | | 缩短距离 | 直线化、平面化 | 调整厂房布置 |
| | | 减少搬运次数 | 单元化 | 托盘、货柜化 |
| | | | 大量化 | 利用大型搬运机 |
| | | | | 利用中间转运站 |
| 搬运空间 | 减少搬运使用空间 | 减少搬运 | 充分利用三维空间 | 调整厂房布置 |
| | | 缩减移动空间 | 降低设备回转空间 | 选用合适、不占空间、不太多辅助设施的设备 |
| | | | 协调错开搬运时机 | 时程规划安排 |
| 搬运时间 | 缩短搬运总时间 | 缩短搬运时间 | 高速化 | 利用高速设备 |
| | | | 争取时效 | 搬运均匀化 |
| | | 减少搬运次数 | 增加搬运量 | 利用大型搬运机 |
| | 掌握搬运时间 | 估计预期时间 | 时程化 | 时程规划控制 |
| 搬运手段 | 利用经济效率的手段 | 增加搬运量 | 机械化 | 利用大型搬运机 |
| | | | | 利用机器设备 |
| | | | 高速化 | 利用高速设备 |
| | | | 连续化 | 利用输送带等连续设备 |
| | | 采用有效管理方式 | 争取时效 | 搬运均匀化 |
| | | | | 循环、往复搬运 |
| | | 减少劳力 | 利用重力 | 使用滑道、滚轮输送带等重力设备 |

**2. 搬运设备与能力计算**

（1）搬运设备数量计算。①直接计算：设备数 = 每天实际作业时间/（工作小时 × 使用系数）。公式中的使用系数是指一台设备每天使用时间的百分比，例如设备因故障暂停导致产生使用时间百分比。②等候线（排队论）理论计算。

（2）搬运系统能力计算。①运送能力 = 物流速率 × 运送长度。②搬运效率 EH = ｛(LD/VC)/(LD/VC + TH + LE/VC)｝ × FT 。其中 LD 为运送长度，VC 为搬运设备的速度，LE 为空运长度（搬运设备空转的长度），TH 为装卸时间，FT 为交通因素（搬运流通或阻碍的因素）。

③物流搬运系统能力计算。物流搬运系统能力 = 总运送能力/搬运效率。通道的布置和大小对仓库效率的影响很大，影响通道布置和宽度的因素有：通道形式、搬运设备的型号、尺寸、回转半径、防火墙的位置等等。

通道种类有货物放入或取出存储区的工作通道、员工进出的人行通道、存货或检查用的服务通道、储藏室通道、电梯通道、公共设施或防火设备用的通道等。

### 2.2.3 储存作业

储存作业的主要任务在于把将来要使用或者要出货的物料保存，且经常要做库存品的检查控制。在进行储存作业过程中，不仅要善于利用空间，也要注意存货的管理；尤其是配送中心的储存与传统仓库的储存因营运形态不同，更要注意空间运用的弹性及存量的有效控制。

**1. 储存作业的策略与方法**

一般储存的两种形式有暂存形态的存储和储备形态的存储。储存保管的目标是为了使空间得到最大化利用，使劳动力及设备得到有效使用，使所有货品能随时存取，使货品得到良好养护，使货品能够有效移动等。如果一个物流企业有一个较好的储存系统，那么将会大大提升作业效率，从而间接增加利润。

在储存中的一般的原理是：①依照货品特性来储存，大批量使用大储区，小批量使用小储区；②能安全有效率地储于高位的物品使用高储区；③笨重、体积大的品项储存在比较坚固的层架及接近出货区，轻量品储存于有限的载荷层架；④将相同或相似的货品尽可能接近厨房；⑤跑慢量的物或小、轻及容易处理的品项使用较远的储区；⑥周转率低的物品尽量远离进货、出货及仓库中较高的区域，周转率高的物品尽量接近出货区及较低的区域；⑦服务设施应选在底层楼区等。

常见的储存方法有：①定位储放。每一项储存的货物都有固定储位，不同货物不能互用储位。②随机储放。货物的储存位置是随机指定的，而且可经常改变。③分类储放。所有的储存货品按照一定特性加以分类，每一类货物都有固定存放的位置，而同属一类的不同货物又按一定的规则来指派储位。④分类随机储放。这种方法是每一类货物都有固定的存放储区，但在各类的储区中，每个储位的指定是随机的。其优点在于吸收了分类储存的部分优势，又可节省储位数量，提高储区利用率。⑤共同储放。该方法是在确定知道各货物的进出仓库时刻时，使不同的货物共用相同储位的方式。

在指定储位时必须遵循一定的原则。①靠近出口的原则：即刚到的货物指定在离出口最近的空储位上；②周转率原则：按货物在仓库中的周转率来安排储位，周转率越高离出口越近；③货物相关性原则；④货物类似原则：即把类似品储存于相邻的储位；⑤货物同一性原则：把同一种货物存放在同一保管位置；⑥货物相容性原则：相容性低的货品决不能触于一起，以免损害品质；⑦先进先出原则：先入库应先出库，这一原则适应于寿命周期短的商品；⑧堆高原则：为了提高空间利用率，能用托盘堆高的货物尽量用托盘储存；⑨面对通道原则：货物要面向通道，便于识别条码、标记和名称；⑩产品尺寸原则：为有效利用空间，在布置仓库时必须知道物品单位大小和相同物品的整批形状；⑪重量特性原则；⑫产品特性原则：易燃易爆物存储于有防火设备的空间等。

**2. 储存保管的指标**

（1）储区面积率。储区面积率 = 储区面积/物流中心建筑面积，这可以比较空间利用率是否合理。

（2）保管的面积率。为了判断储位通道规划是否合理，可采用保管面积率公式来评定，即：保管的面积率 = 可保管面积/储区面积。

（3）储位容积使用率。储位容积使用率 = 存货总体积/储位总体积；单位面积保管量 = 平均库存量/可保管面积。利用此公式可判断储位规划及货架是否合理，有效利用储位空间。

（4）平均每品项所占储位数。平均每品项所占储位数 = 货架储位数/总品项数。利用此公式可以计算每储位保管品项的多少，从而判断储位管理是否得当。

（5）库存周转率。库存周转率 = 发货量/平均库存量或营业额/平均库存金额。利用此公式可检查公司营运成绩，并可衡量现货存量是否得当。

（6）库存掌握程度。库存掌握程度 = 实际库存量/标准库存量。这是货品库存率，可供存货管理者参考。

（7）呆废料率。呆废料率 = 呆废料件数/平均库存量或呆废料率/平均库存金额。此公式用来评判物料损耗影响资金积压的情况。

**3. 储位系统**

储位系统可清楚地设计好储区。在以前，员工一般只能靠记忆来记住货品的大概位置，然而此种做法往往效果不佳。后来，有了使用品名、序号、记号或其他指示号码来记录品项位置的方法，但只考虑品项本身代号的系统仍不够完善，也缺乏弹性。因此，暗示性储位标号发展起来，其意义就是要能指出物流中心的每一个点，让员工能很肯定地知道什么东西放在什么地方，使每品项皆有一个“地址”，以便于需要时马上可找到它。

例如，标签号码：103－15－723，其意义如下：10－BLDG 指储存区域，由 1 开始标号；3－FLOOR 指厂房楼层级；15－STACK：柱，指较长列，又称“Cross Row”，一般设定标号不超过 50，即 STACK 列数由左至右不超过 50；72－ROW：架，指较短列，即以料架区分，又称“Main Row”，一般由 51 开始标号，因 01－50 保留给较长编号；3－LEVEL，指每一架料由下向上数的层数。

**4. 储存方式**

按照储存量不同，储存可以分为以下几类。

（1）大批储存：一般指 3 个栈板以上的存量。大批储存皆以栈板运作，多采用地板积存或自动仓库储存的方式。

（2）小批储存：指小于一个栈板的储存，一般以箱为出货拣取单位。在储存区的小批量物品一般被存放于栈板架料、棚架等。

（3）中批储存：一般指 1～3 个栈板的量，可以栈板或箱为出货拣取单位。多采用栈板料架或地板堆积的方式。

（4）零星储存：零星区或拣取区皆是使用储物柜或棚架储存小于整包货品的地方。一般来说，订货拣取在此区域中进行，然而，若产品很小及整批的量并不占大空间，则整批产品也能储存在零星区。

零星拣货区一般包括检查与打包的空间，同时出于安全目的会与大量储区分开。另外，此储区最好置于低楼层及居中的位置，以降低等候拣取时间及减轻出货时理货的工作。

综合上述，配合储存要求及设备特性，储存方式可归纳为如下状况：①少样，高量：地板堆积储存、自动仓库；②多样，低量：栈板料架；③多量，不可堆叠：驶入式料架；④多样，小体积产品：棚架，储物柜；⑤小量：棚架，储物柜。

## 2.2.4 存货管理

存货具有调节生产与销售的作用，不适当的存货管理往往造成有形或无形的极大损失。尤其对于流通速度极快但客户订货无法事前掌握预测的物流中心，存货的管制更加不易，其重要性也就更不容忽视。而所谓存货管理是希望将货品的库存量保持在适当的标准内，以免过多造成资金积压、增加保管困难或过少导致浪费仓容、供不应求的情况。因此存货管理具有两项重大意义：一为确保存货能配合销售情况、交货要求以提供令客户满意的服务；二为设立存货控制基准，以最经济的订购方式与控制方法来提供营运所需要的供应。

**1. 存货管理的目的**

（1）减少超额存货投资：保持合理的库存量、减少存货投资，如此可灵活运用资金（固定资金减少），并使营运资金的结构保持平衡。

（2）降低库存成本：保有合理库存可减少由库存所引起的持有成本、订购成本、缺货成本等，降低库存成本。

（3）保护财务：防止有形资产被窃，且使存货的价值在账簿上能有正确的记录，以达到财务保护的目的。

（4）防止迟延及缺货，使进货与存货取得全面平衡。

（5）减少呆料的发生，使存货因变形、变质、陈腐所产生的损失减至最少。

在上述五个存货管理的目的中，前三者是为了让财务合理化，而后二者是为了让作业合理化。

**2. 存货管理的关键问题**

（1）何时必须补充存货——订购点的问题。所谓订购点（Reorder point），是存量降至某一数量时，应即刻请购补充的点或界限。一旦订购点抓得过早，则将使存货增加，相对增加了货品的在库成本及空间占用成本；倘若订购点抓得太晚，则将造成缺货，甚至流失客户、影响信誉。因而，订购点的掌握非常重要。

（2）必须补充多少存货——订购量的问题。所谓订购量（Reorder Quantity），是存量已达请购点时，决定请购补充的数量，按此数量请购，方能配合最高存量与最低存量的基准。一旦订购量过多，则货品的在库成本增加；若订购量太少，货品可能有供应间断的情况，且订购次数也会增加，会提高订购成本。

（3）应维持多少存货——存量基准的问题。存量基准（Inventory Level）包括最低存量（Minimum Inventory）与最高存量（Maximum Inventory）。

①最低存量：是指管理者在衡量企业本身特性、需求后，所订定货品库存数量应予维持的最低界限。最低存量又分为理想最低存量及实际最低存量两种。理想最低存量又称购置时间（lead time，即自开始请购货物到将货物运入物流中心的采购周期时间）使用量，也就是采购期间尚未进货时的货品需求量。此为临界库存，一旦货品存量低于此界限，则有缺货、停工的危险。实际最低存量：既然理想最低存量是一临界库存，因而为保险起见，许多业者多会在理想最低存量外再设定一个安全存量，以防供应不及发生缺货，这就是实际最低存量。实际最低存量也称最低存量，为安全存量

与理想最低存量的和。

②最高存量：为防存货过多浪费资金，各种货品均应限定其可能的最高存量，也就是货品库存数量之最高界限，以作为内部警戒的一个指标。

因而对一个不容易准确预测也不容易控制库存的物流中心，最好订定各品项的库存上限及库存下限（库存上限即最高存量，库存下限即实际最低存量），并在电脑中作好设定。一旦发现库存低于下限，则发出警讯，提醒管理人员准备采购；反之，一旦发现货品存量大于库存上限，则也要提醒管理人员存货过多需要加强销售，或采取其他折价促销的措施。

**3. 存货的决策**

为了做出最佳的存货决策，必须首先对货物的需求状况、订购性质和限制因素进行充分的了解。在市场导向的经营方式下，企业通常面临三种需求状况。①对未来的需求是已知的、固定的。②大概知道未来的需求。③对未来需求完全不知道。众所周知，流通业是否景气，受经济大环境的影响很大，在需求量尚不确定的情况下，切勿过多购进货物，否则很可能造成产品的滞销，影响资金流动。

关于各段时间的库存量可用如下公式计算：

$$Q(t) = Q(0) - D(t/T)^{1/n}$$

式中 T 为需求决定时间；t 为 T 时间内的任一时间段；Q（t）为时间 t 时的库存量；Q（0）为初期（t=0）的库存量；D 为 T 期间内的需求量；n 为需求形态指数。

当 $n=\infty$ 时，需求为瞬时型，所有需求在初期发生；当 $n=1$ 时，需求为固定型；当 $1<n<\infty$ 时，需求的大部分发生在初期；当 $n=0$ 时，需求在末期发生。

由此公式可对各时间段库存量作预先预测，这对整个货存管理过程均有重大意义。图 2－6 是一张完整的存货因素图。

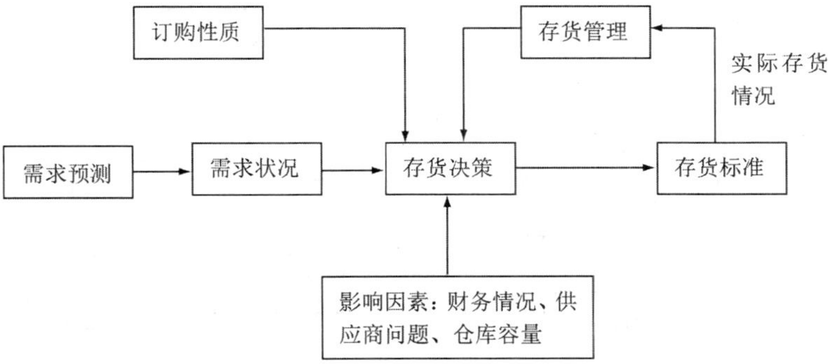


图 2－6 存货因素图

**4. 经济订购量的计算**

所谓经济订购量是在需求量前置时间和相关成本为已知的前提下，求出“一次订购最经济的数量”和“最经济的订购周期”。也就是说，求出“订购成本和保管成本的总和为最低值”的订购量和订货周期。通常以一年为预测期，其订购成本与保管成本总和的公式如下：

$$T_C = C_2D/Q + C_1Q/2$$

式中，$T_C$ 为全年存货的订购与保管总成本（元）；$C_2D/Q$ 为全年总订购成本；$C_1Q/2$ 为全年总保管成本；Q 为每次订购存货量；D 为全年需求量（单位）；$C_1$ 为存货的单位成本（元）；$C_2$ 为每次订购成本（元/次）。

对上述公式，通过微分求极值，可以推导出在订购与保管的总成本为最低条件下的经济订购量、金额、次数和周期，即经济订购量 $Q^* = \sqrt{2C_2/C_1}$；经济订购金额 $C_1Q^* = \sqrt{2C_1/C_2D}$；经济订购次数 $N = D/Q^* = \sqrt{DC_1/2C_2}$；经济订购周期 $t = 1$ 年/N $= \sqrt{2C_2/DC_1}$。

由上述公式可知，在假设货物价格不变的条件下，当订购数量增加时，可享受优惠折价的待遇；若这个优惠折价值大于所增加的保管成本，则应增加订货量，反之，则不应该增加订购量。图 2－7 为存货管理系统图。

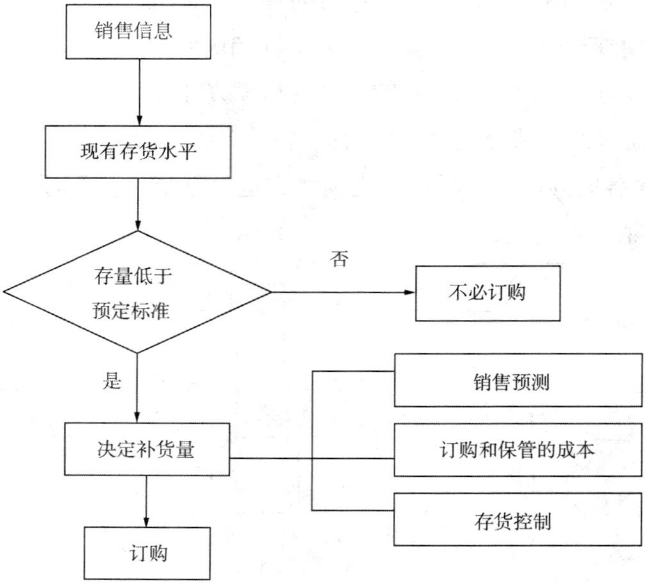


图 2－7 存货管理系统图

**5. 提高仓容利用率的方法**

（1）合理安排货位，节约使用面积。

（2）改进货物堆码方式，节约仓容。

（3）加强货区管理，及时整理货垛。

（4）加强设备改造，提高库房的技术水平。

## 2.2.5 盘点作业

盘点作业发生在物流配送中心货物不断的进库和出库的工作过程中。在长期积累下，理论库存数与实际库存数是不相符的。还有些货品因长期存放，导致品质下降，不能满足用户需要。为了有效地掌握货品数量和质量，必须定期对各储存场所进行清点，这就是所谓的盘点作业。

**1. 盘点的目的**

（1）确认现存数量。由于多记、误记和漏记，有时会使库存资料记录不实；此外，由于货物损坏、丢失、验收与发货清点有误，也会造成库存量不实；有时盘点方法不当，产生误盘、重盘和漏盘时，也会使库存量不实。为此，必须定期盘点，确认现存数量。

（2）计算企业实际损益。众所周知，企业的损益与总库存金额有极为密切的关系，而库存金额与货品库存量及单价成正比。为准确地计算出企业实际损益，必须进行货物的盘点。

（3）核实物品管理成效。通过盘点，可发现待处理品和废品的处理情况、存货周转率以及货物保养维修情况，相应地可谋求改善良策。

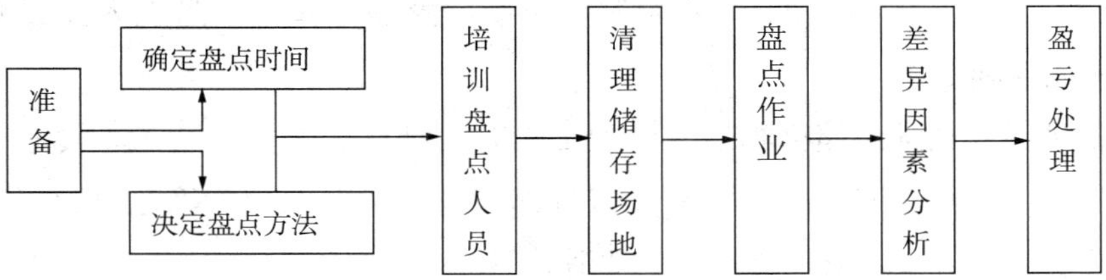


图 2-8 盘点作业程序

**2. 盘点作业程序**

（1）准备。盘点作业之前的准备工作是否充分，关系到盘点作业的顺利程度，必须予以重视。应做的准备工作有：确定盘点的程序和方法；配合会计决算进行盘点；

培训盘点、重盘和监盘人员；盘点人员熟悉盘点表格；备好盘点用表格以及清楚库存资料。

（2）确定盘点时间。为了货与账相符合，盘点次数越多越好。但是每盘点一次，都需要消耗一定的人力、财力和物力。为此，需要按实际情况确定盘点次数。事实上，造成盘点误差的原因多在于货物在出入库作业传票的输入和查点数目上的错误，或者出入库搬运造成了货物损失。由此可见，出入库频率越高，误差也越大。对于货物流动速度颇快的物流配送中心，既要防止长期不盘点造成重大经济损失，又要防止盘点频繁造成经济损失，要视物品的性质来确定周期。例如，可按货物性质分为A、B、C等级。A类重要货品，每天或每周盘点一次；B类货品每两三周盘点一次；C类一般货品可每月盘点一次。具体盘点时间可选择在财务决算前或在销售淡季。

（3）决定盘点方法。盘点分账面盘点和现货盘点两种。所谓账面盘点，就是每天把入库的货品数量及单价记录在电脑或账本上，之后，不断地累计，从而算出账面上的库存量和库存金额。所谓现货盘点，就是实际查点货品库存数，再根据货品单价计算出实际库存金额。

盘点方法有账面盘点法和现货盘点法两种。账面盘点法是把每一货品分别设账，并记录每种货品的入库及出库详细情况。此法适合于量少而单价高的货品。现货盘点法也叫实地盘点法，这种方法根据时间次数不同又分为期末盘点和循环盘点两种。期末盘点法是指期末一起清点所有货品数量的方法。循环盘点法则是在每天、每周做少品种、少批量的盘点，到了月末或期末每项货品至少完成一次盘点的方法。

（4）培训盘点人员。盘点时有关部门必须派人支援，支援人员必须经过简单培训才能上岗工作。例如盘点程序、表格填写、货品的熟悉等知识，盘点人员必须在充分了解后，才能顺利工作。

（5）清理储存场地。储存场地的清理工作有：盘点之前，对已入库货品应心中有数；在关闭储存场所之前，应通知有关需货部门预领货品；预先确定呆料、废料、不良品的标准以及账卡，单据及资料应整理清楚等。

（6）盘点作业。盘点作业单调乏味，易疲劳。为保证盘点正确性，一方面应加强领导，另一方面也要劳逸结合。

（7）差异因素分析。主要差异因素有：记账员记录及账务处理有误，盘点不佳导致货账不符，是否漏盘、重盘和错盘等。

（8）盈亏处理。盈亏处理需按差异的主要原因，来制定解决办法。如，对待废品、不良品，应视为盘亏；货物在盘点时除了产生数量的盈亏外，有些在价格上也会发生增减情况，这种价格变化经主管部门批准后，可利用盘点盈亏和价目增减表格更正过来。

**3. 盘点原则**

配送中心在进行商品盘点时，应该按照以下原则进行。

（1）真实：要求盘点所有的点数、资料必须是真实的，不允许作弊或弄虚作假，掩盖漏洞。

（2）准确：盘点的过程要求准确无误，无论是资料的输入、陈列的核查、盘点的点数，都必须准确。

（3）完整：所有盘点过程的流程，包括区域的规划、盘点的原始资料、盘点点数等，都必须完整，不要遗漏区域、遗漏商品。

（4）清楚：盘点过程属于流水作业，不同的人员负责不同的工作，所以所有资料必须清楚，书写必须清楚，货物的整理必须清楚，如此才能使盘点顺利进行。

（5）团队精神：盘点是全店人员都参加的营运过程。为减少停止作业的损失，加快盘点的时间，配送中心各个楼层、各个岗位必须有良好的配合协调意识，以大局为重，使整个盘点工作按计划进行。

一般是每月对商品盘点一次，并由各楼层负责各自楼层的盘点工作。为了确保商品盘点的效率，应坚持两个原则：售价盘点原则，即以商品的零售价作为盘点的基础，库存商品以零售价金额控制，通过盘点确定一定时期内的商品溢损和发货差错。即时盘点原则，即在运营中随时进行盘点，“停止营业”以及“月末盘点”并不一定是正确的盘点，配送中心（尤其是局部盘点）可以在营业中盘点，且任何时候都可以进行。

**4. 盘点方式**

盘点工作在制造型或流通型企业里随处可见，因为料账合一是企业进行管理工作的最基本条件。依照进行的目的及方式不同，盘点方式被分为以下几种。

（1）抽样盘点：由审查单位或其他管理单位所发起的突击性质的盘点，目的在于对仓储管理单位是否落实管理工作进行审核。抽样盘点可从仓库、料件属性、仓库管理员等不同方向进行。

（2）临时盘点：因为特定目的对特定料件进行的盘点等。

（3）年终（中）盘点：定期举行大规模、全面性的盘点工作。根据相关规定，一般企业每年年终应该实施全面的盘点，部分上市公司在年中还要实施一次全面的盘点。

（4）循环盘点：采用信息化管理的企业，为了确保料账随时一致，将料件依照重要性区分成不同等级后赋予不同循环盘点码，再运用信息工具进行周期性的循环盘点。

**5. 盘点结果分析**

通过盘点分析，评判货品出入库及保管情况。具体应弄清的问题有：各品种的实际存量与账面存量相差多少？这些差造成的损失有多大？评判指标如下：①盘点数量误差 = 实际库存数 - 账面库存数。②盘点品项误差率 = 盘点误差品项数/盘点实际品项数。③平均每件盘差品金额 = 盘点误差金额/盘差误差量。④盘点次数比率 = 盘点误差次数/盘点执行次数。⑤平均每品项盘差次数率 = 盘差次数/盘差品项数。

### 2.2.6 订单处理作业

订单处理指的是从接到门店订货到准备出货之间的作业阶段，包括订单确认、存货查询、库存分配和出货配送等。

（1）订单品项数量及日期确认。配送中心对门店的订单资料进行检查，发现要求送货时间有问题或出货有时间延迟时，需要与门店再次确认订单内容或更正要求的进货时间。

（2）订货价格确认。核对送货单的价格与采购单的价格是否相符，若价格不符，系统应加以锁定，以便主管审核。

（3）包装确认。订购的商品是否有特殊的包装，分装或贴标签等有什么要求，或是有关赠品的包装等资料，都应详加记录，并将出货要求在订单上注明。

（4）订单号码。每一订单必须有唯一的订单和号吗，可以根据经营合同或成本单位来确定，以便于计算成本。采购结算、配送等整个商品流转过程，所有工作说明及进度报告，均以此号码作为标准号码。

（5）建立和维护客户主档。更新客户的详细记录，包括供方名称、代号、等级，负责本企业产品供应的业务员、车辆形态、送货地点、配送要求等。

（6）存货查询及订单分配。

①存货查询：确认有效库存能否满足门店需求。库存商品资料包括品项名称、SKU（单品）号码、产品描述、库存量、已分配存货、有效存货及顾客要求的送货时间。输入门店订货商品名称/代号时，系统应查对存档的相关资料，看此商品是否缺货。若缺货，则生成相应的采购订单，以便于门店协调订替代品或允许延迟交货，以提高接单率和接单处理效率。

②分配库存：订单资料输入系统，确认无误后，最重要的处理作业是有效汇总分类、调拨库存，以便后续的各项作业能有效进行。a. 单一订单分配。b. 即时分配：输入订单资料时，将存货分配给该订单。c. 批次分配：按接单时序分配。按订单时间先后分批次，把一天分成几个时段。d. 按配送区域或路径分配。

（7）分配存货不足的异动处理。若现有存货数量无法满足门店要求，且无替代品时，依据门店意愿与公司政策决定对应方式。

（8）订单排定出货日程及拣选顺序。对已分配存货的订单，通常根据门店要求，拣取标准时间以及内部工作负荷来确定出货时间和拣选顺序。订单经过以上处理，可以开始打印出货单据。

①拣选单（出库单）。提供商品出库指示，作为拣货的依据。若拣货单考虑商品储位顺序打印，可以减少人员行走距离。

②送货单。交货时交送货单据给门店清点签收，作为收货凭证。要确保送货单上的资料与实际送货相符。

③缺货资料。库存分配后，对于缺货的商品或订单信息，系统提供查询或报表功能，以便及时处理。对于库存缺货商品，要提醒采购人员紧急采购。

## 2.2.7 拣货作业

众所周知，每张用户订单中最少有一种以上的商品，如何把这些不同种类、数量的商品由物流配送中心集中在一起，就是所谓的拣货作业。下面将对拣货作业作具体的描述。

**1. 拣货作业概述**

（1）拣货作业的目的。配送费用的发生大多在厂区外部，影响因素多难以控制，因此若要降低物流成本，由拣货作业上着手改进可获事半功倍的效果。在配送作业中，人力成本占50%以上，作业时间占30%～40%，拣货人工作业成本占15%～20%，因此在无拣货错误率的情况下，将正确的货品，以正确的数量，在正确的时间，及时（Just－In－Time）配送给顾客，是拣货作业最终的目的。

（2）拣货作业的过程。拣货作业主要分成四个部分：①拣货资料的形成：利用电脑快速转换。②行走或搬运（Travel ormove）：人至物的方式—物至人的方式。③拣取（Pick）：拿取—确认。④分类与集中（Sort and Accumulate）。

整个拣货的时间可分成五段：①订单资料处理，形成拣货指示所需时间；②总行走时间；③找寻正确储位所需时间；④拿去与确认所需时间；⑤如批量拣取，须分类，然后以车次、路线别加以分区集中暂存。

**2. 拣货方式**

拣货方式主要有以下4种：订单别拣取、批量拣取、汇整订单拣取和复合拣取。

（1）订单别拣取。订单别拣取，俗称“摘果式拣取”。其优点主要有：①作业方式单纯；②订单处理前置时间短；③导入容易且弹性大；④作业员责任明确，派工容易、公平；⑤拣货后不必再进行分类作业，适合于大量、少品项订单的处理。其缺点主要有：①商品品项多时，拣货行走路径加长，拣取效率降低；②拣取区域大时，搬运系统设计困难；③少量多次拣取时，会造成拣货路径重复费时，效率降低。

（2）批量拣取。优点是：适合订单数量庞大的系统；可以缩短拣取时行走搬运的距离，增加单位时间的拣取量；愈要求少量、多次数的配送，批量拣取就愈有效。缺点是对订单的到来无法做及时的反应，必须等订单达一定数量时才做一次处理，因此会有停滞的时间产生。（只有根据订单到达的状况做等候分析，决定出适当的批量大小，才能将停滞时间减至最低。）

（3）汇整订单拣取。主要是应用在一天中每一订单只有一个品项的场合。为了提高输配送的装载效率，故将某一地区的订单汇整成一张拣货单，做一次拣取后，集中捆包出库。这属于订单别拣取方式的一种变形型式。

（4）复合拣取。复合拣取为订单别拣取与批量拣取的组合运用，依订单品项、数量及出库频率，决定哪些订单适于订单别拣取，哪些适合批量拣取。

**3. 拣货策略**

拣货策略（Order Picking Strategies）的决定是影响日后拣货作业效率的重要因素，不同的订单需求，衍生出了不同的拣货策略。决定拣货策略的四个主要因素为：分区、订单分割、订单分批及分类，此四个主要策略因素交互运用下可产生多个拣货策略。

（1）分区（Zoning）

分区又分拣货单位分区、拣货方式分区和工作分区三种。

①拣货单位分区：其目的在于将储存与拣货单位分类统一，以方便拣取与搬运单元化，将拣取作业单纯化。一般而言，拣货单位分区所形成的区域范围最大。

②拣货方式分区：将各品项的出货量大小及拣取次数多寡，各做A、B、C群组划分，再依各群组，决定适合的拣货设备及方式运用。

③工作分区：将拣货作业场地细部划分成每个分区，由一个或一组固定的拣货人

员负责拣取区域内的货品。此策略的主要优点是可使拣货人员所需记忆的存货位置及移动距离减少，以缩短拣货的时间，或可配合订单分割策略，运用多组拣货人员在短时间内共同完成订单的拣取；但必须要注意工作平衡的问题。

（2）订单分割（Splitting）

当订单所订购的商品项目较多，或设计一个讲求及时快速处理的拣货系统时，为了使其能在短时间内完成拣货处理，可利用此策略将订单切分成若干的子订单，交由不同的拣货人员同时进行作业以加速拣货的达成。订单分割策略必须与分区策略联合运用，才能有效发挥其长处，而各子订单拣货完成时，必须考虑到子订单汇集的动作。

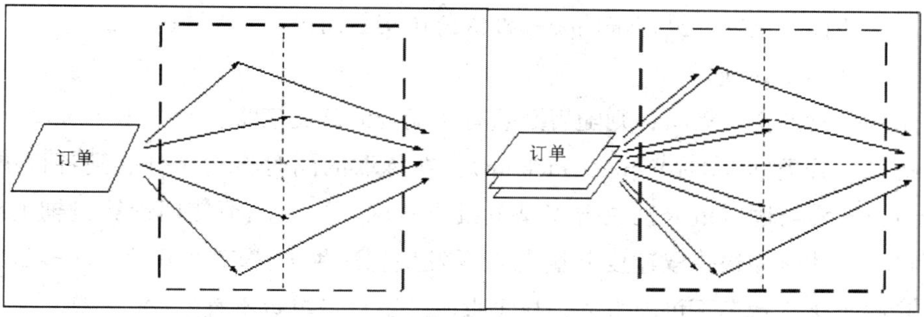


图2-9 订单分割

（3）订单分批（Batching）

订单分批即为了提高拣货作业效率而把多张订单集合成一批，进行批次拣取作业。其目的在于缩短拣取时平均行走搬运的距离及时间。若再将每批次订单中的同一商品品项加总做拣取，然后把货品分类至每一顾客订单别，则形成所谓的批量拣取。如此不仅缩短了拣取时平均行走搬运的距离，亦减少了储位重复寻找的时间，进而提升了拣货的效率。但相对的是，若每批次的订单数目增多，则必需耗费较多的分类时间；更甚者，则必须要有一强大的自动化分类系统支持才行。

订单分批的方法通常有四种。

①总合计量分批（Total Batching）。即所有累积的订单集合成一批。这相对地需要功能强大的分类系统，适合于固定点之间的周期性配送。

②时窗分批（Batching with Time Window）。当订单到达至拣货完成出货所需的时间非常急迫时，可利用此策略。开启短暂而固定时窗，例如五或十分钟，再将此一时窗中所到达的订单做成一批，进行批量拣取。这种方法适合于到达间隔时间短而平均的订单型态，同时订购量及品项数不宜太大；较适合密集频繁的订单，且较能应付紧急

插单的需求。

③固定订单量分批（Fixed Number Batching）。订单按先到先处理的基本原则分批处理，当累计到达设定之固定量时，再开始进行拣货作业。这种方法偏重在维持较稳定的作业效率。

④智能型分批（Intelligent Batching）。订单在汇集后经过较复杂的计算机计算程序，将拣取路线相近的订单分成一批同时处理。这种方法可大大缩短拣货行走搬运距离。

其他还有依配送的地区、路线别分批，依配送的数量、车趟次、金额分批，依商品内容种类特性分批等，具体采用哪一种依公司实际而定。

（4）分类（Sorting）

若采用分批的拣货策略，则随后必须有相配合的分类策略。

①拣取时分类（Sort－While－Picking）：在拣取的同时将货品分类到各订单别中。此种分类方式常与固定量分批或智能型分批方式联用，因此须使用计算机辅助台车作为拣货设备，才能加快拣取速度并避免错误发生。这种方法较适用于少样多量的拣取场合，且由于拣货台车不可能太大，故每批次的客户订单量不宜过大。

②拣取后集中分类（Downstream Accumulation/ Sortation）（Sort－After－Picking）：分批依合计量拣取后，再进行集中分类。通常有两种作法，一是以人工操作为主，将货品总量搬运至空地上进行分发，而每批次订单量及货品数量不宜过大，不能超过人员负荷；另一种方式是利用分类输送系统进行集中分类，是较自动化的作业方式。

## 2.2.8 补货作业

补货作业是为了保证分拣作业需要，从货物保管区将货物移到另一个作为订单拣取用的动管拣货区的作业过程，即将待配商品放在存取方便的位置上的过程。一般补货作业的流程如图 2－10 所示。

**1. 补货方式**

与拣货作业息息相关的是补货作业。补货作业的策划必须满足两个前提，即“确保有货可配”和“将待配商品放置在存取都方便的位置”。补货作业一定要小心计划，不仅为了确保存量，也为了将其安置于方便存取的位置。下面针对一般拣货安排，指出一些可能的补货方式。

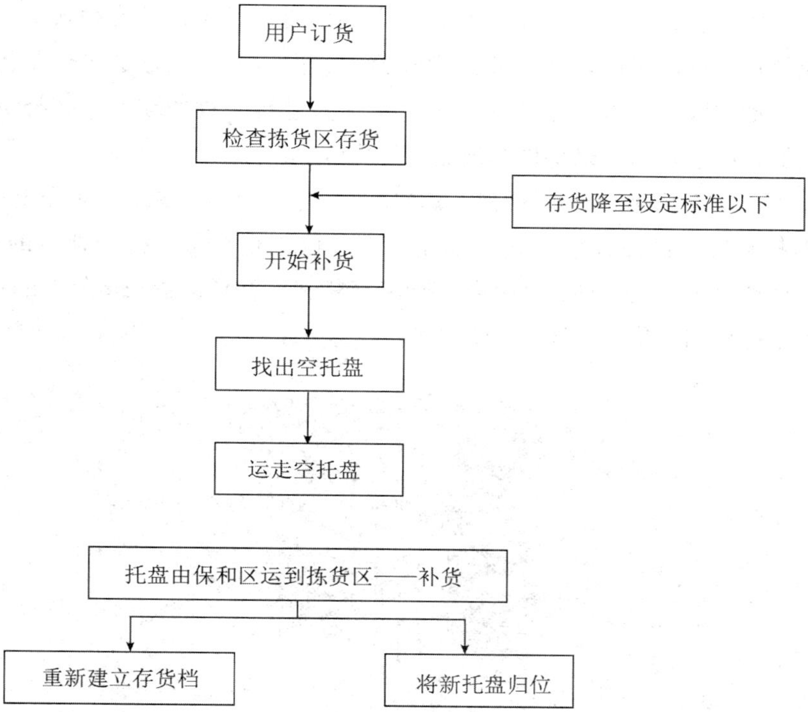


图 2－10 一般补货作业的流程图

（1）整箱补货：由货架保管区补货到流动式货架的动管区的补货方式，如图 2－11 所示。

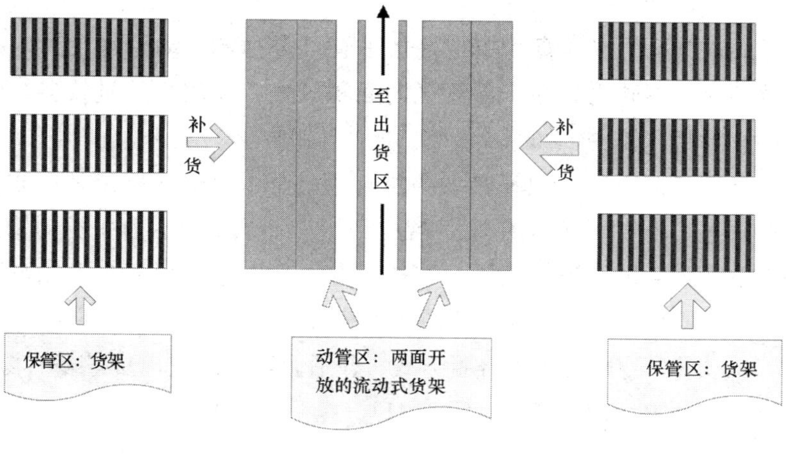


图 2－11 整箱补货

此补货方式保管区为货架存放，动管拣货区为两面开放式的流动式货架。拣货时拣货员在流动货架拣取区拣取单品放人周转箱中，而后放置于输送机运至出货区。而当拣取后发现动管区的存货低于要求之下时，则要进行补货的动作。其补货方式为作业员至货架保管区取货箱，以手推车载箱至拣货区。

这种保管、动管区存放形态的补货方式比较适合体积小且少量、多样出货的物品。

（2）整托补货：这种补货方式是以托盘为单位进行补货。根据补货的位置不同，可又分为三种情况：地板至地板的补货，地板至货架的补货，货架至货架的补货。

①地板至地板的补货，见图 2－12。

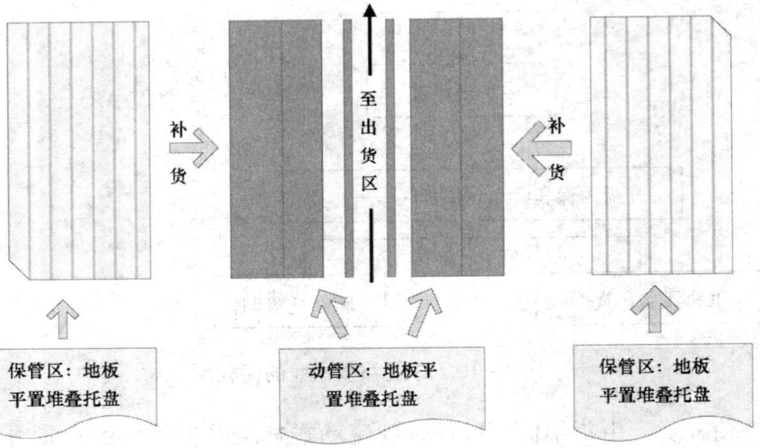


图 2－12　地板至地板补货

此补货方式保管区为以托盘为单位地板平置堆叠存放，动管区也为以托盘为单位地板平置堆叠存放；不同之处在于保管区的面积较大、存放物品量较多，而动管区的面积较小、存放物品量较少。

拣取时拣货员于拣取区拣取托盘上的货箱，放至中央输送机出货；或者，可使用叉车将托盘整个送至出货区（当拣取大量品项时）。而当拣取后若发觉动管拣取区的存货低于水准之下，则要进行补货动作。其补货方式为作业员用叉车由托盘平置堆叠的保管区搬运托盘至同样是托盘平置堆叠的拣货动管区。

这种保管、动管区存放形态的补货方式，较适合体积大或出货量多的物品。

②地板至货架的整托盘补货，见图 2－13。

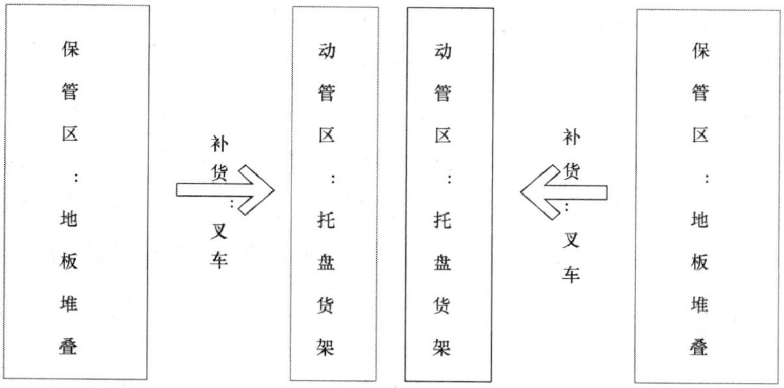


图 2－13　地板至货架的补货

此补货方式保管区是以托盘为单位地板平置堆叠存放，动管区则为托盘货架存放。拣取时拣货员在拣取区搭乘牵引车拉着推车移动拣货，拣取后再将推车送至输送机轨道出货。而一旦发觉拣取后动管区的库存太低，则要进行补货动作。补货方式为作业员使用叉车很快地至地板平置堆叠的保管区搬回托盘，送至动管区托盘货架上存放。

这种保管、动管区存放形态的补货方式，较适合体积中等或中量（以箱为单位）出货的物品。

③货架至货架。此补货方式为保管区与动管区属于同一货架，也就是将一货架上的两手方便拿取之处（中下层）作为动管区，不容易拿取之处（上层）作为保管区，而进货时便将动管区放不下的多余货箱放至上层保管区。对动管拣取区的物品进行拣货，而当动管区的存货低于水准之下，则可利用叉车将上层保管区的物品搬至下层动管区补货。

这种保管、动管区存放形态的补货方式较适合体积不大、每品项存货量不高且出货多属中小量（以箱为单位）的物品。

**2. 补货时机**

补货作业的发生与否主要看动管拣货区的货物存量是否符合需求，因此究竟何时补货要看动管拣货区的存量。要避免出现在拣货中才发现动管区货量不足需要补货的情况，否则会影响整个拣货作业。通常，可采用批次补货、定时补货或随机补货三种方式。

（1）批次补货。在每天或每一批次拣取之前，经计算机计算所需货品的总拣取量，再查看动管拣货区的货品量，计算差额并在拣货作业开始前补足货品。这种“一次补足”的补货原则，比较适合于一天内作业量变化不大、紧急追加订货不多或是每一批次拣取量大、需事先掌握的情况。

（2）定时补货。将每天划分为若干个时段，补货人员在各个时段内检查动管拣货区货架上的货品存量，如果发现不足，马上予以补足。这种“定时补足”的补货原则，较适合于分批拣货、时间固定且处理紧急追加订货的时间也固定的情况。

（3）随机补货。这是一种指定专人从事补货作业的补货方式。这些人员随时巡视动管拣货区的分批存量，发现不足随时补货。此种“不定时补足”的补货原则，较适合于每批次拣取量不大、紧急追加订货较多，以至于一天内作业量不易事前掌握的场合。

### 2.2.9 出货作业

出货作业又叫发货作业，即将拣选的商品按订单或配送路线进行分类，再进行出货检查，做好相应的包装、标识和贴标签工作，根据门店或行车路线等将物品送到出货暂存区，最后装车配送的过程。具体流程见图 2－14。本节着重介绍一下货物分类、出货检查和出货前包装三个环节。

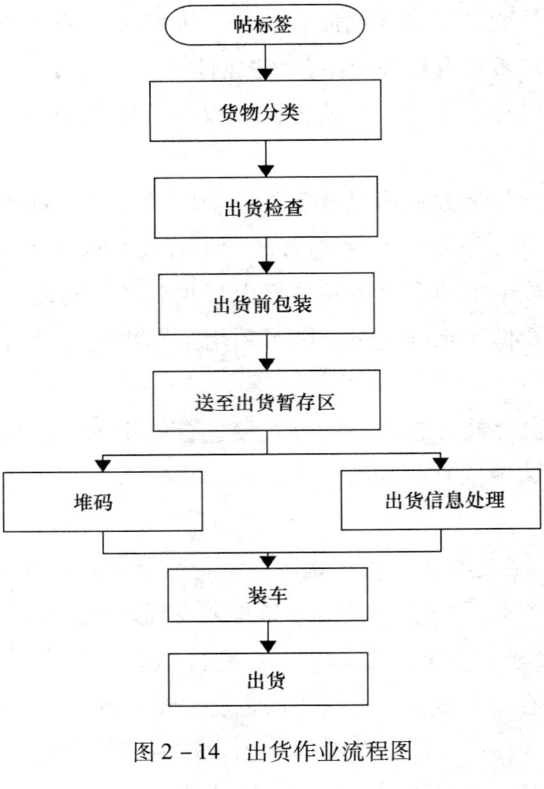


图 2－14　出货作业流程图

**1. 货物分类作业**

（1）拣货作业完毕后，再将物品按客户别或配送路线别作分类的工作，就是分货。分货方式一般有下述三种。

①人工目视处理：全由人工依订单或传票判断来进行分货，即不凭借任何电脑或自动化的辅助设备，拣取作业后按订单或传票信息将各客户的订购货品放入已贴好各客户标签的货篮中。

②自动分类机：由于近年来对物流作业快速、准确的要求，再加上为适应多品种少量订货的市场趋势，自动分类机应运而生且正被广泛运用。自动分类机是利用电脑及辨识系统来进行分类的，因而具有迅速且正确、不费力的效果，尤其在拣取数量或分类众多的物品时，更有效率。

③旋转架分类：为节省成本，有时也使用旋转架的方法进行分类。将旋转架的每一格位当成客户的出货篮，只要在电脑输入各客户的代号，旋转架即会自动将其货篮转至作业员面前，让其将批量拣取的物品放入进行分类。同样的，即使没有动力的小型旋转架，为节省空间也可作为人工目视处理的货篮，只不过作业员根据每格位上的客户标签自行旋转找寻，以便将货品放入正确储位中。

**2. 出货检查作业**

出货检查作业包括把拣取物品依客户、车次对象等进行产品号码及数量的核对，及实施产品状态及品质的检验。

在拣货作业后的物品检查，因耗费时间及人力，常常效率不高，出货检查系确认拣货作业是否产生错误的处理作业，所以如果能先找出让拣货作业不会发生错误的方法，就能免除事后检查的需要，或可以只对少数易出错物品作检查。

出货检查最简单的作法就是人工法，即将货品一个个点数并逐一核对出货单，再进而查验出货的品质水准及状态情况。就状态及品质检验而言，纯人工方式逐项或抽样检查的确有必要，但对于货品号码及数量核对来说，纯人工方式就可能较无效率也较难将问题找出。即使是采取多次的检查作业，纯人工方式也可能是耗费了许多时间而错误却依然存在。因此，从效率及效用来考虑，如今在数量及号码检查的方式上有了许多新突破。

（1）商品条码检查法。这种方法的根本要求就是要导入条码，让条码跟着货品跑。当进行出货检查时，将拣出货品之条码以扫描机读出，电脑就会自动将资料与出货单比对，来检查是否有数量或号码上的差异。

（2）声音输入检查法。声音输入检查法是一项新的技术，是由作业员发声读出货品的名称（或代号）及数量，之后电脑接收声音作自动判识，转成资料再与出货单进行比对。此方式的优点在于作业员只需用嘴巴读取资料，手脚仍空着可做其他的工作，自由度较高。但要注意的是，声音的发音要准，且每次发音字数有限，否则电脑辨识困难，可能产生错误。

（3）重量计算检查法。它是先自动加总出货单上的货品重量，而后将拣出货品以计重器秤出总重，再将两者互相比对的检查方式。如果能利用装有重量检核系统的拣货台车拣货，则在拣取过程中就能利用此法来做检查。拣货员每拣取一样货品，台车上的计重器则会自动显示其重量作查对，如此可完全省去事后的检查工作，在效率及正确性上效果更佳。

**3. 出货前包装作业**

日本工业规格（JIS）将包装分为销售包装、内装及外装三种。

（1）销售包装。指货品的个别包装，是为了提高货品的商品价值及为美观或保护货品，而考虑使用适当的材料或容器对货品进行的包装。

（2）内包装。指货物包装的内层，即考虑水、湿气、光热、冲击等对物品的影响，而使用适当的材料或容器对物品进行的包装。

（3）外包装。指货物包装的外层，即将物品装入箱、袋、木桶、罐等容器，或在无容器之状态下，将货物加以捆绑、施加记号及打包符号等。要注意，外装容器的规格也是影响物流效率的重要因素，因其尺寸与栈板、搬运设备尺寸是否搭配直接关系到进出货作业的运行速率，而且荷重、耐冲、抗压能力也关系到货品损坏程度。

内包装及外包装又可统称为运输（工业）包装。对于运输货物的包装，通常不求装潢美观，只求坚固耐用，以免货物经长距离辗转运输而遭受损失。

至于出货作业的其他环节，因为将会在其他章节介绍到，故在此不再赘述。

## 2.2.10 配送作业

配送作业受到很多因素影响，这些因素存在于从订货到出货的全过程中，影响着配送的效率，因此需要对配送作业进行管理。

**1. 配送作业概述**

配送作业是指利用配送车辆把客户订购的物品从制造厂、生产基地、批发商、经销商或配送中心，送到客户手中的过程。配送是一种短距离、小批量、高频率的运输形式。它以服务为目标，以尽可能满足客户需求为宗旨，对于物流企业来说非常关键。因为配送流程直接与客户接触，如果在这方面出现失误，例如从接受订单到出货非常费时、配送效率低下、驾驶员的工作时间不均、货品在输送过程中的损坏、丢失等，都会直接导致配送成本的增加。

**2. 配送服务的要求**

（1）时效性。时效是流通业客户最重视的因素，即要确保能在指定的时间内交货。配送是从客户订货至交货各阶段中的最后一阶段，也是最容易无计划性延误时程的阶段（配送中心内部作业的延迟较易掌握，可随时调整），而且一旦延误便无法弥补；且即使内部阶段稍稍延迟，若能规划一个良好的配送计划，则仍可能补救延迟的时间，因而配送作业是掌控时效的关键点。

一般未能掌握配送时效性的原因，除司机本身有问题外，不外乎所选择的配送路径路况不当，或中途客户点卸货不易以及客户未能及时配合等所引起。因此，在进行配送作业时需慎选配送路径，或增加卸货人员辅助每点的卸货，才能让客户尽量在期望时间收到期望之货。

（2）可靠性。指将物品完好无缺地送达目的地。这主要取决于配送人员的责任心和素质。以配送而言，要达到可靠性目标，关键要把握好四个要素：①装卸货时的细心程度；②运送过程中对物品的保护；③对客户地点及作业环境的了解；④配送人员的素质。若配送人员能随时注意到这四点，则物品就能以最好的品质送到客户手中。

（3）沟通性。配送人员在把物品交送到客户手中时，难免要与客户进行直接接触，其表现出的态度、反应等会给客户留下直观的印象，影响着客户对公司的判断。因而配送人员应能与顾客做适当的沟通，且具备良好的服务水平，这对维护公司的形象、巩固客户的忠诚度有重要作用。

（4）便利性。配送最主要的目的是让顾客觉得方便，因而对于客户点的送货计划，应兼具灵活性，如此才能随时提供便利的服务。例如可采用紧急送货、信息传送、顺道退货、辅助资源回收等手段。

（5）经济性。满足客户的配送需求，不仅服务品质要好，价格也要让客户觉得物有所值，这就是经济性要求。因而配送中心应运作得更有效率，成本控制得更低，如此才能更好地抓住客户。

**3. 配送的基本作业流程**

（1）划分基本配送区域。为使整个配送过程有可循的依据，应首先将所有客户的具体位置作系统统计，并将其作区域上的整体划分，将每一客户归于不同的基本配送区域之内，以作为下一步决策的基本参考。如，按行政区域或依交通条件划分不同的配送区域，在这一区域划分的基础上，再作弹性调整来安排配送。

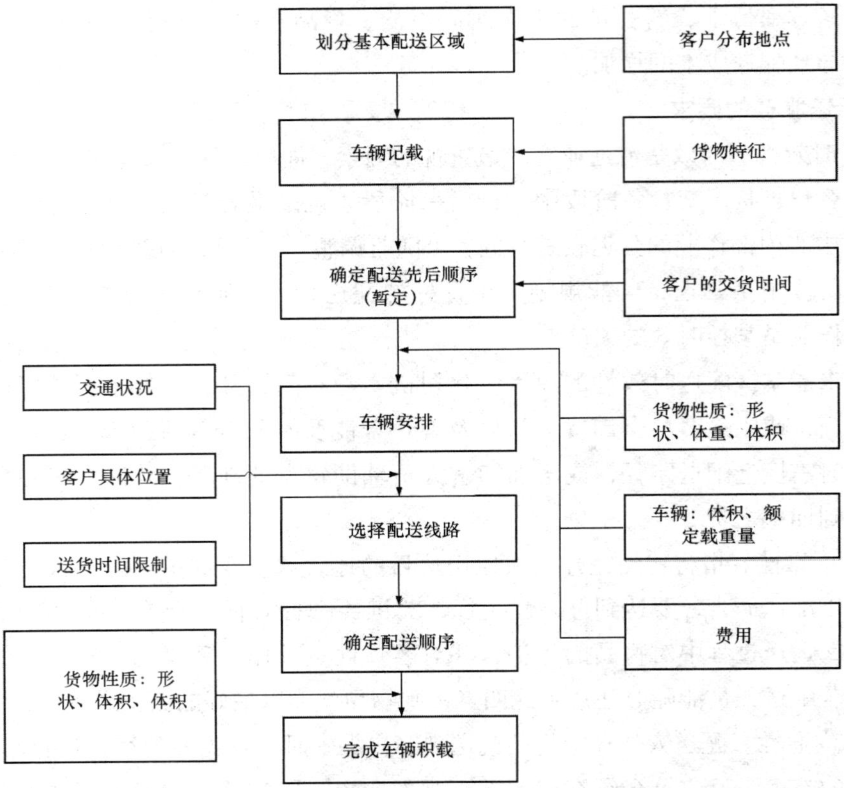


图 2-15 配送基本作业流程图

（2）车辆配载。由于配送货物品种、特性各异，为提高配送效率，确保货物质量，必须首先对特性差异大的货物进行分类，以确定采取不同的配送方式和运输工具。如按冷冻食品、速食品、散装货物、箱装货物等分类配载。而且，配送货物也有轻重缓急之分，必须初步确定哪些货物可配于同一辆车，哪些货物不能配于同一辆车，以做好车辆的初步配装工作。

（3）暂定配送先后顺序。在考虑其他影响因素，做出确定的配送方案前，应先根据客户订单要求的送货时间将配送的先后作业次序作一概括的预订，为后面车辆积载做好准备工作。计划工作的目的，是为了保证达到既定的目标，所以，预先确定基本配送顺序既能有效地保证送货时间，又可以尽可能地提高运作效率。

（4）车辆安排。车辆安排要解决的问题是安排什么类型、吨位的配送车辆进行最后的送货。一般企业拥有的车型和车辆数量有限，当本公司车辆无法满足要求时，可使用外雇车辆。在保证配送运输质量的前提下，是组建自营车队还是以外雇车为主，则须视经营成本而定。见图 2－16，曲线 1 表示外雇车辆的运送费用随运输量的变化情况；曲线 2 表示自有车辆的运送费用随运输量的变化情况。当运输量小于 A 时，外雇车辆费用小于自有车辆费用，所以应选用外雇车辆；当运输量大于 A 时，外雇车辆费用大于自有车辆费用，所以应选用自有车辆。但无论采用自有车辆还是外雇车辆，都必须事先掌握有哪些车辆可供调派并符合要求，即这些车辆的容量和额定载重是否满足要求；其次，安排车辆之前，还必须分析订单上货物的信息，如体积、重量、数量等对于装卸的特别要求等，综合考虑各方面因素的影响后，再做出最合适的车辆安排。

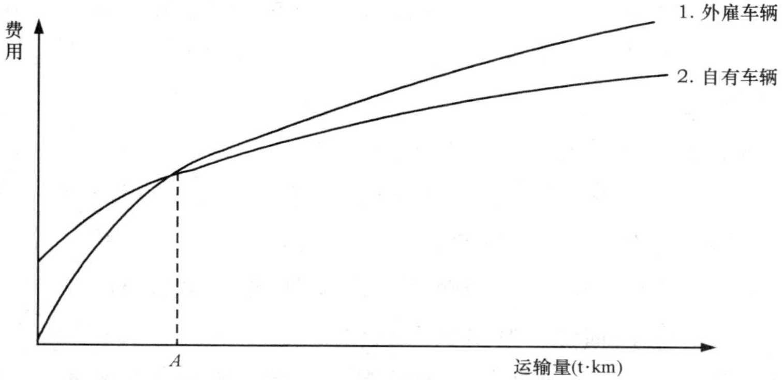


图 2－16　外雇车辆与自有车辆配送费用比较

（5）选择配送线路。知道了每辆车负责配送的具体客户后，如何以最快的速度完成对这些货物的配送，即如何选择配送距离短、配送时间短、配送成本低的线路，就需根据客户的具体位置、沿途的交通情况等做出优先选择和判断。除此之外，还必须考虑有些客户或其所在地点环境对送货时间、车型等方面的特殊要求，如有些客户不在中午或晚上收货，有些道路在某高峰期实行特别的交通管制等。

（6）确定最终的配送顺序。做好车辆安排及选择好最佳的配送线路后，依据各车负责配送的具体客户的先后，即可将客户的最终配送顺序加以明确的确定。

（7）完成车辆积载。明确了客户的配送顺序后，接下来就是如何将货物装车、以什么次序装车的问题，即车辆的积载问题。原则上，知道了客户的配送顺序先后，只要将货物依“后送先装”的顺序装车即可。但有时为了有效利用空间，可能还要考虑货物的性质（怕震、怕压、怕撞、怕湿）、形状、体积及重量等做出弹性调整。此外，对于货物的装卸方法也必须依照货物的性质、形状、重量、体积等来做具体决定。

**4. 提升送货效率的措施**

（1）消除交错送货。消除交错送货，可以提高整个配送系统的送货效率。例如，将原来直接由各工厂送至各客户的零散路线利用配送中心来做整合并调配转送，这样可降低交通网路的复杂程度，且大大缩短运输距离。

（2）开展直配、直送。由于“商物分流”，订购单可以通过信息网络直接传给厂商，因此各工厂的产品可从厂商的物流中心直接交货到各零售店。这种直配、直送的方式可大幅简化物流的层次，使得中间的代理商和批发商不设存货，下游信息也能很快地传达到上游。

（3）采用标准的包装器具。配送不是简单的“送货上门”，而要运用科学而合理的方法选择配送车辆的吨位、配载方式，确定配送路线，以达到“路程最短、吨公里最小”的目标。采用标准的包装工具，如托盘，可以使送货中货物的搬运、装卸效率提高，并便于车辆配装。

（4）建立完善的信息系统。完善的信息系统能够根据交货配送时间，车辆最大积载量，客户的订货量、个数、重量来选出一个最经济的配送方法；根据货物的形状、容积、重量及车辆的能力等，由电脑自动安排车辆和装载方式，形成配车计划；在信息系统中输入每一客户点的位置，电脑便会依最短距离找出最便捷的路径。

（5）改善运货车辆的通信。健全的车载通信设施，可以把握车辆及司机的状况、传达道路信息或气象信息、掌握车辆作业状况及装载状况、传递作业指示、传达紧急信息指令、提高运行效率及安全运转。

（6）均衡配送系统的日配送量。通过和客户沟通，尽可能使客户的配送量均衡化，这样能有效地提高送货效率。为使客户的配送量均衡，通常可以采用对大量订货的客户给予一定的折扣、制订最低订货量、调整交货时间等办法。

### 思考题

1. 试述物流配送中心有哪些功能区。
2. 物流配送中心有哪些作业？各个作业的流程是怎样的？

# 第三章　物流配送中心的选址

配送中心选址正确是事关配送中心规划科学性、经济性的前提，本章主要介绍配送中心选址的原则、影响因素、程序及方法，并用一个案例研究进行了详细诠释。

## 3.1　物流配送中心选址概述

配送中心的选址，是指在一个具有若干供应点及若干需求点的经济区域内，选一个地址设置配送中心的规划过程。配送中心选址方案优劣的评价标准是使商品通过配送中心的汇集、中转、分发直到输运到需求点的全过程中效益的好坏。配送中心拥有众多的建筑物、构筑物以及固定机械设备，一旦建成就很难搬迁，如果选址不当，将付出长远的代价。因此，给配送中心选址是配送中心规划中极为重要的一步。

国民经济的发展和社会物流量的不断增长，要求有相应的配送中心及网点与之相适应。建设配送中心，必须有一个总体规划，即从空间和时间上，对配送中心的新建、改建和扩张进行全面的规划。科学合理的规划，对配送中心的设计、施工和建成后的使用，对其工作质量、安全、作业效率和保证供应，对节省投资和运营费用等，都会产生直接而深远的影响。

物流配送中心在整个物流系统中占有非常重要的位置，属于物流管理战略层的问题。物流的实际运动空间表现为网络结构形式，由点和线构成。“点”通常称为物流节点，“线”一般指运输线路。物流配送中心（物流节点）是物流网络中十分重要的组成部分。在物流配送中心要完成多种物流活动要素，如包装、装卸、保管、分拣、配货、流通加工等。同时，物流配送中心还要与运输过程相互衔接，协调不同等级的运输环节。因此物流中心的优化配置对物流系统的效率和运行成本有重要的影响。从发展的趋势来看，物流配送中心不仅执行一般的物流职能，而且要越来越多地执行指挥调度、信息处理等职能，是整个物流网络的关键所在，受到广泛重视。因此物流配送中心的合理选址是关乎企业发展的战略决策问题。

不论是政府进行社会物流系统规划，还是企业拓展经营网络，都要进行物流配送中心的合理选址分析。因为建设物流配送中心投资规模大，占有大量的城市土地以及建成后的不易调整，对社会物流和企业经营具有长期的影响，所以对物流配送中心的选址决策必须进行详细论证。选址的失误对于社会物流系统而言，会导致社会生产和商品交换的无秩序和低效率；对企业经营而言，则会因为效率低下不能满足需求而直接影响企业的经营利润。

## 3.2 物流配送中心选址的原则及影响因素

### 3.2.1 物流配送中心选址的原则

在对物流配送中心进行选址时，应该遵循以下 4 个原则。

（1）适应性原则。配送中心的选址必须与国家以及地区的经济发展方针、政策相适应，与我国物流资源分布和需求分布相适应，与国民经济和社会发展相适应。

（2）协调性原则。配送中心的选址应将国家的物流网络作为一个系统来考虑，使配送中心的设施设备在地域分布、物流作业生产力、技术水平等方面相协调。

（3）经济性原则。配送中心的选址定在市区或近郊区，其未来物流辅助设施的建设规模及建设费用以及运输费用等物流费用是不同的，在选址时应以总费用最低作为原则之一。

（4）战略性原则。配送中心的选址，应具有战略眼光。一是要考虑全局，二是要考虑长远。局部要服从全局，目前利益服从长远利益；既要考虑目前的实际需要，又要考虑日后发展的可能。

### 3.2.2 物流配送中心选址的影响因素

配送中心选址是一个涉及诸多影响因素的综合决策问题，尽管不同类型的配送中心在选址时所考虑的因素不同，但这些因素通常都具有共性，大致可分为宏观和微观两类。

**1. 配送中心选址的宏观影响因素**

宏观因素主要指一个国家的政权是否稳定、法制是否健全、是否存在贸易禁运政策等。这些因素是无法量化的指标，主要依靠企业的主观评价。

宏观的经济环境、企业所处行业的政策环境以及地方政府的优惠措施等，都是企业在配送中心选址时需要分析的宏观环境因素。国家整体的经济环境对企业决策具有一定的引领作用，若国家整体的经济状况堪忧，那么企业在这样的大环境下扩张业务、扩大现有的配送体系就不是明智之举。行业优惠政策和地方政府的优惠措施是企业经营所面临的重要外部环境，企业的经营决策应该与整个行业的政策相一致，这样在进行行政审批等多个环节上才不会耽误时间，也不会碰到过多导致决策丧失时效性的障碍。企业应该积极争取地方政府所给予的优惠政策，在企业用地价格、税收的减免、贷款利息补贴等多方面得到地方政府的支持，以有效地降低经营成本。

**2. 配送中心选址的微观影响因素**

（1）自然环境因素

①气象条件。配送中心选址过程中，主要考虑的气象条件有温度、风力、降雨量、无霜期、冻土深度、年平均蒸发量等指标。如选址时要避开风口，因为在风口建设的配送中心投入使用后，其露天堆放的商品会加速老化。

②地质条件。配送中心是大量商品的集结地，某些堆放密度很大的建筑材料堆放起来，会对地面造成很大的压力。如果配送中心地面以下存在着淤泥层、流沙层、松土层等地质情况，会在受压地段造成沉陷等不良后果。为此，配送中心的选址要求土壤承载力要高。

③水文条件。配送中心的选址需远离容易泛滥的河川流域与地下水上溢的区域；要认真考察近年来该地区的水文资料。

④地形条件。配送中心应选择建在地势较高、地形平坦的地方。完全平坦的地形是最理想的，其次是稍有坡度或起伏的地方。

（2）经营环境因素

①经营环境。配送中心所在地的优惠物流产业政策对物流企业的经济效益将产生重要影响。数量充足和素质较高的劳动力，也是配送中心选择时应考虑的因素之一。

②客户分布。配送中心是为客户服务的，故首先要考虑客户的分布。对于商业配送中心而言，其客户主要是超市和零售店，分布在城市内人口密集的地区。为提高服务水平，同时也考虑到其他条件的影响，配送中心通常设置在城市边缘地区。

③供应商分布。配送中心靠近供应商，货源供给的可靠性就会较高，库存可以减少。配送中心靠近客户，对降低运输成本是有利的，因为进货的批量会更大。

④商品特性。经营不同类型商品的配送中心最好能分别布局在不同地域，如生产

型配送中心的选址与产业结构、产品结构、工业布局应紧密结合进行考虑。

⑤物流费用。物流费用是配送中心选址时应重点考虑的因素之一。大多数配送中心选择接近物流服务需求地，如接近大型工业、商业区，因为这样有利于缩短运距，降低运费。

⑥服务水平。服务水平是配送中心选址的重要考虑因素。在现代物流服务市场中，能否实现准时运送是评价配送中心服务水平高低的重要指标，因此，在配送中心选址时，应保证客户可在任意时候向配送中心提出物流需求时，都能获得快速满意的服务。

（3）基础设施状况因素

①交通条件。交通条件是影响配送成本和物流效率的重要因素，特别是对大宗物资的配送，影响更大。配送中心必须具备方便的交通运输条件，最好靠近交通枢纽进行布局，如紧临港口、交通主干道枢纽、铁路编组站或机场，有两种以上运输方式相连接。

②公共设施状况。配送中心的所在地，要求城市的道路、通信等公共设施齐全，有充足的供电、水、热、燃气的能力，并且地区周围要有污水、固体废物处理能力。

③地区或城市规划。配送中心规划属于地区或城市规划的一部分，必须符合城市规划的要求，包括布局、用地以及与其他行业规划的协调等。

（4）社会环境因素

①要充分考虑运输费用。新建设物流配送中心要使总的物流运输成本最小化。大多数物流配送中心选择接近物流服务需求地，以便缩短运输距离，降低费用。

②要能实现准时运送。应保证客户在任何时候提出物流需求时，都能获得快速满意的服务。

③新建物流配送中心要能很好地适应货物的特性，经营不同类型货物的物流配送中心最好能分别布局在不同地域。

（5）其他因素

①国土资源的利用。土地成本也是影响物流成本的重要因素。配送中心需要占用一定数量的土地，用地必须符合国家的土地政策和城市规划。配送中心的规划应贯彻节约用地、充分利用国土资源的原则。配送中心一般占地面积较大，周围还需留有足够的发展空间，为此地价的高低对布局有重要的影响。此外，配送中心的布局要兼顾区域与城市规划用地的其他要素，如周边地区的乡村土地规划发展状况、城市相邻行政区域的规划发展等。

②环境保护要求。配送中心的选址需要考虑保护自然环境与人文环境等方面，尽可能降低对城市生活的干扰。大型转运枢纽应设在远离市中心的地方，尽量不影响或

较少影响城市交通环境和生态建设。

③火灾防范。由于配送中心是火灾重点防护单位，故不宜设在易散发火种的工业设施附近，也不宜靠近居民住宅区。

## 3.3 物流配送中心选址的一般程序及方法

### 3.3.1 物流配送中心选择的一般程序

在进行配送中心选址时，可按图 3－1 所示的程序进行。具体来说，选址可分为 6 个步骤。

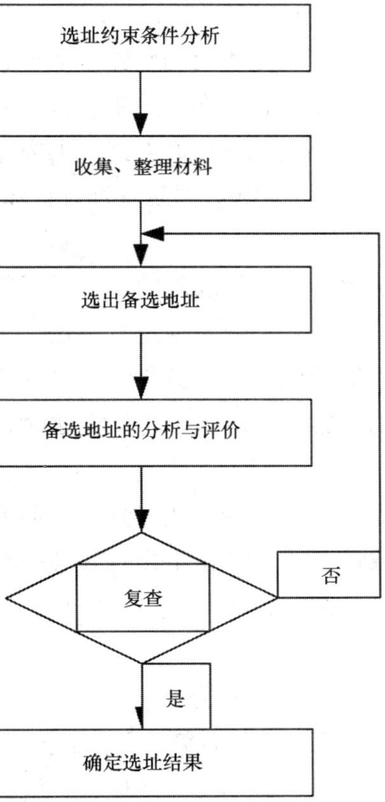


图 3－1 配送中心选址的一般程序

**1. 选址约束条件分析**

选址时，首先要明确建立配送中心的必要性、目的和意义，然后确定所需要了解的基本条件，以便缩小选址的范围。

（1）需求条件：包括配送中心的服务对象、顾客的现在分布情况及未来分布情况的预测、货物作业量的增长率及配送区域的范围。

（2）运输条件：应靠近铁路货运站、港口和公共卡车终点站等运输节点，同时靠近运输业者的办公地点。

（3）配送服务的条件：有无好的信息服务系统？是否可以及时向顾客报告到货时间、发送频度？能否及时根据供货时间计算出从配送中心到顾客的距离和服务范围？

（4）用地条件：是用现有的土地还是重新取得地皮？如果重新取得地皮，那么地价有多贵？地价允许范围内的用地分布情况如何？

（5）法规制度：根据制定用地区域的法律规定，有哪些地区不允许建立配送中心？

（6）流通职能条件：商流职能是否要与物流职能分开？配送中心是否也附有流通加工的职能？如果需要，要不要限定配送中心的选址范围？

（7）其他：要考虑不同类别的配送中心对选址的需要不同。如为了保持货物质量的冷冻和保温设施、危险品保管等设施，对选址都有特殊要求。

**2. 收集整理材料**

通过对历史资料的收集整理，获得准确的第一手资料，对于后续备选地址的选择及定量化模型的设计均有重要作用。选择地址的方法，一般是通过成本计算，也就是将运输费用、配送费用及物流设施费用模型化，再根据约束条件及目标函数建立数学公式，从中寻求费用最小的方案。采用这种选址方法时，必须对业务量和相关费用进行正确的分析和判断。

（1）掌握业务量。选址时，应掌握的业务量包括如下内容：工厂到配送中心的运输量；向顾客配送的货物数量；配送中心保管的数量；配送路线上的业务量。由于这些数量在不同时期会有波动，因此，要对所采用的数据进行研究，同时还必须确定设施使用后的预测数值。

（2）掌握费用。选址时，应掌握的费用如下：工厂至配送中心的运输费；配送中心到顾客的配送费；与设施、土地有关的费用及人工费、业务费等。

（3）其他。用缩尺地图表示顾客的位置、现有设施的设置方位及工厂的位置，并整理各候选地的配送路线及距离等资料；对必备车辆数、作业人员数、装卸方式、装卸机械费用等，要与成本分析结合起来考虑。

**3. 选出备选地址**

在对所取得的上述资料进行充分的整理和分析、考虑各种因素的影响并对需求进行预测后，就可以初步确定选址范围，即确定初始候选地点。

**4. 备选地址的分析与评价**

对备选地址的分析中主要考察经济性因素，针对不同情况选用不同的模型，计算备选地址的经济效益。然后，结合市场适应性、购置土地条件、服务质量等，对计算所得结果进行评价，看其是否有现实意义及可行性。

**5. 复查**

分析其他影响因素对计算结果的相对影响程度，分别赋予它们一定的权重，采用加权法等方法对计算结果进行复查。如果复查通过，则原计算结果即为最终结果；如果复查发现原计算结果不适用，则返回第三步继续计算，直至得到最终结果为止。

**6. 确定选址结果**

复查通过后，则计算所得的结果即可作为最终的计算结果。但是所得解不一定为最优解，可能只是符合条件的满意解。

## 3.3.2 物流配送中心选址的方法

**1. 加权因素分析法**

加权因素分析法是常用的选址方法中使用最为广泛的一种。它用简单易懂的模式，将各种不同因素做了一下综合。加权因素分析法的具体步骤有6步。

（1）决定一组相关的选址因素。

（2）对每一因素赋予一个权重，以反映这个因素在所有权重中的重要性。每一因素的分值根据权重来确定。权重要根据成本的标准差来确定，是一种满足数理统计上Newman比例的科学分配方法，而不是根据成本值来确定。

（3）对所有因素的打分设定一个共同的取值范围，一般是1～10，或1～100。

（4）对每一个备选地址，根据所有因素按设定范围打分。

（5）将各个因素的得分与相应的权重相乘，并把所有因素的加权值相加，得到每一个备选地址的最终得分值。

（6）选择具有最高总分得分值的地址作为最佳的选址。

下面用一个例题来解释一下加权因素分析法。

某厂有四个候选地址（A、B、C、D），影响因素有10个，其重要度如表3－1所示，求最优方案。

解：在表3－1中方案C得分最高，选为最优方案。

**表3－1 加权因素评价表**

| 影响因素 | 权重 | 候选方案A | | 候选方案B | | 候选方案C | | 候选方案D | |
|---|---|---|---|---|---|---|---|---|---|
| | | 评分 | 得分 | 评分 | 得分 | 评分 | 得分 | 评分 | 得分 |
| 劳动条件 | 7 | 2 | 14 | 3 | 21 | 4 | 28 | 1 | 7 |
| 地理条件 | 5 | 4 | 20 | 2 | 10 | 2 | 10 | 1 | 5 |
| 气候条件 | 6 | 3 | 18 | 4 | 24 | 3 | 18 | 2 | 12 |
| 资源供应 | 4 | 4 | 16 | 4 | 16 | 2 | 8 | 4 | 16 |
| 基础设施 | 3 | 1 | 3 | 1 | 3 | 3 | 9 | 4 | 12 |
| 产品销售 | 2 | 4 | 2 | 4 | 3 | | 6 | 4 | 8 |
| 生活条件 | 6 | 1 | 6 | 1 | 6 | 2 | 12 | 4 | 24 |
| 环境保护 | 5 | 2 | 10 | 3 | 15 | 4 | 20 | 1 | 5 |
| 政治文化 | 3 | 3 | 9 | 3 | 9 | 3 | 9 | 3 | 9 |
| 扩展条件 | 1 | 4 | 4 | 4 | 4 | 2 | 2 | 1 | 1 |
| 总计 | | 108 | | 112 | | 122 | | 99 | |

**2. 重心法**

该法因利用求平面物体重心的原理求物流系统中配送中心的设置位置而得名，是一种精确解析方法，适用于单中心选址问题。

单中心选址问题中，存储费用与运输费用相比已不是主要因素，运输费用才是主要考虑的因素。由配送中心向多个用户配送货物，仅考虑发货的配送费用时，适合采用重心法。配送中心到客户的运输费用等于货物运输量与两点之间运输距离以及运输费率的乘积。

下面再用一个例题来解释重心法。

如图3－2，有n个用户（$C_1 \sim C_n$）的系统需要设置一个配送中心（$B_0$），每个用户的需求量和所在位置的坐标已知，求配送中心的规模和设置位置。

由于只设置一个配送中心，所以配送中心的规模等于所有用户的需求量之和即可。

图中$C_1 \sim C_n$旁括号内的变量分别表示需求量、横坐标、纵坐标，$B_0$旁括号内的变量分别表示横坐标、纵坐标。

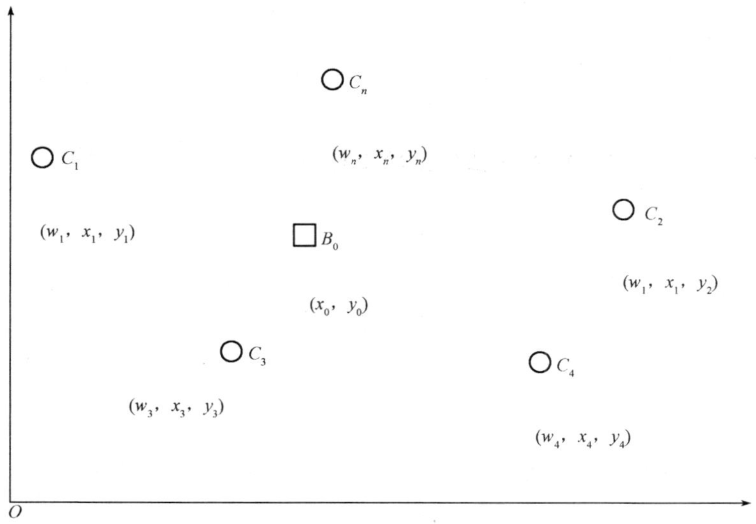


图 3-2 配送中心与客户的坐标

设配送中心到各用户的运输费用率为 $C_i$，费用为 $F_i$，则：

$$F_i = C_i * W_i * H_i \tag{3-1}$$

式中 $h_i$ 为配送中心到用户的距离，可写成以下形式：

$$h_j = [(x_0 - x_j)^2 + (y_0 - y_j)^2]^{1/2} \tag{3-2}$$

设配送中心到各用户的运输费用之和为 F，则：

$$F = \sum_{j=1}^{n} c_j w_j h_j$$

$$F = \sum_{j=1}^{n} c_j w_j [(x_0 - x_j)^2 + (y_0 - y_j)^2]^{1/2} \tag{3-3}$$

为使 F 最小，分别对 x0，y0 求偏导数，并令其等于零，得：

$$\frac{\partial F}{\partial x_0} = \sum_{j=1}^{n} c_j w_j [x_0 - x_j]/h_j = 0 \tag{3-4}$$

$$\frac{\partial F}{\partial y_0} = \sum_{j=1}^{n} c_j w_j [y_0 - y_j]/h_j = 0 \tag{3-5}$$

整理以上两式，得：

$$x_0 = \frac{\sum_{j=1}^{n} c_j w_j x_j / h_j}{\sum_{j=1}^{n} c_j w_j / h_j} \tag{3-6}$$

$$y_0 = \frac{\sum_{j=1}^{n} c_j w_j y_j / h_j}{\sum_{j=1}^{n} c_j w_j / h_j} \tag{3-7}$$

解以上两式，可得配送中心最佳位置的坐标为：

$$x_0^* = \frac{\sum_{j=1}^{n} c_j w_j x_j / h_j}{\sum_{j=1}^{n} c_j w_j / h_j} \tag{3-8}$$

$$y_0^* = \frac{\sum_{j=1}^{n} c_j w_j y_j / h_j}{\sum_{j=1}^{n} c_j w_j / h_j} \tag{3-9}$$

但是上两等式的右边还含有 $h_i$，即还含有未知数 $x_0$ 和 $y_0$。要从两式中完全消除 $x_0$ 和 $y_0$，计算工作很复杂，因此要采取迭代方法求解。

迭代方法计算步骤如下：

①给出配送中心的初始地址（$x_{00}$，$y_{00}$）；

②利用式（3－3），计算（$x_{00}$，$y_{00}$）相对应的总发货费用 $F_0$；

③把（$x_{00}$，$y_{00}$）分别代入式（3－2）、（3－8）和（3－9），计算配送中心的改善地址（$x_{01}$，$y_{01}$）；

④利用式（3－3），计算与（$x_{01}$，$y_{01}$）相对应的总发送费用 $F_1$；

⑤将 $F_1$ 与 $F_0$ 进行比较。如果 $F_1 < F_0$，则返回步骤③，将（$x_{01}$，$y_{01}$）分别代入式（3－2）、（3－8）和（3－9），如此反复进行（3）～（5）的计算步骤，直至 $F_k \geq F_{k-1}$ 时停止，即得到（$x_{0k-1}$，$y_{0k-1}$）为最优解。

**3. 混合整数线性规划**

混合整数线性规划是解决物流网络设计问题常用的数学方法。以仓库选址为例，决策目标是在物流网络中确定仓库的数量、容量与位置，使得产品的物流总成本最小。决策问题的约束条件为：①各生产厂的产量约束；②所有的市场需求必须被满足；③仓库的周转总量与库存量约束；④同一市场所需的各种产品必须由同一个仓库供应，不允许交叉运输。

下面用一个例题来解释一下混合整数线性规划。

如图 3－3 所示，有两种产品（A 和 B）通过仓库 1 和仓库 2 向 3 个市场（$C_1$，$C_2$，$C_3$）供货。仓库 1（$W_1$）的固定成本为 100 000 元/年，每件产品经仓库 1 周转需支付 2 元操作费，仓库 1 的年周转总量上限为 110 000 件。仓库 2（$W_2$）的固定成本为

500 000元/年，每件产品经仓库2周转需支付1元操作费，仓库2没有能力限制。工厂1（$P_1$）每年能生产60 000件A产品及50 000件B产品，工厂2（$P_2$）没有能力限制。生产成本与运输费率在图3－3中标出。请确定使用哪个（或同时使用两个）仓库，仓库所需的产品由哪家工厂供货，并为各仓库分配服务市场（顾客）。

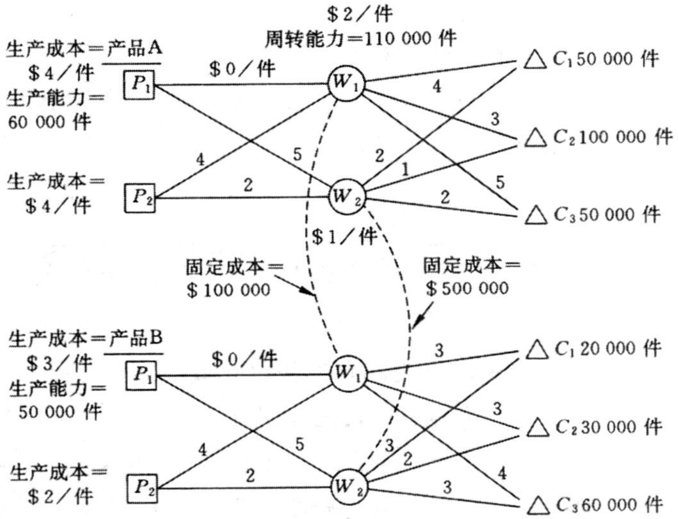


图3－3 生产成本与运输费率图

将该问题转化为混合整数线性规划：

$$MinTC = \sum_{ijkl} C_{ijkl}X_{ijkl} + \sum_{k}[F_kZ_k + E_k\sum_{l}(\sum_{i} D_{il})Y_{kl}]$$

约束条件：

生产能力限制 $\sum_{kl} X_{ijkl} \leqslant S_{ij}$

必须满足所有的需求 $\sum_{j} X_{ijkl} = D_{il}Y_{kl}$

顾客由单一仓库供货 $\sum_{k} Y_{kl} = 1$

仓库周转总量限制 $v_kZ_k \leqslant \sum_{l}(\sum_{i} D_{jl})Y_{kl} \leqslant V_kZ_k$

其中：

i——产品代号（1，2），j——工厂代号（1，2），k——仓库代号（1，2），l——顾客代号（1，2，3）；

$S_{ij}$——产品i在工厂j的产量，$D_{il}$——顾客l对产品i的需求量；

$V_k$、$v_k$——仓库 k 的周转总量上下限，$F_k$——仓库是的年固定成本，$E_k$——产品经仓库 k 周转的操作费（＄/件），$C_{ijkl}$——产品的平均生产与运输费用（＄/件），$X_{ijkl}$——由工厂 j 生产、经仓库 k 中转、提供给顾客 l 的产品 i 的数量，$Y_{kl}$——0—1 变量（当仓库走向顾客/供货时取值 1，否则取值 0），$Z_{kl}$——0—1 变量（当确定使用仓库 k 时取值 1，否则取值 0）。

求解上述混合整数线性规划，结论如下：

只使用仓库 2 向三个顾客供货，由工厂 2 生产全部产品时，总费用最小。运输总成本 =2 240 000，仓库维持成本 =310 000。

## 3.4 物流配送中心选址案例研究

A 公司是隶属于中国某汽车集团股份有限公司的减振器专业研发与制造企业，资产总额 5 亿多元，各类专业技术人员 300 余人，现有职工 2000 多名，年产各种汽车减振器 700 余万支，销售收入 7 亿余元。产品分为汽车减震器和摩托车减震两大系列。公司从 20 世纪 80 年代初开始研制生产车用减振器，现已发展成为以汽车底盘系统零部件为主导产品，以车用减振器为核心，同时覆盖背门支撑、车用弹簧、精密焊管等产品的大型国有企业。

### 3.4.1 公司规划及面临的问题

公司隶属于兵工部某研究所，在未来两年内兵工部某研究所要对 A 公司所在地的四个所属工厂进行统一规划，即将它们搬迁到某工业园区。该园区计划规划占地 1000 亩，预计给每个工厂 200 亩的土地规划自己的厂区，另有 200 亩作为军品的生产研发基地。这个规划主要缘于 A 公司所在地的城市规划，因为该城市将发展战略部署进行了重新定位，将 A 公司现在工厂位置规划为生活旅游区，而将 A 公司要迁址去的地方作为工业园区来重点发展。

在市场竞争日益加剧、市场经济环境多变的大背景下，企业之间的竞争已经不再是过去那种纯粹的生产效率和生产成本上的较量了，而是整个供应链上的竞争。尤其是物流部分，做好了不仅可以提高企业在行业中的竞争地位，还可以为企业创造利润。A 公司的管理层也已经意识到物流对降低成本、提高竞争力的重要性，于是讨论后决定，在一年内成立物流部门，来支撑整个公司生产经营活动中的物流工作。

得知某研究所的整个战略调整后，A公司认为正好可以利用此机会实现公司的经营规划，于是A公司在下一步的厂区规划中，将其目前所有下属的分厂整合为五个分厂，单独建设一栋产品开发办公大楼作为整个企业的产品开发和行政办公场所，并建立一个物料配送中心，以支撑整个企业的生产运营管理，包括接收供应商的送货、向分厂进行物料的配送、对客户进行成品配送等。

公司目前在生产运作中有不少物流问题，故公司高层一直在考虑，如何在新厂区设计一个位置合理的物流配送中心，以达到用尽可能低的费用，高效率地为企业的精益化生产提供有力保障，从而间接地为企业创造利润，提高其产品的市场竞争力的目标。

## 3.4.2 A公司物流配送中心地址的选定

**1. 利用重心法确定单一地址**

因为这是一个在已知厂区分布情况下的单一配料中心的选址问题，所以先用重心法来初步确定配料中心的大致位置。当然这里首先要假设：运输费用只与物流设施间的直线距离有关，不考虑交通状况；选择物流设施时，不考虑物流设施不载时的额外费用。重心法是以运费最小为决策准则的单目标评价方法，即应当保证总运输费用H最小。由图3-2可知，根据各点在坐标系中的横、纵坐标值，可求出总配送成本最低的位置坐标 $X_0$ 和 $Y_0$，具体公式是：

$$X_0 = \frac{\sum_{i=1}^{5}(X_iT_i)}{\sum_{i=1}^{5}T_i} \qquad Y_0 = \frac{\sum_{i=1}^{5}(Y_iT_i)}{\sum_{i=1}^{5}T_i}$$

其中（$X_0$，$Y_0$）是仓库选址的理论最佳选址位置坐标，（$X_i$，$Y_i$）是现有需求点i的位置坐标，$T_i$ 是第i个需求点的每天的配送量。通过实地考察，可做出坐标图3-4，企业共有五个分厂，这里以102工厂为坐标原点。

于是（$X_1$，$Y_1$）=（0，0）、（$X_2$，$Y_2$）=（-3，177）、（$X_3$，$Y_3$）=（107，157）、（$X_4$，$Y_4$）=（185，159）、（$X_5$，$Y_5$）=（206，51）；再从物流部得到各个分厂每天的运输量 $T_1=3.5$ 吨、$T_2=1.3$ 吨、$T_3=5.6$ 吨、$T_4=0.1$ 吨、$T_5=0.5$ 吨。根据前面介绍的重心法模型，我们可以求出整个物流系统的重心坐标（$X_0$，$Y_0$）。

$$X_0 = \frac{\sum_{i=1}^{5}(X_iT_i)}{\sum_{i=1}^{5}T_i} = 117.71 \qquad Y_0 = \frac{\sum_{i=1}^{5}(Y_iT_i)}{\sum_{i=1}^{5}T_i} = 104.61$$

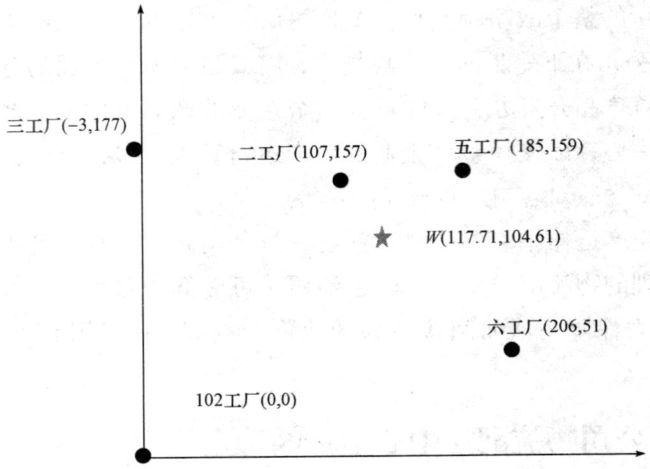


图3－4 厂区分布坐标图

即理论仓库选址位置W为（117.71，104.61）。

重心法确定的厂址只是一种粗略设计，因为实际运输路线走向和地理方位常常是不一致的，按照实际路经计算的运输费用比按照地理方位运算出来的运输费要多，这会导致计算的运费最小点和实际的运费最小点有偏差。另一方面，在实际运用仓库选址重心法时，往往还要考虑可能面临的社会问题、经营环境与企业实际情况等。如资源利用情况、环境情况、生活环境、就业情况等；经营环境问题如经营条件、服务条件、周边的消费水平情况等。只有充分考虑好了这些可能面临的问题，才能最大限度地运用好仓库选址重心法，为企业节省更多的物流成本。

**2. 备选选址的产生**

由于重心法考虑的仅仅是运输费用这个影响因素，而没有把其他同样在生产运营中具有举足轻重作用的因素考虑进来，故这样确定出来的配料中心和企业整体战略规划是不相吻合的。于是结合公司的规划及一些现实情况，并和公司负责人做了进一步沟通，设计者初步确定三个备选地址，并从这三个备选地址中选择一个最优方案作为物料配送中心的设施地址，详情见图3－5。

方案A：坐标是A（280，69）。将备选地址选在这里的原因是考虑其交通便利性。因为这里紧靠五、六工厂外有一条马路，因为不是主干道，所以平时的车辆比较少，这对供应商的送货和产成品的销售运输都比较方便；且在整个公司的规划中这里是一块空地，虽然面积不是很大。

方案B：坐标是B（107，157）。根据重心法计算出来的物流系统的重心只是考虑了运输和线路，而没有考虑实际运行线路是不可能是直距离。又考虑到二分厂的运输量比较大，故可以将物料配送中心设在二工厂，这样可以减少资金的投入，并提高设施的利用率。

方案C：坐标C（110，46）。这个点的位置处于主干道的旁边，离102工厂也比较近，也是公司规划中的一块面积比较大的备选空地。

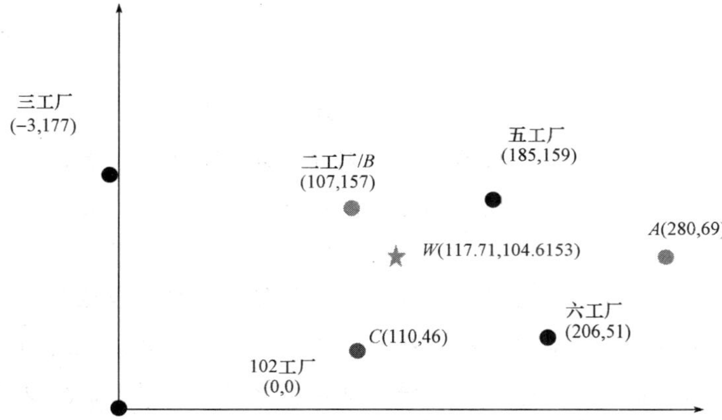


图3－5 厂区及备选地址分布坐标图

对于制造型企业来说，生产经营活动是一个整体，企业的生产运营都不是孤立存在的，不仅要考虑企业内部生产经营的各个环节的相互联系，还要顾及供应商和顾客等外部方面的合作。所以，企业在进行选址时，必须用系统综合的观点来考虑内外部环境问题，使用科学合理的分析方法为决策提供可靠参考。前面提到配送中心的选址还受到各种宏观微观因素的影响，因此要结合内、外部环境，对配送中心的选址进行社会效益、经济效益方面的综合评价。

## 思考题

1. 试述物流配送中心的选址的原则。
2. 物流配送中心选址的影响因素有哪些？
3. 试述物流配送中心选址的一般方法。

# 第四章　物流配送中心的布置与规划

根据不同行业的需要而设计的物流配送中心，其作业内容、设备型号、营业范围是完全不同的。但是就其系统规划分析方法和步骤而言，有许多共同之处。随着社会的发展、科学技术的进步、计算机和网络技术的普及以及生活和消费观念的改变，物流配送中心已逐步由传统的仓库过渡到计算机化、信息化、自动化和智能化的综合性处理中心。为了降低成本，合理利用资金，迅速回收资金，必须对新建物流中心进行科学规划。一般来说，规划物流中心有如下5个主要的阶段：准备阶段、系统规划设计阶段、方案评价阶段、详细设计阶段和计划实行阶段。

## 4.1　准备阶段

### 4.1.1　成立领导班子

为了建立物流配送中心，首先应该成立一个强有力的领导班子来统筹、指挥建设工作。领导班子的主要成员应是该企业的主管人员。在规划过程中，应考虑到物流中心的时效性、技术性、市场性、系统全面性、未来柔性等因素，并与专业的物流系统工程技术公司或具有丰富经验的物流专家和学者合作，借助其专业的力量。随着物流规划工作的展开，还应逐步与物流设备公司、建筑工程公司洽谈有关事宜，全面吸收来自相关单位和人员的建设性意见，这对物流中心的规划有很大的好处。

### 4.1.2　基本规划资料的收集

根据欲建物流中心的类型，首先应进行规划用的基本资料的收集和调查研究工作。

调查研究方法包括现场访问记录和厂商实际使用的表单收集。图 4－1 是物流中心系统规划基本资料的收集程序。

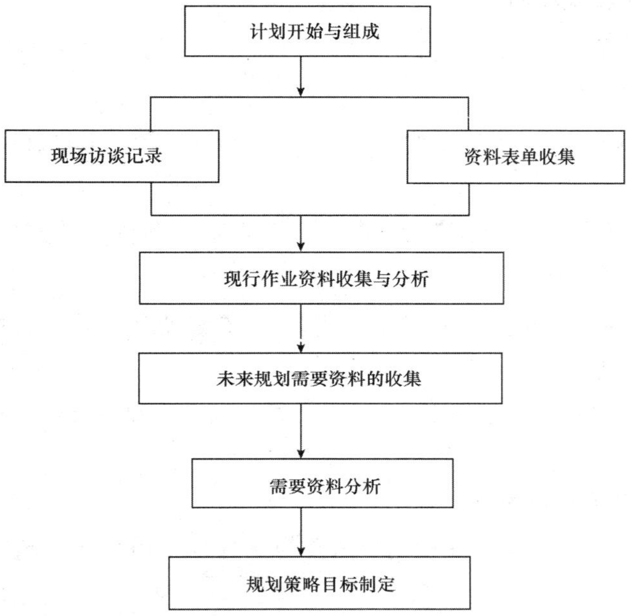


图 4－1　基本资料的收集程序

规划资料的收集过程分为两个阶段，即现行作业资料的收集和未来规划需要资料的收集。

**1. 现行作业资料的收集**

（1）基本运行资料，如业务类型、营业范围、营业额、人员数、车辆数、供应厂商和用户数量等。

（2）商品资料，包括商品类型、分类、品项数、供应来源、保管形式等。

（3）订单资料，包括商品种类、名称、数量、单位、订货日期、交货日期、生产厂家等。

（4）货物特性，包括物态、气味、温湿度要求、腐蚀变质特性、装填性质。此外还包括物品重量体积、尺寸、包装规格、储存特性、有效期限等。

（5）销售资料，按地区、商品、道路、客户及时间，分别统计销售资料。

（6）作业流程，包括一般物流作业，即进货、储存、拣选、补货、流通加工、发货、配送、退货、盘点、仓储配合作业（移仓调拨、容器回收、废弃物回收处理）等作业流程的现状。

（7）事务流程及使用单据，包括接单、订单处理、采购、拣货、发货、派车等作业，相关的库存管理和应收与应付账务系统管理等作业。

（8）厂房设施资料，包括厂房仓库的大小与布置形式、地理环境与交通特性、使用设备的主要规格、生产能力等资料。

（9）作业工时资料，包括人员组织结构、各作业区人数、工时数、作业时间与时序分布等。

（10）物料搬运资料，包括进货发货、在库搬运、车辆、进货与发货频率、数量、车辆类型与时间段等。

（11）配送据点与分布，包括配送道路类型、配送点的规模、特性供货家数及据点分布、送货时间段等。

（12）供应厂商资料，包括供货厂商的类型、供货厂商的规模、特性、配送据点的分布、送货时间段等。

**2. 未来规划需要资料的收集**

（1）运营策略和中长期发展规划。这要根据外部环境变化、政府政策、企业未来的发展等来决定。

（2）未来商品需求预测。即分析商品现在的销售增长率，并估计未来的增长趋势。

（3）商品品种变化趋势。即分析商品在品种方面的变化趋势。

（4）预测将来可能发展的厂址和面积。

在进行物流配送中心规划时，必须对所收集的资料从政策性、可靠性方面进行分析。在对上述资料的基础资料进行初步分析之后，再进一步确认系统规划的目标和方针。要时刻记住，建立物流中心的目标是降低物流成本和库存水平，提高对顾客的服务水准，缩短物流作业周期，管理好顾客与供应商之间的供需渠道，提高物流服务竞争力以及迅速掌握供需等有关信息。

## 4.2 系统规划设计

在规划物流配送中心的准备阶段，经过资料收集整理、分析并制定了建立物流中心的目标之后，就应该进行系统地规划设计了。这个阶段应做的工作主要有基本资料的分析、规划条件的设定、作业程序和信息系统框架的规划、物流设备的规划与选择、周边设施的规划和选择，最后的程序是区域的布置规划。如图 4 – 2 所示。

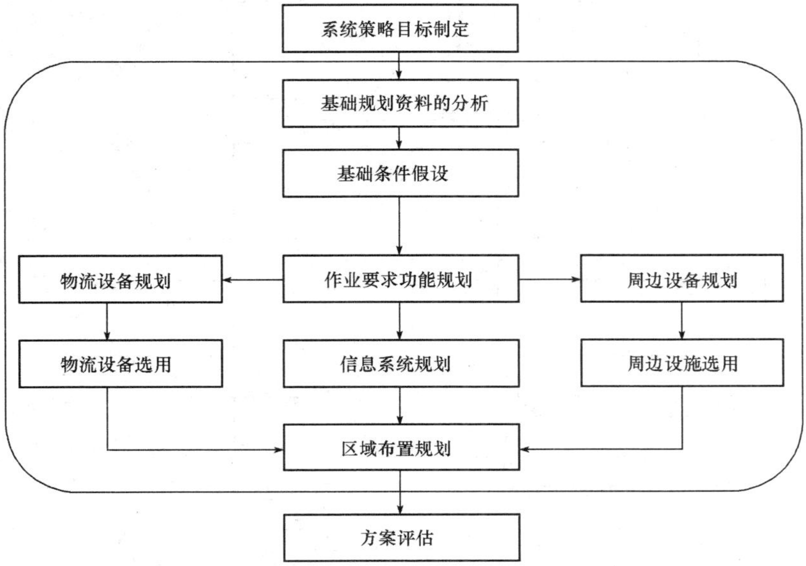


图 4 – 2　物流中心系统规划设计的步骤

此外，必须强调系统规划设计的重要性。这种系统规划设计程序实际是一个逻辑分析的反复过程，从初步资料与概略规划，逐步演变成完整的设计方案。在此过程中，对初步资料进行分析试算，初步得到概略性的规划和布置方案；再经过对配送中心机械设备的选用，逐步修正原来的规划与布置，从而得到较为明确的规划内容和方案；当进行详细规划时，再借助大量细致信息的渗入，反复修正规划方案，最终形成较合理的规划设计方案。

### 4.2.1　基本规划资料分析

这些来自有关企业的原始资料，必须通过整理分析，并结合欲建物流中心的实际情况加以修订，才能作为规划设计的重要参考。定量分析的内容有：品相与数量分析、货物的物性分析、供需变化预测分析、储存单位和数量分析等。定性分析的内容有：作业时序分析、人才需求分析、作业流程分析、作业功能分析和事务流程分析。图 4 – 3 所示为物流中心资料分析与规划设计流程。

特别注意的是，一般的规划分析者常犯这样的错误：只把资料作一番整理、统计和计算之类的工作，而没有把资料和规划设计有机地结合起来，最后只得到一堆数据和报表。为此，在实际的分析过程中，要结合实际需要，进行有效的数据分析。

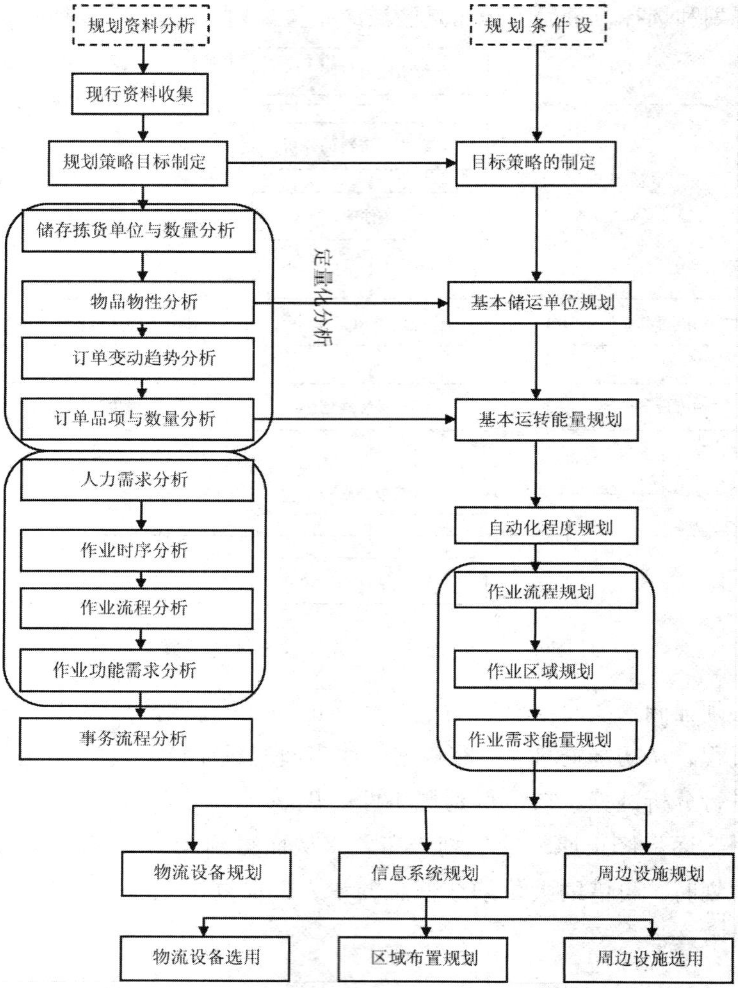


图 4－3 物流中心资料分析与规划设计流程

**1. 订单趋势的变化**

在物流规划的过程中，首先要总结历来的销售和发货资料，并进行分析，从而了解销售趋势和变化情况。如能求出有关的变化趋势或周期性变化，则更有利于后续资料分析和物流中心的建立。

就货物销售趋势而言，应了解的趋势有：长时间内是渐增或渐减的趋势，以一年为周期的自然气候、文化传统、商业习惯等因素影响的季节性销量变化，以固定周期为单位的销量变化趋势的循环变动，以及一种不规则变化的偶然销量变动。

根据不同种类预测的销量变化趋势，可制定相应的策略和目标值。通常设峰值销量的80%为目标值。如果某订单的销量峰值与谷值之比为3∶1时，则若在同一个物流系统内处理，将使效率降低，加大运营困难。此时必须制定合适的运营政策和方法，以取得经济效益和运营规模的平衡。

关于分析过程的时间单位，应视资料的收集范围和广度而定。对于未来的发展趋势预测，多以一年为单位；对于季节变化的预测，则多以月为单位；分析月或周内的变化倾向，常以周或日为单位。

常用的分析方法有时间序列分析法、回归分析法和统计分析法。

如果以一个年度月份的时间单位为横轴，销售量为纵轴，进行时间序列分析，则如表4－1所示。图中包括长期趋势的变化、季节变化、循环变化和不规则变化。根据变化趋势可以预测市场情况，从而制定销售计划。

**表4－1　变动趋势分析表**

<table>
<tr><th>变动趋势类型</th><th>分析</th><th>应用</th></tr>
<tr><td>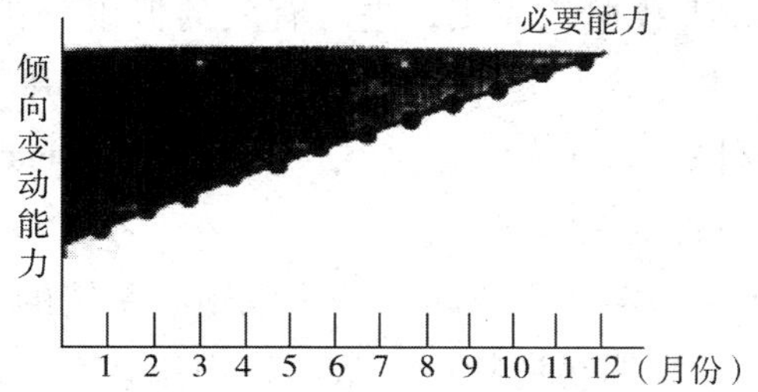
</td><td>长期趋势有持续渐增的趋向，应配合年周期的成长趋势加以判断</td><td>规划时以中期的需求量为规模依据，若需考虑长期渐增的需求，则可以预留空间或考虑设备扩充的弹性，以分期投资方式进行投资</td></tr>
<tr><td>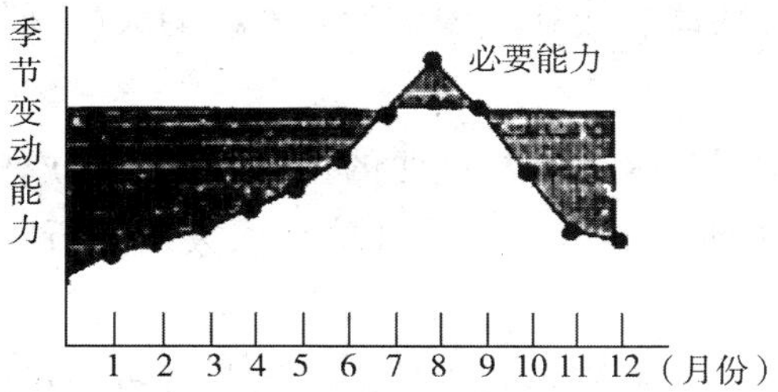
</td><td>有季节性变动的明显趋势</td><td>如果季节变动的差距超过3倍以上，可考虑以部分外包或租用设备方式，来避免设施过多的投资造成平时的闲置；另外在淡季时应争取互补性的商品业务，以增加仓储设施利用率</td></tr>
<tr><td>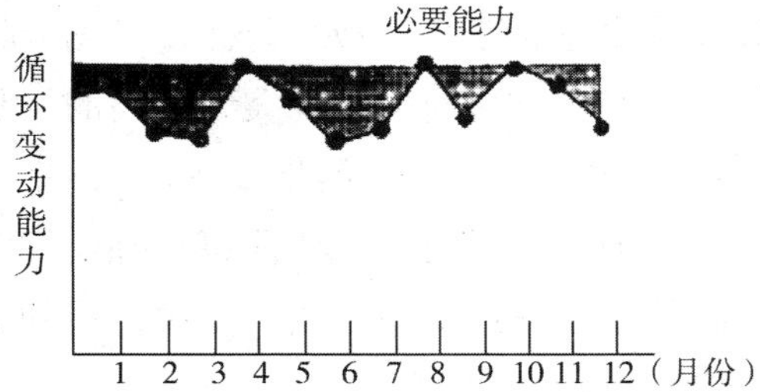
</td><td>以一季为单位的周期性变动趋势</td><td>如果高低峰差距不大且周期较短，可以按周期变动内的最大值规划，后续资料分析可降至某一周期为单位，以简化分析作业</td></tr>
</table>

续表

| 变动趋势类型 | 分析 | 应用 |
| --- | --- | --- |
| 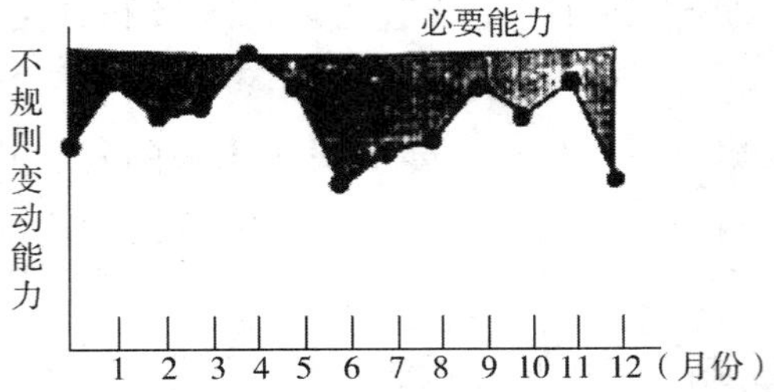 | 无明显规则的变动趋势 | 系统较难规划，宜规划通用型的设施，以增加运用的弹性，仓储货位夯以容易调整及扩充者为宜，以应付可能突增的作业需求量 |

**2. 订单品项和数量分析**

众所周知，订单是物流中心的生命线，如果没有订单，物流配送中心就失去了意义。订单的品名、数量、发货日期千变万化，是物流中心的活力和不确定因素，物流中心随着订单变化和波动。这样经常使得物流中心的规划人员，无论是规划新系统还是改造新系统，都感到无从下手。若能掌握分析数据的原则，进行有效的群组分析，则可简化分析过程，得出有益的规划结果。日本的铃木震先生倡导的 EIQ 规划法用于物流中心的设计规划，颇有成效。EIQ 即订单件数 Entry、货物种类 Item 和数量 Quantity 三个单词的英文缩写。EIQ 是了解物流中心特性的关键因素。

EIQ 规划法是指针对不确定和有波动条件（如发货量波动）的物流中心系统的一种规划方法。其意义在于根据物流中心的目的，掌握物流特性，从而将物流状态、运作方式等均规划出合理的系统。这种 EIQ 的方法能有效地规划出物流系统的大的框架结构，从宏观上掌握系统的特色。

当收集企业一段经营周期的订单发货资料时，最好能从企业的信息系统资料库中调取电子档案，以便于档案格式转换和分析大量资料。在进行订单品项数量分析时，首先应考虑时间范围和单位。

要了解物流中心实际的物流特性，只分析一天的资料是不够的，但若分析一年的资料，又往往因数据量太大，分析过程太耗财力和物力而无法实现。为此，可先分析一天的发货量，找到可能的作业周期和波动范围。若几个周期中出现大致相同的发货量，则可缩小资料分析的范围。如一周的发货量集中在星期五和星期六，一个月集中在月初和月末，一年集中在某个月发货量最大等，这样可求出作业周期和峰值时间。总之，要尽可能地将分析资料缩到某一个月份或一年中每月第一周或一年中每周的周末，如此取样可节省许多物力、财力，又具有代表性。

（1）关于订单量（EQ）的分析。通过对订单量的分析，可以了解到单张订单量的分布情况，从而决定处理订单的原则、拣货系统的规划、发货方式和发货区的规划。一般以对营业日EQ分析为主，EQ分布图形对规划储区和拣货模式都有重要的参考价值。订单量的分布趋势越明显，分区规划越容易，否则应以柔性较强的分析为主。EQ量很小的订单数所占比例大于50%时，应把该订单另外分类，以提高效率。

（2）关于品项数量IQ的分析。通过对品项数量IQ的分析，可以知道各种产品发货量的分布情况，有利于了解产品的重要性地位和运输情况。这可用于仓储系统的规划选用、储位空间的估算、拣货方式及拣货区的规划。在规划储区时，多采用周期为一年的IQ分析。此外在规划拣货区时，还要参考当日的IQ分析。通过对单日和全年的IQ量分析，结合发货量和发货频率，可使整个仓储拣货系统的规划更符合实际。

**3. 物品特性和储运单位分析**

在对订单品项和数量进行分析时，最好结合相关物性、包装规格及特性以及储运单位等因素进行，这样更有利于对仓储和拣货区的规划。

根据储存保管特性，也可以将储运区分为干货区、冷冻区、冷藏区；而按照货物重量，可将储运区分为重物区、轻物区；若按货物价格，则可以将储运区分为一般物品区和贵重物品区。

**4. 物流与信息流分析**

在进行物流中心规划时，除了要分析数量化的信息之外，对一般物流与信息流等定性的资料分析也很重要。如业务流程分析、事务流程分析、作业时序分析、人员素质分析及自动化水平分析等。

所谓业务流程分析，即是针对一般常态性的和一般非常态性的作业加以分类，并整理出物流中心的一般作业流程。根据产业与产品不同，物流中心的作业流程也不同。

所谓事务流程分析，是指在物流中心的转运过程中，除了物流和信息流相互结合之外，还有大量的表单和资料在传递。一般物流中心由于品项繁多，每日订单量大，故处理订单和相关发货表单的工作量也很大。这常使事务员难以负荷。为使物流业逐步实现无纸化作业，大力加强信息流和信息传递界面的分析和规划就成为必要。表4－2为物流配送中心事务流程的内容分析表。

表 4－2 物流配送中心事务流程内容分析表

| 作业性质 | 作业分类 | 作业内容 |
|---|---|---|
| 1. 物流支援作业 | （1）接单作业 | 客户资料维护等 |
| | （2）发货作业 | 发货与订货资料处理等 |
| | （3）采购作业 | 采购相关资料管理等 |
| | （4）进货作业 | 进货相关资料管理等 |
| | （5）库存管理作业 | 仓库日常管理 |
| | （6）订单拣取作业 | 订单配送作业处理等 |
| | （7）运输配送作业 | 运输管理等 |
| 2. 一般事务性作业 | （1）财务会计作业 | 财务单据及报表处理 |
| | （2）人事薪资作业 | 人力资源管理 |
| | （3）厂务管理作业 | 物流中心日常管理 |
| 3. 决策支援作业 | （4）效益分析 | 物流成本及运营绩效分析 |
| | （5）决策支援管理 | 车辆及配送点指派系统 |

作业时序分析，是指物流中心在工作过程中，必须了解作业时间分布。随着社会的发展，夜间生活形式已逐渐普及，因此，必须根据客户的作息时间安排配送时间，以满足用户需要。许多物流中心夜间进货，一来可缓解白天车流量大导致的交通问题，二来此时间段便于处理进货、验收作业。

自动化水平的分析，即对现有系统设备的自动化程度进行分析。自动化水平过低和过高都会影响物流中心的效益。这种分析结果对规划新建物流中心有重要的参考价值。物流配送中心自动化水平分析表如表 4－3 所示。

表 4－3 物流中心自动化水平分析表

| 作业分类 | 作业内容 | 自动化水准 | | | | |
|---|---|---|---|---|---|---|
| | | 手动 | 手动＋机械 | 半自动 | 全自动＋人工监控 | 全自动 |
| 进货作业 | 车辆进货 | | | | | |
| | 进货卸载 | | | | | |
| | 进货点收 | | | | | |
| | 理货 | | | | | |
| 储存保管 | 入库 | | | | | |
| | 调拨补充 | | | | | |

续表

| 作业分类 | 作业内容 | 自动化水准 | | | | |
|---|---|---|---|---|---|---|
| | | 手动 | 手动+机械 | 半自动 | 全自动+人工监控 | 全自动 |
| 拣货作业 | 订单捡取 | | | | | |
| | 拣货分类 | | | | | |
| | 集货 | | | | | |
| 发货作业 | 流通加工 | | | | | |
| | 品检作业 | | | | | |
| | 发货点收 | | | | | |
| | 发货装载 | | | | | |
| 输配送作业 | 车辆调派 | | | | | |
| | 路线安排 | | | | | |
| | 车辆运送 | | | | | |
| | 交递货物 | | | | | |
| 仓储管理作业 | 定期盘点 | | | | | |
| | 不定期抽检 | | | | | |
| | 到期物品处理 | | | | | |
| | 即将到期物品处理 | | | | | |
| | 移仓与储位调整 | | | | | |

### 4.2.2 作业功能规划

物流系统规划是一个整体工程，要求规划的物流中心合理化、简单化和机械化。所谓合理化就是指整个系统要简单、明确、易操作，并努力做到作业标准化。所谓机械化就是指规划设计的现代物流系统应力求减少人工作业，尽量采取机械和自动化设备来提高生产率，以降低可能造成的人为错误并提高效率。

**1. 作业流程的规划**

众所周知，物流配送中心的主要活动是订货、进货、发货、仓储、订单拣货和配送作业。首先确定了物流中心主要活动及其程序之后，才能进行规划设计。有的物流中心还要进行流通加工、贴标和包装等作业，当有退货时，还要进行退货品的分类、保管和退回等作业。图 4－4 为一般物流中心的商品流程。

在经过基本资料分析和基本条件设定之后，便可对物流中心特性作进一步分析，并制定合理的作业程序，以便选用设备和规划设计空间。对各项作业流程进行基本分析后，便可进行合理化分析，从而找出作业中的不合理和不必要之处，力求简化计算和处理作业。这样规划出的物流中心减少了重复堆放的搬运、翻堆和暂存等工作，提高了运营效率。如果储运单位过多，可将各作业单位分类合并，减少内部作业过程中的转换。要尽量简化储运单位，以托盘或储运箱为容器，把体积、外形差别大的物品归类成相同标准的储运单位。

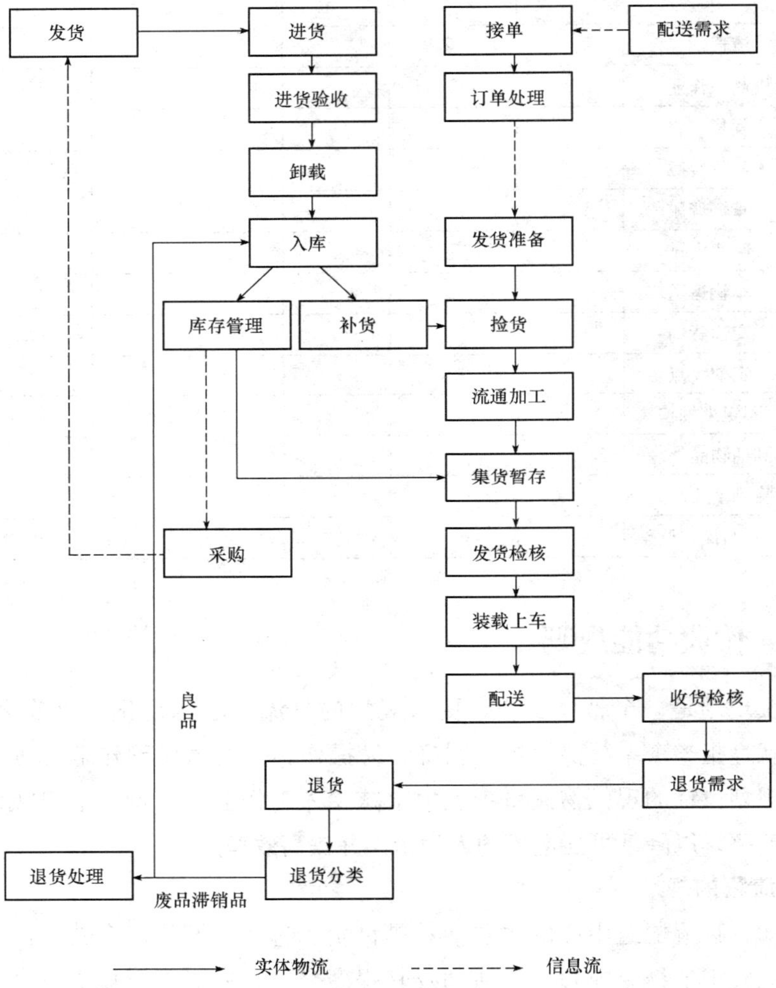


图4－4　一般物流中心的商品流程图

**2. 作业区域的功能规划**

在作业流程规划完毕后，可根据物流中心运营的特性，进行作业区域的功能规划。

物流作业区包括装卸货、入库、订单拣取、出库、发货等作业区域。周边辅助活动区包括办公室、计算机室和维修间等。通过归类整理，可把物流中心作业区分类如下：①一般性物流作业区；②退货物流作业区；③换货补货作业区；④流通加工作业区；⑤物流配合作业区；⑥仓库管理作业区；⑦厂房使用配合作业区；⑧办公事务区；⑨计算机作业区；⑩劳务性作业区；⑪厂区相关作业区

在确定作业区之后，应进一步确定各作业区的具体内容。表4－4为物流配送中心物流作业区域的作业规划表。

**表4－4 物流配送中心物流作业区域的作业规划表**

| 项次 | 作业区域 | 规划要点 | | 作业区域功能设定 | 作业需求运转能量 |
|---|---|---|---|---|---|
| 1 | □装卸货平台 | □进发货口共用与否<br>□装卸货车辆进出频率<br>□有无装卸物品配合设施<br>□装卸货车辆回车空间<br>□供货厂商数量<br>□进货时段 | □进发货口相邻与否<br>□装卸货车辆形式<br>□物品装载特性<br>□每车装卸货所需时间<br>□配送客户数量<br>□配送时段 | | |
| 2 | □进货暂存区 | □每日进货数量<br>□容器流通程度<br>□进货等待入库时间 | □托盘使用规格<br>□进货点收作业内容 | | |
| 3 | □理货区 | □理货作业时间<br>□品检作业时间<br>□有无叠卸托盘配合设施 | □进货品检作业内容<br>□容器流通程度 | | |
| 4 | □库存区 | □最大库存量需求<br>□产品项目<br>□储位指派原则<br>□自动化程度需求<br>□储存环境需求<br>□物品周转效率 | □物品特性基本资料<br>□储区划分原则<br>□存货管制方法<br>□产品使用期限<br>□盘点作业方式<br>□未来需求变动趋势 | | |

续表

| 项次 | 作业区域 | 规划要点 | | 作业区域功能设定 | 作业需求运转能量 |
| --- | --- | --- | --- | --- | --- |
| 5 | □拣货区 | □物品特性基本资料<br>□每日拣出量<br>□订单分割条件<br>□客户订单数量资料<br>□有无流通加工作业需求<br>□未来需求变动趋势 | □配送品项<br>□订单处理原则<br>□订单汇总条件<br>□订单拣取方式<br>□自动化程度需求 | | |
| 6 | □补货区 | □拣货区容量<br>□每日拣出量<br>□拣取补充基准 | □补货作业方式<br>□盘点作业方式<br>□拣取补充基本量 | | |

一般在规划物流中心各区域时，应以物流作业区为主，再延伸到相关周边区域。对物流作业区的规划，可根据产品进出顺序逐区进行。

若缺乏有关资料而无法逐区规划，则可对仓储和拣货区进行详细分析，再根据拣货区和仓储的规划进行前后相关作业的规划。以下就仓储和拣货区的规划，分别作一下说明。

（1）仓储区的储运量的规划

规划物流配送中心仓储运转能力大小的原则和方法有如下几种。

①周转率估计法。利用周转率估计储存能力是渐变快速的初估方法。这种方法虽然不太精确，但适用于初步规划和对储存能力的概算。

a. 年运转量计算。将产品单元换算成相同单位的储存总量，如托盘或标准箱，这种单位是现在或今后规划的仓储作业的基本单位，求出全年各种产品的总量，就是物流中心的年运转量。

b. 估计周转率。这是对未来物流中心仓储存量周转率定下一个估计的目标。一般情况下，食品零售业年周转率次数约为 20 ~ 25，制造业约为 12 ~ 15。企业在设立物流中心时，可针对经营品项的产品价值、附加利润、缺货成本等因素，决定仓储区的周转次数。

c. 估计仓储量。以年仓储运转量除以周转次数便是仓容量，即仓容量 = 年仓储运转量/周转次数。

d. 估计放宽比。估计仓储运转的变化弹性，以估计的仓容量乘以放宽比，便是规划仓容量。这可以适应高峰期的高运转量要求，一般取放宽比为百分之十几到百分之二十五，比值取得太高，会导致仓储空间过剩，增加投资费用。

在实际规划仓储空间时，可根据商品类别分类计算年运转量，之后根据产品特性分别计算年运转次数和计算总容量。表4－5为仓储区以周转率计算仓容量计算表。

**表4－5 仓储区以周转率计算仓容量计算表**

| 商品名 | 年转运量① | 周转次数② | 估计仓库容量<br>③＝①/② | 放宽比④ | 规划仓储量<br>⑤＝③×（①＋④） |
|---|---|---|---|---|---|
| | | | | | |
| | | | | | |
| | | | | | |

②商品送货频率估计法。在缺乏足够的分析资料时，可利用周转率来估计存储区储量。如果能收集到各产品的年储运量和工作天数，根据厂商的送货频率，可估算出来仓储量。其计算程序可遵循如下7步。

a. 计算年运转量；

b. 评估工作天数（发货天数）；

c. 计算平均发货日的储运量：储运量＝各产品年运转量/年发货天数；

d. 估计送货频率；

e. 估算仓容量：仓容量＝平均日储运量×送货频率；

f. 估计放宽比：估计仓储运转的变化弹性；

g. 求规划仓容量：规划仓容量＝估算仓容量×放宽比。

对实际工作天数的计算，有两种基准。一是以年工作天数为单位，二是以各产品的实际发货天数为单位。若能真实求出各产品的实际发货天数，则可计算平均日的储运量，这基本接近真实情况。但要特别注意，当部分商品发货天数很少并集中在少数几天发货时，用这种方法计算储运量可能会导致结果偏高，造成储运空间闲置，浪费投资。

（2）拣货区的储运量规划

拣货区是以单日发货品所需拣货作业空间为主，为此，对它的储运量规划最主要的考虑因素是品项数和作业面。一般拣货区的规划不包括当日所有发货量，在拣货区货品不足时由仓储区进行补货。拣货区储运量规划的计算方法有如下几种。

①计算年发货量：把物流中心的各项进出产品换算成相同拣货单位的拣货量，并估计各产品的年发货量。

②估计产品平均发货天数：把各产品的年发货量除以年发货天数。

③估计各产品的发货天数：分析各类产品，估计其年发货天数。

④计算各产品平均发货天数的发货量：将各产品年发货量除以年发货天数。

⑤ABC 分析：对各产品进行年发货量和平均发货天数的发货量 ABC 分析。根据这种分析，可确定发货量高、中、低的等级和范围，在后续的规划设计阶段，可根据高、中、低等级的产品类别进行物性分析和分类。这样，根据发货量高、中、低的类别，可确定不同拣货区存量水平；将各类产品的品项数乘以拣货区存量水平，便是拣货区储运量的初估值。

假设一般物流中心年工作天数为 300 天，把发货天数分成三个等级：200 天以上、30 ~200 天和 30 天以下；把各类产品发货天数分为高、中、低三组。实际上天数分类范围是根据发货天数分布范围而定的。表 4 -6 为综合发货天数的产品发货量分类情况。

**表 4 -6　综合发货天数的产品发货量分类**

| 发货天数 / 年发货量/日发货量 | 高<br>200 天以上 | 中<br>30 ~200 天 | 低<br>30 天以下 |
|---|---|---|---|
| A 年发货量和日发货量很大 | 1 | 1 | 5 |
| B 年发货量大，平均日发货量小 | 2 | 8 | - |
| C 年发货量小，平均日发送量大 | - | - | 6 |
| D 年发货量小，平均日发货量小 | 3 | 8 | 6 |
| E 年发货量中，平均日发货量小 | 4 | 8 | 7 |

此表中产品分为 8 类，现对各类说明如下。

分类 1：年发货量和平均发货日的发货量均很大，发货天数很高。这是发货最多的主力产品群，要求仓储拣货系统的规划应有固定储位和大的存量水平。

分类 2：年发货量大，平均发货日的发货量很小，但是发货天数很多；虽然单日的发货量不大，但是发货天数很频繁。对这种产品群，进行仓储拣货系统的规划时仍应以固定储位方式为主，但存量水平可低一些。

分类 3：年发货量和平均发货日的发货量都小；虽然发货量不高，但是发货天数超过 200 天以上，是最频繁的少量产品。对这种品类的规划应以单品发货为主。

分类 4：年发货量中等，平均发货日的发货量较小，但是发货天数很多。这种品类处理烦琐，规划时应以单品发货为主。

分类 5：年发货量和平均发货日的发货量均很大，但发货天数很少，可集中在少数几天内发货。这种情况可视为发货特例，应以临时储位方式处理为主，避免全年占用储位。

分类6：年发货量和发货天数也小，但品项数多。对这类产品，为避免占用过多的储位，可按临时储位或弹性储位的方式来处理。

分类7：年发货量中等，平均发货日的发货量较小，发货天数也小。对于这种情况，可视为特例，以临时储位方式处理，避免全年占用储位。

分类8：发货天数在30～200，发货量中等。对于这种产品，进行规划时应以固定储位方式为主，但存量水平亦为中等。

上述8种分类是参考性的指标，在仓储拣货系统的实际规划过程中，仍要根据发货特性来调整分类范围和类型。

订单发货资料经过分类之后，可对各类产品存量定出基本水平。例如分类1的产品，存量水平很高，估计需要较大的拣选空间，为此，应提高放宽率。而分类2的产品，存量水平较低，在估算拣货空间时应减少放宽率，从而减少多余的拣货空间。如果在实际拣货时因缺货影响发货时，则可以补货方式来补足拣货区的存货量。

对于年发货量较小的商品，在规划中可省略拣货区。这种情况，可与仓储区一起规划，即仓储区兼拣货作业区。若采用批量拣货时，则批量处理的品项应加以考虑。上述分类1较适合批量拣货配合分类系统的方式进行。因为自动化分类输送设备能满足规模较大的发货要求。分类3和分类4较适合一边批量拣取一边分类的方式，因为它们种类多、数量少，易于在拣货台车上一次拣货完成和分货处理。

（3）物流平衡分析

为了使物流作业有序流畅，必须根据作业流程的顺序，整理各程序的物流量大小，把物流中心内由进货到发货各阶段的物品动态特性、数量和单位表示出来。由于作业时序安排，批次作业的处理周期可能产生作业高峰和瓶颈现象。为了避免这些现象，必须调整规划，使前后作业平衡。表4－7为物流中心作业流程的物流量平衡分析表。通过物流量平衡分析，可调整各作业的调整值，使物流畅通。

**表4－7 物流中心作业流程的物流量平衡分析表**

| 作业程序 | 主要规划参数 | 平均作业率① | 规划值② | 峰值系数③ | 调整性④＝②×③ |
|---|---|---|---|---|---|
| 进货 | 进货车台数 | | | | |
| | 进货厂家数 | | | | |
| | 进货品项数 | | | | |
| 储存 | 托盘数 | | | | |
| | 箱数 | | | | |
| | 品项数 | | | | |

续表

| 作业程序 | 主要规划参数 | 平均作业率① | 规划值② | 峰值系数③ | 调整性④＝②×③ |
|---|---|---|---|---|---|
| 拣货 | 托盘数 | | | | |
| | 箱数 | | | | |
| | 品项数 | | | | |
| | 拣货单数 | | | | |
| | 发货品项数 | | | | |
| | 发货家数 | | | | |
| 集货 | 发货家数 | | | | |
| | 托盘数 | | | | |
| | 箱数 | | | | |
| 发货 | 发货台车数 | | | | |
| | 发货家数 | | | | |

### 4.2.3 设施规划与选用

一个完整的物流配送中心包含的设施范围相当广泛，基本上可分为三类：物流作业区域设施、辅助作业区域设施和厂房建筑周边设施。

**1. 物流作业区域设施**

物流中心内的主要作业活动，基本上均与物流仓库、搬运和拣取等作业有关。为此，物流中心规划的重点是对物流设备的规划设计和选用。不同功能的物流设备要求与之相适应的厂房布置与面积。在系统规划阶段，由于厂房布置尚未定型，物流设备规划主要以要求的功能、数量和选用型号等内容为主。在详细规划设计阶段，必须进行设备的相关规格、设施配置等内容的设计。在自动化物流系统中，主要系统设备包括自动仓库设备、钢架结构分析、物流管理系统、堆卸托盘设备、监控设备、控制系统、通讯网络系统、识别系统、无人搬运车设备、堆垛设备、输送设备和分级分类设备等。现在就物流作业区的主要物流设备作一下说明。

（1）容器设施。容器设施包括搬运、存储、拣取和配送用的容器，如纸箱、托盘、铁箱、塑料箱等。在各项作业流程及储运单位规划结束后，即可进行容器的规划。部分以单品发货为主的发货类型，如品种多，体积、长度和外形等差异较大的货物，可利用储运箱等容器把储运单位统一化，达到单元负载的效果，从而简化储运作业。

（2）储存设备。储存设备包括自动仓储设备（如单元负载式、水平旋转式、垂直旋转式、轻负载式等自动仓储），重型货架（如普通重型货架、直入式钢架、重型流动蹦架等）和多品种少量存储设备（如轻型货架、轻型流动货架和移动式出柜等）等。

（3）订单拣取设备。订单捡取设备包括一般型订单捡取设备（如计算机辅助拣货台车）和自动化订单捡取设备等。一般来说，产品在拣货区和库存区分区存放，再由库存区补货到拣货区。也有的物流中心把拣货区和库存区规划在同一个区，但以分层方式处理。此时，在不同的拣货要求下，所需要的拣货区保管设备和拣货台车等搬运设备，因按各订单捡取和批量捡取有差异，故应加以分析后再确定。

①当拣货区和仓储区分区规划时，作业方式为由仓储补货到拣货区，拣货量为中等水平，发货频率较高。这种情况适用于零散发货和拆箱拣货。

②当拣货区和仓储区在同一区而分层规划时，作业方式为由上层仓储区补货到下层拣货区，拣货量大，发货频率为中等。这种情况适用于整箱发货。

③当拣货区和仓储区在同一区时，没有另设仓储区，直接在储位上拣货，拣货量较小，发货频率较低。这种情况适用于少量的零星发货。

（4）物料搬运设备。包括自动化的搬运设备（无人搬运车、驱动式搬运台车），机械化搬运设备（如堆垛车、液压托板车），输送带设备，分类输送设备，堆卸托盘设备和垂直搬运设备等。对物料搬运设备进行规划时，应配合仓储和捡取设备的规划，通过估计每天进货的搬运、拣货和补货次数，从而选择适用的搬运设备。

（5）流通加工设备。流通加工设备包括裹包集包设备、外包装配合设备、印贴条码标签设备、拆箱设备和称重设备等。随着物流中心服务项目多元化的开展和用户要求越来越严，物流中心的二次包装、裹包和贴标签等加工作业也日益增加。随着国际物流的发展，由国际物流转运后再分装和简易加工的业务越来越多，也使得物流作业的附加值大为增加。

（6）物流周边配合设备。这包括楼层流通设备、装卸货平台、装卸载设施、容器暂存设施和废料处理设施等，应根据物流中心实际来选定。

相关物流作业区域的功能和需求规划完成之后，可以根据各区的特性，规划设计所需设备的型号、功能和数量。

**2. 辅助作业区域设施**

在物流中心的运营过程中，除了主要的物流设备之外，还需要辅助作业区域的配合。物流中心主要的周边设施主要有如下三类。

（1）办公设备。如办公桌椅、文件保管设备、休闲娱乐设施等。

（2）计算机及其周边设施。如信息系统设施、主计算机、网络设施及其相关周边设施等。

（3）劳务设施。如洗手间、娱乐室、休息室、餐厅、司机休息室、医务室等。

**3. 厂房建筑周边设施**

在规划物流配送中心时，必须考虑到交通、水电、动力、土建、空调、安全和消防等与厂房建筑相关的周边设施条件。

## 4.2.4 信息系统规划

在物流中心的全部运营活动中，信息伴随始终。当作业区域及基本作业流程建成时，通过对物流中心全体事务流程的分析，便可进行信息系统框架结构及其主功能系统的规划。当相关物流设备和周边设施的规划实际完成之后，便可配合设备管理和控制要求，进行全体信息系统的相信设计。以下就物流中心信息系统功能规划和系统框架结构建立，作一下说明。

**1. 信息系统功能规划**

在完成了物流中心的作业程序分析及其设备规划之后，可根据各项作业的功能特性及物流中心主管部门的要求，规划物流中心的信息系统的功能，并建立功能结构。一般物流中心通常要求具备如下主要信息系统功能。

（1）销售贩卖功能。以商业活动的相关业务为主，如订单处理、采购完价和市场分析等。

（2）仓储保管功能。以仓储作业相关的业务为主，如进、销、存、资料管理，储位管理和库存管理等。

（3）输配送功能。以配送运送的调度和指派工作为主，如拣货计划、配派车辆和路线规划等。

（4）信息提供功能。进一步提供分析完整的管理信息，如成绩管理、决策分析和资源计划等。

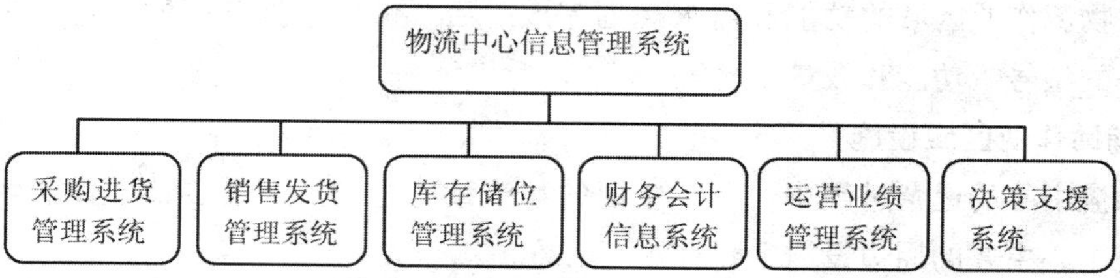


图 4－5　物流中心信息系统功能的 6 个单元

就现代化物流中心而言，信息系统的功能不再是只处理作业信息，而是进一步向业绩管理和决策分析的高层次发展。为此，在规划物流中心信息管理系统功能框架时，应使其包括如下6个单元：①采货进货管理系统；②销售发货系统；③库存储位管理系统；④财务会计系统；⑤运营业绩管理系统；⑥决策支援系统。图4－5为物流中心信息系统功能的6个单元。

单元一：采货管理系统。货品入库是物流中心实际物流的起点，必须自采货单发出开始就应该掌握确实信息。要求包括如下功能：

①厂商资料档案管理。包括供应商的基本资料、交易形态、交货方式和交货时间等。

②采购订货资料管理。以采购作业和预定交货资料为主，包括供货厂商、预定交货日期等。

③进货作业系统。除了进货验收核实工作之外，仍要考虑是否有进一步的管理要求，如制造日期和到期日期的核实、入库堆垛盘的标准要求、进货标签处理等。此外，还要考虑实际进货品项、数量和日期等信息和预定交货信息的差别及调整。

④采购时间管理系统。必须对采购物品、交货时间和预定交货期的准确性作管理。

⑤货源与报价管理。对于货品取得商源、替代品和厂商报价等记录，作定期维护管理。

单元二：销售发货管理系统。要求提供完整精确的发货信息，以供发货作业之用，并及时对业务员，产品计划、储运经理及用户提供发货信息。为此要求系统具有如下功能：

①用户资料建档。根据地理和交通路线特性，对用户进行配送区域分类；根据用户所在地点及交通限制，决定选派适合用户的配送车辆的类型；说明用户的仓储环境（如地下室）和设施不足导致卸货困难的情况以及卸货时如何克服；有无收货时间的特别要求等等。

②订单资料处理。在订单资料输入计算机之后，如何有效地汇总和分类，是拣货作业和派车的关键，如预定送货日期管理。在订单状态的管理中，一旦订单进入物流中心，其处理状态将一直随着作业流程而移动。订单处理分为输入、确认、汇总、发货指令、拣货、装车、用户验收签字和完成确认等步骤。订单汇总是单一订单处理，要按用户路线特性、流通加工要求、所需配送车辆型号、拣货条件等不同，分批处理。

③发货排程计划。以用户要求送货日期为主进程，核对库存量、拣货及配送等。

④指派拣货程序。安排拣货，并打印拣货单和发货单。

在上述作业之后，是指派车辆和提供用户交易信息服务，进一步开展促销活动。

单元三：库存储位管理系统。这个系统包括如下内容：

①商品资料建档。建立商品的基本资料，如包装特性、包装规格、储存环境特性和进货有效周期等信息。

②储位管理维护系统。根据储区和储位的配置，记录储位存储内容、储位单位及相对位置信息资料等。

③库存控管系统。要求系统能做到进、销、存资料处理和进出库记录处理；此外，进一步实现在库存量、订单保留量、运输途中的在途量和剩余库存量等商品的动态管理。

④到期管理系统。要求此系统实现对产品进货日期、发货有效周期、物品先进先出原则和过期或即将过期产品的分析和处理等一系列管理。

⑤盘点作业系统。这个系统包括库存冻结作业、盘点表单打印、盘点资料输入处理、盘差分析、盘点盈亏调整和库存解冻作业等处理。

单元四：财务会计系统。包括如下内容：

①人事薪资系统。包括人事档案、工资统计和打印以及银行计算转账等项目。

②一般会计处理。通过采购进货、销售发货、库存等系统，把有关进出货物料转入财务系统，制作会计总账、分类账和各类财务报表。此外，财务会计系统还具有现金管理和支票管理等功能。

③应收账系统。主要是把订单资料和发货资料转入应收账系统，并可实现已收款项统计、到期管理、催款管理和用户信息用记录分析等功能。

④应付账系统。主要是把采购资料和进货资料转入应付账系统。该系统还可实现已付款项统计和到期管理等功能。

⑤物流成本分析系统。在现代化物流中心，财务系统除具有一般财务会计系统功能外，还具有成本分析等功能。比如：a. 物流作业定量分析：包括对物流作业量的整理分析、入库作业人数、入库量、出库作业人数和发货量等作业信息的收集管理。b. 科目分类：包括对会计科目、作业阶段、商品及订单、成本分摊条件下的成本指标进行分析，并求出各种条件下的物流成本。c. 物流直接费用分析：从财务会计的相关科目中求出与物流量有直接关系的费用科目，如输送费用、包装费、保管费等，从而求出各阶段的主要物流成本。

⑥物流计费管理。系统可根据物流成本分析，快速准确地求出用户计费账单。这些费用包括仓储保管费、配送处理费、运输费等；还可根据不同的用户、区域、订货

量、发货单位、紧急发货等，建立不同的计费标准。

单元五：运营业绩管理系统。这个系统包括如下几个内容：

①物流日志。把每个物流作业的货物进出量、时间、作业人数及每一天订单完成状态、完成率和错误率等信息进行收集和管理。

②业绩指标管理。主要任务是定期收集各项运营数据，进行各项运营业绩的比较分析，如订单延迟率、退货率、缺货率、拣误率和存货周期率等。

③成本差异分析。此系统除了能够分析各项作业成本外，还可根据历史资料和作业程序，分析制定物流作业标准成本，定期进行成本差异分析而后进行研究，加强对物流成本的控制和管理。

单元六：决策支援系统。为使现代化物流中心具有策略性的竞争力，成为经营策略分析工具的决策支援系统应具备如下功能：

①配送资源计划。在物流配送作业及接单过程中，应对库存量、人员、设备和运输车辆等资源进行确认，必须掌握人员数、车型、载重量、各车的可调度时间和车辆运输时间等信息，从而进行最有效的调度，实现最佳决策支援。

②运输路线规划。根据用户要求送货时间、地区位置、卸货条件、车辆型号、物流中心位置、交通路线和各时间段的交通的交通状况等因素，进行配送车辆指派和运输路线的规划。随着物流业和城市环境的发展，企业可应用全球卫星定位系统及地理信息系统等技术，实现车辆指派和路线规划的最优化。

③存货管理系统。这个系统以降低库存量为目标，可分析制定最佳订货时点、安全库存量水平和库存周转率，缩短交货的前置时间，分类分项管理各物品；并根据物品价值、发货规模和货物性质，计算出库存量管理水平，实现有限成本内获得较大管理效益的目的。

④销售分析与销售预测系统。此系统能分析订单增长趋势和季节变化趋势，并对用户的地区、阶层和订购习惯等进行销售分析。此外，还可对未来的需求变化、库存需求、物流成本和投资成本等作预测分析，从而向经营管理者提供决策用的参考信息。

**2. 信息系统的框架结构**

（1）信息控管系统框架图。在规划物流中心信息管理系统时，应考虑到物流中心系统功能的发展和自动化设备升级情况，例如信息控管系统应和条码系统、计算机辅助拣货系统、掌上型终端系统和分类输送机系统等相适应，具有在线信息收集和相关作业监控管理功能。

（2）信息网络系统框架图。在规划物流中心信息系统时，应考虑到未来物流中心的发展规模、地区特性和与厂商及用户之间的信息系统的界面形式，从而建立现代化的信息网络系统框架。应用这种信息网络系统可减少企业之间订单资料的重复性，实现无纸化、效率化和准确化的信息资料的传输。随着网络的普及，网络传输信息和电子商务的应用将更加普及。

### 4.2.5 区域布置规划

在完成各作业程序、作业区域以及主要物流设备和周边设施等的规划之后，便可进行空间区域的布置规划和作业区域的区块布置工作，并标示各作业区域的面积和界限范围。

区域布置规划的主要程序有：①活动关系的分析；②作业空间规划；③各区域位置的设计；④物流动线分析。这四个内容研究，对物流作业区域布置、厂房作业区域布置和厂区布置，均具有相当的重要性。

**1. 活动关系的分析**

在各类作业区域之间，可能存在的活动关系如下：①程序上的关系，即建立在物料流和信息流之间的关系。②组织上的关系，即建立在各部门组织之间的关系。③功能上的关系，即区域之间因功能需要而形成的关系。④环境上的关系，即考虑到操作环境和安全需要而保持的关系。

对上述各种关系及程度加以分析之后，可以之为参考，进行区域布置规划。物流中心的布置规划，可分为对物流作业区域、辅助作业区域和厂区活动区三大部分的规划。在进行相关布置规划时，首先应对规划特性和活动相关性进行分类，再进行活动关系的分析。

对于物流作业区域，应以物流作业流程为主。为此，必须进行物料搬运分析和物料的始点和终点之间的流量分析，从而了解各区域之间物量规模大小及程度。

物料搬运分析是以每个独立的物流作业为分析单元，如一般物流作业、运货作业、盘点移仓作业等。为了便于研究物流流量，必须把不同搬运单位的货物转换成相同的搬运单位。

辅助作业区域是辅助性的区域，必须考虑信息流和有关组织、功能、环境等方面相配合的区域，按重要程度把这些相关区域分为不同级别，在区域之间必须考虑人员的往返接触程度、文件传递频率、组织管理上的关系、是否共用设备和相同的空间区域、是否进行类似性的活动等因素。如果区域间关系密切程度大，则布置应尽量相邻或接近，如发货区和称重区应相邻；而关系密切程度低的区域则不宜接近，如库存区和四级休息室。

**2. 作业空间规划**

作业空间规划在整个物流中心规划设计中占有重要的地位。这一规划良否，将直接影响到运营成本、空间投资与效益。在规划空间时，首先应根据作业流量、作业活动性、设备型号、建筑物特性、成本和效率等因素，确定满足作业要求的空间大小、长度、宽度和高度。

在完成物流设备和周边设备规划并选定各项设备的型号和数量之后，便可进行各作业区内的设备规划工作。表4－8为物流中心设备规则选用表。

**表4－8 物流中心设备规则选用表**

<table>
<tr><td>作业区域</td><td colspan="4"></td><td colspan="3">功能区域</td><td colspan="4"></td></tr>
<tr><td rowspan="2">项次</td><td rowspan="2">设备项目</td><td rowspan="2">功能设置</td><td rowspan="2">数量</td><td rowspan="2">单位</td><td colspan="3">设备尺寸/mm</td><td rowspan="2">承载/kg</td><td rowspan="2">电力需求/kVA</td><td rowspan="2">空压需求</td><td rowspan="2">其他配合需求</td></tr>
<tr><td>长</td><td>宽</td><td>高</td></tr>
<tr><td></td><td></td><td></td><td></td><td></td><td></td><td></td><td></td><td></td><td></td><td></td><td></td></tr>
<tr><td></td><td></td><td></td><td></td><td></td><td></td><td></td><td></td><td></td><td></td><td></td><td></td></tr>
<tr><td colspan="5">合 计</td><td></td><td></td><td></td><td></td><td></td><td></td><td></td></tr>
<tr><td colspan="2">长宽比例限制</td><td colspan="2">最小(长:宽)</td><td colspan="4"></td><td colspan="2">最大(长:宽)</td><td colspan="2"></td></tr>
</table>

通过对各区域的分析，可估计各区域的面积；各部门的区域性质不同，要求的作业空间的标准也不同。最后，可根据整个物流中心的实际和发展情况适当调整。

在规划作业空间中，除了估计设备的基本使用面积外，还要估计操作、活动、物料暂存作业空间和通道面积等。

（1）通道空间的布置规划

通道的正确安排和宽度设计将直接影响物流效率。一般在规划布置厂房时，首先设计通道位置和宽度。影响通道位置和宽度的因素有：通道形式、搬运设备的型号、尺寸、能力和旋转半径、储存货物尺寸、到进出口的装卸区的距离、储存的批量尺寸、防火墙位置、行列空间、服务区和设备的位置、地板负载能力、电梯和斜道位置以及出入方便性等。

物流中心的通道分为厂区通道和厂房内通道俩种。厂区通道将对车辆、人员的进出，车辆段额回转，上下货等动线有影响。而厂房内通道包括如下几种：

①工作通道。这是物流仓储作业和出入厂房作业的通道，其中包括主通道和辅助通道。主通道连接厂房的进出口和各作业区，道路最宽；辅助通道连接主通道和各作业区内的通道，一般平行或垂直于主通道。

②员工进出特殊区的人行道。

③电梯通道。储区电梯的通道，距主通道约3～4.5m。

④其他各种性质的通道。这是公共设施、防火设备或紧急逃生所需要的进出道路。

在空间分配时应考虑的最主要因素是通道设置和宽度。良好道路的设计应该注意如下几个因素：

①流量经济性，即让厂房通道的人和物的移动形成路径。

②空间经济性，即慎重设计空间大小，有效发挥空间的效益。

③设计顺序。首先设计主通道和出入厂门的位置，之后设计出入厂门和作业区间的通道，最后设计服务设施和参观走道。

④大规模厂房的空间经济性。如在一个6m宽的厂房内应有一条1.2～2m的通道，约占有效地板空间的25%～30%。一个180m宽的厂房应有3条宽3.6m的通道，只占空间的6%；再加上一些次要通道，也只占10%～12%左右。由此可见，大厂房在通道设计方面可实现最大程度的空间性。

⑤危险条件，即在设计通道时要宽敞，当遇危险时以便逃生。

⑥楼层间的交通。电梯是楼层间的主要交通工具，其位置不能妨碍主要通道的交通。

此外，不同储存区的布置不同，其通道空间比例也不一样。就一般物流中心的作业特性而言，多采用中枢通道式，通道穿过厂房中央，这样可有效利用空间。

通道宽度设计可因作业区域、人员或车辆行走速度、单位时间通行人数、搬运物品体积等因素不同而不同。下面用一个例题作一下说明。

以人员行走通道为例。设人员通过速度为v（km/h），单位时间（min）内通过的人数为n人，两人前后最短距离为d（m），平均每人身宽为w（m），则每人在通道上所占空间为$d \times w$（$m^2$），为此通道宽度W公式如下：$W = d \times w \times n/v$。

设两人行走时的前后最短距离为$d = 1.5$m以上，平均人身宽度$w = 0.76$m，一般人行走速度$v = 53$m/min，每分钟通过105人。把这些数据带入上述公式，即

$$
\begin{aligned}
W &= d \times w \times n/v \\
&= 1.5 \times 0.76 \times 105 \div 53 \\
&= 2.2\text{m}
\end{aligned}
$$

表4-9 厂房通道宽度参考表

| 通道种类或用途 | 宽度 | 通道种类或用途 | 宽度 |
|---|---|---|---|
| 中枢主通道 | 3.5~6m | 堆垛机（直角转弯） | 2~2.5m |
| 辅助通道 | 3m | 堆垛机（直角堆垛） | 3.5~4m |
| 人行道 | 0.75~1m | 伸臂式 reach 堆垛机 | 2~3m |
| 小型台车 | 车加宽0.5~0.7m | 跨立式 straddle 堆垛机 | |
| 手动叉车 | 1.5~2.5m | 转柱式 swing - mast 堆垛机 | |
| 堆垛机直线单行 | 1.5~2m | 转叉窄道式 turret 堆垛机 | 1.6~2m |

（2）进出货区的作业空间规划

①进出货平台的规划。众所周知，货品在进货时可能需要拆装、理货、检查或暂存以待车装载配送。为此在进出货平台上，应预留空间作为缓冲区。为了使平台与车辆高度能满足装卸货的要求，进出货平台需要连接设备。这种连接设备需要1~2.5m的空间。若使用固定式连接设备，则需1.5~3.5m的空间。为使车辆及人员畅通进出，在暂存区和连接设备之间应有出入通道。

②进出货码头配置形式的设计。关于进出货码头设计，可根据作业性质、厂房形式以及仓库内物流动线来决定。为使物料顺畅进出仓库，进货码头与出货码头的相对位置是很重要的，二者位置良否将直接影响进出货效率。

a. 进出货共同码头。这种形式可提高空间和设备利用率，但管理上有一定困难；特别是进出货高峰时间，容易导致进出货相互干扰。这种形式适用于进出货时间错开的仓库。

b. 进出货区分开使用码头，两者相邻管理。这种设计方案使进出货空间分开，不会使进出货互相影响，但是空间利用率低。这种设计适用于厂房空间较大，进出货容易互相影响的仓库。

c. 进出货区分别使用码头，两者不相邻。这是进出货作业完全独立的两码头，不但空间分开而且设备也独立。这种形式的优点是进货与动线更加通畅迅速，但设备利用率低。这种设计适用于厂房不足的情况。

d. 多个进出货码头。这种设计适用于进出货频繁且空间足够的仓库。

③码头的设计形式。码头形式有锯齿形和直线型两种。锯齿形码头的优点是车辆旋转纵深较浅，但缺点是占用仓库内部空间较大。直线形码头优点在于占用仓库内部的空间小，缺点是车辆旋转纵深较大，且需要较大的外部空调。

究竟选用哪种形式的码头停车，可根据土地和建筑物的价格而定。当土地费用远低于仓库造价时，选直线形最佳。

在设计进出货空间时，除应考虑效率和空间之外，还应该考虑安全问题。尤其是设计车辆和码头之间的连接部分时，必须考虑到如何防止大风吹入仓库内部和雨水进入仓库的可能。此外，还应该避免库内空调的冷暖气外溢和能源损失。为此，停车码头可设计成以下三种形式：

a. 内围式。把码头围在厂房内，进出车辆可直接入厂装卸货。这种码头的优点在于安全，不怕风吹日晒以及冷暖气外溢。

b. 齐平式。齐平式停车码头的月台与仓库外边齐平。该种码头的优点是整个月台仍在仓库内，可避免能源浪费。此种码头形式造价低，目前广泛采用。

c. 开放式。开放式码头的月台全部突出在厂房之外，月台上的货物完全没有遮掩。该种码头的缺点是库内冷暖气更易外溢。

④月台数量计算。为了计算月台数量，首先应确切掌握有关进出货的历史资料、高峰时段的车数和每车装卸货需要的时间；此外，还应该考虑到将来厂房的扩大发展。为了使设备顺利进出码头，必须考虑每一个停车月台的门面尺寸。一般物流中心的月台门高 2. 44m，门宽 2. 75m。

（3）仓储区的作业空间规划

在规划仓储区空间时首先应考虑如下因素：货品尺寸和数量、托盘尺寸和货架空间、设备的型号、尺寸、能力和旋转半径、走廊宽度、位置和需要空间、柱间距离、建筑尺寸与形式、进出货及搬运位置、补货或服务设施的位置以及作业原则等。总之不论仓储区如何布置，都应先求出存货所占空间大小、货品尺寸及数量、堆放方式、托盘尺寸和货架储位空间。

①托盘平置堆放。当大量发货时，把托盘放在地板上平置堆放为宜。此时应考虑托盘数量、尺寸和通道。

设托盘迟寸 P×P，通过货品尺寸和托盘尺寸计算，每个托盘平均可堆放 N 箱货品。若平均存货量为 Q，则需要空间 D 为：

$$D=\frac{Q}{N}(P\times P)$$

在考虑实际仓储所需空间时，还应考虑到高层叉车存取作业所需空间。此外，中枢型通道约占全部面积的 30% 到 35%。为此实际仓储所需空间 A 计算如下：

$$A=D/(1-35\%)=1.5D$$

设料框尺寸为 P×P，由货品尺寸和料框尺寸算出，每个托盘平均可堆放 N 箱货品，料框在仓库中可堆放L层，平均存货量Q，则存货空间D为：

$$D=\frac{Q}{L\times N}\ (P\times P)$$

当计算实际仓库所需空间时，还要考虑到高层叉车存取作业所需空间，采用一般的中枢通道，则通道约占全部面积的35%～40%，所以实际仓储需要空间A为：

$$A=D/(1-40\%)=1.67D$$

②使用托盘货架存储。当使用托盘货架储存货品时，在计算存货空间时除了考虑货品尺寸和数量、托盘大小、货架形式和层数之外，还要考虑相应通道空间。

设货架为L层，每个托盘可堆放N箱，平均存货量约为Q，则存货需要的托盘占地P为：

$$P=\frac{Q}{L\times N}$$

货架具有区块特性，即每个区块有两排货架和通道组成。实际仓储区空间由存取通道和仓储区块空间组成。在计算货架的货位空间时，应以一个货位为计算基础。现在以存放两个托盘为例加以说明。

设货位宽度$P_1$，长度$P_2$，区块货位列数Z，叉车直角存取通道宽$W_1$，储区区块侧向通道$W_2$，仓库区的区块数为B，每一区空间面积A，则：

$$A=(2P_1+W_1)(ZP_2+W_2)$$

$$B=\frac{P}{2\times 2Z}$$

当求得仓储区区块数B和每区块面积A之后，则可求出仓储区全部面积S，即：

$$S=A\times B$$

每个区块内货格所占面积为$2Z\times P_1\times P_2$，设$Z=10$，$P_1=P_2=1.5m$，$W_1=W_2=3m$，则区块面积$A=(10\times1.5+3)(2\times1.5+3)=108m^2$。由公式可知，通道面积为$63m^2$，约为储区块面积的55%。为此，为了增加空间利用率，在可能条件下，应尽量增加储存高度。

③利用轻型货架储货。对于尺寸不大的少量、多品种货物，宜采用轻型货架储存。如以箱为储存单位时，在计算空间是应考虑货品尺寸、数量、货架形式及层数、货架的储位空间等因素。

设货架为L层，每个货位面积A×B，每货位堆放M箱，平均存货量Q，则存货空间D为：

$$D = \frac{Q}{L \times M}(A \times B)$$

（4）拣货区作业空间规划

拣货作业是物流中心最费时的工作，如能最佳布置拣货方式，必将提高整个物流中心的效率。常见的拣货方式如下：

①储存和拣货区公用托盘货架。体积大、发货量也大的物品，适合这种模式。一般是托盘货架第一层为拣货区，第二、三层为库存区。当拣货结束后，再由库存区向拣货区补货。

在进行空间计算时，首先考虑拣货区的货物总数，因为品项数的多少将影响地面上的托盘空间。实际空间多少，取决于品项总数和库存量所需的托盘数。因为实际库存单位为托盘单位，所以，不足一个托盘的品项仍按一个托盘来估计。为此，库存空间应适当放大，一般以放大 1.3 倍为宜。

②储存和拣货区公用的零星拣货方式。该方式又分为三种细分形式。

a. 流动货架拣货方式：这种方式适用于进货量较小、体积不大或外形不规则货品的拣货工作。因为进货—保管—拣货—发货都是单向物流动线，可配合入、出库的输送机作业。让流动货架来实现储存和拣货的动管功能，这可达到先入先出的管理效果。在进货区把货品直接从车上卸到入库输送机上，入库输送机自动把货物送到储存和拣货区。这种方式的拣货效率较高，捡取完的货物立即被放在出库输送机上，自动把货品送到发货区。

拣取单位可分为箱拣货和单品拣货两种。箱拣货方式可配合加贴条形码标签作业，进行输送带的分类作业。单品拣货配合拆箱作业，并可利用储运箱为拣货用户的装载单位进行集货，再通过输送带分到发货区。当然储运箱应具有如条码、发货单卡之类的识别功能。

流动货架的优点在于：仅在拣货区通路上行走便可方便拣货；使用出库输送机提高效率；出入库输送机分开，可同时进行出入库作业；对于规模较大的物流中心可采用多列流动货架进行平行作业，之后，再用合流输送把各线拣发货物集中。

b. 一般货架拣货方式：用单面开放式货架进行拣货作业，但入库和出库是在同一侧。为此，可共用一条入库输送机来进行补货和拣货作业。这种方式虽然节省空间，但是必须注意入库和出库时间错开，以免造成作业混乱。

c. 积层式货架的作业方式：在进货作业时，捡取位置不宜超过 1.8m，否则会操作困难。如利用有限空间进行大量拣货作业，可用积层式货架区。下层为大型货架，为箱捡取；上层为轻量小型货架，用于单品捡取。这样可充分利用仓储空间。

③储存与拣货区分开的零星拣货方式。这种方式是储存与拣货区不是同一个货架，通过补货作业把货品由库存区送到拣货区。这种方式适合于进出货量中等的情况。

如果作业是多品种、小批量的单品发货方式，则可在拣货区出库输送机两侧增设无动力拣货输送机。这种方式的优点是工作方便，效率更高，拣货员拣取货物是利用拣货输送机，可一边推着空储运箱，一边按拣货单依箭头方向在流动货架旁边走边拣货，当拣货完毕便把货物储运移动到输送机上。

④分段拣货的少量拣货方式。当拣货区内拣货品项过多时，会使得流动货架的拣货路线很长，可考虑接力棒式的分段拣货方式。如果订单品项分布都在同一个分区中，则可跳过其他分区，缩短拣货行走距离，避免绕行整个拣货区。

⑤U 型多品种少批量拣货补货方式。为减少拣货人员要兼顾输送机两侧货架的拣取作业，拣货时可采取 U 型拣货路径和输送机的方式。

（5）集货区的规划

在物流中心的作业中，当物品经过拣取出库后，要进行集货、清点、检查和准备装车等作业。由于拣货方式和装载容器的单位不同，在发货前的暂存和准备工作需要有一定的集货空间。各种集货作业的拣货类型如下：

①单一订单捡取：以单一订单用户为单元，捡取后的发货单元可能是储位箱、笼车、台车或托盘。集货区以此为单位，将产品放于暂存区以待发货。

②订单分区拣货：以单一订单用户为主，根据拣货单把储存区分成几个区，捡取之后的发货单元可能同时包括储运箱、笼车货托盘等组合。为此，可能有另外的装拼、组合或标签、注记等工作。这样有利于送货员识别不同用户的货品。这种方式要求较大的集货空间。在设计时可将集货空间分为主要用户集货区和次要用户集货区。

③订单批量拣取：这是多张订单批量捡取的作业方式。这种方式在拣取后需要进行分类作业，为此需要有分类输送设备或者人工分类的作业空间。

a. 分类输送设备。当发货量大、品项包装或装载类型相似时，可采用分类输送设备。按批量拣取的货品按用户分类之后的发货单元，可能是以单品为主，之后在合并点再把单元装在储运箱、笼车或托盘等负载单位上。这种集货区空间设计和单一订单拣取方式相同。

b. 人工分类。人工分类适用于发货的用户少且货品种类及物性变化较大的物品。拣取货品以单品为主，经过批量拣取后再进行分类，并按车次的发货暂存区进行合并。为此，若订单需人工分类，则需要有行走通道和发货码头前的暂存空间。

一般集货区货位设计以地区堆放为主，同时考虑发货装载顺序和动线畅通性、在空间允许的条件下以单排为宜，否则容易造成装车时在集货区反复查找货物及搬运工作，降低装载作业效率。

另外，在规划集货区空间时，还要考虑每天平均发货订单、发货车次和出车路线，以及每天拣货和出车工作时序安排等因素。例如，有的工作是一天发货两次或夜间配合，拣货时段则在白天上班时间完成。在不同的发车时序要求下，需要集货空间配合工作，方便车辆达到物流中心后立即可以进行货物清点和装载作业，减少车辆等待时间。

有时也可以把集货区和发货暂存区放在一起，但是发货暂存区的空间常作装载工作之用。如果拣出的货物需要等待较长时间才能装车，则有必要把发货码头和发货暂存分开。

（6）行政区的规划

行政区的规划主要是指非直接从事生产、物流、仓储或流通加工部门的规划，如办公室、会议室、福利休息设施等。下面分别作一下说明。

①办公室。办公室分为一般办公室和现场办公室两种，其面积大小决定于人数和内部设备。一般规划原则如下：办公室通道约 0.9m 以上，每人办公面积约为 4.5 ~ 7$m^2$，两桌间距离约为 0.8 ~ 1.2m，桌子与档案设备通道约为 1 ~ 1.5m，行政领导办公室面积约 28 ~ 38$m^2$，单位领导办公室面积约为 14 ~ 28$m^2$，管理办公室面积约为 6 ~ 18$m^2$。

②档案室。这是保管文件的重要设施，除档案架或档案拉柜空间之外，应预留通道和档案存取空间。抽屉拉出方向应留 1.2 ~ 1.5m 的通道，以利于工作。

③会客室。面积在 28 ~ 38$m^2$ 之间为宜。

④会议室。会议桌可采用长方形、U 形、H 形和环形排列。

⑤休息室。根据员工人数和作息时间而定。在物流中心工作不允许吸烟，为此可在特定地方设立吸烟室。

⑥司机休息室。在出入库作业区附近可设立司机休息室，以便司机在装卸货物时或等待表单时休息。

⑦洗手间。良好的卫生设备可使员工精神饱满，心情愉快。一般情况下，男厕大便器是 10 人以下设置一个，10 ~ 24 人设置 2 个，25 ~ 49 人设置 3 个，50 ~ 74 人设置 4 个，75 ~ 100 人设置 5 个，超过 100 人每 30 人增加一个；小便器是每 30 个人一个。至于女厕，大便器则是每 10 人设置一个。洗脸盆是男子每 30 人设置一个，女子每 15 人设置一个。

⑧衣帽间。为了使员工可以更换衣服和保管个人物品，在库存区外应设立衣帽间，

每人一个格位，并配有门锁。

⑨膳食区。除餐厅之外，还应设立小卖部之类，为员工提供购物方便。餐厅规划面积按高峰期人数考虑，每人约0.8～1.5$m^2$。厨房面积约为餐厅面积的22%～35%。

（7）厂区规划

除了厂房内的物流、仓储和行政区外，厂区还包括停车场、警卫室、环境美化区等。现在将各类规划说明如下。

①大门和门卫室。大门和门卫室要配合厂区对外出入大门和外连道路形式进行规划。如果出入共用一个大门，则可将警卫室设置在大门一侧，并可进行出入车辆管理；也可将警卫室设于出入口中间，分别进行出入车辆管理。若出入口位于厂区同侧，则可分别设立警卫室，严格执行一边进厂一边出厂的出入管理制度。这种情况适用于进出货时段重合、进出车辆频繁的情况。

②停车场。停车场的设计对一个现代化的物流中心十分重要。停车种类主要是进货车辆、来宾用车和职员用车，可根据物流中心的现实和发展情况、车辆类型规划停车场。停车角度可分为90度、60度和45度三种。停车位应和车辆行走车道有关。不同角度下的车辆进出所需车道宽度是不一样的，表4－9为停车角度与宽度对照表。一般情况下，多使用90度和60度的车位形式。

**表4－10 停车角度与宽度对照表**

| 宽度 停放角度 / 列数 | 90度 | 60度 | 45度 |
|---|---|---|---|
| 一列 | 13.1 | 11.9 | 10.1 |
| 二列 | 18.9 | 18.3 | 15.2 |
| 三列 | 32.0 | 30.2 | 24.1 |
| 四列 | 37.8 | 36.6 | 30.2 |

60度停车场设计的优点是车辆进出方便，车道宽度较小；缺点是车位深度较深，同一列可停车数较小。表4－11所示为60度角不同车辆尺寸规划的车位对照表。

**表4－11 60度角停车场停车格位对照表**

| 尺寸 | | 长度/m | | | | |
|---|---|---|---|---|---|---|
| 静止宽度 | A | 2.44 | 2.59 | 2.74 | 2.90 | 3.05 |
| 静止长度 | B | 5.79 | 5.79 | 5.79 | 5.79 | 5.79 |
| 停车位长度 | C | 2.82 | 3.00 | 3.18 | 3.35 | 3.51 |
| 静止深度 | D | 6.22 | 6.32 | 6.40 | 6.48 | 6.55 |
| 车道宽度 | E | 5.79 | 5.64 | 5.49 | 5.49 | 5.49 |

90 度停车场设计会使车辆进出困难，要求车宽度较大，车位深度和车长一样，同一列可停车数较多。表 4－12 所示为 90 度角不同车辆尺寸的车位对照表。

**表 4－12　90 度角停车场停车格位对照表**

| 尺寸 | | 长度/m | | | | |
|---|---|---|---|---|---|---|
| 静止宽度 | A | 2.44 | 2.59 | 2.74 | 2.90 | 3.05 |
| 静止长度 | B | 5.79 | 5.79 | 5.79 | 5.79 | 5.79 |
| 车道宽度 | E | 5.79 | 5.64 | 5.49 | 5.49 | 5.49 |

若按 90 度规划 2 280$m^2$ 的停车场，可停 82 辆车。若按 60 度规划2 276$m^2$ 的停车场，可停 78 辆车。由此可知，在面积接近的条件下，60 度形式的车位布置比 90 度形式的车位布置停车空间略小。在实际设计车位时，还应考虑车辆尺寸和可用空间长宽比例，做到充分利用有限空间。

③运输车辆回车空间。在设计停车场时，必须对进出物流中心的车辆型号和尺寸进行分析，并预留停车和回车空间。

④车辆停泊与绿化空间。停车场周围的围墙边应设计为绿化带区，以美化环境。

**3. 各区域位置的设计**

在完成各作业区域面积计算和基本规划之后，必须决定各部门区域的相互位置。方法是将各作业区域的面积大小和长度比例做成缩小的模块，并根据生产流程和相关部分的关系来设计相互位置，在分析区域性质基础上设计各作业区域间的物流动线形式。

（1）直线式：适合于出入口在厂房两侧，作业流程简单，规模较小的物流作业。该设计使得无论订单大小和拣货品项多少，均要通过厂房全程。

（2）双直线式：适合于出入口在厂房两侧，作业流程相似但有两种不同进出货形态的情况。

（3）锯齿形：通常用于多排并列的库存货架区内。

（4）U 型：适合于出入口在厂房同侧的情况，可根据进出频率大小安排靠近进出口端的储区，缩短拣货搬运路线。

（5）分流式：适用于批量拣货的分流方式。

（6）集中式：这种方式适用于因储区特性把订单分割在不同区域后再进行集货作业的情况。

在进行各区域位置安排时，首先决定物流中心对外的连外道路形式。之后，决定物流中心厂房空间范围、大小和比宽比例。第三步决定物流中心内由进货到发货的主要物流动线形式，如U型、双排型之类。第四步是根据作业流程顺序，安排各区域位置。物流作业区域由进货作业开始布置，根据物料流程前后关系顺次安排相关位置。其中作业区域中有面积较大、长宽比不易变动的区域时，应首先安排在建筑平面中，如自动化立体仓库、分裂输送机等作业区，之后再插入面积较小的、长宽比例容易调整的区域，如理货区和暂存区之类。第五步决定行政办公区和物流仓储区的关系。一般物流中心行政办公区是集中式布置。为了提高空间利用率，多采用楼层办公方案。

根据上述流程，各区域可用计算机进行规划布置。

经过精心布置后，绘制出各区域布置图，图中要说明各区域的界限和尺寸；详细设备位置将在下一节《详细规划设计》中加以说明。

**4. 物流动线分析**

在区域布置阶段，没有指出各项设备的规格型号和尺寸，但是按生产要求基本确定了类型；可根据这些设备性能，逐一分析各区之间和区域内的物流动线是否通畅，具体步骤如图4－6所示。

由图可知，进行物流动线分析时，首先应根据厂房装卸货的出入形式、厂房内物流动线形式以及各区域相对位置，设计厂房的主要通道。其次是进行物流设备方向和面积的规划。在此规划过程中，需要考虑作业空间和区域内的通道情况。第三是分析各区域之间的物流动线形式，绘制物流动线图，进一步研究物流动线的合理性和流畅性。

综上所述，在物流中心系统规划基本完成之后，再进行库房建筑面积、机械设备成本、人力成本以及耗能等方面的评估。

①经济性方面。包括土地面积、库房建筑面积、机械设备成本、人力成本以及耗能等方面的评估。

②技术性方面。这方面评估包括自动化程度、设备可靠性和设备维护保养等三方面。所谓自动化程度是指搬运省力化、出入库系统自动化、拣货系统自动化和信息处理自动化。所谓设备可靠性是指当发生任何故障时仍可进行配置作业，当主要系统发生故障时，可迅速修复或有备用系统代替等。所谓设备维护保养是指定期有人保养设备。

③系统作业方面。这方面包括的评估内容有储位柔性程度、系统作业柔性程度、系统扩充性、人员安全性和人员素质等。所谓储位柔性是指存取空间可否调整，储位可否按需要弹性应用和储位是否限定存放特性物品等。所谓系统作业柔性是指系统是

否易于改变，系统作业的原则、程序和方法是否可以变更。所谓系统扩充性是指当系统扩充时是否改变原有布置形式和现有建筑，原有设备是否能用，是否改变现有作业方式以及是否早增加土地等。所谓人员安全性是指仓库货架稳定性如何，人员和搬运设备、路径之间是否交错和频繁接触，自高处向下搬运货物是否潜在危机。所谓人员安全性，是看电器设备是否有安全隐患，通道是否流畅，遇难时能否安全逃生等。

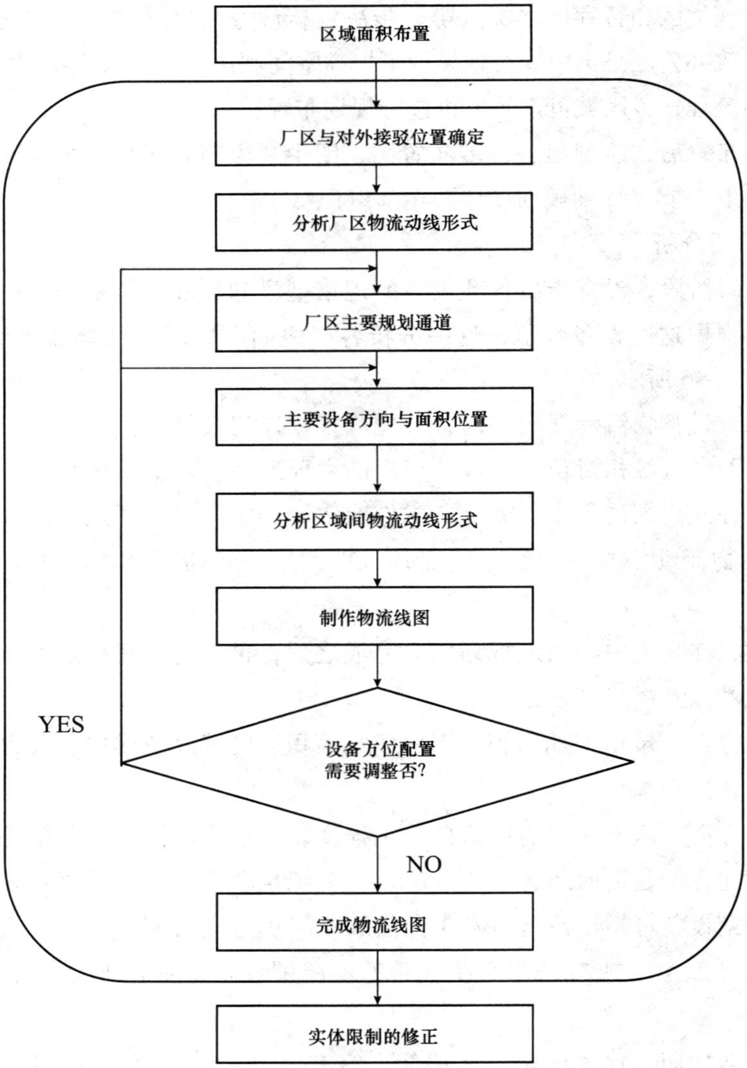


图 4－6　物流动线分析程序

# 4.3 详细规划设计

经过方案设计与评估之后，下一步就是进行物流中心的详细设计。在此设计阶段，主要是对各项物流设备和物流周边设施进行规格设计与布置。

## 4.3.1 物流设备规格设计

设计物流设备规格型号的根据，是物流中心单元负载单位和储运单位。一般情况是先决定货箱和托盘的尺寸、堆放高度以及重量，之后再设计仓储设备的型号规格。在规划仓储设备时，还要考虑到操作空间和搬运走道空间等因素。物流设备规划设计程序如图 4－7 所示。

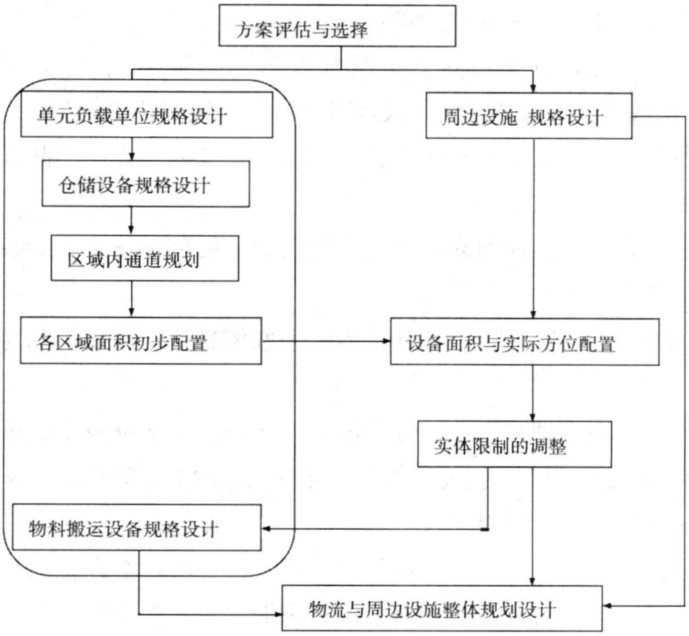


图 4－7 物流设备规划设计程序

**1. 物流系统基本设计原则**

（1）单元负载原则：根据产品尺寸大小和负荷形式决定搬运、储存单位。物品不能放在地面上，而是用单元负载容器作为基本搬运单位。

（2）简单化原则：减少基本不必要的设备，简化搬运工作。

（3）标准化原则：尽量使搬运方法、容器、托盘和设备标准化。

（4）搬运距离法则：缩短物料的搬运距离，避免货物倒退和回流。

（5）机械化原则：尽量使搬运机械化，节省人力，提高效率。

（6）合并原则：把相关作业进行整理合并，简化作业内容。

（7）准时原则：按时按量把货物搬运到指定地点。

（8）人机学原则：按人力能力、可搬重量、可取高度、弯腰频率等因素设计物流搬运设备，使人能够最有效地利用系统设备。

（9）节能原则：在物料搬运中尽量节省资源。

（10）生态环境原则：所使用的搬运设备和搬运程序应避免破坏环境，如对废弃包装材料、纸箱和其他废品应进行回收。

（11）空间利用原则：充分利用空间，如采用高层立体货架、高密度存储等。

（12）柔性原则：能适合各种不同货物的储存工作。

（13）重力原则：在保证人员安全和不损坏产品的前提下，尽量利用重力搬运货物，从而节省人力和动力。如楼层之间搬运可用重力由高层运至低层。

（14）安全原则：采用安全的搬运设备和方法，在有关地方采用防冲梁、颜色标示和作业标示等措施。

（15）巧易化原则：使操作简易，避免出错。如采用色标管理、储位标示、拣货标签以及计算机辅助管理等。

（16）信息化原则：对物流搬运和储存系统采取信息管理，以达到对信息流进行控制的目的。

（17）系统流程原则：把搬运和储存中的实际物料流程与资料及信息流程相结合。

（18）物量节省原则：简化包装、批量作业和堆放物品等过程，减少搬运量和体积，增加单位搬运量，提高作业效率。

（19）成本原则：精心计算每搬运单位所耗成本，比较每个设备的经济性。

（20）维护保养原则：对物料搬运设备进行定期保养，保持设备完好率。

**2. 物流设备规划原则**

（1）单位容器的选择。在规划选择容器时应考虑到如下几点：适于接受、搬运、储存运送和厂内各区间运送；尽量使用厂内外通用标准容器；容器大小要和运货卡车相适应；为节省空间尽量使用折叠式容器；选择适合自动搬运的容器；增加单位搬运量，达到经济运送目的；降低容器的回流成本；设计外包装防止物品受损，同时也作搬运单位的容器用；根据厂房容量、搬运设备和产品形状来选择单位负荷量的大小。

（2）物流系统设备规格型号设计。在物流中心系统规划阶段，主要是规划设计全物流系统的功能、数量和形式，而在详细规划设计阶段，主要是设计各项设备的详细规格型号和设施配置。

### 4.3.2 周边设施的设计

物流中心周边设施的设计，一方面要满足物流系统设备运转的需要，另一方面要满足企业文化、形象、员工福利的需要。现代化物流中心的企业形象、企业文化、标志以及整个环境规划方面，都应呈现出干净、卫生、柔和、明朗、明快、清爽和高效的物流企业独特风格。为此，在对物流中心进行整体规划设计时，除考虑流程、制度和作业需要之外，还要将企业形象具体化与厂房建筑设施结合起来考虑。

此外，在颜色和采光方面，现代化物流中心特别强化了颜色管理，更注重科学采光，尽量采用自然光线，一来经济，二来有利于健康。但是在规划时应注意，尽量避免阳光直射厂房而使温度过度升高，这样会需要空调系统和排风系统。在工作场所光线应充足明亮一些，在休息、会客场所，光线宜柔和一些。关于照度要求，如表 4－13 所示。

**表 4－13 照度要求对照表作业项目**

| | 光照度/lx | 作业项目 | 光照度/lx |
|---|---|---|---|
| 物流仓储作业 | | 办工作业 | |
| 加工检验 | 1000 | 资料管理、会计、打字 | 1500 |
| 一般进料检验 | 300 | 一般办公室 | 1000 |
| 包装及装箱 | 500 | | 700 |
| 仓库内作业 | 700 | 会议室 | 300 |
| 装卸及卸货 | 300 | 休息室 | 300 |
| | | 盥洗室 | 100 |
| | | 走廊及电梯 | 200 |

关于四周墙壁色彩，若采用反射率较高的色泽，则所需照度可略低一些。

（1）关于工作安全设施：实际经验证明，在物流作业中，由于不当操作或忽视安全规划造成人员受伤、货物损坏的情况很多。如落物碰撞、由货架上跌落、搬运工具或堆垛机的碰撞等情形时有发生。为此，应加强安全作业标识，设置警示灯及防撞设施。为此应配合工业安全规程，用颜色标识出不同性质的设施。厂房内动态性的车辆、移动机具应采用黄色标识，以提醒人们注意安全。此外，按国际惯例，消防设施应采用红色标识。

（2）关于温湿度调节：目的在于保持仓库内与室外空气循环流通，以调节温度、湿度、氧气和二氧化碳含量，从而确保人员有良好的作业环境。在规划设计物流中心时，可根据厂房高度、人员和车俩动线以及面积等因素来决定通风换气的方法。通常，对于物流中心的仓库储区，因空间和面积较大，多采用较为经济的自然通风。当厂房高度不高、面积不大或处于工业区，空气不佳地段时，以采用人工通风方法为宜。人工方法一般是抽气装置，使管道内空气由下向上流动，确保室内空气流通。

（3）关于仓库门的设计：设计仓库大门时应考虑进出物料形式和保存形式，可采用电动门或气动门。对于冷藏或冷冻物品，储区门应和外界隔绝，并方便车辆装卸。

### 4.3.3 详细布置规划

经过区域布置规划，评估和确定布置方案之后，便可根据厂房建筑、物流设备和周边设施，进行详细设计和规划。详细布置规划主要包括设备面积与实际位置的设计，及物流与周边设施的统一规划计划。图 4－8 为详细的规划设计程序。

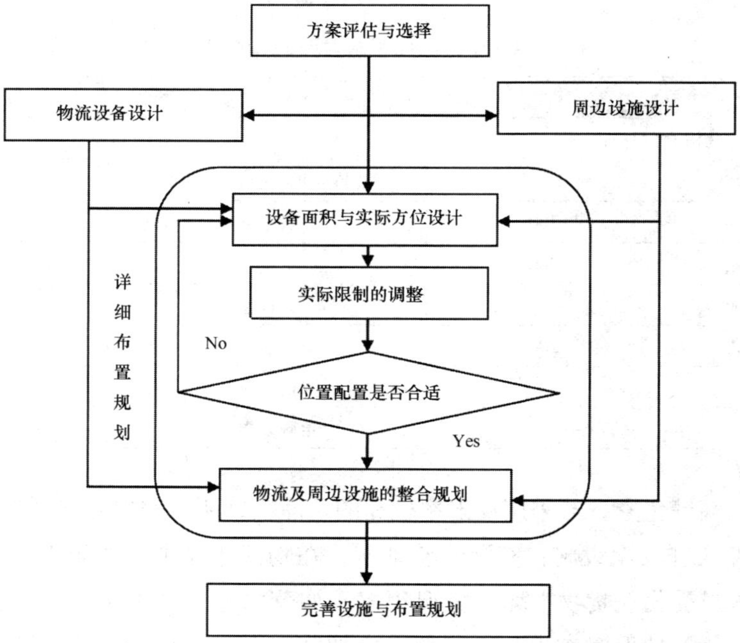


图 4－8　详细布置规划设计程序

**1. 设备面积与实际位置的设计**

在进行此步骤之前，首先应知道各项物流设备与周边设施的规格型号、各区域设备的规格型号，然后根据各区域规划图逐步进行分区的详细配置计划和区域内通道设计。其中包括主要物流作业区、办公室区、劳务设施区、餐厅、盥洗室、休息室和停车场等区域的布置。

在各区域的设备配置完毕之后，则可进行物料搬运设备的规划设计。若使用输送带设备，则应避免与通道重合或交叉。之后逐一确认各区域间的物流关系连接形式，检查物流搬运与作业是否通畅，有无迂回或不符合搬运原则的现象。经过详细的设备和设施布置之后，还要根据实际情况进行反复调整，调整内容如下：①厂址与环境方面：如气候、温湿度和水电气的供应情况。②厂房特性方面：如支柱间距、门窗形式和大小出入口高度是否相符合。③厂区通道方面：通道直线性、整齐性、安全性和车辆回转空间的调整。④法规方面：如建筑、交通、环保、劳保等方面是否符合关规定。

**2. 物流与周边设施的统一规划设计**

在经过详细布置之后，便可进行资料汇集整理和各项周边设施的规划设计，主要包括如下内容。

（1）电力配置图：根据各区域分项设备所需电力和控制线路，绘制电力配置图，并标明电压、频率、相位和用电量。

（2）压缩空气配置图：根据各区域分项设备所需压缩空气，绘制空气配置图，并标明气压、管径与流量。

（3）供排水配置图：根据各区域分项设施所需用水及排水，绘制供、排水配置图，并标明水压、管径、流量和水质等信息。

（4）照明配置图：根据各区域的作业类型和人员分布，绘制各区的照明图。

（5）空调配置图：根据各区域设备发热量、作业类型、物流动线与人员分布，绘制各区空调布置图。

（6）消防设施配置图：根据各区域设备配置、设备特性、安全要求、作业类型、物流动线和人员分布，制定各区消防设施种类、数量和配置点，并绘制消防设施配置图。

（7）其他设施配置图：根据需要的通风换气设施、冷藏冷冻设施和电信设施等，绘制图形。

此外，对于和正常物流作业程序无直接关系的作业，如清洁、维修、参观，或间接物料与耗材物流，如油料、包装材料、标签之类，也需要逐一进行设计，并绘制间接活动及物料流线图、维修保养线路图、厂房清洁路线图和参观路线图等。

### 4.3.4 事务流程与表单系统设计

(1) 事务流程。所谓事务流程就是把物流中心的物流信息流统一起来，实现合理化的物流作业。

(2) 信息系统详细规划。在完成物流中心各项作业和事务流程详细规划之后，便可进行信息系统的功能和整体框架、设备和界面等的设计。系统设计包括系统和子系统的系统关系、档案结构、资料关系等设计。硬件设备和信息网络界面设计是根据系统功能，设计硬件设备和相关软件、系统界面以及输出界面和格式等。

### 4.3.5 人员的组织结构规划

当物流中心的事务流程及作业制度规划完成之后，还可进行人员的组织结构的规划。人员组织决定于企业经营特性、企业文化和物流中心的特性及规模大小。人员多少与物流中心的作业时序有密切关系，应根据物流中心作业类型、配送点范围、接单处理周期性和配送车辆时段，来设计物流中心的作业时序。如果配送地点有近距离配送和中、远距离配送的话，则须设计不同接单的截至时段，并按各时段分别完成拣货和配送作业。远程配送可以夜间进行，以避开白天堵车时段。为此，作业时序安排要充分应用设备、人力、空间和时间，设计合理的时序分布图。

### 4.3.6 物流中心布置与规划的评估

为使物流中心发挥最大的投资经济效益，必须对布置规划进行审核和评估，如分析各设备与作业流程效率，是否能满足每天发货要求；各站点之间是否有瓶颈现象；如果有突然订单，物流系统能否应急满足要求等。

### 4.3.7 物流中心的成本分析和效益评估

一般物流中心作业成本项目，包括人工费、仓储费、运输费、车辆费等。根据物流中心实际经营内容，可以调整物流成本的分析项目，定期进行动态管理和成本差异分析。

在完成厂房布置与设施、人员的规划后，必须进行投资成本分析。然后，应估计未来运营成本及预期效益，并作投资效益分析。初期投资成本分析内容包括：土地成本、土地改造和房屋建筑成本、机械设备成本、开办费和运营初期的投资费用。运营期间成本分析内容包括：直接人工费、水费、电费、燃料费、取暖费、通话费、设备维修费、杂项费、运营业务费、仓储及配送、建筑和设备折旧费、保险费、各种税收等费用。

为了科学地规划设计一个现代化的物流配送中心，收集和分析大量的资料是非常重要的。在规划物流配送中心时，应该将这些资料逐一调查分析，从而确保所规划的物流中心高效、适用并现代化。

## 4.4 物流网络规划

物流网络规划的主要任务是确定产品从原材料起点到市场需求终点的整个流通渠道的结构，包括物流设施的类型、数量与位置，设施所服务的顾客群体与产品类别以及产品在设施之间的运输方式的规划。网络设计必须充分考虑空间和时间两方面因素。空间方面是指为工厂、仓库、零售点等设施选址，时间问题是指保持产品的可得性以迎合顾客服务目标，二者均涉及到库存政策与运输管理。

需求方可以从所在地仓库和销售点得到产品，也可以直接从产品的供应源头（工厂或总经销商）购买产品。中转仓库可以从区域销售中心或直接从供应源头获得产品。产品流通网络如图 4－9 所示。

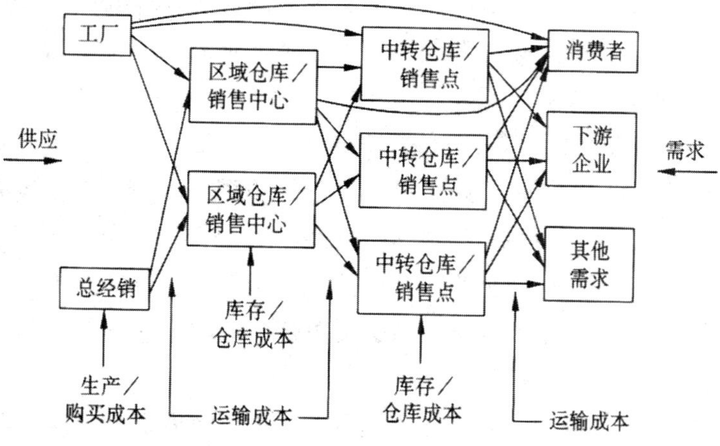


图 4－9 产品流通网络

### 4.4.1 物流网络规划所需要的数据

**1. 数据清单**

物流网络规划所需要的数据清单包括：①产品线上的所有产品清单。②顾客、存货点、原材料供应源的地理分布。③每一区域的顾客对每种产品的需求量。④运输成本和费率。⑤运输时间、订货周期、订单满足率。⑥仓储成本和费率。⑦采购/制造成本。⑧产品的运输批量。⑨网络中各节点的存货水平及控制方法。⑩订单的频率、批量、季节波动。⑪订单处理成本与发生这些成本的物流环节。⑫顾客服务目标。⑬在服务能力限制范围内设备和设施的可用性。⑭产品配送模式。

**2. 数据来源**

数据来源于企业内外部各环节，主要包括经营运作文件、会计报告、物流研究、公开出版物等。

（1）经营运作文件。企业的经营业务管理中会产生一些业务报告文件，这些文件可以为物流网络规划提供原始数据。例如，可以从销售订单处理系统中获取有关顾客地理分布、各个市场产品的历史销售数据、运输批量、存货水平以及订单满足率和顾客服务水平等重要数据。由于这些数据存放在电脑中，故使用起来十分方便。

（2）会计报告。会计数据的重点在于能提供包括物流活动在内的所有经营业务活动的成本。当然，目前的会计体系往往没有直接提供物流管理人员所关心的库存维持成本和库存损失成本等重要数据，对某些物流成本的描述也含糊不清，尽管如此，会计报告仍是成本数据的主要来源。

（3）物流研究。与经营运作文件和会计报告的不同之处在于，物流研究描述和定义的是一些十分重要的基本关系，如销售与服务的关系、运输费率与运输距离的关系等。企业内部人员或企业外部的咨询机构、大学教授都可以开展物流研究。事实上，物流研究有时并非是直接为某个企业而开展的，社会上的一些研究机构经常资助开展行业性的物流研究，并将研究报告提供给会员单位。对同行业甚至其他行业的企业来说，这些研究报告也是物流数据的重要来源。

（4）公开出版物。公开出版物，如物流行业杂志、政府资助的研究报告以及一些学术期刊中，包含了大量关于物流成本、产业发展趋势、物流技术新进展、物流活动业务水平以及预测等方面的重要信息。企业的物流管理人员必须具备相当的理论水平，经常地阅读这些公开出版物，从中可以获得有价值的分析数据。

**3. 数据信息化**

对收集的数据要进行组织、概括、分类等处理，使之成为辅助决策的有用信息。针对网络设计问题，要研究信息的关键要素以及信息的产生过程。

（1）数据单位。在物流分析中常用的单位有重量单位（如千克、吨），货币单位（如元、美元等），体积单位（如升、加仑），计数单位（如箱、件）等。物流数据库以何种单位为主，取决于企业管理层对数据的使用和分析习惯；生产制造企业往往采用重量或计数单位，而零售企业多采用货币单位。

（2）产品分类组合。企业的产品线中往往包含成百上千种类别，不同的产品特性与式样对应着不同包装与尺寸。在物流网络设计中，不可能针对每一种如此细分的产品类别进行数据收集与分析，这就需要对产品进行分组归类。网络分析通常要求作为分析对象的产品类别不超过20个。

（3）运输费率估算。物流成本是网络规划的主要决策依据，因此必须对各种方式的运输费率做出准确的估算。企业自备运输车辆的费率估算需要掌握较为详细的运作成本数据以及运输工具的行驶路线。表4－14对A企业的自备卡车运输费率进行了估算。

**表4－14 A企业的自备卡车运输费率估算**

| 数据类型 | 实际值 | 周费用（元） |
| --- | --- | --- |
| 每周总行驶里程 | 2 700公里 | |
| 每周实际工作时间 | 66小时 | |
| 每周发车次数 | 3次 | |
| 司机的工资 | 12元/小时 | 792.00 |
| 额外奖金 | 工资的18.75% | 148.50 |
| 油耗（每升10公里） | 3/升 | 810.00 |
| 卡车折旧 | 316.50/周 | 316.50 |
| 维护费 | 45/周 | 45.00 |
| 保险费 | 51/周 | 51.00 |
| 路桥通行费、餐饮费、装卸费 | 97.50/次 | 292.50 |
| 紧急故障处理费 | 30/次 | 90.00 |
| 总成本 | | 2 545.50 |

公司自备卡车运输费率＝2 545.50÷2 700＝0.94元/公里。

从资源优化配置的目标出发，企业通常会将一部分产品运输工作交给外部运输力量来完成。

（4）顾客聚集处理。成千上万的顾客产生的购买需求量可以用地理分布上的一定数量的聚集点来表示。将整个市场销售用这些聚集点来代表而进行网络规划分析，在运输成本估算的准确性上不会有大的偏差。以美国为例，根据人口分布的密度，可将美国本土划分为200个左右的聚集点，其运输成本估算偏差小于1%。

（5）设施成本。与仓库设施相联系的成本可分成三大类：固定成本、存储成本和操作成本。固定成本包括税收、租金、管理费用、资产折旧等项目，这类成本不随仓库存储量的变动而变动。存储成本是平均存货水平的函数。操作成本随货物的周转量的变动而变动。

对于企业自行建造的仓库等设施，会计部门应定期提供成本清单。物流管理人员需将这些成本细分为上述三大类，以便进行物流网络规划分析。企业租用公共仓库时，则只需考虑可变的存储成本与操作成本，相关的费率很容易得到。

（6）设施能力限制。厂房、仓库、销售点等设施都有一定的运行能力限制，这是物流网络规划中的一个重要内容。设施的运行能力限制并非是绝对刚性的，可以通过多种方法使之在短期内得到一定程度的扩张，以满足紧急情况的需要。

（7）库存量—周转量的关系。物流网络规划中涉及到仓库的数量、选址与容量决策，有必要弄清楚仓库的库存量与周转量的关系，估算物流网络中仓库的库存水平。一个简单的方法是根据企业的库存政策来确定。例如，企业的仓库周转率目标是每年周转8次，则表示该仓库平均库存量是它所服务的市场年销售量的1/8。这种描述虽然对管理层来说容易理解，但并不十分准确。

更加准确的描述可以对仓库库存控制数据进行分析后得到。如图4－10所示，横轴为仓库的年周转量，纵轴为不同的仓库平均库存量，可得到一条库存量—周转量关系曲线。根据这条曲线，一旦为某仓库（现有的或将要建造的）确定了年服务量（年周转总量），就可以估算出相应的仓库库存水平。

（8）需求预测。完全基于历史数据和当前数据进行物流网络规划是没有意义的，因为物流网络规划是为企业未来的物流运作而设计，因此在分析中有必要采用一些中期或长期预测方法。在实践中，许多企业采用五年预测数据进行网络设计。

（9）其他因素与限制。在收集了基本的经济数据之后，仍需要掌握一些重要的限制条件，包括：①财务限制，如对新设施的最大投资额；②法规和政治限制，如在评估设施选址方案时必须排除某些特殊区域；③人力资源限制，要充分考虑是否有足够数量和质量的人力来支持新的战略；④时间限制；⑤合同限制，包括现有的及未来可能发生的合同。

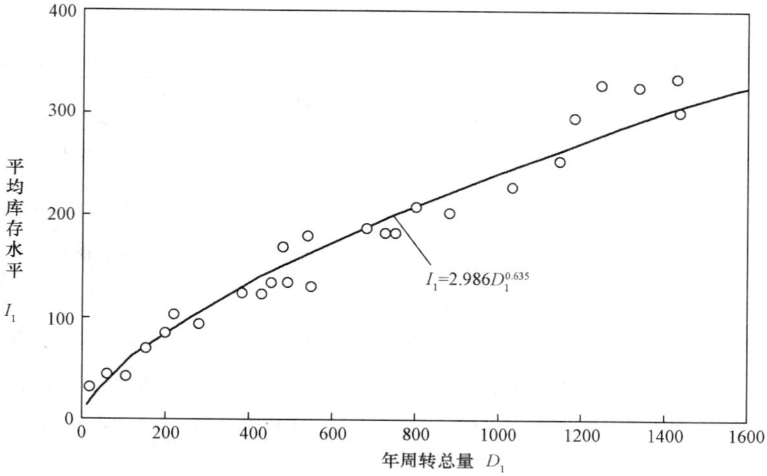


图 4－10 库存量—周转量关系曲线

## 4.4.2 物流网络规划分析的工具与步骤

**1. 物流网络规划模型的选择**

物流网络规划分析中使用的模型大致可分为五类：①图表技术；②模拟模型；⑧优化模型；④启发式模型；⑤专家系统模型。

（1）图表技术。泛指大量的直观方法。虽然这类技术不需要深奥的数学分析，但能够综合反映各种现实的约束条件，其分析结果并非是低质量的。支持这种分析的方法大量存在并被广泛应用，如统计图表、加权评分法、电子表格等。借助这些方法，加上分析人员的经验、洞察力以及对网络设计的良好理解，往往能得到满意的设计方案。

（2）模拟模型。模拟技术在物流规划中十分重要，有广泛应用，其优点在于能方便地处理随机性的变量要素，并能对现实问题进行比较全面的描述。物流网络的模拟将成本、运输方式与运输批量、库存容量与周转等要素以合理的数量关系加以描述，并通过编制计算机程序进行物流网络的模拟运行。通过对模拟结果的评估分析，可选出最优的网络设计方案。

（3）优化模型。优化模型通过精确的运筹学方法求出决策问题的最优解。在给定假设前提和足够的数据后，优化模型能够保证求出最优解。许多复杂的模型现在借助计算机程序已经可以方便地求解。该模型的主要缺点在于，一个数学模型往往无法包含现实问题所有的约束条件与影响因素，使用者必须在运算能力限制与假设条件个数之间作权衡。

（4）启发式模型。启发式模型在建模上介于模拟模型与优化模型之间，它能对现实问题进行较全面的描述，但并不保证得到最优解。启发式模型追求的是满意解，在解决物流管理中一些最困难的决策问题时，该方法具有很好的可操作性。

启发式模型在物流网络规划中常用以下基本原则：①仓库的最佳选址往往在需求最密集的中心点附近；②购买量大的顾客（其购买量超过正常的运输批量），应当从产品的供应源头（如工厂）直接向其供货。③对需求量及需求提前期波动很小的产品，应当实行准时化（JIT）管理，尽量减少库存。④在当前配送体系中增加新的设施（如仓库）的前提条件是，新增加的设施能最大化地节约物流总成本。⑤从配送角度看，那些订货量小而且位于产品配送网络末梢的顾客，其代价最高。⑥所谓的经济运输批量，是将配送网络中从运输起点到最偏远的顾客之间的运输线路上的小批量需求累加起来而实现的满载运量。

（5）专家系统模型。专家系统亦称人工智能系统，是将人们以往在解决问题中积累的经验、方法与专长转化为计算机程序，把专家的知识与解决问题的逻辑思维以程序的方式“传授”给计算机，借助其强大的计算能力来解决实际问题。开发专家系统的最大阻碍在于如何识别、获取专家的智慧与知识，并将之转化成计算机程序。

**2. 物流网络规划的分析步骤**

网络设计即设计良好的物流网络以实现企业的战略目标，需确定配送中心、工厂以及其他节点的数量、选址与运行能力（容量或产量），设定各节点的库存水平，确定顾客服务水平。网络设计所需的数据为总量数据与长期预测，该项工作的间隔期通常在一年以上。

总量计划和分配即决定配送中心、工厂及原材料来源的总量（需求量、产量或采购量），以及总量在各节点的分配。该项工作的计划间隔期为季度或月。

滚动计划和主生产计划和上一层计划的不同之处在于，该计划的对象是各种具体的产品而非笼统的总量；目标是确保需求预测与库存目标的实现。该计划间隔期为月或周。

交易处理是指为随机来到的顾客订单安排供货。短期安排指合理利用运输等企业资源，保证按时向顾客送货。

（1）审计顾客服务水平

物流网络设计的第一步是进行顾客服务审计。顾客服务审计可以确定企业当前的顾客服务水平以及顾客对服务水平的实际期望。顾客服务水平对企业的物流成本与物流网络的收益能力影响很大。在网络设计中，顾客服务水平通常被看作一个重要的约束条件，网络设计必须兼顾顾客服务水平与相应的物流成本。

（2）组织和开展研究

网络设计第一阶段的工作通常包括定义项目的范围和目标、研究队伍的组建、确定所需信息的可得性和收集信息的步骤。目的是确定在特定情况下开展战略性研究的可能性，确定研究队伍的人员构成以及得到有价值的研究结果的可能性。

①物流审计，考察物流运作的现状以确定成本、顾客服务水平和物流管理绩效，为物流系统的评估提供基础数据。

②与关键部门的管理人员及项目小组的所有成员进行访谈，明确管理层的目标，为研究工作缔造适宜的环境。

③列出初步的清单，内容包括研究工作的关键前提条件、物流运作和市场营销政策及其他准则。这些前提和准则对收集数据和评估物流系统备选方案至关重要。

④明确物流系统备选方案的评价准则，确定以物流成本和顾客服务水平为主要参数的物流系统评价指标。

⑤选择恰当的分析模型。要保证方案评价的可操作性和方便性、模型输入数据的可得性，并充分估计到相关的费用与所需的时间。

⑥明确对数据的特定要求，提出数据收集的步骤。

⑦确定必要的手工分析，作为对计算机模型分析的补充。

⑧举行一次项目小组工作会议，审查研究结果与发现、模型选择标准以及初步的项目工作计划。

⑨预测研究工作可能带来的成效与收益（物流成本的降低或顾客服务水平的提高）。

⑩提供能立即降低物流成本或改进顾客服务水平的合理化建议。

⑪确定项目小组工作管理办法、人员组成、必要的工作设备（如计算机）与办公环境。

研究小组成员的构成要有利于项目的开展与最终方案的实施，应吸收那些对本项目有研究专长的人员以及研究可能涉及和影响到的主要部门的关键人员参加，通常来自生产运营和市场销售部门的人员是必不可少的。

（3）确定目标基准（benchmarking）

以企业当前的管理政策、物流运作模式与绩效作为参照，即设定目标基准。典型的基准是企业当前物流系统的成本与顾客服务水平。

建模分析是解决网络设计问题的流行方法，因为很多分析工作我们不可能放到实际运作中来进行，只能借助于适当的模型。基准的设置是模型分析中重要的一步，通过调整模型中的参数与变量，得到不同的运行结果，将这些结果与基准进行对比分析，可以确定一些重要参数（如需求量、库存量、运输批量等）与模型运行结果（如物流成本和顾客服务水平）之间的关系，据此才能选择出最优的物流网络设计方案。

（4）网络构架

网络构架的主要目标有以下三个：①在一定的顾客服务水平约束下求得最低的物流总成本；②在一定的物流总成本约束下实现最优的顾客服务水平；③尽可能地扩大特定的顾客服务水平所创造的收益与相对应的物流总成本之间的差距，获得最大的利润贡献。

其中第三个目标与企业的经济目标最为接近。但由于难以对产品销售与顾客服务水平之间的关系精确定义，故绝大多数模型都围绕第一个目标而设计，即在满足特定的顾客服务水平以及工厂生产能力与仓库容量约束的情况下，对发生在生产、采购、仓储、运输等环节的物流成本进行权衡与平衡，实现最低的物流总成本。

（5）渠道设计

渠道设计需考虑各种产品究竟是如何在物流网络中流动，直至到达消费者手中。图 4－11 是一个多级物流渠道示例。

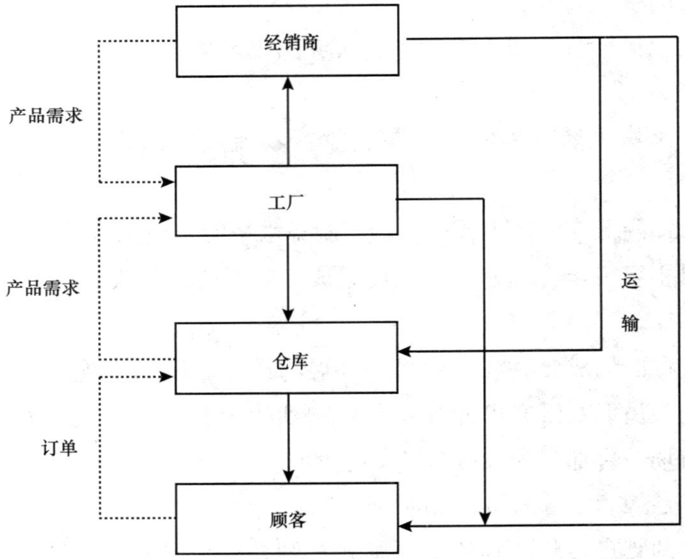


图 4－11　多级物流渠道示例

需思考以下五类问题：①每种产品在渠道中各个层次和各存储点应当设置多少库存？②各级节点之间应提供什么样的运输服务？③在需求配送计划中应当采用拉动式抑或推动式库存控制战略？④信息传递的最佳方式是什么？⑤最佳的预测方式是什么？

可见，渠道设计的核心在于对网络的实际运作进行规划。一些物流管理较为出色的企业往往设有专门的渠道管理人员（如渠道专员），负责监控和协调产品在物流网络中的流动与存储。

## 思考题

1. 配送中心系统设计规划的步骤有哪些？
2. 试述配送中心作业功能规划。
3. 试述配送中心成本分析和效益评估。

# 第五章 物流配送中心的设计

物流配送中心的建设是一项浩大的工程，不但投资额巨大，往往需要几千万甚至上亿元，而且一旦开工，就难以更改变动，所以初期的设计选择极为重要。一旦设计出现纰漏，将会蒙受巨额损失，浪费数不清的财力和时间。本章着重介绍配送中心如何设计以及需要注意的事项，使得配送中心在投入使用后能科学、高效地运转。

## 5.1 建立配送中心的战略意义和要求

建立物流配送中心的根本意义在于提高服务水平和营业额、降低成本和增加效益。为了实现这一目的，首先要对新建物流配送中心的位置、规模、形式，从供货时间、有无缺货、错误率、畅销与滞销品信息以及新品的信息和样品提供等方面进行调查、研究和分析。这些要求、条件不一样，建立的物流中心也不一样。

现代化物流中心要求实现省力化、省人化、标准化，分选错误率由0.3%降到了0.1%；要求冷藏柜、冷冻库实现无人化；改善夜间作业环境，减少或取消人工值守，并提高服务效率；搬运作业实现机械化或无人化，减少缺货率，保证商品供应稳定；改善环境，有粉尘的作业实现无人化；事务处理高速化，捆包和重复作业省人化；产品出入库管理信息化，订单处理高效率以及对每日发生费用的成本管理现代化等。此外，对现代化物流中心还要求改善劳动环境，作业现场干净、卫生、明亮、舒适，使劳动者心情舒畅，能精神愉悦地从事文明生产。

### 5.1.1 环境调查

环境调查是指对新建物流中心的周边环境及配送的相关地区的地理、风俗人情及文化层次进行调查，例如对交通状况、商业网点、城市规划、人口重心、销售量重心、人口增长与人口密度、工业区还是居民区等应作调查研究。这种调查研究对决定物流中心的性质、规模大小、现代化程度有相当重要的作用。

（1）交通状况与商业网点。在选择物流中心的地址时，首先要从交通和商业网点的现状及发展以及城市规划等方面进行调查。这种调查对销售战略非常重要。此外，还要根据当地人口重心，估计消费重心和销量，从而初步确定物流中心的理想位置。

（2）人口重心和销售量重心的求法。在新建物流中心时，最重要的选择标准是能找到使物流配送成本最低的地方。商品销售量重心位置就是物流中心的最佳场所。销售量重心求法如下：第一，画出某地区主要交通干线（包括国道、高速公路和公路）和较大的城镇商业网点。第二，调查该地区城镇人口和基本购买力，并列出一览表。第三，分析出交通便利、人口集中、购买力强的地方，这些地方既是人口重心位置也是销售量重心位置，当然也是新建配送中心的最理想位置。

## 5.1.2 销售额的调查与分析

在设计物流配送中心时，要科学估计各种物品的大概销货量和营业额。物流配送中心的规模和性质不一样，营业额也不一样。

销售额的大小，是决定新建物流配送中心规模的基本条件。对于任何企业来说，最关心的都是销售额和利润。

表5－1为各种物流配送中心的销售额的分析项目表。

**表5－1 销售额分析项目一览表**

| 配送中心的性质 | 大分类 | 中分类 | 小分类 |
|---|---|---|---|
| 1. 生产工厂配送中心 | （1）工厂类生产额（地域）<br>（每年的数据）<br>（2）地区类销售量 | （1）在线类生产额<br>（2）工厂类生产额<br>（每年·每月数据） | （1）商品组类生产额<br>（2）ABC分类生产额<br>（3）每个商品的生产额<br>（每年·每月·每日数据） |
| 2. 批发型配送中心 | （1）按交易方的交易额<br>（2）按地区交易额<br>（每年的数据） | — | （1）商品组处理额<br>（2）ABC分类处理额<br>（3）每个商品的处理额<br>（每年·每月·每日数据） |
| 3. 营业型配送中心 | （1）仓库类保管费及装卸费<br>（2）地区仓库类保管费及卸料费<br>（每年的数据） | 交易保管费及装卸费<br>（每年·每月数据） | （1）商品组类保管费及装卸费<br>（2）ABC分类保管费及装卸费<br>（3）品目类保管费及装卸费<br>（每年·每月·每日数据） |
| 4. 保管型配送中心 | （1）用户保管费<br>（2）用户检索费<br>（每年的数据） | 形状类保管费<br>（每年·每月数据） | （1）用户保管费及检索费<br>（2）形状类保管费及检索费<br>（每年·每月·每日数据） |

续表

| 配送中心的性质 | 大分类 | 中分类 | 小分类 |
| --- | --- | --- | --- |
| 5. 零售店配送中心 | （1）地区类销售额<br>（2）交易方交易额<br>（每年的数据） | — | （1）商品类销售额<br>（2）品目类销售额<br>（3）ABC 分类销售额 |
| 6. 超市加工中心型配送中心 | 每个商品事业部的（生鲜、干品、衣服等）销售额<br>（每年的数据） | — | （1）每种商品组销售额<br>（2）每种 ABC 分类销售额<br>（每年·每月·每日数据） |
| 7. 企业暂存型配送中心 | （1）每个工厂的处理额<br>（每年 1 回）<br>（2）暂存型处理额 | — | （1）每种商品组处理额<br>（2）每种 ABC 分类销售额<br>（每年·每月·每日数据） |

通过调查分析，掌握销售额的基本数据，对决定建设的物流配送中心的性质和规模是非常重要的。

如果这些数量分析不可靠，则在设计物流中心系统的过程中，会造成很大的失误，可以说规划设计成功与否和资料数据的收集与分析有极为重要的关系。正确且较大数量的调查分析是设计配送中心的关键。这项工作虽然枯燥无味，但是必须耐心地做好。

表 5－2 为各种性质的物流配送中心的数值分析项目一览表。

**表 5－2 数值分析项目一览表**

| 配送中心性质 | 按工序划分 | 数值项目 | 按单位·分析划分 |
| --- | --- | --- | --- |
| 1. 生产工厂配送中心 | （1）进货工序 | ①进货车数<br>（外协工厂）<br>②进货数量<br>• 吨数<br>• 箱数<br>• 个数<br>• 托盘数（平托盘）<br>• 托盘数（箱托盘）<br>• 容量（升、体积数）<br>• 项目数（峰值系数）<br>③进货线数<br>（与②进货数量相同） | • 车种<br>• 每年<br>• 每日<br><br>• 按时间带分<br>• 每年<br>• 每月<br>• 每日<br>• 按线分<br>• 按商品群分<br>• 按 ABC 分<br>• 按货态分 |

续表

| 配送中心性质 | 按工序划分 | 数值项目 | 按单位・分析划分 |
| --- | --- | --- | --- |
| 1. 生产工厂配送中心 | (2) 进货检验工序 | • 检品时间<br>• 检品个数・检品比率 | • 同上<br>• 按检品内容分 |
| | (3) 入库保管工作 | ①入库数量<br>与进货数量相同<br>②保管数量<br>• 与进货商量相同<br>• 保管设备数 | • 按每年，每月，每日，每时分<br>• 按保管场所分<br>• 按线分<br>• 按商品群分<br>• 按 ABC 分析<br>• 按形状分<br>• 按保管设备分<br>• 按区域分 |
| | (4) 出库工序 | • 出库托盘・出库箱<br>• 再入库托盘・再入库箱<br>• 拣选数<br>• 拣选条件<br>• 拣选件数<br>• 拣选项目<br>• 峰值系数 | • 每年・每月<br>• 每日・每时<br>• 按出库区域分<br>• 按批次<br>• 按保管设备分<br>• 按商品群分<br>• 按形状分 |
| | (5) 发货工序 | ①发货数量<br>• 发货盘数・发货吨数<br>• 发货箱数・发货数<br>• 发货件数<br>②发货台数<br>• 线路在台数<br>• 地场在台数<br>• 区域在台数・其他 | • 每年・每月<br>• 每日・每时<br>• 按出库量分<br>• 按出库方面分<br>• 每月・每日・每时<br>• 每方面<br>• 车种 |
| | (6) 订货处理工序 | • 订货方数<br>• 订货件数<br>• 订货延件数<br>• 箱订货数<br>• 件订货数 | • 每月<br>• 每日<br>• 每时<br>• 按每个地区分<br>• 按每个营业场所分 |
| 2. 批发型配送中心 | (1) 进货工序 | ①进货货车数<br>②进货数量<br>(与生产工厂型配送中心相同)<br>③采购方式或交易方式 | • 车种<br>• 每月<br>• 每日<br>• 按时间带分（30 分钟单位）<br>• 按商品群分<br>• 按货态分 |
| | (2) 进货检品工序 | ①个数（件数）<br>②箱数<br>③品质合格率<br>④抽样率 | • 同上（车种除外） |

续表

| 配送中心性质 | 按工序划分 | 数值项目 | 按单位·分析划分 |
|---|---|---|---|
| 2. 批发型配送中心 | （3）入库保管工序 | ①入库数量<br>②保管数量<br>• 项目数<br>• 托盘数（整数·端数）<br>• 箱数、件数<br>• 体积数<br>• 吨数（极少）<br>• 保管设备数 | 与入库工程相同<br>（车种相同）<br>其他<br>• 按温度带分<br>• 按商品特性分 |
| | （4）与生产工厂型配送中心相同 | | 与生产工厂型配送中心相同其他<br>• 按交易方分（按顾客分） |
| | （5）流通加工工序 | • 标价个数<br>• 标价箱数<br>• 分组箱数<br>• 组项数<br>• 标价项数<br>• 编组数和托盘数<br>• 标价组数和托盘数 | • 按季节分<br>• 按交易方分<br>• 按顾客分（超市、百货公司等）<br>• 按商品群分 |
| | （6）发货工序 | ①发货数量<br>与生产工厂型相同 | 发货数量<br>与生产工厂型相同 |
| | | ②发货货车数<br>• 租车数<br>• 自有车数<br>• 发货方向数<br>• 仓库间移库车数 | • 每月<br>• 每日<br>• 每时<br>• 按季节分<br>• 按车种分<br>（大型、小型、冷藏等） |
| | （7）订货处理工序 | • 订单件数<br>• 订单确认时间<br>• 订单项目数<br>• 订单箱数·个数<br>• 订单件数<br>• 移库件数<br>• 移库项目数 | • 每月<br>• 每日<br>• 每时<br>• 按顾客分<br>• 按方面分<br>• 按地区分<br>• 按每个营业区域分 |
| 3. 营业仓库型配送中心 | （1）进货工序 | ①进货台数<br>②进货数量<br>③交易方数<br>④顾客数 | • 按期分（1 期、2 期、3 期）<br>• 按交易形态分<br>（营业仓库型）<br>其他与批发型配送中心相同 |
| | （2）进货 检品工序 | • 箱数<br>• 吨数<br>• 托盘数 | 同上（车种除外） |

续表

| 配送中心性质 | 按工序划分 | 数值项目 | 按单位·分析划分 |
|---|---|---|---|
| 3. 营业仓库型配送中心 | （3）入库 | • 入库次数（装卸次数）<br>• 箱数<br>• 托盘数<br>• 使用次数 | 同上 |
| | （4）保管 | • 箱数<br>• 使用次数 | • 按重量处理<br>• 按体积处理<br>• 按交易方<br>• 其他同上 |
| | （5）出库工序 | • 出库次数（装卸数）<br>• 其他与入库相同 | 同入库 |
| | （6）发货工序 | ①发货数量<br>与批发型配送中心相同 | • 按重量处理<br>• 按体积处理<br>• 按期分<br>• 其他与批发型配送中心相同 |
| | | ②发货货车台数<br>与批发型配送中心相同 | 同上 |
| | （7）订货处理工序 | 与批发型配送中心相同 | 同上 |
| 4. 保管型配送中心 | （1）进货工序 | ①进货车台数<br>②进货数量<br>• 进货箱数 | • 车种<br>• 本公司，按交易方分<br>• 每月<br>• 每日<br>• 每时<br>• 按交易方分<br>• 按箱尺寸分 |
| | （2）进货检品 | • 进货箱数 | • 按交易方分 |
| | （3）入库·保管 | • 保管箱数<br>• 库内箱数<br>• 托盘数 | • 按交易方分<br>• 按箱尺寸分 |
| | （4）出库工序 | • 检索次数<br>• 在入库箱数<br>• 检索箱数<br>• 废弃箱数 | • 按交易方分<br>• 按箱尺寸分 |
| | （5）发货工序 | ①发货次数<br>• 检索次数<br>• 废弃箱数 | • 按图表分<br>• 按箱尺寸分 |
| | | ②货车台数<br>• 检索次数<br>• 废弃箱数 | 同上 |

续表

| 配送中心性质 | 按工序划分 | 数值项目 | 按单位·分析划分 |
|---|---|---|---|
| 4. 保管型配送中心 | (6) 订货处理工序 | • 检索件数<br>• 检索延件数<br>• 检索地点数 | 同上 |
| 5. 小型商店的配送中心 | (1) 进货工序 | ①进货货车台数<br>②进货数量<br>• 箱数·集装箱数<br>• 袋数·个数<br>• 箱式货车<br>• 托盘数·容量<br>• 项目数 | • 每年·每月·每日<br>• 每时<br>• 按交易方分<br>• 按商品群分<br>• 按管理区分（温度、湿度）<br>• 按 ABC 分<br>• 按货态分 |
| | (2) 进货·检品工序 | • 进货数量的检品<br>• 检品时间<br>• 检品比率 | • 按交易方分<br>• 按商品群分<br>• 按管理区分（温度、湿度）<br>• 按邮件分 |
| | (3) 进货·保管工序 | ①入库数量<br>• 箱数·托盘数<br>• 容量·项目数<br>②保管数量<br>• 与进货数相同<br>• 保管设备数<br>• 运营中止量<br>• 预约中止量 | • 同进货工程<br>• 按保管数量分<br>• 按管理区分<br>• 按运营中止分<br>• 按预约中止分 |
| | (4) 出库工序 | • 进货相同 | • 按作业区分<br>• 每年·每月·每日<br>• 按商品群·邮件分 |
| | (5) 分类工序 | ①存放数量<br>• 箱式货车数<br>• 集装箱数<br>• 袋数·箱数<br>②分类数量<br>• 集装箱数<br>• 袋数·店铺数<br>• 方面数·存放处数<br>• 箱式货车数<br>• 冷藏车数 | • 每年·每月·每日<br>• 按邮件分<br>• 按采购分<br>• 按商品群分<br>• 按货态分<br>• 按店铺分<br>• 粗略分<br>• 按月分<br>• 按日分<br>• 按邮件分 |
| | (6) 流通加工工序 | • 标价个数<br>• 标价店铺数 | • 每年·每月·每日<br>• 按邮件分<br>• 按标价交易方分<br>• 按店铺分 |

续表

| 配送中心性质 | 按工序划分 | 数值项目 | 按单位・分析划分 |
|---|---|---|---|
| 5. 小型商店的配送中心 | （7）发货工序 | ①发货数量<br>• 发货箱数<br>• 袋数<br>• 箱式货车数<br>• 冷藏车数<br>• 店铺数<br>• 发货 | • 每年<br>• 每月<br>• 每日<br>• 按邮件分<br>• 按店铺规模分<br>• 粗略分 |
| | | ②火车台数 | • 每年<br>• 每月<br>• 每日<br>• 按邮件分<br>• 按车种分（4 t、2 t、小型）<br>• 按冷藏、常温车分 |
| | （8）订货处理工序 | • 订货项目<br>• 订货袋数<br>• 订货箱数<br>• 个数<br>• 件数 | • 每月<br>• 每日<br>• 按邮件分<br>• 按店铺分 |
| 6. 超市等加工中心的配送中心 | （1）进货工序 | ①进货货车台数 | • 每年・每月・每日<br>• 按邮件分・按车种分 |
| | | ②进货原料数<br>• 吨数・箱数<br>• 集装箱数<br>• 经由集装箱数<br>• 经由箱数・项目数<br>• 经由箱式货车数 | • 每月・每日<br>• 每时<br>• 按邮件分<br>• 按商品群分<br>• 按温度管理分<br>• 按交易方分 |
| | （2）进货检品数 | • 进货数量的检品<br>• 检品时间<br>• 检品项目数 | • 按交易方分<br>• 按商品群分<br>• 按管理区分（温度、湿度）<br>• 按邮件分 |
| | （3）入库・保管工序 | ①入库数量<br>与进货工序相同 | • 按交易方分<br>• 按商品群分<br>• 按管理区分（温度、湿度）<br>• 按经由品邮件分 |
| | | ②保管数量<br>• 吨数・箱数<br>• 集装箱数<br>• 项目数<br>• 台车数 | • 按商品群分<br>• 按 ABC 分<br>• 按货态分<br>• 按管理区分（温度、湿度）<br>• 按事业部分 |

续表

| 配送中心性质 | 按工序划分 | 数值项目 | 按单位·分析划分 |
|---|---|---|---|
| 6. 超市等加工中心的配送中心 | （4）出库工序 | 进货工序相同 | • 按月分·按日分<br>• 按邮件分·按商品群分<br>• 按作业区分·按加工机种分 |
| | （5）加工工序 | • 加工吨数<br>• 加工箱数<br>• 加工袋数<br>• 准备箱数<br>• 准备台车数<br>• 准备袋数 | • 按加工水平分<br>• 按加工内容分<br>• 按商品群分<br>• 按标价区分<br>• 按作业线路分 |
| | （6）分类工序 | • 分类数量<br>与其他小型商店配送中心相同 | 与其他小型商店配送中心相同 |
| | （7）发货区分类工序 | • 返回集装箱数<br>• 装入率<br>• 与其他小型商店配送中心相同 | • 按月分·按日分<br>• 按邮件分<br>• 按店铺分<br>• 按粗略分 |
| | （8）发货工序 | ①发货存储量<br>• 集装箱数·箱数<br>• 箱式台车数<br>• 冷藏车数量 | 与（7）相同 |
| | （9）集装箱洗净工序 | • 集装箱洗净<br>• 集装箱储存数 | • 按月分·按日分<br>• 按时间分<br>• 按邮件分<br>• 按形状分 |
| 7. 企业暂存型配送中心 | （1）进货工序 | ①进货车台数 | • 按车种分<br>• 按工厂分<br>• 每年<br>• 每月<br>• 每日 |
| | | ②进货数量<br>与生产工厂配送中心相同 | • 按工厂分<br>• 按库分<br>• 其他与生产工厂配送中心相同 |
| | （2）进货检品数 | 与生产工厂配送中心相同 | • 其他与生产工厂配送中心相同 |

续表

| 配送中心性质 | 按工序划分 | 数值项目 | 按单位·分析划分 |
|---|---|---|---|
| 7. 企业暂存型配送中心 | （3）入库·保管工序 | ①入库数量<br>• 与生产工厂配送中心相同 | • 按保管设备分<br>• 其他与生产工厂配送中心相同 |
| | | ②保管数量<br>• 保管设备数<br>• 与生产工厂配送中心相同 | • 按保管设备分<br>• 其他与生产工厂配送中心相同 |
| | （4）出库工序拣选工序 | • 与生产工厂配送中心相同 | • 按库分<br>• 其他与生产工厂配送中心相同 |
| | （5）发货工序 | ①发货数量<br>• 与生产工厂配送中心相同 | • 按库分<br>• 其他与生产工厂配送中心相同 |
| | | ②发货货车台数 | • 按配送线路分<br>• 按邮件分<br>• 按场地·线路分<br>• 按库分<br>• 其他与生产工厂配送中心相同 |
| | （6）订货处理工序 | • 加工吨数<br>• 加工箱数<br>• 加工袋数<br>• 准备箱数<br>• 准备台车数<br>• 准备袋数 | • 按加工水平分<br>• 按加工内容分<br>• 按商品群分<br>• 按标价区分<br>• 按作业线路分 |

## 5.1.3 货态调查

货态调查是决定配送中心规模的必须进行的重要工作之一。调查内容按各大工程类别划分，用货态图和表格进行分析，并把它们换算成共通的单位，以便于物流过程中的搬运工作的进行。表 5－3 为货态调查表。

**表 5－3 货态调查表**

| 物品外形例 | 物品名称和配送中心例 | 物品外形图 | 共通单位 |
|---|---|---|---|
| （1）进货状态 | | | |
| ①汽车散装 | 货箱：适用于全部配送中心<br>集装箱：适用于超适合小卖部<br>散装：用于工厂配送中心和大型物品 | 箱尺寸 | • 立方数<br>· $m^2$<br>· 重量（吨数） |

续表

| 物品外形例 | 物品名称和配送中心例 | 物品外形图 | 共通单位 |
|---|---|---|---|
| ②汽车装载（运载单元） | ● 平托盘<br>· 生产工厂营业仓库型<br>· 配送中心使用较多<br>· 批发型<br>● 箱式托盘<br>小卖店、超市型<br>● 筐式台车 | | ● 立方数<br>· $m^2$<br>· 重量（吨数） |
| （2）入库状态和进货状态相同<br>（3）保管状态 | | | |
| ①零件保管 | ● 批发型配送中心<br>● 小型商品的配送中心<br>● 制造厂暂存配送中心 | ①箱式货架 | ● 立方数<br>· $m^2$<br>· 重量（吨数） |
| | | ②旋转货柜 | ● 件数<br>● 物品数 |
| | | ③旋转货架 | ● 箱数<br>● 件数<br>● 条数 |
| ②箱式保管 | ● 批发型配送中心<br>● 小型商品的配送中心<br>● 企业暂存型配送中心 | ①箱式货架 | ● 条数<br>● 箱数 |
| | | ②覆盖型货架<br>在托盘型上铺设覆盖物，它的用途、货态与覆盖型相同 | ● 条数<br>● 箱数 |
| ③单元保管 | | ①箱式货架 | ● 托盘数<br>● 层数 |
| | | ②托板货架 | ● 托盘数<br>● 货格数<br>● 层数 |
| | | ③筐式台车 | ● 台车数 |
| （4）出库物品形状 | | | |
| ①单件出库 | ● 批发型配送中心<br>● 小型商品的配送中心<br>● 企业暂存型配送中心<br>● 超市或合作公司住宅的配送中心 | ①板式尺寸 | ● 件数 |
| | | ②箱尺寸 | ● 个数、$m^3$、kg |
| | | ③其他尺寸 | ● 个数、根数 |
| | | L 型 圆锥形 附带零件 | |

续表

| 物品外形例 | 物品名称和配送中心例 | 物品外形图 | 共通单位 |
|---|---|---|---|
| ②整车出库 | 所有配送中心通用 | 箱尺寸 | • 箱数<br>• $m^3$<br>• kg |
| ③单元出库 | 与入库车相同 | 与入库车相同 | • 箱数<br>• $m^3$<br>• kg |
| （5）分类样式 | | | |
| ①物品分类 | 与物品出库相同 | 与物品出库相同 | • 箱数<br>• $m^3$<br>• kg |
| ②料箱分类 | 与箱出库相同 | • 箱尺寸→与箱出库相同<br>• 集装箱尺寸 | • 箱数<br>• 集装箱数 |
| （6）出库尺寸 | | | |
| ①箱数 | 全体配送中心通用 | | • 箱数<br>• $m^3$ |
| ②单件装 | | | • 件数<br>• 重量<br>• 换算数<br>（把某种产品或商品的尺寸换算成1件的系数） |

## 5.1.4 物流配送中心的设计要求

确定新建物流中心的能力，是在对各种现状分析以后，考虑到企业发展，使它在几年后仍具有中心的功能。年增长量峰值系数是建立物流配送中心的重要参数之一。

表5－4为配送中心的有关参数。按表5－4所示，要求确认的项目具体如下：①各种商品的年增长率，如5%；②物流中心的远景规划，如10～15年后的综合水平；③每月产值；④入库峰值系数，如1.2；⑤商品的在库月数，如0.5～1个月；⑥出库峰值系数，如1.4。

表 5-4 配送中心的有关参数

| 项目<br>中心 | 各部门及应确认内容 | |
|---|---|---|
| | 配送中心、营业部门 | 企业 |
| 1. 生产工厂型配送中心 | • 发货的峰值系数<br>• 发货增长率 | • 各商品群的年度增长<br>• 各月的生产计划<br>• 生产的峰值系数<br>• 在库系数<br>• 项数的变化 |
| 2. 批发型配送中心 | • 购进数增长率<br>• 每月进货量<br>• 进货峰值<br>• 出库峰值系数 | • 在库系数<br>• 项数的增减<br>• 进货源的增减<br>• 渠道的变化 |
| 3. 营业型配送中心 | • 入库增长量（按顾客分）<br>• 每月入库量（按顾客分）<br>• 入库峰值（按顾客分）<br>• 出库峰值（按顾客分）<br>• 在库系数（按顾客分） | • 交易方的变化<br>• 处理项目的变化、增加 |
| 4. 保管型配送中心 | • 出库峰值<br>• 发货增长率 | • 入库增长量<br>• 检索增长量<br>• 在库系数 |
| 5. 零售店型配送中心 | • 进货增长量<br>• 每月进货量<br>• 进货峰值<br>• 流通加工增长量 | • 出库峰值<br>• 进货峰值<br>• 在库系数<br>• 项数的增减 |
| 6. 超市加工中心型配送中心 | • 原材料在库系数<br>• 商品在库系数<br>• 发货增长量<br>• 进货地的变化 | • 个商品群加工量的增长量<br>• 各月生产计划<br>• 加工峰值系数<br>• 项数的增长量 |
| 7. 企业暂存型配送中心 | • 出库峰值 | • 入库量的增加<br>• 个月的入库计划<br>• 在库系数<br>• 出库的增长量<br>• 项数的变化 |

## 5.1.5 事务系统和信息系统

### 1. 事物系统和信息系统

配送中心要运作，一要有“作业者和物流设备”，即“事物系统”，二要有给作业者做什么、怎么做、做到什么时候的指示“信息系统”，二者也可以说成是“硬件和软件”。

作为给作业者提示手段的是各种传票、计算机画面、显示器、表示器等，使他们作业顺利和快速是事务系统、信息系统的任务。首先应该明白，物流系统用的账票、计算机画面和表示器等在什么工序中使用，效果如何。

**2. 各种配送中心使用的账票、画面、表示器等**

各种配送中心使用的账票和画面，根据物流中心的功能、规格、作业系统等不同而有所不同。标准的样式如表 5－5 所示。

**表 5－5 配送中心的账票类和计算机画面等的示例**

<table>
<tr><th colspan="2">内容<br>中心</th><th>账票类</th><th>计算机画面</th></tr>
<tr><td rowspan="5">1. 生产型配送中心</td><td>入库信息</td><td>• 每日按生产品目和每月按作业时间表分<br>• 每日的生产品目及作业时间表<br>• 入库实绩表（从 CPUoutput）<br>• 入库标记（条码输入）</td><td>• 生产批号数量表示盘<br>• 生产作业时间表画面（月・日）<br>• 生产实绩表示盘（数字表示）<br>• 托盘样品画面<br>• 入库处指示画面</td></tr>
<tr><td>保管・在库</td><td>• 按仓库分月报日报<br>• 缺货表（在库）<br>• 盘点月报、盘点票<br>• 库存回转表<br>• 按事业部分在库、月报、日报<br>• 微少库存表</td><td>• 按仓库分库存量（画面）当日、前日<br>• 在库货位画面（平面布置）<br>• 仓库填充率（画面）<br>• 微少库存量</td></tr>
<tr><td>订货信息</td><td>• 订货传票<br>• 按制品分月报<br>事业部<br>生产线<br>• 按作业批分订货状况</td><td>• 当日订货状况<br>• 订货件数<br>• 按途径分订货状况<br>• 按作业批分订货软盘<br>• 入库处指示画面<br>• （作业用）<br>日期・批号・品名<br>制品代码・箱数・件数</td></tr>
<tr><td>出库信息</td><td>• 出库传票（同订货传票格式）<br>• 集合拣选表<br>• 按作业批分拣选表<br>• 按制品分出库数量表<br>• 仓库出库表<br>• 制品样品出库表<br>• 转账传票</td><td>同信息系统内容画面<br>同信息系统内容画面<br>• 未出库表（画面）<br>• 出库用 FD（与订货并用）</td></tr>
<tr><td>进货信息</td><td>• 送货传票（订货、出库同一格式）<br>• 配车表<br>地址<br>线路<br>• 货车装载内容</td><td>• 货车装载内容<br>• 制品代码、数量<br>• 装载件数<br>• 配车状况画面<br>• 作业者名<br>• 台数<br>• 车号</td></tr>
</table>

续表

| 中心＼内容 | | 账票类 | 计算机画面 |
|---|---|---|---|
| 1. 生产型配送中心 | 进货信息 | • 仓库送货传票<br>• 预定运费表 | • 订单号<br>• 出库报告<br>• 货车装载效率画面 |
| | 仓库工厂间移动信息 | • 按仓库分移动预定表<br>• 转账传票<br>• 移动库存<br>• 托盘移动票 | • 移动（装载中在库）在库 |
| 2. 批发型配送中心 | 入库信息 | • 进货传票<br>• 购入处实绩表<br>• 购入累积实绩 | • 按购入处分入库预定<br>• 购入单位 |
| | 保管・在库信息 | • 按购入处分在库日报、月报<br>• 微缺库存一览表<br>• 缺品表<br>• 盘点日报・月报<br>• 按商品群分在库日报・月报 | • 按购入处分入库预定<br>• 订单预定在库<br>• 在库货位画面 |
| | 订货信息 | • 订货传票<br>• 按途径分日报・月报<br>• 订货件数<br>• 按作业批分在库日报・月报（2 个项目订货量・件数） | • 订货件数<br>• 按商品分订货量（当日・累计）<br>• 按途径分订货状况<br>• 按作业分订货 FD（作业用） |
| | 出库信息 | • 出库传票<br>• 按途径拣选表<br>• 按商品分集合拣选表<br>• 标价表<br>• 建组表 | • 按途径分出库件数<br>• 按货位分出库件数<br>• 按项目分出库数<br>• 出库用 FD |
| | 送货信息 | • 送货传票<br>• 装载明细表（按货车号分）<br>• 按线路配车表<br>• 配车表（时间表） | • 按途径分发货状况画面<br>• 送货处预订到达时间画面 |
| | 退货信息 | • 送货传票<br>• 按顾客分入货日报・月报<br>• 托盘装载模式图 | • 移动（装载中在库）在库 |
| 3. 营业仓库型配送中心 | 入库信息 | • 进货传票<br>• 购入处实绩表<br>• 购入票积实绩 | • 按顾客分入库预定<br>• 按顾客分入库实绩<br>• 按仓库代码分入库预定<br>• 按仓库代码分入库预定实绩<br>• 按顾客分・按商品分进货货态・规格 |
| | 保管・在库信息 | • 按顾客分在库日报<br>• 按顾客分日起分保管量<br>• 按保管区分（温度・湿度）在库表<br>• 微缺在库信息<br>• 货品移动状况表（高频度・低频度） | • 按顾客分在库一览表<br>• 按仓库分在库量项率<br>• 按顾客分・保管费率<br>• 按顾客分在库货位<br>• 保管在库金额 |

续表

| 中心 \ 内容 | | 账票类 | 计算机画面 |
|---|---|---|---|
| 3. 营业仓库型配送中心 | 出库信息 | • 出库委托传票<br>• 流通加工品出库委托<br>标价<br>• 按顾客分出库表<br>• 按仓库分出库表 | • 按顾客分出库委托一览表<br>• 紧急・同库一览表 |
| | 保管・在库信息 | • 送货传票（同出库传票）<br>• 集货再配送时间表 | • 按顾客分送货货车装载状况 |
| 4. 保管型配送中心 | 进货信息（新进货） | 与营业型仓库基本相同 | |
| | 保管在库信息 | • 按顾客分托盘号表<br>• 按顾客分箱号表 | 同内容画面<br><br>• 按顾客分保管箱及编号一览表<br>• 按顾客分・按保管期分状况<br>• 退还预订月日・箱一览表<br>• 保管填充率 |
| | 检索信息 | • 检索委托传票<br>• 检索日报・月报 | • 检索指示画面<br>• 仓库名，排，列，层，信息<br>• 检索<br>• 检索中信息<br>• 箱号<br>• 原件号 |
| | 退还入库信息 | • 退还传票<br>箱号<br>托盘号<br>借出日 | • 借出信息 |
| | 退还信息 | • 退还传票<br>• 退还委托 | • 按年度分<br>• 按月分退还信息 |
| 5. 小型零售店型配送中心 | 入库信息 | • 入库传票<br>• 购入传票<br>• 订货传票<br>• 经由品传票<br>• 入库日报・月报 | • 进货预定表<br>• 按商品组分订货预定<br>• 按商品分订购<br>• 购入处表<br>• 检品方法 |
| | 在库信息 | • 在库日报・月报<br>• 按商品分在库日报・月报<br>• 按交易方分日报・月报・旬报 | • 微少在库表<br>• 按商品分在库表<br>• 按商品分订购<br>• A 商品在库表<br>• 停用品在库表<br>• 按价格组分在库表 |

续表

| 中心 \ 内容 | | 账票类 | 计算机画面 |
|---|---|---|---|
| 5. 小型零售店型配送中心 | 流通加工信息 | • 按零售店分・按商品分价格标记<br>• 标价指示书<br>• 套组指示书<br>• 套标记<br>• 特卖指示书<br>• 特卖标记 | • 套内容（组合内容）信息<br>• 按零售店分标价信息<br>• 按零售店分特卖信息<br>• 天气信息<br>• 按地域分主办信息 |
| | 拣选信息 | • 按店分拣选表<br>（拣选表）<br>• 按商品分拣选表（集合拣选）<br>• 箱拣选表・件拣选表・拣选标记 | • 按店分拣选内容<br>• 按商品分拣选内容<br>• 拣选表示器 |
| | 分类信息 | • 分类用标记（附条码）<br>• 按分类宽度分・分类个数实绩表<br>• 按店分容量<br>• 分类调度表 | • 按店分信息<br>• 分类（个数实绩表）<br>• 按分类批分个数实绩<br>• 分类批编成表 |
| | 送货信息 | • 按送货线路分个数表<br>• 按店分个数<br>• 按号车分个数（装载内容表）<br>• 送货时间表<br>• 按号车分处理个数实绩表 | • 按发货线路分个数表<br>• 按店分送货明细表 |
| 6. 超市加工中心型配送中心 | 送货信息 | • 原料购进传票<br>• 经由品进货传票<br>• 资材进货传票 | • 按采购处分原料进货预定<br>• 按交易方分进货预定<br>• 按原料分进货预定<br>• 进货检验方法<br>• 经由品进货预定<br>• 副资材订货委托 |
| | 在库信息 | • 原料在库日报・月报<br>• 半成品在库日报<br>• 微少在库一览表 | • 原料在库日报・月报<br>• 在库基本规格（保管温度・期间）<br>• 按购入处分在库日报・月报<br>• 微少在库信息<br>• 长期原料在库信息 |
| | 加工信息 | • 按商品群分加工指示表<br>• 按商品群分加工时间表<br>• 加工规格表<br>• 半成品加工指示表 | • 加工预定<br>• 按时间带分加工品目一览表<br>• 按品目分加工数量一览表<br>• 按品目分・按商品分・按店分价格一览表<br>• 加工・标价指示 |
| | 出库指示信息 | • 按原料分出库指示表<br>• 按仓库分出库指示表 | • 按原料仓库分出库预定<br>• 按加工地分出库 |

续表

| 中心 \ 内容 | | 账票类 | 计算机画面 |
|---|---|---|---|
| 6. 超市加工中心型配送中心 | 分类信息 | • 价格标记<br>• 按店分类标记（附条码）<br>• 按店分类拣选表<br>• 按店分拣选表<br>• 分类范围·店对应表<br>• 经由品分类标记<br>• 经由品店分类标记 | • 按次分类信息<br>• 按商品分·按店分类信息<br>• 分类量预定信息（推车台数）<br>• 分类时间区域信息<br>• 分类范围·分类店对应·指示信息<br>• 按购入处分经由品分类信息<br>• 分类表示系统 |
| | 发货信息 | • 按次分发货时间表<br>• 按货车分装载表<br>• 送货标记<br>• 配车图表 | • 按店分送货信息<br>• 按次分发货货车价格信息<br>• 总发货货车信息<br>• 发货预定·实绩对比信息 |
| 7. 企业暂存型配送中心 | 采购信息 | • 移动传票<br>• 转账传票<br>• 入库传票（附入库标记条码） | • 本社生产计划<br>• 按日品分·移动计划<br>• 移动中品目表 |
| | 保管在库 | • 按各事业部分在库日报·月报<br>• 按商品组分在库日报<br>• 月报·盘点票<br>• 库存周转率表 | • 移动委托中在库品目表<br>• 在库表<br>• 微少品在库表<br>• 停用品在库表 |
| | 接受订货 | • 订货传票<br>• 按仓库制品分订货日报·月报<br>• 例外处理订货传票<br>• 紧急订货传票<br>• 按作业批分订货表 | • 按商品分订货状况表<br>• 按仓库货位分订货状况表·订货件数表<br>• 按作业批分订货 FD（按仓库分）批号·品名·代码<br>箱数·吨数·件数·总数 |
| | 出库信息 | • 出库传票（与订货传票格式相同）<br>• 按批分集合出库表<br>• 按种类分出库标记<br>（单品种出库用）<br>• 紧急出库传票（例外处理） | • 出库表<br>• 未出库表<br>• 出库用 FD（与订货 FD 相同） |
| | 流通加工信息 | • 价格标签<br>• 流通加工指示表<br>• 批组说明书<br>• 流通加工用出库表 | • 按途径分流通加工指示内容<br>• 按商品分<br>• 流通加工每月预定<br>• 流通加工内容需要人员计算标准 |
| | 分类信息 | • 按配送路线分类标记<br>• 按途径分类标记<br>• 按批分配送表<br>• 按批分时间表 | • 按商品分类信息<br>FD<br>日付<br>批号<br>线路号<br>品名<br>制品代码 |

续表

| 中心＼内容 | | 账票类 | 计算机画面 |
| --- | --- | --- | --- |
| 7. 企业暂存型配送中心 | 分类信息 | | 箱数<br>吨数<br>件数<br>②表示<br>箱数・吨数・件数表示<br>分类线路订货方表示 |
| | 送货信息 | • 送货标记<br>• 送货传票<br>• 配送线路<br>• 送货移动终端（卡） | • 配送线路送货储存面积表<br>• 货车装载内容表<br>• 送货车号时间表<br>• 送货完了信息 |

# 5.2 物量流

## 5.2.1 物量流要素

物量流的要素，在不同的配送中心（从生产企业型－企业暂存型）中是不同的，表5－6所示为各种配送中心的物量流要素。通过对物量流的分析和汇总，能发现遗漏的内容，这有助于物流配送中心的设计。

**表5－6 各种配送中心的物量流要素**

| 配送中心性质 | 进货 | 保管 | 出库 | 流通加工 | 捆包、装箱 | 分类、暂存 | 发货 |
| --- | --- | --- | --- | --- | --- | --- | --- |
| 1. 生产工厂型 | 1. 按线分进货量 | 1. 托盘数<br>2. 箱数<br>3. 项目数 | 1. 托盘数<br>2. 箱数<br>3. 订货件数 | 几乎没有（最近有要求） | | 1. 仓库数<br>2. 直达地数<br>3. 按线路作业分 | 1. 发货车<br>2. 取货车 |
| 2. 批发型 | 1. 采购地点及数量<br>2. 进货车台数 | 1. 托盘数<br>2. 箱数<br>3. 件数<br>4. 项目数 | 1. 托盘数<br>2. 箱数<br>3. 件数<br>4. 订货件数 | 1. 标价数<br>2. 整数 | 捆包个数 | 1. 按线路分<br>2. 按线路分作业个数<br>3. 存储个数 | ↓ |
| 3. 营业仓库型 | 1. 按顾客分入库量<br>2. 货车台数 | 1. 托盘数<br>2. 箱数 | 1. 托盘数<br>2. 箱数<br>3. 订货件数 | 1. 标价数<br>2. 整数 | ↓ | 1. 按顾客分个数<br>2. 托盘数 | ↓ |
| 4. 保管型 | 追加进货箱数 | 保管箱数 | 检索件数 | | | | 放弃发货箱数 |

续表

| 配送中心性质 | 进货 | 保管 | 出库 | 流通加工 | 捆包、装箱 | 分类、暂存 | 发货 |
|---|---|---|---|---|---|---|---|
| 5. 零售店型 | 1. 进货车台数<br>2. 进货箱数<br>3. 进货地数 | 1. 保管箱数<br>2. 项目数 | 1. 箱数<br>2. 吨数<br>3. 件数<br>4. 订货件数 | 1. 标价量<br>2. 储藏时套量<br>3. 卖出标价量 | 1. 分类标签<br>2. 装载容器数 | 1. 按店分类数<br>2. 台车数<br>3. 店铺数 | 1. 按运班分发货货车台数<br>2. 箱数 |
| 6. 超市等加工中心型 | 1. 原料购入地<br>2. 采购吨数<br>3. 采购地<br>4. 采购项目数<br>5. 运货车 | 1. 原料保管吨数<br>2. 按保管管理分原料吨数<br>3 保管项目数 | 1. 出库吨数<br>2. 出库项目数<br>3. 出库委托件数<br>4 出库箱 | 1. 按加工标记分吨数<br>2. 加工封装数<br>3. 容器洗净数 | 1. 容器数<br>2. 吨数<br>3. 箱数 | 1. 店铺数<br>2. 按店铺分分类箱数<br>3 台车数 | 1. 按运班分发货货车台数<br>2. 箱数<br>3. 台数 |
| 7. 企业暂存型 | 1. 按工厂分入货货车台数<br>2. 按工厂分入货箱数 | 1. 托盘数<br>2. 箱数<br>3. 件数 | 1. 托盘数<br>2. 箱数<br>3. 件数<br>4. 订货件数 | 1. 标价数<br>2. 套数 | 捆包个数 | 1. 按线路分<br>2. 按作业分个数<br>3. 存储个数 | 1. 发货货车台数<br>2. 取货货车台数 |

## 5.2.2 物量流的记法

物量流一般是从左向右，沿着作业工序画出要素方框图，在方框中记入各种作业程序。图 5－1 是物量流的概念图。

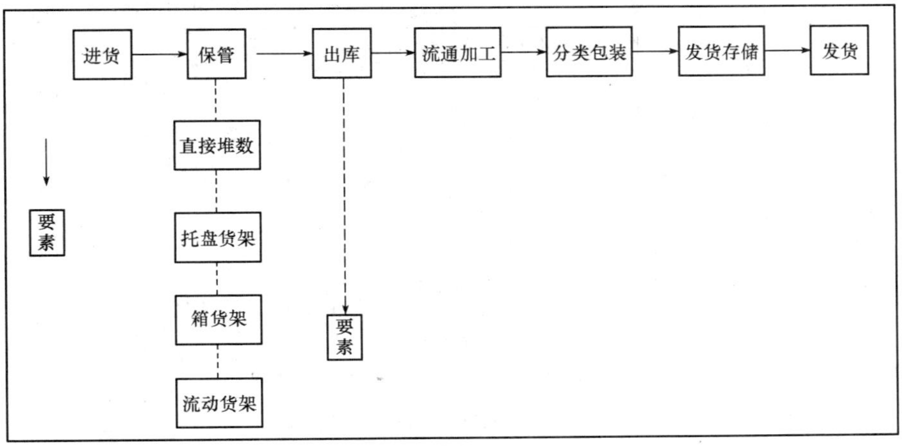


图 5－1 物量流的概念图

物量流图表示了用哪种要素方框、发生多大的作业量或保管量、从什么要素方框中搬入和搬出有多少。物量流记法是研究和决定配送中心时，非常重要的数量分析手段。

## 5.3 作业系统流程

### 5.3.1 进货作业与储存系统的关系

进货作业时首先考虑货态要素。进货物品状态有托盘、货箱、袋装和简易包装。然后要考虑进货品的体积，以便决定接收货物的方法和设备。第三要考虑接收货物后的工作，如暂存、装盘、分类化（按品种分类或按方面分类），根据这些作业性质，决定使用叉车、输送机（托盘输送机、箱用输送机）、垂直搬运机、手推车和无人台车等设备。表 5－7 为进货作业系统和储存作业系统的关系。

**表 5－7 进货作业系统和储存作业系统的关系**

<table>
<tr><th rowspan="2">货态要素</th><th colspan="2">进货量</th><th rowspan="2">标准的使用物流设备模式</th><th rowspan="2">收到货后的作业</th></tr>
<tr><th>量</th><th>物品</th></tr>
<tr><td rowspan="3">1. 托盘品</td><td rowspan="2">A</td><td rowspan="2"></td><td>叉车（电瓶式）</td><td>● 暂存·直接堆放<br>托盘货架</td></tr>
<tr><td>叉车＋无人台车</td><td>● 暂存·自动仓库<br>（单元）</td></tr>
<tr><td>B</td><td></td><td>叉车＋无人台车</td><td>● 暂存·直接堆放<br>● 暂存流动型自动仓库</td></tr>
<tr><td rowspan="5">2. 箱装物品<br>（大致）<br>量大<br>500 箱/日以上<br>量小<br>1 000 箱/日以下<br>物品大 500<br>物品小 100</td><td rowspan="2">A</td><td rowspan="2"></td><td>装托盘＋叉车</td><td>● 暂存·托盘放在地上<br>托盘货架</td></tr>
<tr><td>装托盘＋叉车<br>→无人台车</td><td>● 保管用自动仓库</td></tr>
<tr><td>B</td><td></td><td>● 与 A 同<br>● 输送机接收→输送机搬送<br>其他与 A 相同</td><td>● 箱货架保管<br>● 按方面分类<br>● 按品种分类</td></tr>
<tr><td rowspan="2">C</td><td rowspan="2"></td><td>● 输送机接收→输送机搬送</td><td>流动箱货架或箱货架</td></tr>
<tr><td>● 装托盘＋叉车搬送</td><td>流动托盘货架</td></tr>
</table>

续表

| 货态要素 | 进货量 | | 标准的使用物流设备模式 | 收到货后的作业 |
|---|---|---|---|---|
| | 量 | 物品 | | |
| 2. 箱装物品<br>（大致）<br>量大<br>500 箱/日以上<br>量小<br>1 000 箱/日以下<br>物品大　500<br>物品小　100 | D | | ● 装在手推台车托盘上→手推搬送 | 箱货架 |
| | E | | ● 装在手推台车托盘上→手推搬送 | 箱货架 |
| 3. 袋装品<br>（袋装品，物品大的情况少） | A | | ● 装托盘 + 叉车搬送→无人台车 | 托盘自动仓库或流动托盘货架 |
| | | | ● 输送机接收→自动托盘装载→托盘输送机 | |
| | B | | ● 托盘接收→叉车 | 托盘货架 |
| | C | | ● 装托盘→手推搬送 | 箱货架 |
| 4. 简易包装品 | | | 从工厂输送机搬入→包装或装进纸箱→输送机→托盘 | 托盘货架或托盘自动仓库 |

## 5.3.2　储存作业

关于储存作业，参考第 2 章 2.2.3 部分。决定储存作业的主要因素是保管量、保管物品数、出库频率和货态，可按货态整理成储存系统。表 5－8 为储存要素和储存系统的关系。

**表 5－8　储存要素和储存系统的关系**

| 货态 | 要素 | | | 保管系统的大致标准 |
|---|---|---|---|---|
| | 频度 | 件数 | 范围 | |
| 1. 托盘箱或袋装托盘承载品 | 高 | 多 10000 以上 | 2000 以上　大 | 存储单元的大型规模自动仓库。堆垛机台数与货位数的平衡是重点 |
| | | | 中 | 存储单元型的自动仓库。堆垛机台数确定是重点 |
| | | 少 200 以下 | 大 | 流动型或直接堆放 |
| | | | 中 | 紧凑型自动仓库 |
| | | | 小 | 输送线上暂存保管系统 |
| | 中 | 中 | 中 | 存储单元型的自动仓库，托盘货架和叉车装卸 |
| | 低 | 多 | 大 | 托盘移动货架 |
| | 低 | 少 | 中 | 托盘货架 + 叉车 |
| | | | 小 | 地面直接堆放 |

续表

| 货态 | 要素 | | | 保管系统的大致标准 |
|---|---|---|---|---|
| | 频度 | 件数 | 范围 | |
| 2. 箱单体保管 | 高 | 多 | 大 | （此模式托盘保管交替进行） |
| | | | 小 | 箱货架保管 |
| | | 少 | 大 | 由流动箱货架自动入库和出库 |
| | | | 小 | 输送线上存储系统 |
| | 中 | 中 | 中 | 箱货架保管 |
| | 低 | 多 | 大 | 箱货架保管 |
| | | | 小 | 箱货架、层板型货架 |
| | 低 | 少 | 大 | 流动箱货架 |
| | | | 小 | 箱货架、层板型 |
| 3. 袋装单体 | 袋装物品保管系统大半被装入多托盘保管，单体积保管的情况较少 | | | |
| 4. 长尺寸物品 | 高 | 少 | 多 | ● 长尺寸物品用托盘和托盘流动型的组合形式<br>● 叉车装卸（含侧叉）为主 |
| | | | 少 | 专用回转货架 |
| | | 多 | 多 | 棒用货架和专用堆垛机 |
| | 低 | 多 | 大 | 棒用货架和侧叉，轻量时手工装卸 |
| | | 少 | 大 | 角材（条木）等堆放 同一物品 |
| 散装品 1（定型品） | 多 | 多 | 小 | 轻量货架（有隔板） |
| | | 多 | 小 | 专用拣选机（立方体等有方向性的物品） |
| | 低 | 多 | 小 | 轻量货架（有隔板） |
| 散装品 2（不定型） | 低 | 多 | 小 | 装入专用箱内保管 |

## 5.3.3 出库和拣选作业

对于出库、拣选作业（参考第 2 章 2.2.7～2.2.9 部分），可使用集合出库系统和订单拣选系统。所谓集合出库是在订货截止时，把一天中存于计算机中的订单按每种商品汇总起来，按一批或分批方式出库，然后再进行分类作业。所谓单订单拣选，是按每个订单拣选出库；由于在一处只有一种或几种货品，所以这种方式又称为“传票出库或标签出库”法。

究竟是采用集合出库拣选还是单订单拣选呢？这主要取决于实际需要的作业效率，即单位时间的处理订单数。当然要考虑订单数和处理物品数、1 份订单的物品数以及 1 份订单的物品量等因素。表 5－9 为影响选择集合出库拣选和单订单拣选的因素。

表 5－9 集合出库拣选和单拣选的研究因素

| 要素 | | | | 订单要素 |
|---|---|---|---|---|
| 1. 订货件数/日 | 2. 物品数 | 3. 量/物品 | 4. 物品 1 日订单件数 | |
| | | | | 按订单内容和物品等要素分三种。<br>1. 面向集合发货的订单；<br>2. 面向单拣选的订单；<br>3. 面向集中拣选的订单；<br>某一位置区域单位汇总出库，不进行同一商品集合。<br>1 日 1 个订单、1 种物品等的场合 |

## 5.3.4 出库分类作业系统

影响发货分选系统的因素是单位时间的分类量、分类容量和货态等。可通过对各种因素进行综合分析后，再决定发货分类系统。

所谓单位时间的分类量，是用 1 天的发货数量除以实际工作时间。例如 1 天发货量为 15 000 个，实际发货分类时间为 6.5 个小时，则单位时间分类量为 15 000 ÷ 6.5 = 2 307 个/小时。

分类容量的大小决定于发货方面数、配送的用户数、发货物种类和每天作业批数等。

因为货态有箱装物品、袋装物品、长尺寸物品和散装物品之分，所以分类方法与分类手段也不一样。表 5－10 为对应各种因素的分类系统。分类系统要求省人化、省力化、占地面积小、分类精度高和效率高。

表 5－10 各种因素的分类系统

| 单位时间分类个数（大致） | 分类容量个数（大致） | 货态 | 分类系统例 |
|---|---|---|---|
| 1. 1 000 个未满 | 10 未满 | 箱 | 从运输机上去下分到有关方面托盘上 |
| | 10 ~ 20 未满 | 箱 | 简单辊子输送机自动分类（辊子上浮式）直角分离 |
| 2. 1 000 ~ 2 000 未满 | 10 未满 | | 简单辊子输送机上浮式低速自动分类 Y 型分离 |
| 3. 1 000 ~ 3 000 个/小时 | 10 ~ 20 | 袋<br>箱 | 借用传送带与转向式 |
| 4. 2 000 ~ 3 000 个/小时 | 10 以上 | 箱 | 辊子传送机的批式自动分类 |
| | | 箱<br>袋<br>散货<br>（小物） | 借用传送带与转向式（高速型）<br>倾斜货架（低速型） |

续表

| 单位时间分类个数/小时（大致） | 分类容量个数（大致） | 货态 | 分类系统例 |
|---|---|---|---|
| 5. 3 000～5 000 个 | 20 个以下 | 箱 | 传动带与回旋上浮式高速型（此系统分类节距 2.5m 以上） |
| | 20 个以上 | 箱<br>袋<br>小物 | 倾斜货箱标准型，自动分类<br>分类通道间距按货物大小取 1.2～1.5m |
| 6. 5 000～7 000 个 | 10 个以上 | | 倾斜货箱高速型自动分类 |
| 7. 7 000～100 000个 | 10 个以上 | | 传动带单元高速型自动分类 |

## 5.3.5 发货储存系统及发货系统

影响发货存储系统的因素有：① 存储状态；② 发货分类时间及发货时间偏差；③ 发货存储量；④ 发货的方面数；⑤ 省人化的效果。

表 5－11 为不同的货态和条件对应的不同发货存储系统，即发货存储系统决定于从进货到发货的各工序的要素和条件。表 5－12 为作业系统的评价内容，图 5－2 为作业系统流程例。

**表 5－11 发货存储系统**

| 发货存储系统 | 货态 | 条件与目标 |
|---|---|---|
| 1. 箱输送机存储 | 箱 | 目标值<br>● 存储量少（100～200 箱）<br>● 发货方面少<br>● 出库与发货时间一致<br>（出库的物品直接发货） |
| 2. 托盘输送机存储 | 托盘 | 除箱输送机外，可进行托盘发货<br>（从输送机上用叉车或装载机把托盘装在卡车） |
| 3. 托盘直接堆放 | 托盘 | ● 发货方面不是很多（20 以下）<br>● 发货存储量 500～600 件以下为大致目标<br>● 省人力效果小<br>● 发货时间与分类时间有偏差也没关系 |
| 4. 托盘货架 | 托盘 | ● 发货方面多（30～50）<br>● 发货存储量大（300 件以下）<br>● 与托盘直接堆放相比有省人力效果<br>● 发货时间与分类时间有偏差也没关系 |

续表

| 发货存储系统 | 货态 | 条件与目标 |
|---|---|---|
| 5 自动仓库保管 | 托盘 | ● 发货存储量大（500～1 000 件）<br>● 出库和发货的时间偏差多<br>● 在生产工厂型此种情况较多<br>● 其他与 17 页的托盘货架保管相同 |
| 6. 台车保管 | 台车 | ● 发货方面多（50～60）<br>● 发货存储量少－多<br>● 出库和发货时间和分类偏差多<br>（此种情况为零售店、超市加工中心型的配送中心） |

**表 5－12 作业系统的评价内容例**

| 大区分 | 中区分 | 具体的评价内容 |
|---|---|---|
| 1. 设备评价 | （1）全体平面布置 | 1）动线计划<br>①人<br>②物<br>2）使用面积<br>①多目的区<br>②自动仓库<br>③拣选区<br>④分类区<br>⑤发货区<br>3）柔软性<br>①作业系统的变化<br>②作业量、物品的变化<br>③配送地的增加 |
| | （2）设备能力 | 1）保管量<br>2）拣选能力<br>3）起重能力<br>4）分类能力<br>5）临时库存、存放能力<br>6）搬送能力<br>7）发货装载能力 |
| | （3）对建筑的要求 | 1）面积<br>2）地面载荷<br>3）地面精度<br>4）柱间隔 |
| | （4）电器容量 | |

续表

| 大区分 | 中区分 | 具体的评价内容 |
|---|---|---|
| 1. 设备评价 | （5）对应维护 | 1）设备维护<br>①服务点<br>②服务人员<br>③服务时间<br>2）控制设备的维护<br>①服务点<br>②服务人员<br>③服务时间 |
| | （6）故障对策 | 1）设备故障<br>①设备保管<br>②拣选设备<br>③分类设备<br>④搬送系统设备<br>2）信息．控制系统的故障<br>①设备保管<br>②拣选设备<br>③分类设备<br>④搬送系统设备 |
| | （7）特别要考虑搬送上的故障处理 | 1）入库系统<br>2）保管系统<br>3）拣选<br>4）分类输送设备<br>5）发货系统 |
| | （8）安全计划 | 1）设备安全对策<br>2）维修对策 |
| | （9）噪声对策 | |
| 2. 运用对策 | （1）进货作业 | 1）进货登录的容易度<br>2）进货叉车搬送人员 |
| | （2）拣选作业 | 1）拣选时的难易度<br>①A 群<br>②BC 群（作业性和防止错误发生）<br>2）对拣选量增大的适应性<br>①A 群<br>②BC 群（作业性和防止错误发生） |
| | （3）分类作业 | 1）分类作业的正确性<br>2）分类作业的难易度<br>3）对个数变化的处理 |
| | （4）发货作业 | 1）发货分类信息（标签）和商品组合<br>2）发货数，记入的正确性<br>3）送货单发行和粘贴的容易度<br>4）发货存储和发货装载时间的快捷<br>5）小分类作业的正确性 |

续表

| 大区分 | 中区分 | 具体的评价内容 |
|---|---|---|
| 2. 运用对策 | （5）对降低运费的贡献度 | 1）装载时间的缩短<br>2）线路和场地判断及标签发行的容易程度 |
| | （6）对作业指示的思考 | 1）进货、入库指示的容易程度和正确性<br>2）补充指示的容易程度和正确性<br>3）拣选指示的容易程度和正确性<br>4）分类指示的容易程度和正确性<br>5）发货指示的容易程度和正确性 |
| | （7）人员计划 | |
| 3. 成本评价 | （1）原始成本 | 1）自动仓库系统<br>2）拣选<br>3）分类设备<br>4）搬送输送机<br>5）垂直输送机（上下搬送）<br>6）计算机<br>7）系统设计<br>8）安装工序<br>9）试运转调试<br>10）包装运费<br>11）物流机器<br>12）诸经费及一般管理费 |
| | （2）运转费 | 1）设备运转费<br>2）计算机运转费<br>3）人事费 |
| | （3）单位成本 | 1）自动仓库系统（每个货格）<br>2）拣选系统（每个订单）<br>3）分类系统（每个订单） |
| | （4）生产性评价 | 1）单位面积保管效率<br>2）单位面积拣选效率<br>3）单位面积分类效率<br>4）各个工序平均1个人的处理能力 |
| | （5）预算外成本 | 1）建筑系统<br>2）设备系统<br>3）信息系统<br>4）物流机器系统 |
| 4. 系统决定的客观评价 | （1）对数据分析的证据<br>（2）设计理念的提案的统一性 | |
| 5. 综合技术水平 | - | - |

系统的评价不仅仅是从技术方面，还必须从经营、成本和其他方面进行，且对各

内容力求做到定量评价。

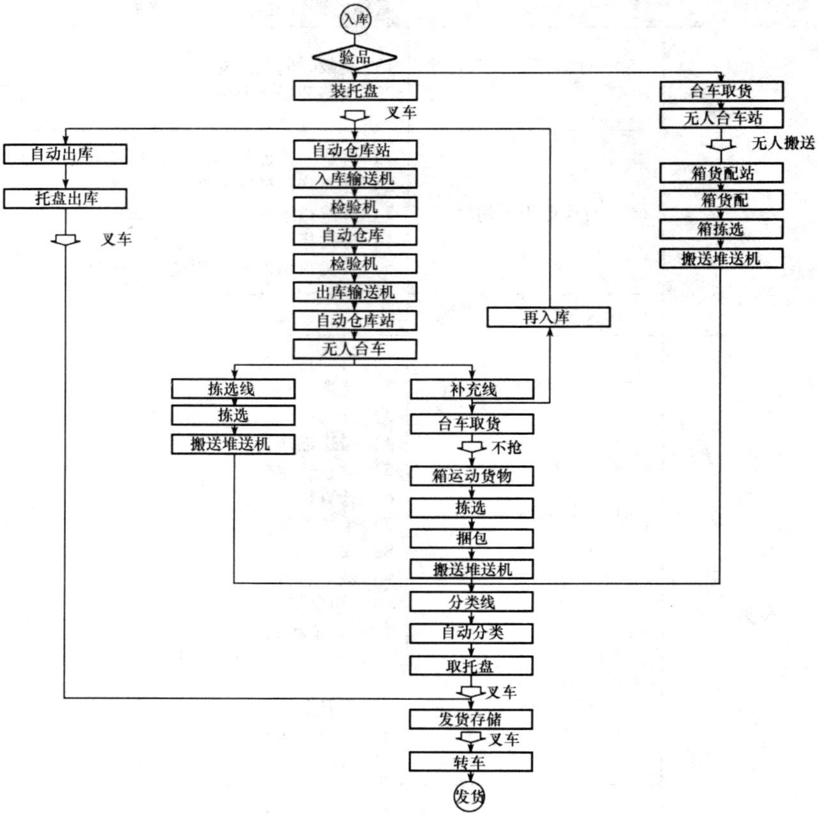


图 5－2 作业系统流程图

# 5.4 区域平面布置

## 5.4.1 物流配送中心的功能

众所周知，由于物流配送中心的性质和功能不同，所选用的设备型号和数量以及区域大小和布置方案等也不相同。根据表 5－13 所示物流配送中心要求的性质和功能，可进行区域平面布置。

表 5－13 各配送中心的功能

| 配送中心的性质 | 功能 |
| --- | --- |
| 1. 生产工厂型配送中心 | (1) 工厂的进货功能（购入、检品功能）<br>(2) 托盘化功能<br>(3) 进货存储功能<br>(4) 储藏保管功能（自动仓库、托盘货架、移动货架等）<br>(5) 补充功能<br>(6) 有效保管功能（拣选货架、流动货架、箱货架等）<br>(7) 拣选功能（拣选货架、箱货架等）<br>(8) 检品、捆包功能<br>(9) 发货分类功能<br>(10) 发货存储功能<br>(11) 发货功能（发货检品，进货装车）<br>(12) 流通加工功能（批组，贴价格标签）<br>(13) 现场事物所功能（进货、发货、拣选）<br>(14) 间接事物功能 |
| 2. 批发型配送中心 | (1) 分类进货功能<br>(2) 散货保管功能<br>(3) 拣选功能<br>(4) 流通加工功能<br>其他与生产工厂型配送中心相同 |
| 3. 营业仓库型配送中心 | (1) 进货功能<br>(2) 托盘化功能<br>(3) 按顾客分保管功能<br>(4) 流通加工功能（批组，标价、作业）<br>(5) 间接事物功能 |
| 4. 保管型配送中心 | (1) 进货功能（箱接收）<br>(2) 按顾客分保管功能<br>(3) 检索功能<br>(4) 检索信息功能（检索指示、检索完了功能）<br>(5) 再入库功能<br>(6) 返回出库功能（发货功能）<br>(7) 废弃功能<br>(8) 间接事物功能 |
| 5. 零售店配送中心 | 基本与批发型配送中心相同，其他为附加功能<br>(1) 按店分编组功能<br>(2) 按店分存储功能<br>(3) 按店分发货功能 |

续表

| 配送中心的性质 | 功能 |
|---|---|
| 6. 超市等加工中心型配送中心 | （1）原料进货功能<br>（2）按原料商品分保管功能<br>（3）按温度带分保管功能<br>（4）原料出库功能<br>（5）按商品群分半制品加工功能<br>（6）按商品群分加工功能<br>（7）成品保管功能<br>（8）按店分类功能<br>（9）尾数调整功能<br>（10）按店分台车取货功能<br>（11）按店分台车存储功能<br>（12）按店分发货功能<br>（13）空容器接收功能<br>（14）洗净前容器保管功能<br>（15）容器洗净功能<br>（16）洗净后容器保管功能<br>（17）容器供给功能<br>（18）现场事物功能<br>（19）间接事物功能 |
| 7. 企业暂存型配送中心 | 基本上与生产工厂型配送中心相同 |

### 5.4.2 区域平面布置的设计计算

根据进货区和发货区的相对位置关系，区域平面有 I 型、L 型、U 型等基本形式。首先根据具体地理位置和物流配送中心的性质和规模，决定区域平面的基本类型；然后再逐个对进货区、暂存区、入库办理区、自动仓库、小物品拣选区、分类区、发货存储区等的面积进行计算；最后把计算的各区域面积，进行适当优化调整之后，填入确定的物流中心的面积图中。

**1. 进货车位数计算**

（1）进货时间：按每天 2h 计算（根据初步调查设定 h 值）。

（2）进货车台数：根据配送中心的规模，设进货车台数和卸货时间见表 5－14。设进货峰值系统为 1.5，要求在两小时内将进货卸货完毕，则所需车位数 n 为：

$$n = \frac{(20\text{min} \times N_1 + 10\text{min} \times N_2 + 60\text{min} \times N_3 + 30\text{min} \times N_4 + 20\text{min} \times N_5) \times 1.5}{60\text{min} \times 2}$$

表 5-14 进货台车数

| 进货车台数 | | | | 卸货时间 | | |
|---|---|---|---|---|---|---|
| | 11t 车 | 4t 车 | 2t 车 | | 11t 车 | 4t 车 | 2t 车 |
| 托盘进货 | N1 台 | N2 台 | - | 托盘进货 | 20min | 10min | - |
| 散装进货 | N3 台 | N4 台 | N5 台 | 散装进货 | 60min | 30min | 20min |

## 2. 进货大厅的计算

设每个车位宽度为 4m，进货大厅共有 n 个车位，则进货大厅长度为 L = n ×4。设进货大厅宽度为 3. 5m，则进货大厅的总面积 M = L ×3. 5，如图 5 -3 所示。

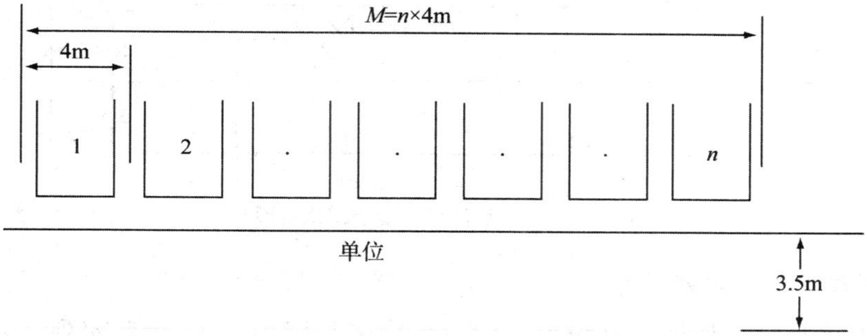


图 5 -3 进货大厅设计

## 3. 保管区

（1）自动仓库面积计算

如图 5 -4 所示，3. 75m 是两排货架宽度与巷道宽度之和。设托盘尺寸为 1. 1 × 1. 1m$^2$，货架有 $N$ 排、$n$ 列和 $H$ 层，则总货位 $Q = N \times n \times H$（个）。自动仓库的面积为 $M =$（10 + 1. 35 × $n$） ×（3. 75 × $N$）/2。

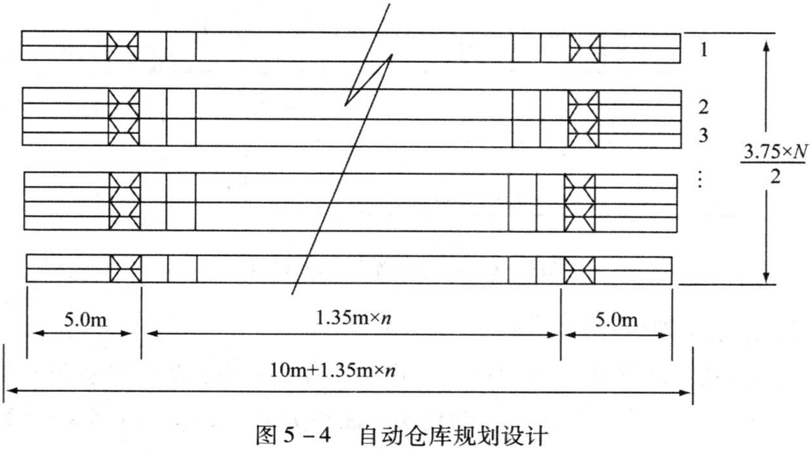


图 5 -4 自动仓库规划设计

（2）托盘流动货架区面积计算

设每个货格可放两个托盘（2 个货位），必要的尺寸如图 5－5 中所示，货位长度为 1.5m、$n$ 列、2 排、3 层，则总货位数为 $N=n$ 列 ×2 排 ×3 层 ×（2 托盘/货位），流动货架区面积为 $A=12\times(1.5\times n+5)$。

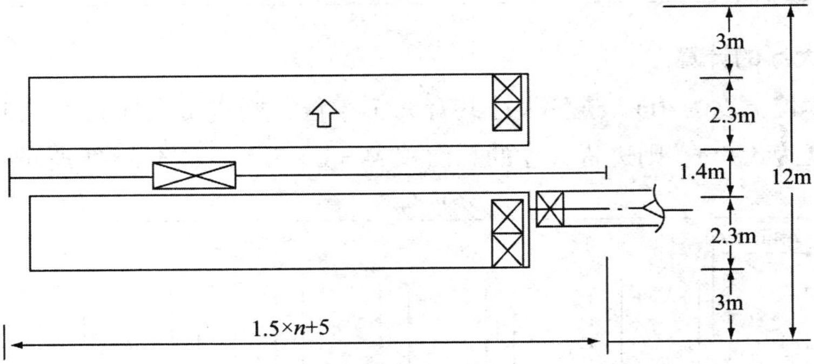


图 5－5　托盘流动货架区面积计算

（3）托盘货架区规划设计

图 5－6 为托盘货架区规划设计。设一个货格长度为 2.7m，有 $n$ 列、4 排、6 层，则总货位数为 6 层 ×$n$ 列 ×4 排，托盘货架区总面积为 $S=13.8\times(2.7\times n+3)$。

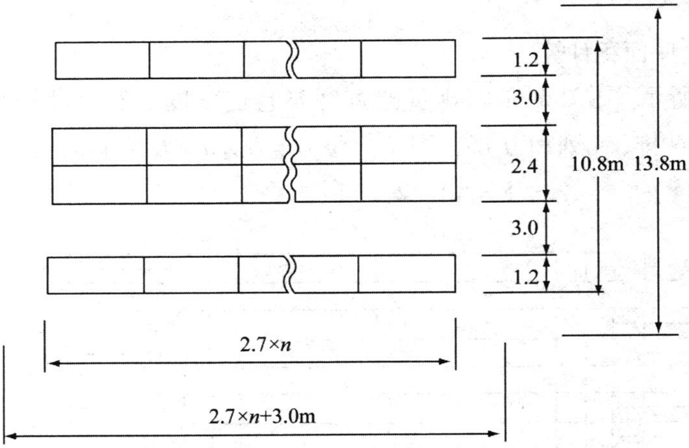


图 5－6　托盘货架区规划设计

（4）箱式流动货架区规划设计

图 5－7 为箱式流动货架区规划设计。设有 2 排、$n$ 列、$H$ 层，货位宽度为 1.5m，则总货位数 $Q=n$ 列 ×$H$ 层 ×2 排，流动货架区面积为 $A=9.5\times(1.5\times n+2)$。

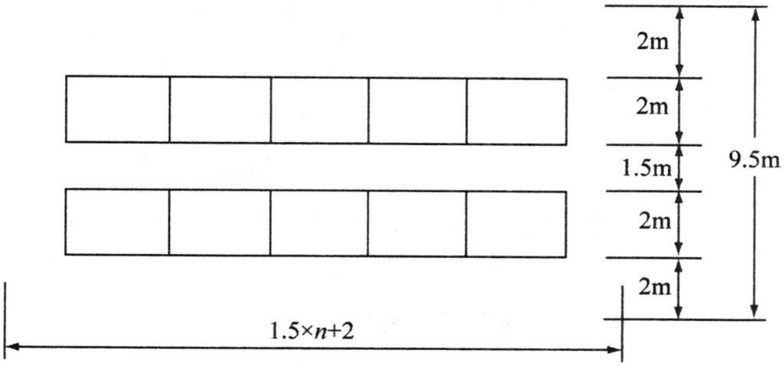


图 5－7　箱式流动货架区规划设计

（5）箱式货架区规划设计

图 5－8 为箱式货架区规划设计。设每个货位长度为 1.8m、$n$ 列、5 层、4 排，则总货位数 $Q=n$ 列 ×5 层 ×4 排，箱式货架区面积 $S=6\times(1.8\times n+2)$。

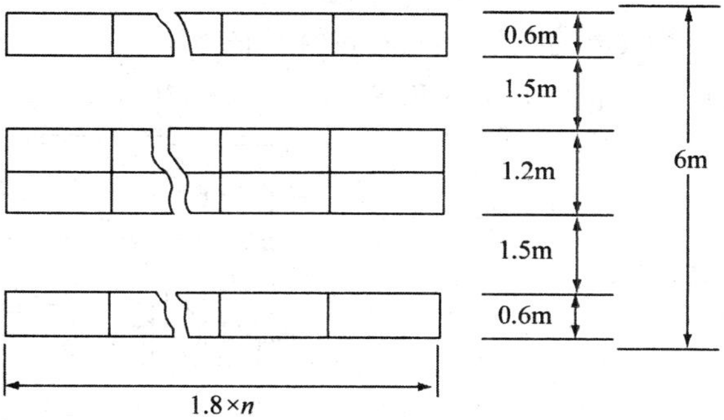


图 5－8　箱式货架区规划设计

**4. 分类区**

分类区如图图 5－9 所示，要求分类参数如下：

①每日分类箱数　　$n$ 个

②分类数　　$N$ 条分类方向（每个 2m 一条）

③分类时间　　7 小时

④单位时间分类数　　$\dfrac{n\text{个}\times 1.5\text{（峰值系数）}}{7\text{小时}}$（个/小时）

⑤分类能力　　5000 箱/小时－7000 箱/小时

⑥必要面积　　$S=(L+2)\times(6\sim10)$

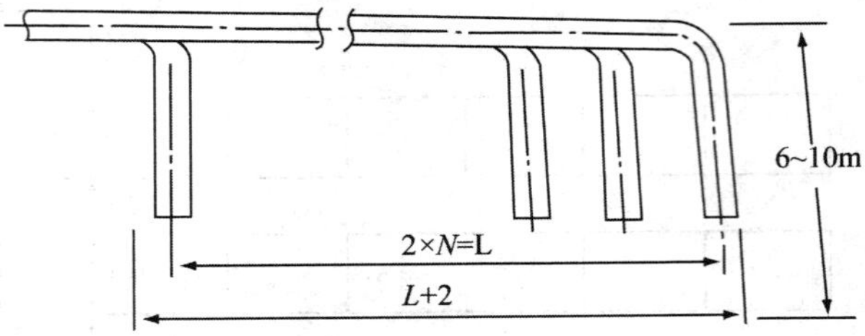


图 5－9 分类示意图

**5. 流通加工区（增值作业区）面积计算**

产品在流通加工区可以进行切割、分包、贴标等加工，之后增加了产品附加值，因而此区也叫增值作业区。每个人作业面积如图 5－10 所示，设作业人员 $N$ 人，流通加工区的必要面积 $S=3.5\times3\times N$。

**6. 升降机前暂存区面积计算**

在升降机前有一个物品暂存区，其基本尺寸如图 5－11 所示。根据升降机底面积、搭载台车或托盘数来计算暂存区必要面积 $S=11\times10=110\text{m}^2$。

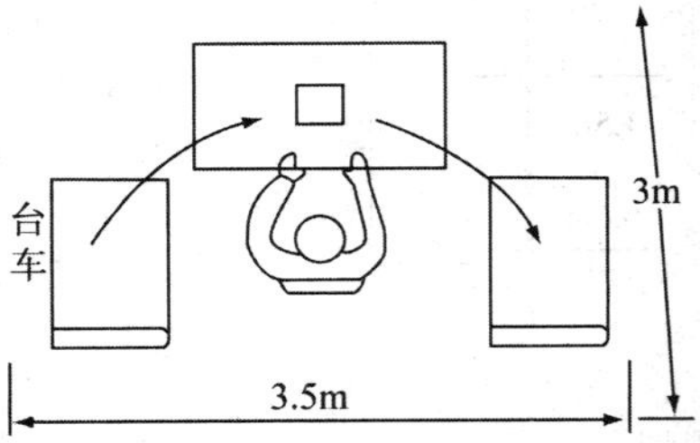


图 5－10 流通加工区面积计算

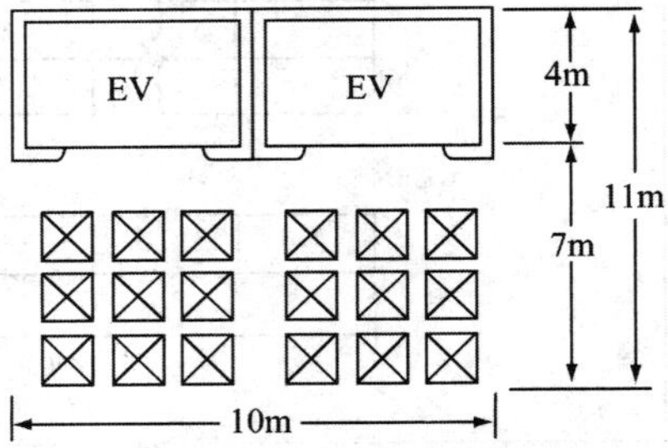


图 5－11 暂存区面积计算

**7. 发货存储区面积计算**

物品在发货之前要暂存于发货存储区，其常用标准尺寸如图 5－12 所示。

设发货方向数（发货线）为 $n_1$，发货线间距为 1.2m，面积利用率为 0.7，则发货存储区必要面积 $S=12\times(1.2\times n_1+3)\div0.7$。

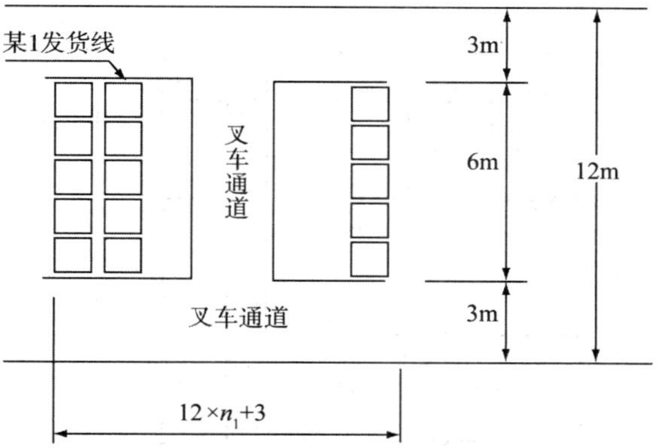


图 5－12 发货存储区面积计算

**8. 发货大厅面积计算**

发货大厅面积计算如图 5－13 所示。假设 1 天的发货车辆台数为 N，高峰时间的发货车辆台数 $N_p$，每台车装载时间为 30min，1 个车位的必要宽度为 4m。则发货大厅面积 $S=5\times4\times N_p$。

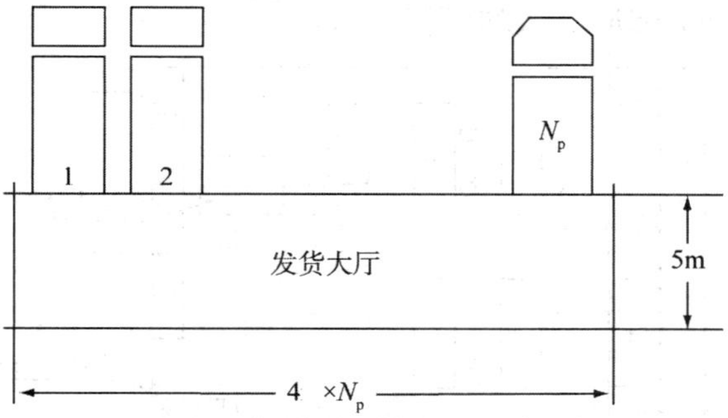


图 5－13 发货大厅面积计算

**9. 辅助区的规划设计**

（1）办公室面积计算

①图 5－14 为 3 平方米/人的办公室的 10 张桌子的配置例（10 人办公室），办公室的面积 $S=6.2\times5.57=35.65\text{m}^2$，人均面积 $3.6\text{m}^2$。

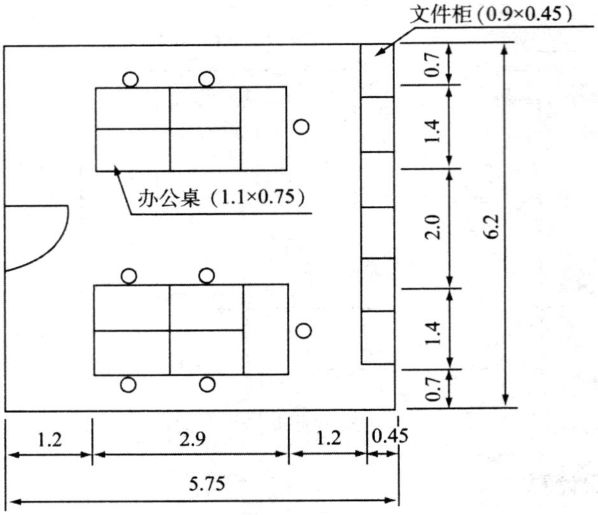


图 5－14　办公室面积计算实例 1

②图 5－15 所示为 5 平方米/人的办公室 10 张桌子的配置例（10 人办公室），办公室面积 $S=7\times7.95=55.65\text{m}^2$，人均面积 5.6$\text{m}^2$。

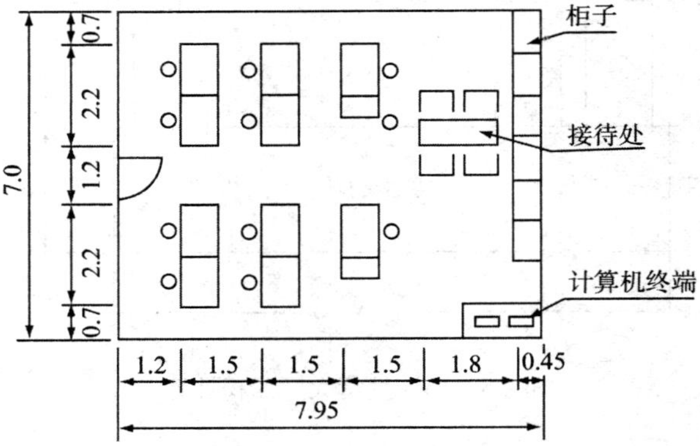


图 5－15　办公室面积计算实例 2

（2）食堂面积计算

图 5－16 所示为 25～30 人/次的食堂规划设计，其面积 $S=7.6\times7.9=74\text{m}^2$。

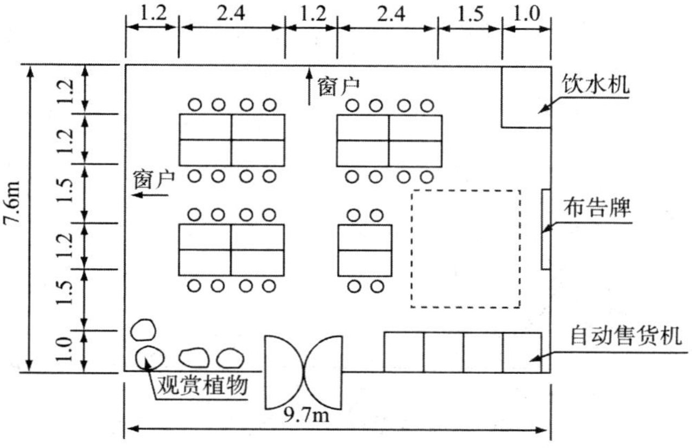


图 5－16 食堂面积计算实例

（3）会议室

①有办公桌的会议室。按 15～20 人设计的有办公桌的会议室大小如图5－17 所示。会议桌摆的方法为口字型，会议室面积 $S=7.6\times11.3=86\text{m}^2$，人均 $86\div18=4.8\text{m}^2$。

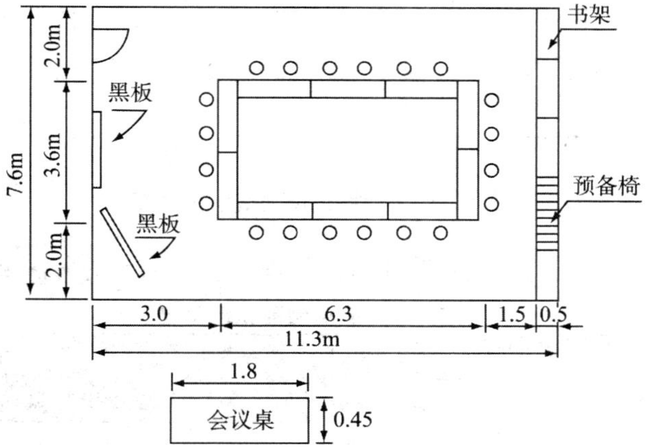


图 5－17 有办公桌的会议室计算实例

②有椅无桌会议室。图 5－18 为按 50～58 人设计的有椅无桌会议室。其面积 $S=7.0\times13.2=92.4\text{m}^2$，人均 $92\div54=1.7\text{m}^2$。

（4）计算机控制室面积计算。

图 5－19 为中等规模的计算机控制室，其面积 $S=12\times6.5=78\text{m}^2$。

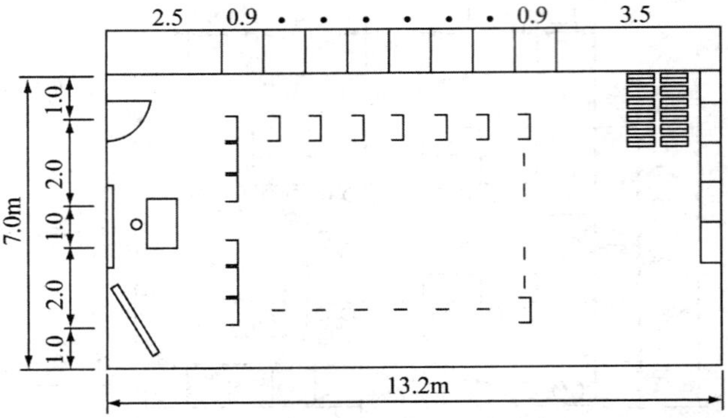


图 5－18　有椅无桌会议室计算面积实例

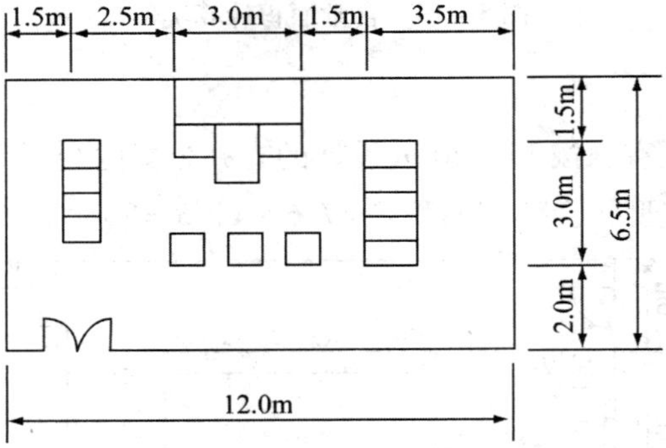


图 5－19　计算机控制室面积计算

通过对各个区域面积进行规划设计后，整理出表 5－15 的各区域面积汇总表。

**表 5－15　各区域面积汇总表**

| 序号 | 区域名 | 损失率 | A 案面积 | | B 案面积 | |
|---|---|---|---|---|---|---|
| | | | 基本面积 | 平面布置面积 | 基本面积 | 平面布置面积 |
| 1 | 进货车位 | 1.0 | | | | |
| 2 | 进货事务所 | 1.0 | | | | |
| 3 | 进货大厅 | 1.0 | | | | |
| 4 | 进货暂存地 | 1.1 | | | | |
| 5 | 保管区<br>①立体自动仓库<br>②托盘流动货架<br>③A、B 群箱流动货架 | 1.0<br>1.2<br>1.2<br>1.2 | | | | |
| 6 | 分类区 | 1.2 | | | | |

续表

| 序号 | 区域名 | 损失率 | A 案面积 | | B 案面积 | |
|---|---|---|---|---|---|---|
| | | | 基本面积 | 平面布置面积 | 基本面积 | 平面布置面积 |
| 7 | 流通加工区<br>①标价区<br>②捆包区 | <br>1.2<br>1.2 | | | | |
| 8 | 批发店暂存区 | 1.1 | | | | |
| 9 | 升降机前暂存区 | 1.1 | | | | |
| 10 | 发货存储区 | 1.1 | | | | |
| 11 | 发货大厅 | 1.0 | | | | |
| 12 | 发货事务所 | 1.0 | | | | |
| 13 | 发货车位 | 1.0 | | | | |
| 14 | 多目的空间 | | | | | |
| | 小计 | | | | | |
| 15 | 事务所 | | | | | |
| 16 | 休息室 | | | | | |
| 17 | 接待室 | | | | | |
| 18 | 计算机室 | | | | | |
| 19 | 会议室 | | | | | |
| 20 | 入口室 | | | | | |
| 21 | 升降机室 | | | | | |
| 22 | 机械、电气室 | | | | | |
| | 小计 | | | | | |
| | 合计 | | | | | |

## 5.4.3 区域平面布置

### 1. 区域平面布置的基本类型

为了使物品流动畅通无阻，区域平面布置的基本类型有如图 5－20 所示的 I 型、L 型和 U 型三种。

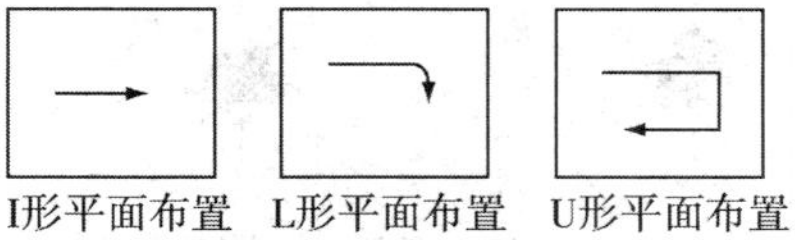


图 5－20 区域平面布置的基本类型

**2. 区域平面布置设计**

区域平面布置就是把各区域的面积按比例填入到拟建物流配送中心的规划图中。图 5-21 为可用地面积和有效使用面积规划图。从图中可知，可用地面积 $G=5\ 400\text{m}^2$，考虑到道路和车位以及大型货车通道最小需要 25m 等因素之后，有效使用总面积为 $S=30\times70=2\ 100\text{m}^2$。

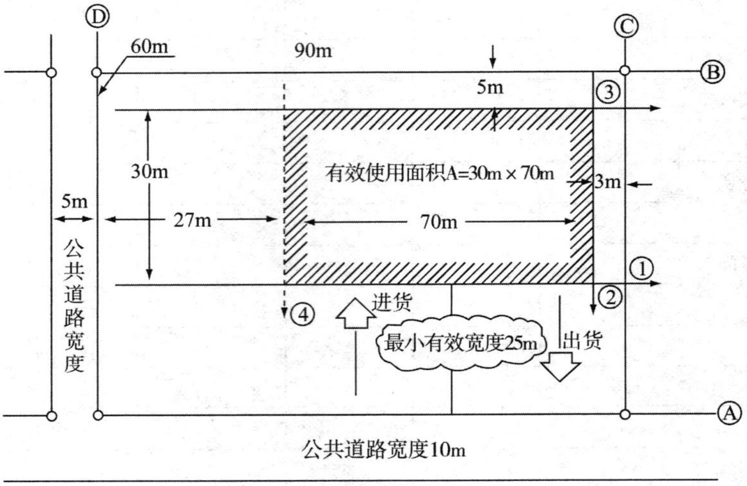


图 5-21 可用地面积和有效使用面积规划图

各区域的填入和动线规划如下。

（1）填入进货和发货大厅。物品进出路线按 U 型平面布置，把进货大厅和发货大厅填入有效使用面积 A 中。图 5-22 为 U 型平面布置。

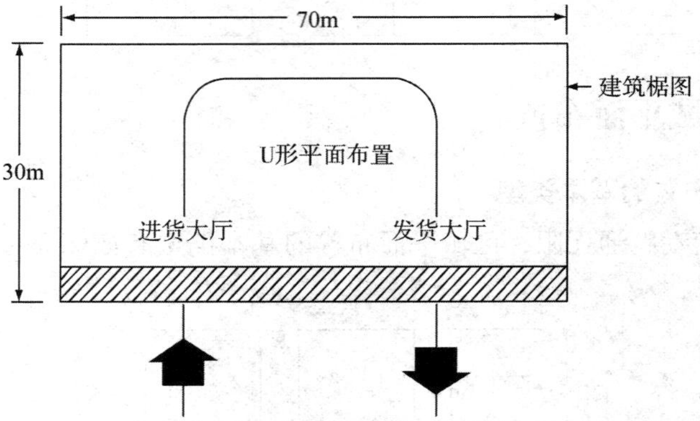


图 5-22 U 型平面布置

（2）依照U型动线，把面积大的活动区域且长宽比例不变的区域（如自动仓库、分类输送机等）填入建筑框图。如图5－23所示。

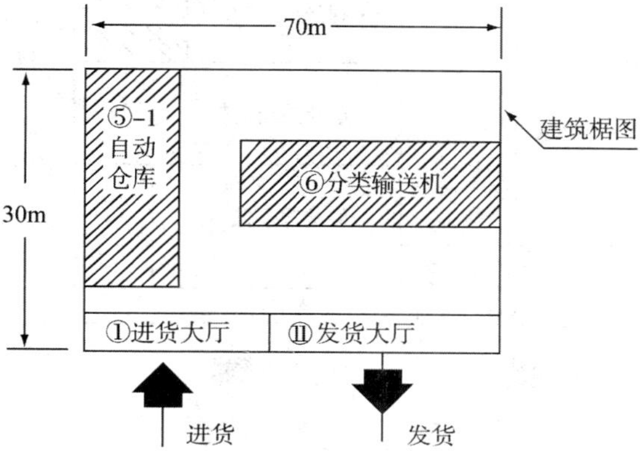


图5－23 布置大面积区域（自动仓库和分类输送机等）

（3）依照动线，把面积大且长宽比例可以改变的区域（如托盘货架、发货存储区、箱式流动货架等）填入规划图中。如图5－24所示。

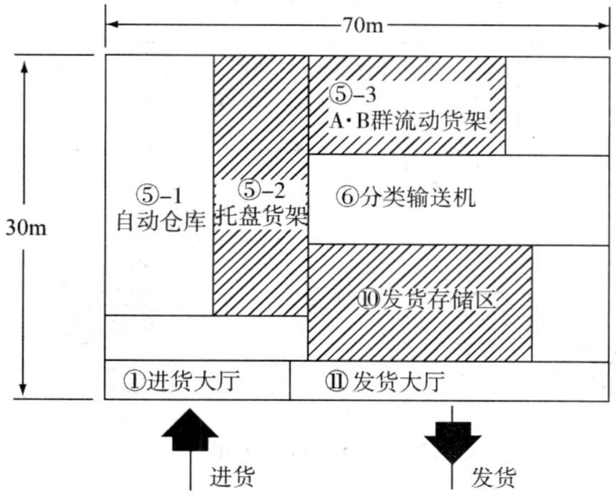


图5－24 布置活动区（托盘货架和发货存储区等）

（4）把面积较小的活动区填入规划图中（如进货暂存区、流通加工区、C群箱货架等）。如图5－25所示。

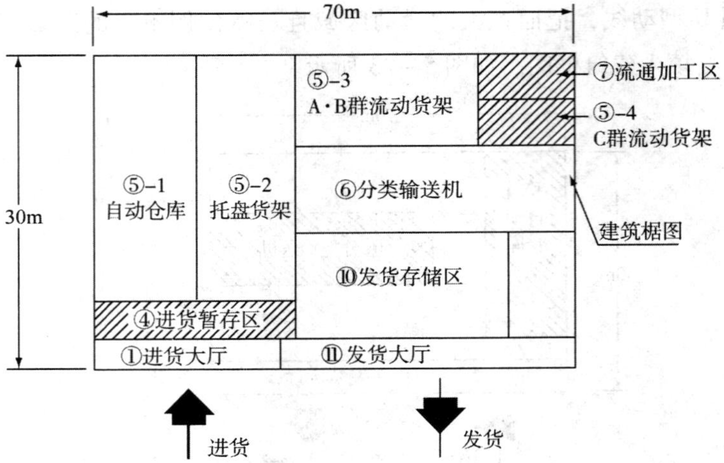


图 5-25 小面积活动区的布置

（5）间接区布置。首先必须检查动线，看物品和人的移动是否互相干扰、有无浪费。间接区的大小依人数和要求内容不同，有很大的不同，其布置如图 5-26 所示。

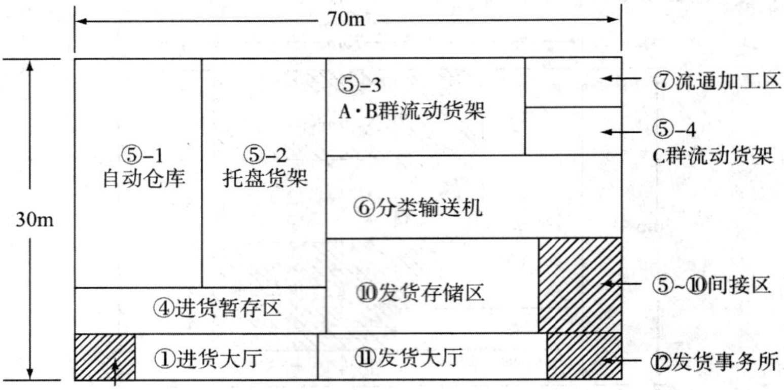


图 5-26 间接区布置

# 5.5 设备平面布置

## 5.5.1 各系统之间的搬运手段

各区域大小及平面布置完成之后，就要进行设备的平面布置。本例中的各活动区域所需系统与设备如表5－16所示，各系统之间搬运手段如图5－27所示。

表5－16 系统与设备

| 系统名 | 活动区域名 | 设备名 |
|---|---|---|
| 1. 进货系统 | ①进货车位 | 无 |
| | ②进货事务所 | 无 |
| | ③进货大厅 | （1）进货台板<br>（2）升降机 |
| | ④进货暂存区 | 无 |
| 2. 储存系统 | ⑤－1 自动仓库 | （1）托盘升降机<br>（2）立体货架和堆垛机<br>（3）入出库台车 |
| | ⑤－2 托盘货架区 | （1）托盘货架<br>（2）叉车 |
| | ⑤－3 AB 群流动货架 | （1）托盘流动货架<br>（2）入库用堆垛机<br>（3）无人台车 |
| | ⑤－4 C 群流动货架 | （1）箱流动货架<br>（2）箱输送机<br>（3）手推台车 |
| 3. 出库系统 | | 与存储系统设备相同 |
| 4. 分类系统 | ⑥分类输送机 | （1）输送机<br>（2）分类输送机<br>（3）分类用托盘 |
| 5. 流通加工系统 | ⑦流通加工区 | （1）流动加工作业台<br>（2）手推台车<br>（3）轻量货架 |
| 6. 发货系统 | ⑧发货存储区 | （1）托盘货架<br>（2）托盘直接堆放<br>（3）存储用台车<br>（4）叉车 |
| | ⑨发货大厅 | （1）发货站台板<br>（2）升降机<br>（3）叉车 |

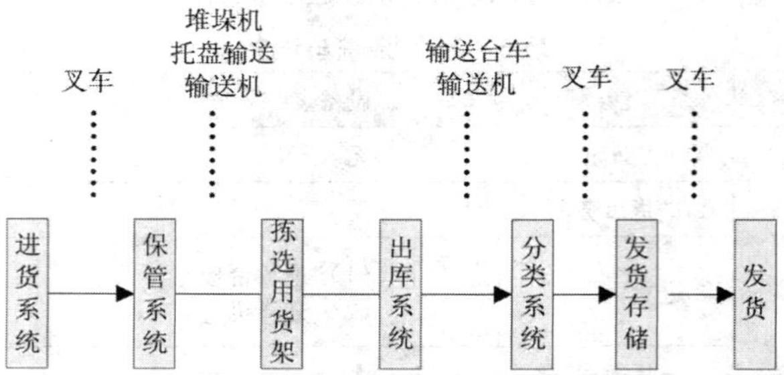


图 5－27　各系统之间的搬运手段

## 5.5.2　自动仓库和分类输送机的布置

图 5－28 为占地面积大和长宽比不变的自动仓库（⑤－1 自动仓库和⑥分类输送机）的布置。

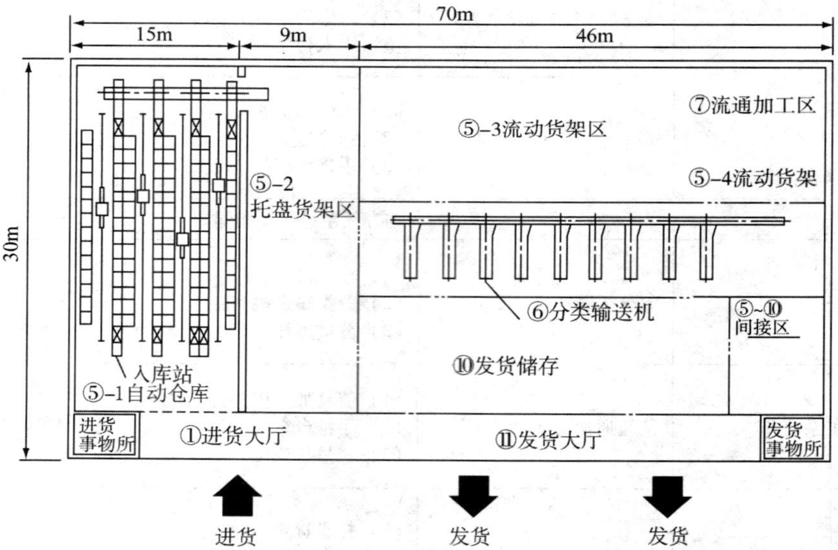


图 5－28　自动仓库和分类输送机的布置

## 5.5.3　占地面积较小且长宽比可变的设备的布置

当自动仓库和分类输送机布置完之后，即可布置托盘货架、托盘流动货架、C 群箱流动货架、流通加工区内箱货架等面积较小且长宽比可变的设备。如图 5－29 所示。

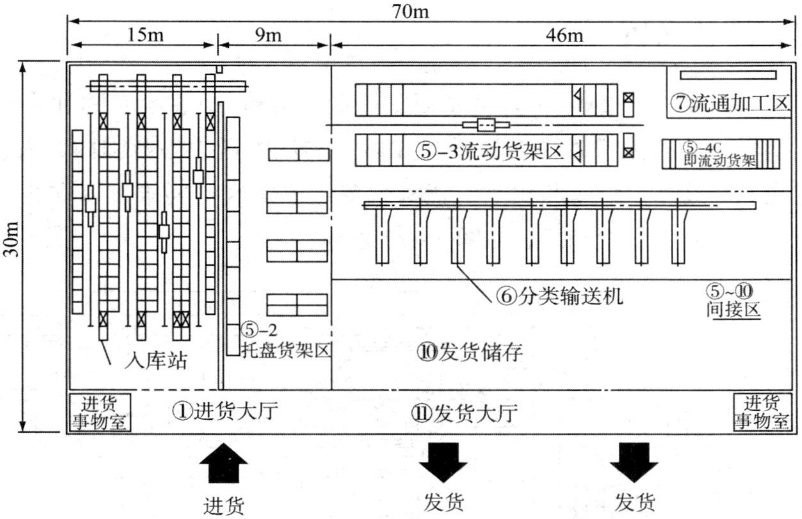


图 5 - 29　占地面积较小且长宽比可变的设备的布置

## 5.5.4　布置托盘和料箱的搬运输送机

图 5 - 30 所示为托盘搬运输送机和料箱搬运输送机的布置。

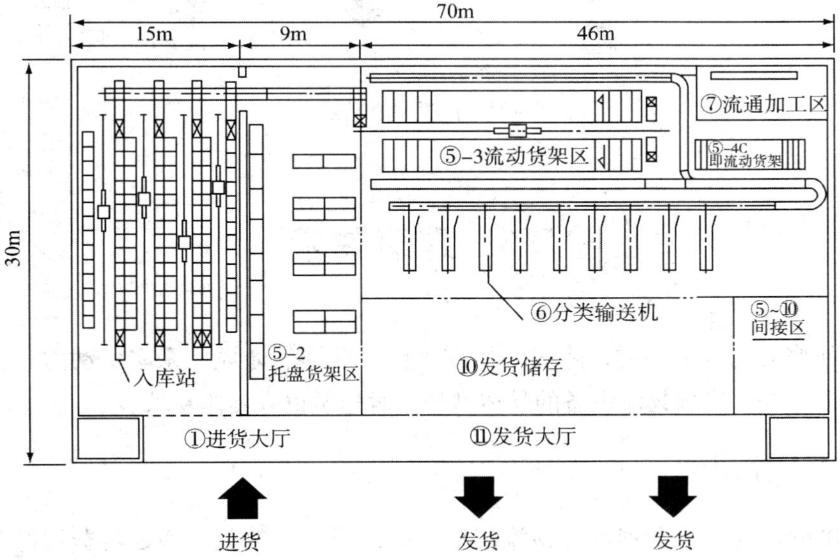


图 5 - 30　托盘搬运输送机和料箱搬运输送机的布置

### 5.5.5 动线布置

所谓动线就是商品、资材（如货品箱、托盘、料箱等）、废弃物和人员的移动线路。要求全体动线具有完整性和合理性，在整个物流配送中心范围内，人、物、资材等不能发生阻断、迂回、绕远和相互干扰等现象。根据这一要求，可在物流配送中心设备平面布置的基础上布置动线，如图 5－31 所示。

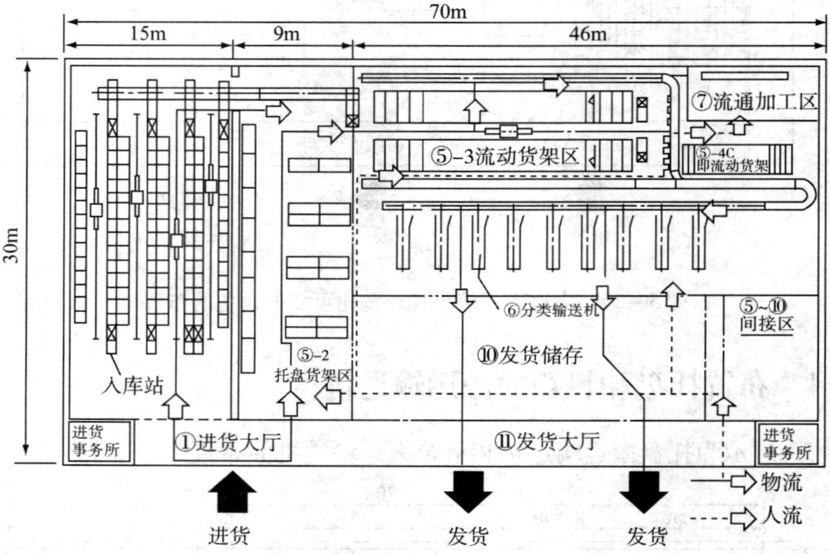


图 5－31　配送中心动线布置

## 5.6 建筑要求

在新建物流配送中心时，除对厂房和消防、照明、通风及采暖、动力、供电等系统有特殊要求外，根据物流设备的具体型号，对建筑也有具体要求。

### 5.6.1 柱跨度

柱跨度的选择是否合理，对物流配送中心的成本、效益、和运转费用都有重要影响。对建筑的成本有利的柱跨度，不一定对物流中心的存储设备是最佳的柱跨度。改变柱跨度可以显著提高物流中心的保管效率和效益。为此，在决定柱跨度时，必须考虑物流中心的存储设备型号和托盘规格尺寸。图 5 – 32 为常用存储设备与柱跨度的关系。

<table>
<tr><th>主要保管设备的模型</th><th>柱跨度</th></tr>
<tr><td>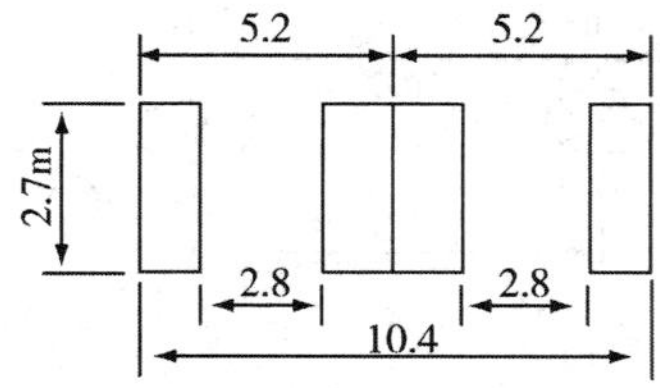</td><td>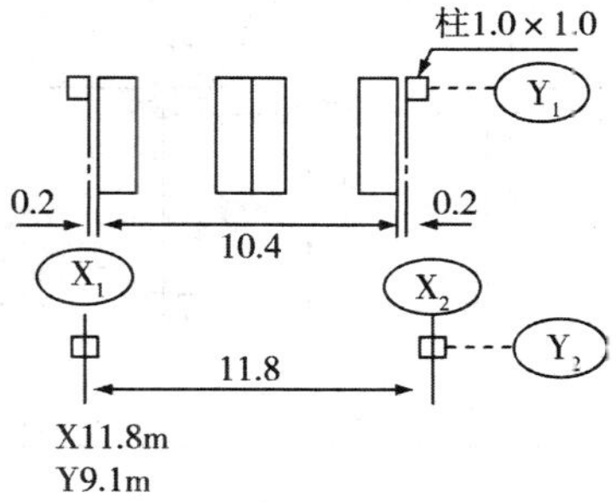</td></tr>
<tr><td>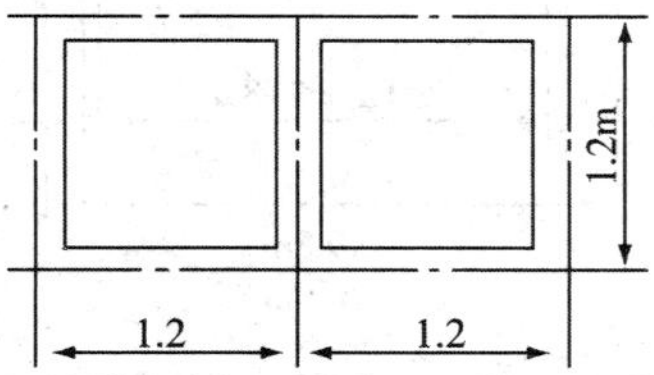</td><td>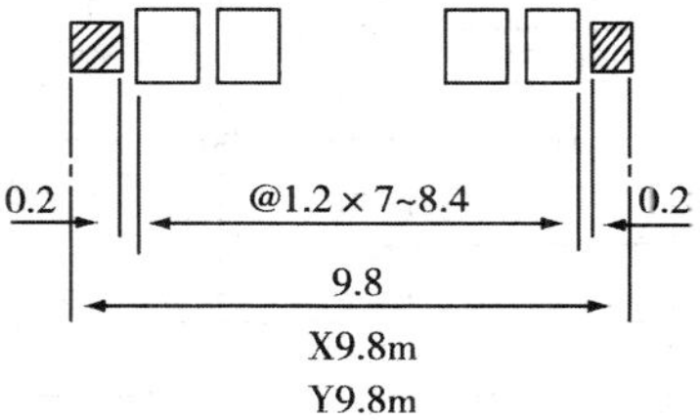</td></tr>
<tr><td>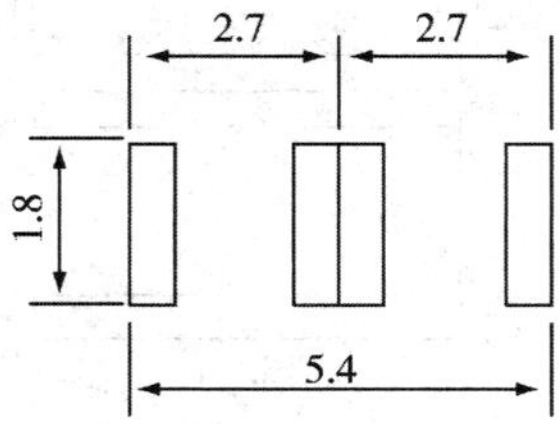</td><td>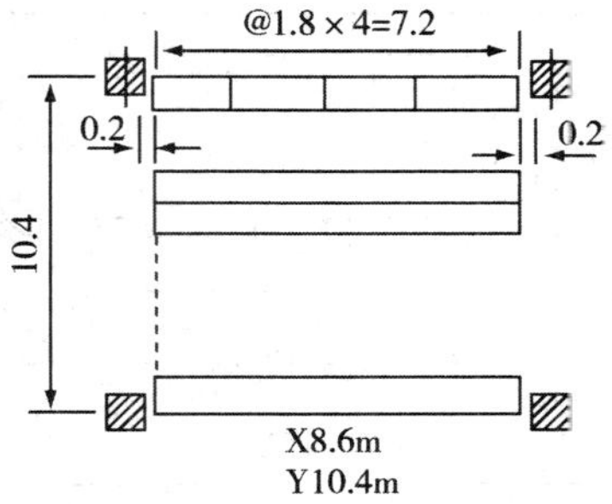</td></tr>
<tr><td>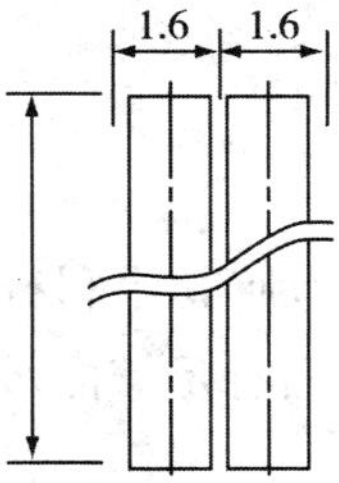</td><td>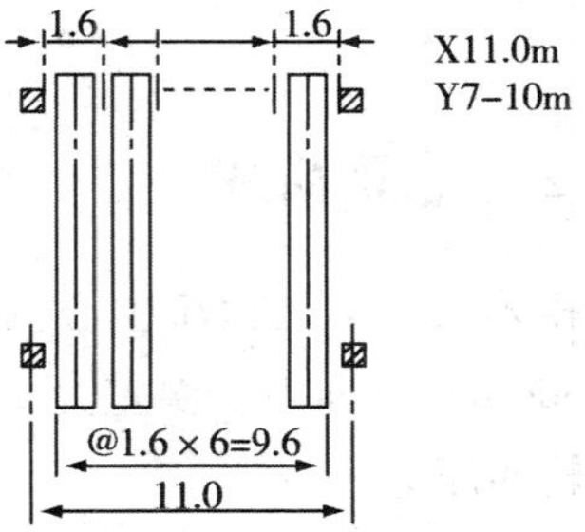</td></tr>
</table>

续表

| 主要保管设备的模型 | 柱跨度 |
|---|---|
| 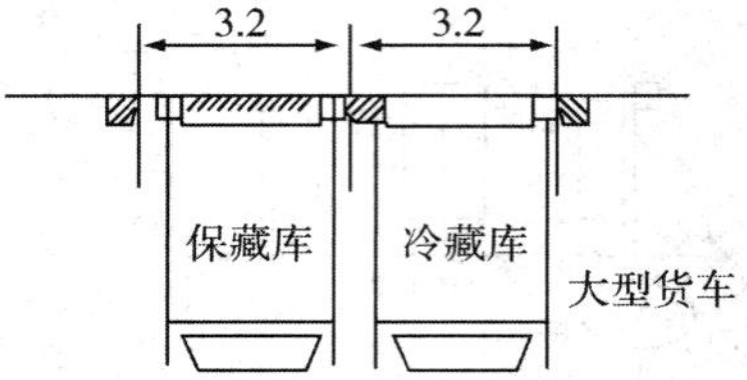 | 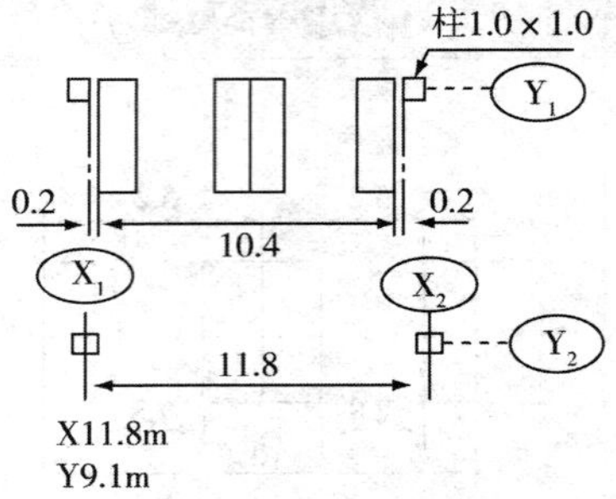 |
| 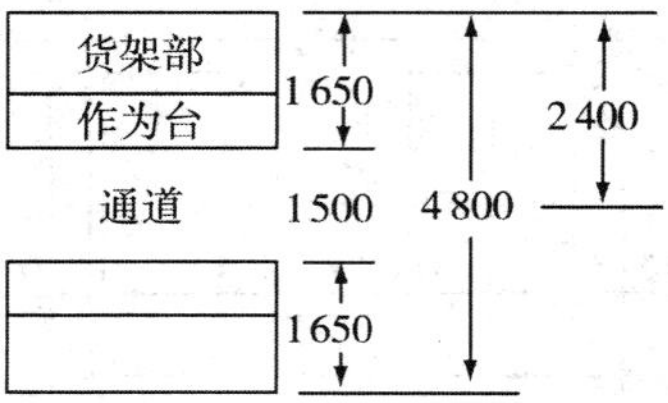 | 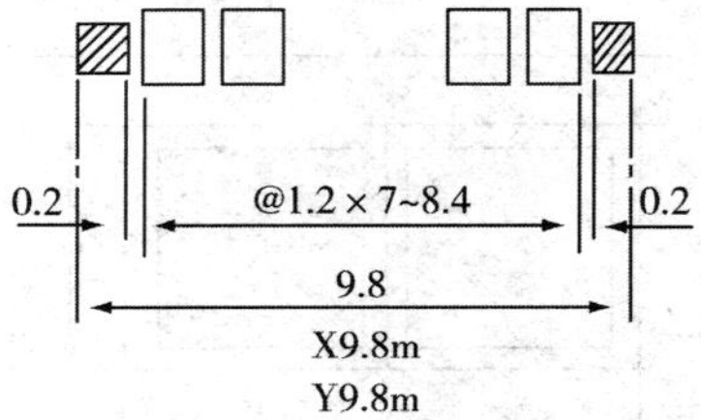 |
| 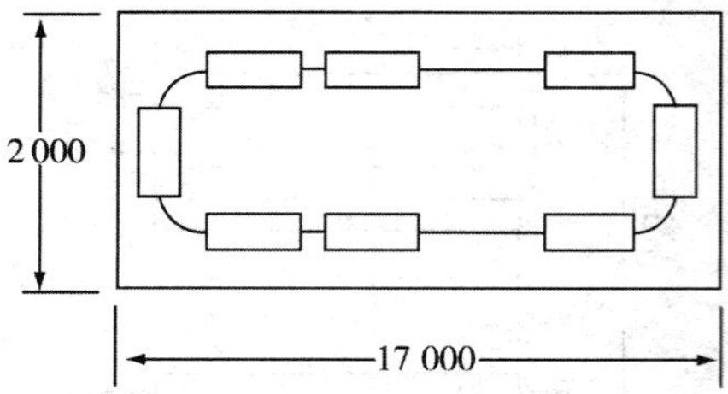 | 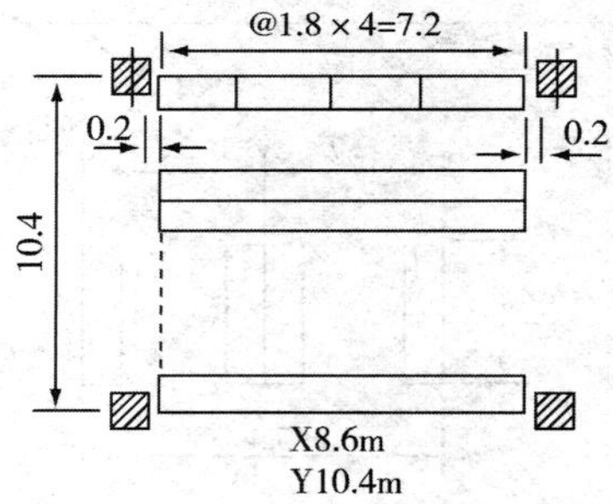 |

图 5－32　常用存储设备与柱跨度的关系

## 5.6.2　地面荷载

叉车和无人台车是物流中心内的重要运输工具之一，为使其顺利行车，要求地面精度在 2 000mm 范围内，误差为 ±20mm。此外，还要求地面有足够的承载能力，亦即能承受车轮的压力。

$$\text{叉车轮压}(P_w) = \frac{\text{叉车自重} + \text{载荷}}{4} \times \text{安全系数}$$

设一般叉车自重1.63t，载重为1t，安全系数为1.4，则叉车轮压 $P_w$ 为：

$$(P_w) = \frac{(1.63 + 1) \times 10^4}{4} \times 1.4N = 9\ 205N$$

一般取轮压为10 000N或12 000N。

## 5.6.3 输送机与楼板开孔尺寸

**1. 倾斜式输送机**

对于多楼层的物流配送中心而言，各楼层之间的运输是采用输送机来实现的。对于倾斜式输送机，应考虑如下一些问题：①倾斜式输送机的倾斜角度；②搬运物的形状和尺寸；③搬运物品形状；④楼板结构。

只有了解上述问题之后，才能确定输送机通过楼板的开孔尺寸。图5-33为楼板上开孔的范围。

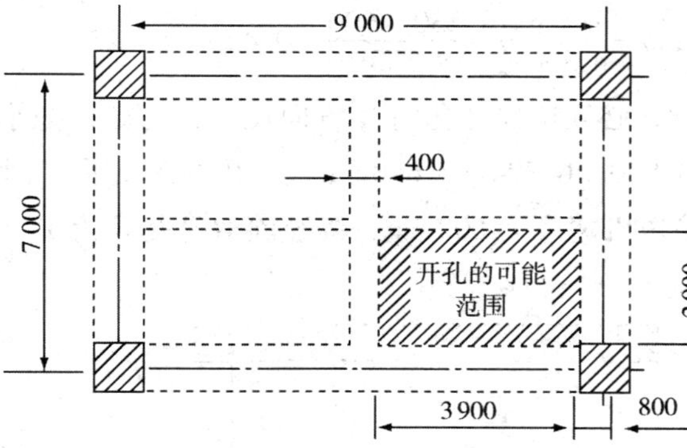


图5-33 楼板上开孔范围

已知柱跨度如图中所示，X = 9 000mm，Y = 7 000mm，要求输送机倾斜角度小于18°，搬送物最大尺寸为L = 500mm，W = 400mm，H = 400mm。

在图5-33中，开孔的最大有效尺寸计算如下：

X = 9 000 ÷ 2 - (800 + 400) ÷ 2 = 3 900mm

Y = 7 000 ÷ 2 - (800 + 400) ÷ 2 = 2 900mm

大量工程实践表明，如果输送机倾斜角度大于18°，则输送机上的方形输送物在输送机的起动或停止时，因惯性作用而有倾倒的可能性。此外，还必须保证小梁与输送物的最小垂直距离为200mm，输送机高度为 $h = 600$mm，如图5-34所示。

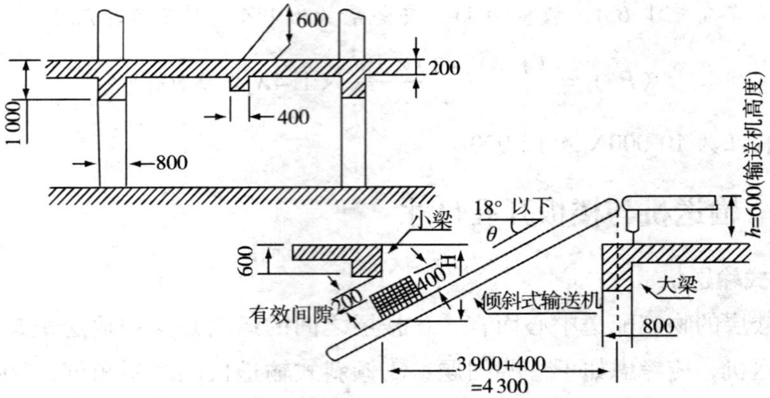


图 5－34　输送机开孔的有效最大尺寸

$H=600+(200+400)\div\cos18^\circ=1\ 230\text{mm}$

输送机倾斜角度 $\tan\theta=\dfrac{H+h}{4\ 300}=\dfrac{1\ 230+600}{4\ 300}=0.425$，$\theta=23^\circ$

因为倾斜角 $\theta>18^\circ$，必须增加开孔的 X 方向尺寸，为此，把小梁位置设为 $L_x$。$L_x=(H+h)/\tan18^\circ=1\ 830\div0.324\approx5\ 648\text{mm}$。开孔的 Y 方向尺寸，因为输送物的宽度为 W＝400mm，而输送机宽度为 600mm，按经验取开孔宽度 $L_y=200\text{mm}$ 为宜。图 5－35 所示为小梁处理位置。

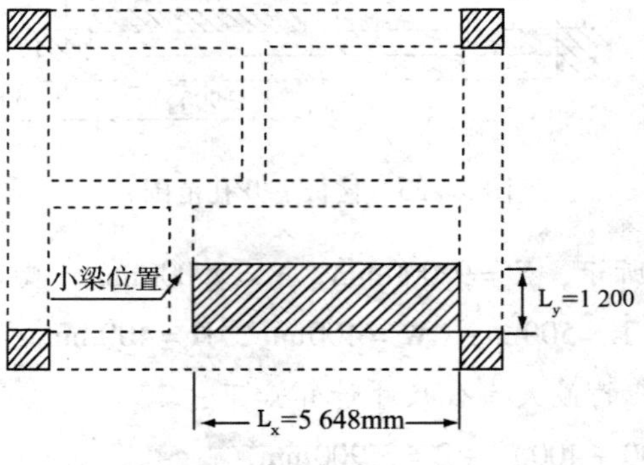


图 5－35　小梁处理位置

这样向左移动小梁位，使楼板开孔尺寸为 5 648 ×1 200，则可安装倾斜角度为 18°的输送机了。

**2. 立式输送机**

当梁和搬送物品形状不允许设置倾斜式输送机时，应该设置垂直输送机（立式输送机）。这种场合，楼板开孔尺寸要大于机器外形尺寸 +200mm。图5 -36 为立式输送机及其楼板开孔尺寸。

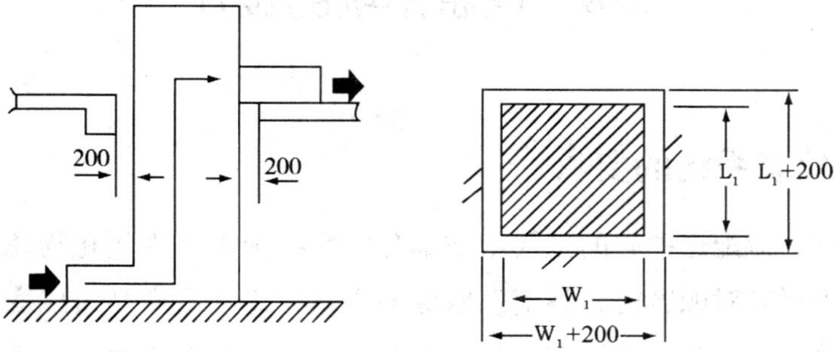


图 5 -36　立式输送机及其楼板开孔尺寸

**3. 货架和楼面梁的距离**

托盘货架或者移动货架与楼面梁的下表面之间的距离必须大于 300mm，如图 5 -37 所示。

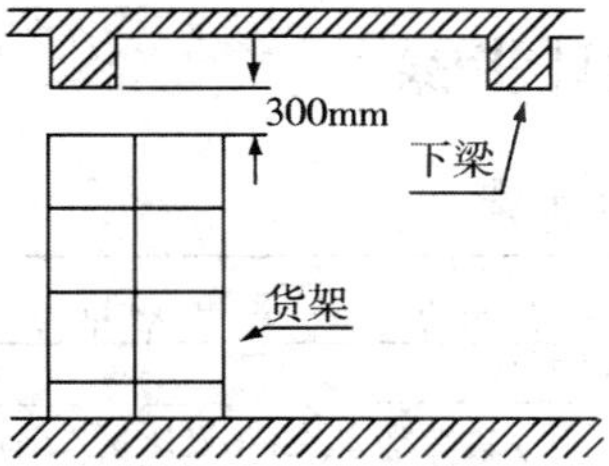


图 5 -37　货架和楼面梁的距离

## 5.7　主要设备的选择

物流配送中心的主要设备有自动化立体仓库（货架和堆垛机）、托盘货架、箱式货架、流动货架、各种输送机、分类机械、无人台车等。

关于这些设备的知识将在第 6 章阐述，此处略。

# 5.8 信息系统的设计

## 5.8.1 信息系统的要求

信息系统是物流配送中心的主要组成部分，它必须满足现代化物流配送中心的要求：①从本质上提高对顾客的各种信息服务的质量；②满足商品组成变化和顾客需要变化的信息系统；③对物流配送中心的各工序迅速进行作业指示；④迅速吸收各工序中发生的信息；⑤提供有利于营业活动的信息；⑥降低成本。

解决方法如下：①各种信息一元化；②灵活应用各种信息，对营业活动提供有利信息；③简化办公程序；④减少在库量；⑤缩短订货与发货之间的时间；⑥从进货和发货做到省力化；⑦设计一种配送中心的柔性信息系统，以便能简单地适应商品的变化。

## 5.8.2 信息系统的设计步骤

图5－38为信息系统的设计步骤。

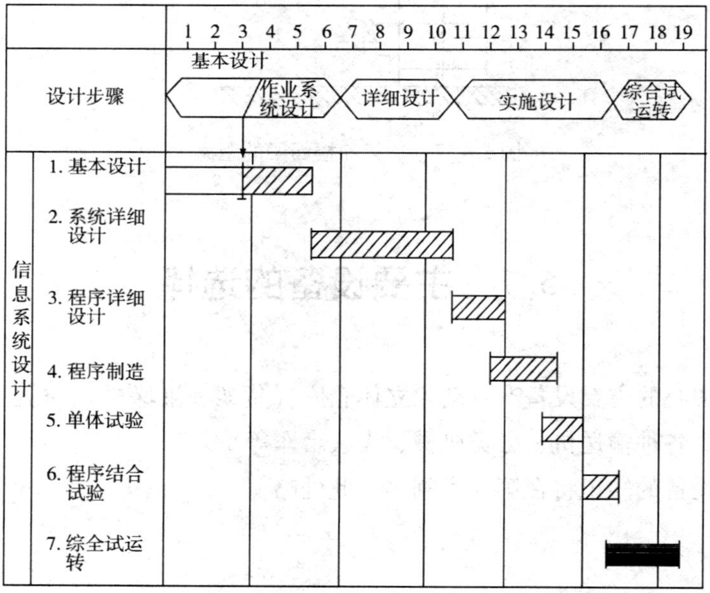


图5－38 信息系统的设计步骤

所谓信息系统的设计规模，是指将通过现状调查和设计要求得到的数据，作为信息系统设计规模的依据，并进行数值化。根据信息量及数值化的实际情况，可以确定主计算机的规模、显示器台数、打印机台数以及线路能力大小和机种。

例如：一般作为设计系统规模的要求如下：①系统的开始启动时间：××年××月××日；②信息关联机器的能力：5 年后的能力；③各工序的设计值；④订货件数：××件/日；⑤发货传票数：××枚/日；⑥发货能力：约××T/日；⑦处理项目数：××项目条款；⑧每时传票的位数：××位数/时。

## 5.8.3　输入输出信息

所谓输入输出信息就是在研究作业系统时，信息担当者必须确认什么工序需要什么样的信息。应研究各工序和作业现场的输入输出是通过什么样的计算机和软件实现的，这需要参考作业系统的流程图。输入输出流程图见图 5－39。

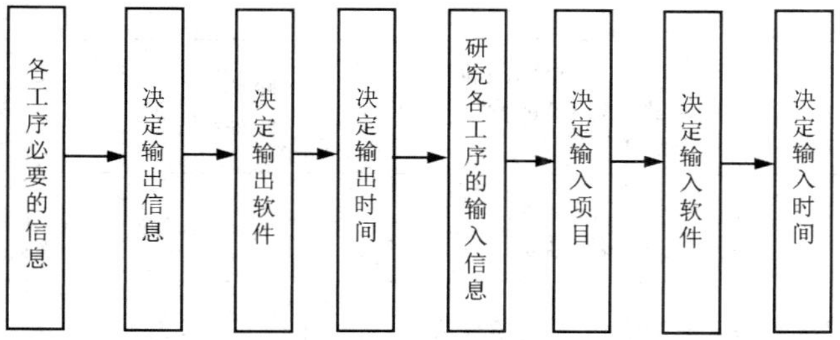


图 5－39　输入输出流程图

### 1. 输出信息

输入输出流程最重要的一步是决定输出输入顺序。输出项目经过整理后，有如下几项：①输出名：实际在库表、实际入库表；②输出项目：商品名、货态（尺寸）、数量；③输出范围：账簿、画面；④输出时间：日、周、月；⑤输出图像：线图化、数值化。

关于订货系统、出货系统和发货系统的输出项目，如表 5－17～5－21 所示。实际上各企业有自己独特的输出项目，即各企业按照自己的特点，设计的配送中心的输出项目是各不相同的。

表5-17 订货管理系统输出一览表

| 输出名 | 项目 | 区分 | 时间 | 内容 |
|---|---|---|---|---|
| 1. 实际订货的商品 | (1) 商品名 (2) 货态<br>(3) 数量 (个数) (4) 重量<br>(5) 占全部订货比例<br>(6) 1日平均重量 (月报表时) | 账票<br>画面 | (1) 日<br>(2) 月<br>(3) 旬<br>(4) 累计 | 一览表 |
| 2. 前一年同月的商品比较表 | 同上 | 账票 | (1) 月<br>(2) 半期 | 一览表 |
| 3. 商品逐年推算表 | 同上 | 账票 | (1) 月<br>(2) 半期 | 曲线图 |
| 4. 顾客对商品实际订货 | (1) 顾客名 (2) 商品名<br>(3) 货态 (4) 数量<br>(5) 合计 (6) 占全体比例 | 账票<br>画面 | (1) 日<br>(2) 月<br>(3) 半期<br>(4) 期 | (1) 按ABC顺序<br>(2) 订货数量<br>(3) 线图化 |
| 5. 前一年同月顾客订货比较 | 同上 | 账票 | 月 | (1) 一览表<br>(2) 对顾客的服务信息 |
| 6. 各区商品订货 | (1) 地区名 (2) 商品名<br>(3) 数量 (4) 地区合计<br>(5) 占全体比例 | 账票<br>画面 | 月 | 线图化 |
| 7. 顾客实际订货 | (1) 店名 (2) 商品名<br>(3) 货态 (4) 数量 | 画面 | 随时 | |
| 8. 时间段商品订货件数 | (1) 时间带 (2) 订货件数 | 账票<br>画面 | (1) 日<br>(2) 月 | 坐标图形化 |

表5-18 在库管理系统输出一览表

| 输出名 | 项目 | 区分 | 时间 | 内容 |
|---|---|---|---|---|
| 1. 从不同批发商进货的在库表 | (1) 商品名 (2) 批发商<br>(3) 数量 (个数) (4) 金额<br>(5) 占全部量的比例 | 账票<br>画面 | (1) 日<br>(2) 时 | 批发商各个制品一览表 |
| 2. 不同仓库的在库表 | (1) 仓库 (2) 制品名<br>(3) 按A、B、C<br>(4) 数量 (个数) | 账票 | 月 | 文字+数字<br>(一览表) |
| 3. 与前年同期在库比较表 | (1) 买入商品名<br>(2) 在库量 (个数、托盘) | 账票 | (1) 半期<br>(2) 期 | 坐标图表 |
| 4. 制品在库一览表 | (1) 制品名<br>(2) 数量 | 画面 | 随时 | 文字+数字<br>(一览表) |
| 5. 向不同进货商的发货表 | (1) 品名 (2) 数量 | 账票 | (1) 日<br>(2) 月 | 数量顺序一览表 |
| 6. 各种商品在库天数 | (1) 品名<br>(2) 在库量、在库日期 | 画面 | 随时 | |

**表 5－19 出库管理系统输出一览表**

| 输出名 | 项目 | 区分 | 时间 | 内容 |
| --- | --- | --- | --- | --- |
| 1. 出库计划 | （1）各制品（代码、品名）<br>（2）数量（个数、箱数） | 画面 | 日 | 一览表 |
| 2. 实际出库 | （1）订货的出库量的发展图表（代码、品名）<br>（2）出库%<br>（3）数量（个数、箱数） | 画面 | 随时 | 线图化 |
| 3. 各出库时间的配送计划 | （1）配送路线（2）车辆<br>（3）顾客名（4）商品名<br>（5）数量（6）出库时间 | 画面 | 随时 | 一览表 |
| 4. 出库状况 | 对订货量的出库速度 | 画面 | 随时 | 线图化 |

**表 5－20 发货管理系统输出一览表**

| 输出名 | 项目 | 区分 | 时间 | 内容 |
| --- | --- | --- | --- | --- |
| 1. 发货传票（交货单、标签） | （1）各顾客（2）商品名<br>（3）货态（4）数量 | 账票 | 日 | |
| 2. 实际装载 | （1）车辆号（2）配送线路<br>（3）发货时间（4）预约配送数<br>（5）个数 | 账票<br>画面 | （1）日<br>（2）月 | |
| 3. 发货状况 | （1）顾客名（2）商品名<br>（3）个数 | 画面 | 随时 | 一览表 |
| 4. 发货实际情况 | （1）站台号（2）车辆<br>（3）货态（4）数量（个数、重量）<br>（5）装载率（6）顾客名 | 账票 | 日 | |
| 5. 按方向分类个数 | （1）分类间口（2）方面<br>（3）个数 | 画面 | | |

**表 5－21 其他输出一览表**

| 输出名 | 项目 | 区分 | 时间 | 内容 |
| --- | --- | --- | --- | --- |
| 1. 车辆运行实绩 | （1）车辆号<br>（2）行走路线<br>（3）装载效率<br>（装载量/装载能力）<br>（4）燃料使用量 | 账票 | 月 | |
| 2. 商品销售表 | （1）各地区（2）商品名<br>（3）数量（4）单价<br>（5）金额（6）数量比率<br>（7）金额比率<br>（8）ABC 分析 | 账票 | | （1）销售分类<br>（2）线图化 |

续表

| 输出名 | 项目 | 区分 | 时间 | 内容 | |
|---|---|---|---|---|---|
| 3. 货态发货实绩 | (1) 货态<br>(2) 每月发货个数<br>(3) 金额 | 画图 | 月 | 货态 | 发货量 |
| | | | | 箱 A、箱 B、箱 C、箱…… | |
| 4. 货态在库实绩 | (1) 货态 (2) 项目数<br>(3) 总个数 | 画图 | 月 | 货态 | 在库量 |
| | | | | 箱 A、箱 B、箱 C、箱…… | |

**2. 输入信息**

信息输入需要很多时间，有时容易出错。若是手工输入项目，当输入量较小时问题不大，但如果输入量大，则手工输入不但费时间而且错误率较高。为此，应该借助具备手动扫描仪、条形码或者电子标签等工具的输入系统。

表 5－22 为信息输入例，表 5－23 为主计算机和配送中心计算机的功能区分，表 5－24 为主计算机的数据文件。

**表 5－22 输出信息**

| 输出名 | 项目 | 时间 | 输入方法 |
|---|---|---|---|
| 1. 顾客订货信息 | (1) 顾客代码 (2) 商品代码<br>(3) 数量 (4) 订货日 | 14：00<br>截止 | 键入 |
| 2. 订货信息 | (1) 顾客代码 (2) 货态<br>(3) 数量 (4) 进货预定日期 | 每周 2 回 | 键入 |
| 3. 入库信息 | (1) 入库品名 (2) 商品代码<br>(3) 数量 (4) 进货日期<br>(5) 保管场所代码 | 每日 5h | 一览表 |
| 4. 退货信息 | (1) 商品名 (2) 数量<br>(3) 顾客代码 (4) 退货日期<br>(5) 退货理由 | 每日 5h | 扫描器<br>条形码<br>电子标签 |
| 5. 实际出库<br>(有输送设备提供) | (1) 出库场所名 (2) 时间<br>(3) 传感器的数据 | 随时 | 键入 |
| 6. 实际发货信息 | (1) 商品名 (2) 数量<br>(3) 发货日期 (4) 发货前代码 | 一日三次<br>11 时<br>15 时<br>17 时 | 扫描器<br>条形码<br>电子标签 |
| 7. 站台输入信息 | (1) 站台号 (2) 车辆号<br>(3) 车种 (4) 时刻 | 到货时间 | 轻便式终端 |

**表5－23 主计算机和配送中心计算机的功能区分**

| | 主要功能 | 简要说明 |
|---|---|---|
| 主计算机 | 1. 订货管理 | 接受订货信息加工（必要项目或批准组合）订货管理系统 |
| | 2. 顾客服务管理 | 处理现有信息，并对顾客和营业部门进行服务 |
| | 3. 入库管理 | 接受订货信息，对入库管理进行计划和实际管理，并传送给出库管理系统。 |
| | 4. 在库管理 | 随时掌握配送中心的在库管理量，并输出订货信息 |
| | 5. 出库管理 | |
| | 6. 发货管理 | 根据出库系统的信息出场毛病打印传票或记录单 |
| 配送中心控制主计算机 | 1. 入库传送带控制<br>2. 出库传送带控制<br>3. 自动仓库控制<br>4. 包装控制<br>5. 分类传送带<br>6. 站台输入终端的信息收集 | (1) 把主计算机送来的各种计划信息，变成实际控制自动仓库的各种设备信息，并传送给程序装置或控制装置；<br>(2) 接收各种程序中传感器的信息，进行信息处理作为实际生产或情况的信息传给主计算机；<br>(3) 进行各区的在库管理；<br>(4) 把来自主计算机的包装计划、发货计划的信息处理成控制分类传送带设备的信息，并传送给程序装置或控制装置；<br>(5) 接收各工序中的信息并处理作为实际发货信息或实际情况传给主计算机；<br>(6) 站台终端信息收集是接收车辆号的信息，作为运费计算基础传给主计算机 |

**表5－24 主计算机的数据文件**

| 文件名 | 文件的内容 | 各部门确认内容 | |
|---|---|---|---|
| | | 现状 | 计划值 |
| 1. 订 货 管 理 | | | |
| (1) 客户主文件 | ①顾客代码 ②地区代码<br>③顾客名④住所、电话<br>⑤信用度 | 件/日 | 件/日 |
| (2) 订货文件 | 顾客代码商品代码、品名<br>数量　出厂日期<br>退货日期　其他 | 件/日 | 件/日 |
| (3) 退货文件 | ①顾客代码 ②商品代码<br>③数量　④退货原因代码<br>⑤退货日期　⑥其他 | 件/日 | 件/日 |
| 2. 入 库 管 理 | | | |
| (1) 预定进货 | ①日期 ②商品代码<br>③货态<br>④数量（个数、重量、托盘）⑤进货检查　⑥进货店代码 | 件/日 | 件/日 |
| (2) 实际入库 | ①制品代码②货态<br>③数量（个数、重量、托盘）④日期<br>⑤保管场所代码 | 件/日 | 件/日 |

续表

| 文件名 | 文件的内容 | 各部门确认内容 | |
|---|---|---|---|
| | | 现状 | 计划值 |
| （3）计划保管 | ①制品代码 ②重量<br>③仓库号 ④托盘数<br>⑤区号 | 件/日 | 件/日 |
| （4）商品入库检验文件 | ①制品代码 ②货态<br>③数量 ④不良品个数<br>⑤不良品内容 | 件/日 | 件/日 |
| 3. 在库管理 | | | |
| （1）位置主文件 | ①仓库代码 ②名称<br>③住所 ④电话<br>⑤位置号 | | |
| （2）各仓库的在库文件 | ①仓库代码 ②保管区<br>③位置号 ④商品代码<br>⑤数量 ⑥货态（托盘、箱） | | |
| （3）全部在库文件 | ①商品代码 ②品名<br>③入库数 ④出库数<br>⑤在库数 ⑥货态 | 项目 | 项目 |
| 4. 出库管理 | | | |
| （1）出库计划 | ①制品名、代码 ②数量<br>③仓库保管号 ④位置号<br>⑤出库组合 | 个/日 | 个/日 |
| （2）实际出库 | ①制品名 ②数量<br>③顾客代码 | | |
| （3）各仓库实际出库 | ①仓库代码<br>②上月在库情况<br>③目前在库情况 | | |
| 5. 发货管理 | | | |
| （1）发货指示 | ①地区代码 ②顾客<br>③ ④商品代码<br>⑤数量 | 个/日 | 个/日 |
| （2）实际发货 | ①站台号 ②车辆号<br>③商品代码 ④数量<br>⑤顾客 | 个/日 | 个/日 |
| （3）运费 | ①顾客代码 ②单价/个<br>③折扣率 ④总运费 | 元/日 | 元/日 |
| （4）配车计划 | ①地区代码 ②货态<br>③个数 ④重量<br>⑤配车车辆号 | 个/日 | 个/日 |

续表

| 文件名 | 文件的内容 | 各部门确认内容 | |
|---|---|---|---|
| | | 现状 | 计划值 |
| (5) 站台计划 | ①车辆号 ②装载顺序<br>③站台号 ④发车顺序<br>⑤装载顾客代码 | 台/站台 | 台/站台 |
| (6) 各仓库实际发货 | ①仓库代码 ②货态<br>③个数 | 个/仓库 | 个/仓库 |
| 6. 配送管理 | | | |
| (1) 顾客 | ①顾客代码 ②顾客名<br>③住所 ④运费级别<br>⑤装卸率 ⑥配送路线 | | |
| (2) 服务信息一览表 | ①在库信息 ②发货信息<br>③商品信息 | | |

### 5.8.4 信息相关图

图5-40所示为输入信息和输出信息的来龙去脉流程图，既信息相关图，此图中表明了顾客、公司、批发商、出库、发货系统和仓库系统等之间的信息往来关系。

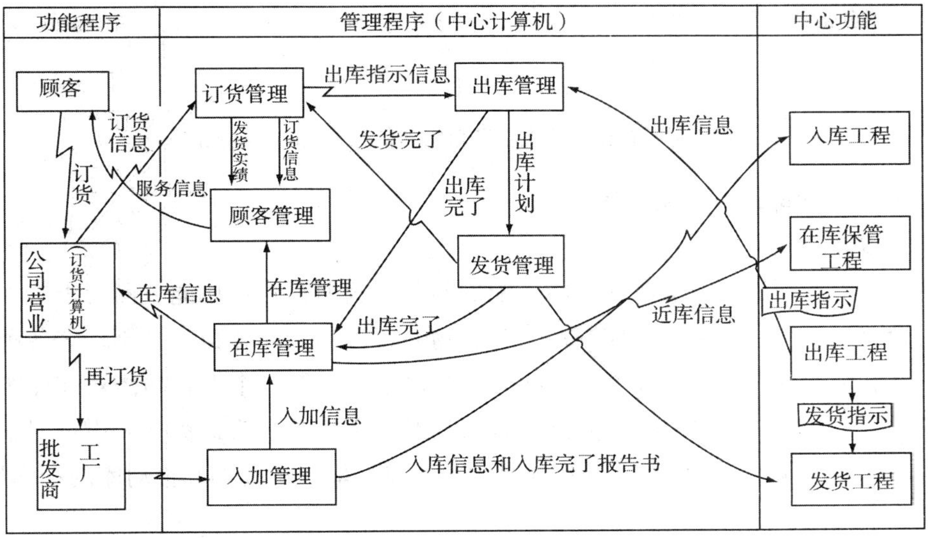


图5-40 输入信息和输出信息的流程图

## 5.8.5 系统的概要设计

### 1. 业务范围和信息系统的功能范围

必须清楚配送中心信息系统的计算机应该完成哪些业务，如果业务内容不清楚，则设计内容也是模糊的，为此，业务范围在刚开始设计信息系统时就应该决定下来。简单的流程图可以让全体人员理解和确认配送中心的信息系统的业务范围和功能范围，见图5－41。

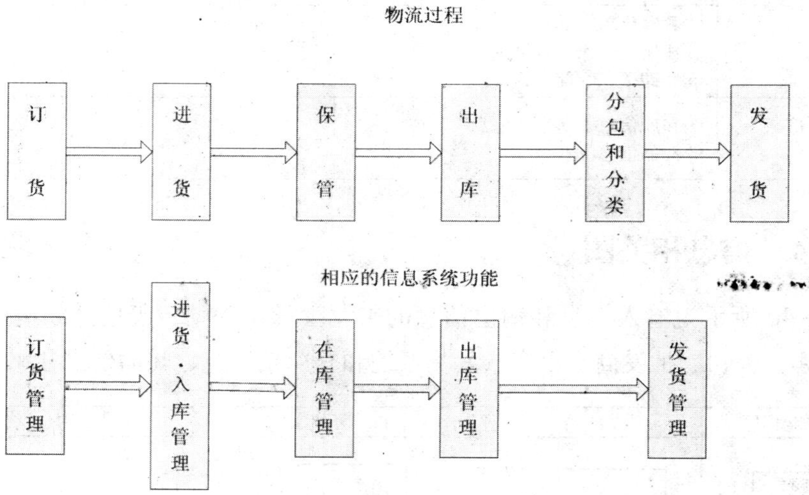


图5－41 配送中心的业务范围和信息系统的功能范围

### 2. 信息系统的硬件组成设计

（1）功能分配

在设计配送中心时经常遇到功能分配的问题，例如在管理功能方面要求有如下要求：①全公司在库管理金额的控制；②各类物品在库箱数和吨数的控制；③各种商品在库箱数和个数的控制；④各个仓库在库箱数的控制；⑤各个保管功能对在库箱数和个数的控制：自动仓库中的在库情况、面积范围在库情况、箱式货架在库情况；⑥更新在库量的入库输入情况；⑦更新在库量的出库发货输入情况；⑧移动库的在库情况；⑨货品中正品和次品的区分。

图5－42为主计算机和配送中心计算机的区分情况。

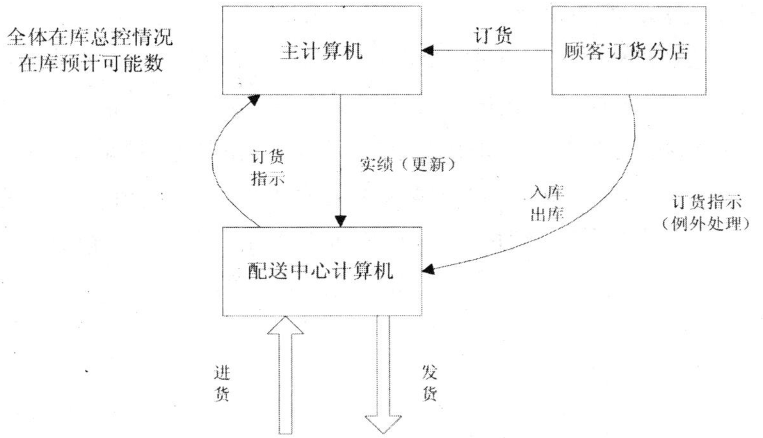


图 5－42　主计算机和配送中心计算机的区分和业务分工

图 5－43 为计算机的硬件组成图。配送中心的计算机主要用于控制配送中心的设备，以便从物流设备的硬件中能自动收集到有关数据。

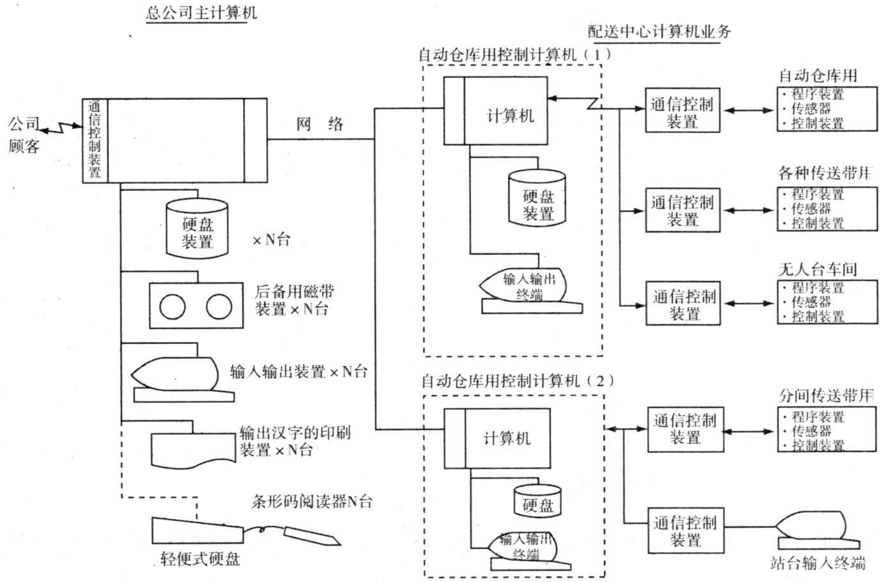


图 5－43　计算机硬件概略组成图

（2）数据文件的概念设计

按照上述各种功能要求，可设计许多功能软件来满足它们。为使配送中心的计算机具有更强的功能，主计算机必须具备 master 功能，即具备追加和修正系统。

**3. 信息系统的软件组成设计**

（1）配送中心用的软件。配送中心的信息系统，就是配送中心的软件。为使配送中心有机地运转起来，首先应决定配送中心软件系统的功能范围，而软件系统的功能大小决定于对配送中心的能力要求。对这个能力要求不同，相应的软件系统差异就很大。

（2）软件系统的种类。图 5－44 为配送中心管理系统软件组成图，实际上各企业根据本企业特点应建设独特的软件系统。图中各个作业子系统的功能介绍详见第 7 章。

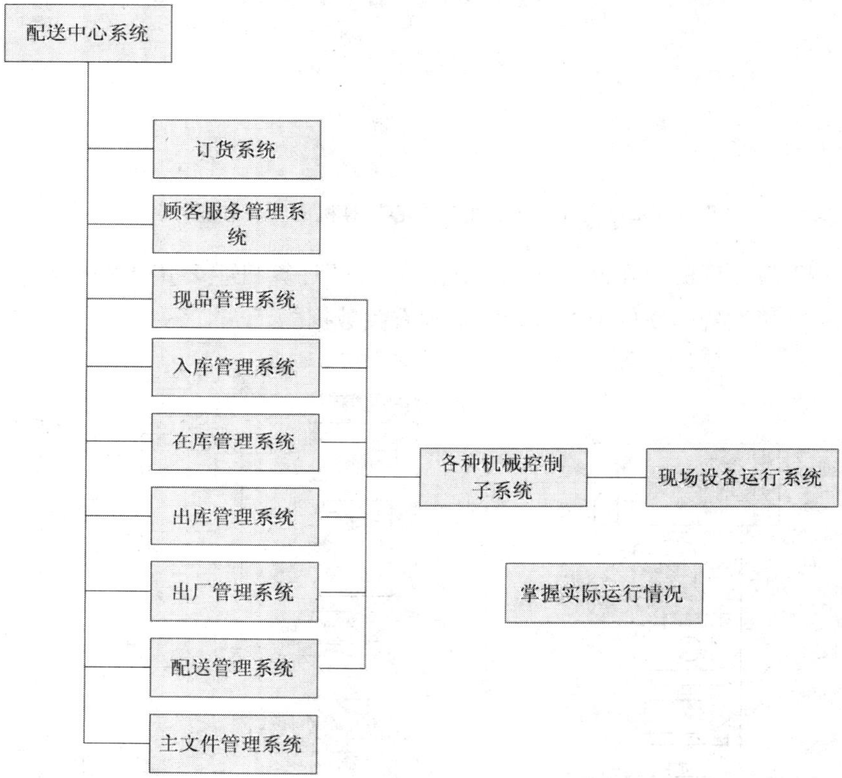


图 5－44　配送中心管理系统软件组成图

①入库管理系统功能。a. 来自公司的订货信息是通过通讯电路传来的，为此必须把这个信息转换成传送文件（接收文件）。b. 接收交货信息的功能，以及把这个交货信息传递给在库管理系统的功能。c. 接收退货信息的功能。d. 输出各种采购统计表、实绩表和查询的功能。e. 修正采购数据的功能。f. 按照预计的进货信息（日期、品名、品名代码、数量等）和在库管理系统的在库信息（仓库号 No、区号 No、原料名、等级、产地、数量、容器充填率）制定进货计划的功能。g. 计划的修正功能（因为计划

是半自动方式制定的，详细部分修正工作由担当者人工进行）。

②入库控制系统功能。a. 接收入库计划信息，生成入库控制品进入指定仓库，并定量进入保管区的控制功能和控制机器的功能。b. 通过传感器接收入库量信息，并收集加工的功能。c. 输出入库情况的功能。d. 入库设备的监视功能。e. 把实际入库成绩的信息传送给入库管理系统的功能。

③在库管理系统的功能。a. 掌握出库品和各工序的在库量（包括保管区的）的功能。b. 把在库量信息传送给出库管理系统的功能。c. 输出各种统计表和查询的功能。d. 检查在库安全的功能和把订货信息通过通讯电路传送给总公司的功能。e. 把配送中心管理在库品信息，通过通讯电路传送给总公司的功能。f. 与盘货管理联动的功能。g. 接收出库系统的出库信息（制品出库量），并更新在库信息的功能。

④出库发货管理系统功能。a. 根据订货管理系统的订货信息，计算当日的制品在库量和出库量，在全库中进行在库查证的功能。b. 出库批量组合的功能。c. 根据仓库信息建立出库计划的功能。d. 做成每箱每件物品的出库数据和出库指示媒体（例如 F/D、卡等）的功能。e. 根据订货信息建立个区的配送计划的功能。f. 计算运费和收取运费的功能。g. 输出各种生产统计表、实际业绩表和查询的功能。h. 修正出库计划和发货计划的功能。i. 修正出库和发货实际数据的功能。j. 传送配送中心计划信息以及出库发货实际信息的功能。

⑤顾客服务管理功能。a. 对顾客进行信息服务管理的功能，其中包括对本公司订货品的商谈和解答、商品价格的信息处理以及统计分析信息处理。b. 对本公司营业部提供信息的功能。c. 把传送给顾客的信息做成传送文件的功能。d. 由总公司提供管理信息的功能。

## 5.9 系统运用

### 5.9.1 系统功能

通过对作业系统的调查研究与分析，结合新建物流中心的需要，从实用观点出发，可整理出系统功能表，如表 5－25 所示。纵栏表示各系统名称，横栏表示各制品的功能与信息，各系统工序与制品信息一致时为［o］，否则为［x］。

## 5.9.2 运营的组织与分工

围绕物流中心的工作，可分成若干个运营小组，并明确各组的工作任务。表5－26为运营小组作业分工情况，此表起着类似工作手册的指导作用。

表5－25 运用系统功能一览表

| 程序＼制品 | ○○制品群 | | ○×制品群 | | ××制品群 | |
|---|---|---|---|---|---|---|
| | 作业 | 运用功能・信息 | 作业 | 运用功能・信息 | 作业 | 运用功能・信息 |
| 1. 进货作业 | ○ | ①进货入口终端（转储）<br>②进货传票<br>③手动扫描 | ○ | ①进货口终端<br>②进货码<br>（附条形码）<br>③系统扫描 | ○ | ①进货口终端<br>②进货口传票 |
| 2. 进货储存 | ○ | 临时存放在自动仓库前 | × | 直接向暂存区 | ○ | 临时在托盘货架前 |
| 3. 保管作业 | ○ | ①在库入口终端（转储）<br>②手动扫描 | × | （每个托盘出库） | × | 从货架上直接出库 |
| 4. 再入库作业 | ○ | ①在库入库终端（转储）<br>②手动扫描 | × | （每个托盘出库） | × | 从货架前直接出库 |
| 5. 出库作业<br>5－1. 托盘出库 | ○ | ①出库口终端（转储）<br>②FD 出口终端<br>③手动扫描 | ○ | ①出库口终端 | × | 仅箱出库 |
| 5－2. 货箱出库 | ○ | ①在库入库终端<br>②手动扫描 | × | （仅托盘出库） | ○ | ①FD 出库终端<br>（表示拣选区） |
| 5－3. 拣选 | × | — | × | — | ○ | ①FD 终端<br>流动货架表示拣选区<br>②旋转货架出库口 |
| 6. 补充作业 | ○ | ①出库口终端<br>②手动扫描 | × | — | ○ | （从托盘货架）<br>FD 终端表示拣选 |
| 7. 流通加工出库<br>（分装定价） | ○ | ①出库口终端<br>②手动扫描 | × | — | ○ | （从托盘货架）<br>FD 终端<br>（流运加工）<br>表示拣选 |
| 8. 包装作业<br>捆包作业 | ○ | 发货标记 | ○ | 方向标记 | ○ | ①捆包明细表<br>②手动扫描 |
| 9. 分类<br>9－1. 托盘分类 | × | — | ○ | ①方向标记<br>②固定式条形码扫描 | × | — |

续表

| 程序＼制品 | ○○制品群 | | ○×制品群 | | ××制品群 | |
|---|---|---|---|---|---|---|
| | 作业 | 运用功能・信息 | 作业 | 运用功能・信息 | 作业 | 运用功能・信息 |
| 9-2. 托盘分类 | ○ | ①方向标注<br>②固定式条形码扫描<br>③分类信息 FD（方向信息） | — | — | ○ | ①方向标记<br>②固定式条形码扫描<br>③分类信息 FD（按方向） |
| 10. 发货存储 | ○ | ①发货信息<br>②手动扫描 | ○ | ①方向标记<br>②手动扫描 | ○ | ①发货标记<br>②手动扫描 |
| 11. 发货作业 | ○ | ①发货标记<br>②发货传票<br>③装载明细表<br>④手动扫描 | ○ | | ○ | |

**表 5-26 运营小组作业分工例**

| | 运营小组 | 担当者 | 主要业务 |
|---|---|---|---|
| 配送中心表 | 1. 概况 | | ● 配送中心人事教育部<br>● 外协者的业务（仓库料、运费交谈）<br>● 制作统计资料<br>● 配送中心总务 |
| | 2. 入库保管小组 | （1）计划担当者 | ● 作业入库计划<br>①工厂送货计划<br>②外协者进货计划<br>● 保管计划制作<br>①自动仓库保管计划<br>②托盘货架保管计划<br>③直积保管计划<br>● 外部仓库保管<br>● 作业员计划<br>● 成本管理 |
| | | （2）作业担当者 | ● 货叉车操作（入库、保管作业）<br>● 自动仓库入库操作<br>● 进货检查作业及报告<br>● 进货记录作成（终端操作）<br>● 对货箱流动货架补充<br>● 盘活业务准备<br>● 入库设备不良，检修业多与维修者联络<br>● 外协作业者的管理<br>● 安全管理 |

续表

| | 运营小组 | 担当者 | 主要业务 |
|---|---|---|---|
| 配送中心表 | 3. 出库小组 | （1）出库计划担当者 | ● 制定月间出库计划<br>● 每日出库计划制作<br>①自动仓库（包括补充）<br>②托盘仓库<br>③直积<br>④货箱流动货架<br>⑤回转货架<br>● 外协作业、作业者的管理<br>● 成批作业计划<br>● 作业人员计划<br>● 成本管理 |
| | | （2）作业担当者 | ● 叉车操作<br>● 自动仓库出库作业<br>①自动仓库的担当者<br>②托盘货架、直积仓库的担当者<br>③从货箱流动货架，旋转货架出库 |
| | | （3）作业担当者 | （拣选）<br>● 实际出库报告<br>● 盘货作业准备<br>● 每日盘点<br>● 出库设备不良的维修者联络<br>● 外协作业者管理<br>● 安全管理<br>● 流通加工用的出库 |
| | 4. 流通加工小组 | 计划担当者 | ● 作用流通作业计划<br>①定价作业<br>②组合作业<br>● 作业量的把握和出库要求<br>● 作业员计划<br>● 定价计划<br>● 组合作业<br>● 成品入库（叉车作业）<br>● 作业完了报告书<br>①定价<br>②分类<br>● 盘活准备<br>● 每日盘活<br>● 外协作业者管理 |
| | 5. 包装小组 | | ● 每天包装计划作成<br>● 包装材料购入计划实施<br>● 包装材料保管、管理<br>● 包装作业<br>● 实际包装成绩报告<br>● 包装机械检查并与维修者联系<br>● 外协作业者的管理 |

续表

| | 运营小组 | 担当者 | 主要业务 |
|---|---|---|---|
| 配送中心表 | 6. 发货分类小组 | （1）自动分类小组 | ● 自动分类作业计划作成<br>①横向分类作业<br>②托盘取出作业<br>● 作业员计划<br>①横向作业员计划<br>②托盘取出作业员计划<br>● 外协人员管理<br>● 分类用托盘计划<br>● 自动分类作业的维修和与维修者联系 |
| | | （2）作业小组 | ● 横向作业<br>● 托盘取出作用<br>● 叉车作用<br>①向自动仓库直接发货的存储区搬运<br>②向直积区的存储区搬运 |
| | 7. 发货作业小组 | （1）发货计划担当者 | ● 每月发货量计划<br>● 每日发货量计划<br>①路线<br>②集装箱<br>③本公司运输车<br>● 发货作业人员计划<br>①发货作业<br>②发货事物<br>● 发货批量计划<br>①个数<br>②卡车台数<br>● 外协者管理<br>● 成本管理<br>● 安全管理 |
| | | （2）发货作业担当者 | ● 发货装载作业<br>● 装载检查<br>● 空托盘管理<br>● 交货车辆引导和管理<br>● 发货品的手工条码检阅检查 |
| | | （3）发货作业担当者 | ● 编制发货单<br>● 打印出装货明细表<br>● 发货单的管理<br>● 发货传票的管理<br>● 索赔处理 |

续表

| | 运营小组 | 担当者 | 主要业务 |
|---|---|---|---|
| 配送中心表 | 8. 维修小组 | | ● 内编制品设备维修计划<br>①出入库设备<br>②自动仓库设备<br>③分类机械<br>④表示器<br>⑤旋转货架设备<br>● 设备厂家容器<br>● 编制设备维修报告书<br>● 维修报告预算和管理<br>● 安全管理<br>● 人员计划 |

## 5.9.3 工作程序

为使物流中心的工作有序进行，必须严格按计划工作。假设发货日期为5号，必须在5号之前完成货物的发货准备。表5－27为入库作业运用概要（例），表5－28为出库作业运用概要（例），表5－29为发货作业运用概要（例）。通过对入库、出库和发货等三项作业内容研究，可明确各工序需要购置什么设备、设备功能和数量，进而编制详细的设备表。

**表5－27 入库作业运用概要（例）**

| 业务区分 | 目的和功能 | 数量条件 | 研讨课题 | 最终日程 |
|---|---|---|---|---|
| 发货处理概要 | <处理条件><br>三类商品<br>A. 自动仓库入库<br>B. 堆放入库……有卡入库<br>C. 托盘货架入库<br><目的><br>正确而迅速的发货作业<br><功能> | 1日的入库货架台数<br>①大型<br>②小型<br>进货高峰时间10～20h<br>全量的40%<br>入库数量<br>A. 自动仓库<br>B. OO托盘<br>C. 托盘货架<br>XX托盘/共计OOO托盘<br>进货处<br>①工厂2个<br>②外协10个 | 定期在库更新方法<br>托盘货架对方的正确方法入库登记方法<br>自动仓库计算机和主机的连接<br>现货盘货方法 | 基本设计划完了后OO月 |

**表 5-28 出库作业运用概要（例）**

| 业务区分 | 目的和功能 | 数量条件 | 研讨课题 | 最终日程 |
| --- | --- | --- | --- | --- |
| 发货处理概要 | <处理条件><br>把各保管区的制品顺利集中在发货区<br><目的><br>正确而迅速的发货作业<br>用两人进行自动仓库处理<br><功能> | 从自动仓库出库<br>1日OO回<br>再入库<br>1日OO回<br>托盘货架<br>00托盘/日<br>堆放：00托盘/日<br>移动货架拣选<br>OOOO次/日<br>旋转货架：OOOO次/日<br>补充．移动货架<br>A. 自动仓库<br>OO箱/日<br>B. 托盘货架<br>OO箱/日<br>向旋转货架补充货<br>A. 自动仓库<br>OO箱/日<br>B. 托盘货架<br>OO箱/日 | 补充指示自动化<br>向移动货架<br>向旋转货架<br>掌握实际出库的方法<br>移动货架出库，成批的方法<br>移动货架及旋转货架FD作为程序<br>出库容积计算程序的作成 | 基本设计划完了后OO月 |

**表 5-29 发货作业运用概要（例）**

| 业务区分 | 目的和功能 | 数量条件 | 研讨课题 | 最终日程 |
| --- | --- | --- | --- | --- |
| 发货处理概要 | <处理条件><br>发货时对每个货物进行发货扫描<br><目的><br>正确而迅速的发货作业<br>配送中心最后检查应准确迅速进行并发货跟踪调查<br><功能> | 各个方向的图表数<br>XX方向<br>发货存储区<br>A. 各方向个数<br>B. 各方向重量<br>各方向台车数<br>各方向发货程序 | 简便发货检查方法<br>配车计划和实际修正程序<br>跟踪调查系统开发 | 基本设计完了后OO月 |

对各工序的作业内容也要进行整理。以入库作业为例，如表5-30所示，为了完成这些作业内容，主计算机、配送中心计算机和控制系统应完成什么任务，必须用表格形式汇总起来。这只是入库作业的汇总表，其他作业的汇总工作与此类似。与各工序相配合的是编制作业流程图，使各作业系统的工作一目了然。

**表 5－30 各工序作业项目展开图（入库作业例）**

| 作业工序 | 区分 | 作业名 | 主计算机 | 配送中心计算机 | 控制 |
|---|---|---|---|---|---|
| 入库作业 | 作业指示 | 1. 月进货预定表 | 发货计划，外协计划 | — | — |
| | | 2. 每天进货预定表 | — | 每月预定进货结果配送中心实际情况 | |
| | | 3. 入库卡作业 | — | 按日预定每日进货按项做成卡 | 在进货传送带搬送中，自动粘贴 |
| | | 4. 输入进货传票 | 每项都要把进货文件变成实际进货文件 | 主计算机和在线终端 | — |
| | 作业 | 1. 进货检查<br>2. 空托盘准备<br>3. 进货托盘堆积<br>4. 搬到进货传送带<br>5. 搬到堆放区<br>6. 搬到托盘货架 | | 输入检查结果<br>自动仓库用计算机的仓库更新 | 有进货传送带中心向配送中心计算机传送信息 |

# 5.10 设备清单

按照物流中心的实际情况，应初步写出个大类设备清单，其目的在于确认各工序中各种设备需要台数和套数。如表 5－31～5－34 所示。

**表 5－31 设备清单例（进货设备）**

| No | 机器 No. | 机器名称 | 数量 | 生产厂家 | 形式 | 技术参数 | 尺寸 W*D*H | 重量/（kg/m） | | 基础 | 区分 | | 备注 |
|---|---|---|---|---|---|---|---|---|---|---|---|---|---|
| | | | | | | | | 机器 | 运转 | | | | |
| 1. 进货设备 | | | | | | | | | | | 新设 | 移设 | |
| 1 | ① | 进货站台 | 2 | | 机械式 | | | | | 地坑 | ○ | | |
| 2 | ② | 进货传送带 | 3 | | 托盘搬运 | V＝10m/min | 1.2m*6m | 200 | 1 200 | —— | ○ | | |
| 3 | ③ | 进货叉车 | 4 | | 伸缩式 | 1 000kg 用 | | | | | | | |

续表

| No | 机器 No. | 机器名称 | 数量 | 生产厂家 | 形式 | 技术参数 | 尺寸 W * D * H | 重量/（kg/m） | | 基础 | 区分 | | 备注 |
|---|---|---|---|---|---|---|---|---|---|---|---|---|---|
| | | | | | | | | 机器 | 运转 | | | | |
| 4 | ④ | 进货传送带 | 1 | | 货箱传送带 | V = 30m/min | 0.7m * 30m | 50 | 80 | | ○ | | |
| 5 | ⑤ | 进货传送带 | 1 | | 蓄能式 | V = 30m/min | 0.7m * 20m | 50 | 80 | 天井 | ○ | | |
| 6 | ⑥ | 随行工作台 | 1 | | 高地面试 | 1800 箱/h | 4.0m * 5.0m * 2.0m | | | 地坑 | ○ | | |
| 7 | ⑦ | 托盘传送带 | 1 | | | V = 10m/min | 1.2m * 5m * 0.5m | | | | ○ | | |
| 8 | ⑧ | 托盘库 | 1 | | | 12 个/组 | 1.8m * 2.0m | | | | ○ | | |

**表 5－32 设备清单例（入库、保管、出库设备）**

| No | 机器 No. | 机器名称 | 数量 | 生产厂家 | 形式 | 技术参数 | 尺寸 W * D * H | 重量/（kg/m） | | 基础 | 区分 | | 备注 |
|---|---|---|---|---|---|---|---|---|---|---|---|---|---|
| | | | | | | | | 机器 | 运转 | | | | |
| 2. 入库．保管．出库设备 | | | | | | | | | | | 新设 | 移设 | |
| 1 | (9) | 入库传送带 | 3 | | 托盘搬运 | | | | | | ○ | | |
| 2 | (10) | 入库用无人台车 | 1 套 | | 中心驱动 | V = 5 ~ 60 m/min | | 200 kg/m | 1200 kg/m | | ○ | | |
| 3 | (11) | 入库站 | 3 | | 托盘搬运 | V = 10m/min | | 1 | 1 | | | | |
| 4 | (12) | 自动仓库起重机 | 3 | | | 15m | | 4000 | 5000 | | ○ | | |
| 5 | (13) | 货架 | 1800 个货位 | | | | | | | | ○ | | |
| 6 | (14) | 出库站 | 3 | | 托盘搬运 | | | | | | ○ | | |
| 7 | (15) | 托盘货架 | 240 个货位 | | | 1 个货架 6 个 W = 1 000kg | | | | | | ○ | |
| 8 | (16) | 移动货架 | 80 | | | 1 个货架 15 开间 | | | | | | | |
| 9 | (17) | 旋转货架 | 2 组 | | 多形式 | 1 组 640 个开间 1280 个开间 | | | | | ○ | | |

**表 5－33 设备清单例（拣选设备）**

| No | 机器No. | 机器名称 | 数量 | 生产厂家 | 形式 | 技术参数 | 尺寸W*D*H | 重量/（kg/m） | | 基础 | 区分 | | 备注 |
|---|---|---|---|---|---|---|---|---|---|---|---|---|---|
| | | | | | | | | 机器 | 运转 | | | | |
| 3. 拣选用传送带 | | | | | | | | | | | 新设 | 移设 | |
| 1 | （18） | 自动仓库拣选的A线 | 1套 | | | V＝30m/min | ＝150m<br>W＝700m/m | | | — | ○ | | |
| 2 | （19） | 自动仓库拣选的B线 | 1套 | | | V＝30m/min | ＝180m<br>W＝700m/m | | | — | ○ | | |
| 3 | （20） | 移动货架拣选线 | 1套 | | | V＝30m | ＝40mm<br>W＝700m/m | | | — | ○ | | |
| 4 | （21） | 旋转货架补充线 | 1套 | | | V＝30m | ＝60m<br>W＝700m/m | | | | | | |

**表 5－34 设备清单例（分类、发货设备）**

| No | 机器No. | 机器名称 | 数量 | 生产厂家 | 形式 | 技术参数 | 尺寸W*D*H | 重量/（kg/m） | | 基础 | 区分 | | 备注 |
|---|---|---|---|---|---|---|---|---|---|---|---|---|---|
| | | | | | | | | 机器 | 运转 | | | | |
| 4. 分类、发货设备 | | | | | | | | | | | 新设 | 移设 | |
| 1 | （22） | 搬运传送带 | 1套 | | 机械式 | V＝30m/min | L＝60m | | | 天井 | ○ | | |
| 2 | （23） | 蓄能式传送带 | 1套 | | 托盘搬运 | V＝10m/min | L ＝ 0m*2线 | | | 天井 | ○ | | |
| 3 | （24） | 分类传送带 | 1套 | | 伸缩式 | 钢带 400 箱/h | L＝70m<br>H＝2 400 | | | | ○ | | |
| 4 | （25） | 分类滑道 | 31 | | 货箱传送带 | 驱动传送带30开间 | L＝8m<br>H＝2 400<br>600 | | | | ○ | | |
| 5 | （26） | 直接发货线 | 2 | | | L＝20m | | | | 天井 | ○ | | |
| 6 | （27） | 伸缩传送带 | 2 | | | L＝8m－4m | | | | | ○ | | |

## 5.11 总运行成本计算

在对新的物流配送中心进行设备投资时，必须对其运行成本进行计算。物流作业的人工费是多少，物流机械的折旧率是多少，外协费、信息处理费是多少，这些费用应具体地掌握。

我们可以用管理会计分类法把配送中心的功能和科目进行列表处理。

（1）配送中心的作业功能项目（横向分类）：①进货、验收；②出库作业（A）；③出库作业（B）；④在库管理；⑤包装；⑥运送；⑦退货；⑧信息处理。

（2）配送中心的费用科目（纵向分类）：①人工费；②仓储费；③运费；④车辆费；⑤设备折价费；⑥利息；⑦材料费；⑧外协费；⑨其他费用。

有关信息处理、仓储费和车辆费的说明如下。

（1）信息处理——指来自顾客的订货处理作业、传票发行、数据的有序处理等一系列的工作。用计算机进行订货处理时，也是这样的作业分类。

（2）仓储费——指实现各功能时，为必要的场所支付的费用。

（3）车辆费——指仓库和工厂之间、仓库和各分店之间的运输费用。这是和销售额没有关系的费用。

现在进行的财务会计的销售费的项目，是按科目分类的，把这些科目整理后，按功能分配进行计算，步骤如下。

第一步：对科目进行分类，在分别计算金额后，统计金额。

第二步：按科目分别计算人工费。首先计算进货验收、发货作业（A）（B）、在库管理、包装等各种作业人员的数量，算出各科目人员的比例关系，再根据这个比例，计算各科目的人工费用。

第三步：仓储费的计算。首先计算出配送中心、仓库、办公室等的建筑面积；然后，按照用途分别计算出面积和相应所占面积比例；再按照这些面积分别乘以房屋的折旧率，包括所谓的仓库费用。

第四步：计算运费和车辆费。包括把物品直接送给顾客的运费、工厂和配送中心之间的运费。

第五步：计算折旧费。按照资产，分别计算其折旧费用。

第六步：利息的分摊。利息是在库利息以及建筑物和设备使用的利息，可分别计算出来。

第七步：材料费计算。材料主要是包装作业时所需要的包装箱和信息处理时的传票之类。根据通知书的品名，把包装作业用的材料和信息处理用的材料分开计算。

第八步：订货费计算。指除搬运者订货之外，其他委托订货作业之费用，包括包装费用。

第九步：各种费用的分类。各种费用可以按照财务会计分类方法再进行细分，如图5－38所示。

第十步：构成比的计算。把以上各费用合计起来，求出构成费用。

根据以上步骤，可完成“物流成本功能科目一览表”。表5－35为配送中心成本科目分类和功能分类一览表，表5－36为矩阵分析表例。

**表5－35　配送中心成本科目分类物和功能分类一览表**

<table>
<tr><th>流成本科目分类</th><th>按财务会计分类</th><th>物流成本科目分类</th><th>按财务会计分类</th></tr>
<tr><td rowspan="2">1. 人工费</td><td rowspan="2">部分人工费<br>（1）部分在业管理人员工资<br>（2）部分工资<br>（3）部分资金<br>（4）部分杂费<br>（5）部分退休金<br>（6）转入退休工资专用基金的部分<br>（7）出入库费（仓储费之一）<br>（8）差旅费<br>（9）各种手续费</td><td>2. 仓储费</td><td>（1）折旧费的一部分<br>（2）保管费（仓储费之一）<br>（3）租赁费</td></tr>
<tr><td>3. 运费</td><td>（事业费）<br>（1）自家运送费之一<br>（2）委托运送费之一<br>（3）车辆各种费用之一</td></tr>
<tr><td rowspan="2">4. 车辆费</td><td rowspan="2">（事业费）<br>（1）自家运送费之一<br>（2）委托运送费之一<br>（3）车辆各种费用之一</td><td rowspan="2">9. 其他各种费用</td><td>（1）法定福利费之一<br>（2）后勤费之一<br>（3）会议费之一<br>（4）通讯费之一<br>（5）消耗材料费之一<br>（6）图示印刷费之一<br>（7）保险金之一<br>（8）水、电、热费<br>（9）维修费<br>（10）办公费<br>（11）电费</td></tr>
<tr><td>（事业费）<br>（1）教育研究费<br>（2）商品保险费</td></tr>
</table>

续表

<table>
<tr><th>流成本科目分类</th><th>按财务会计分类</th><th>物流成本科目分类</th><th>按财务会计分类</th></tr>
<tr><td>5. 折旧费</td><td>（其他费用）<br>折旧费之一</td><td rowspan="6">10. 其他</td><td rowspan="3">（事业费）<br>（1） 广告宣传费<br>（2） 交际费<br>（3） 负担费<br>（4） 各种手续费<br>（5） 办公杂费</td></tr>
<tr><td>6. 利息</td><td>（金融费）<br>支付部分利息</td></tr>
<tr><td>7. 料废费</td><td>（事业费）<br>包装费</td></tr>
<tr><td rowspan="3">8. 外购费</td><td rowspan="3"></td><td>（办公费）<br>各种经费，办公费项目（1）～（10）</td></tr>
<tr><td>（金融费）<br>回收资金</td></tr>
<tr><td>（其他费用）<br>（1） 折旧费之一<br>（2） 税金<br>（3） 收入印花税<br>（4） 特别奖金<br>（5） 杂费<br>（6） 价格变化准备基金<br>（7） 奖励基金</td></tr>
</table>

**表 5-36 配送中心成本、功能、科目一览表**

| | A 进货检验 | C 出库作业 A | C 出库作业 B | D 在库管理 | E 包装 | F 运送 | G 退货 | I 信息处理 | 小计 | 比例 | J 其他 | 合计 | 比例 |
|---|---|---|---|---|---|---|---|---|---|---|---|---|---|
| 1. 人工费 | | | | | | | | | | | | | |
| 2. 仓储费 | | | | | | | | | | | | | |
| 3. 运费 | | | | | | | | | | | | | |
| 4. 车辆费 | | | | | | | | | | | | | |
| 5. 折旧费 | | | | | | | | | | | | | |
| 6. 利息 | | | | | | | | | | | | | |
| 7. 材料费 | | | | | | | | | | | | | |
| 8. 外协费 | | | | | | | | | | | | | |
| 9. 其他费 | | | | | | | | | | | | | |
| 合计 | | | | | | | | | | | | | |
| 构成比 | | | | | | | | | | | | | |

# 5.12 详细设计

对配送中心初步设计结束之后，下一步须进行详细设计。表 5－37 为详细设计和实施设计的工程进度表，表 5－38 为参加设计和制造的有关单位的分工表，图5－45 为详细设计步骤。

表 5－37 工程进度表

| No | 项目 | 1 | 2 | 3 | 4 | 5 | 6 | 7 | 8 | 9 | 10 | 11 | 12 | 13 | 14 | 15 | 16 | 17 | 18 | 19 |
|---|---|---|---|---|---|---|---|---|---|---|---|---|---|---|---|---|---|---|---|---|
| 1 | 基本设计 | | | | | | | | | | | | | | | | | | | |
| 2 | 详细设计 | | | | | | | | | | | | | | | | | | | |
| 3 | 制作（包括实施设计） | | | | | | | | | | | | | | | | | | | |
| 4 | 自动仓库 | | | | | | | | | | | | | | | | | | | |
| ① | 货架工程 | | | | | | | | | | | | | | | | | | | |
| ② | 堆垛机安装 | | | | | | | | | | | | | | | | | | | |
| ③ | 洒水工程 | | | | | | | | | | | | | | | | | | | |
| ④ | 传送带安装 | | | | | | | | | | | | | | | | | | | |
| ⑤ | 控制台及配线工程 | | | | | | | | | | | | | | | | | | | |
| ⑥ | 单体实验 | | | | | | | | | | | | | | | | | | | |
| 5 | 旋转货架 | | | | | | | | | | | | | | | | | | | |
| ① | 本体安装 | | | | | | | | | | | | | | | | | | | |
| ② | 周边机器 | | | | | | | | | | | | | | | | | | | |
| ③ | 单体调试 | | | | | | | | | | | | | | | | | | | |
| 6 | 托盘、货架 | | | | | | | | | | | | | | | | | | | |
| 7 | 货箱货架工程 | | | | | | | | | | | | | | | | | | | |

表 5－38 各企业的任务分担例

| 工程 | 配送中心的设计规划 | | 工程技术或顾问 | | 物流机器公司 | | 日程 |
|---|---|---|---|---|---|---|---|
| 1. 和公司详细设计研究 | | ◎ | | ◎ | 系统担当 | ◎ | |
| 2. 确认建筑事宜 | | ◎ | | ○ | | ○ | |
| 3. 公司提出详细设计 | （信息运用系统的规划设） | — | 能力、成本、尺寸、功能 | — | | ○ | |

续表

| 工程 | 配送中心的设计规划 | | 工程技术或顾问 | | 物流机器公司 | | 日程 |
|---|---|---|---|---|---|---|---|
| 4. 系统参数检验 | | ○ | | ○ | | — | |
| 5. 确认公司的系统技术参数 | | ◎ | | ○ | | — | |
| 6. 作成订货技术书 | | ◎ | | ○ | | — | |
| 7. 订货 | 开始组织 | ◎ | | — | | — | |
| 8. 公司制作设计 | | — | 工程验收 | ○ | | ◎ | |
| 9. 检查各机器技术参数 | | ○ | 概况、能力、尺寸 | ○ | | — | |
| 10. 确认各设备技术参数 | | ◎ | | ○ | | — | |
| 11. 公司制作 | | — | | — | | ◎ | |
| 12. 制作完了检查 | 工厂能力大小 | ◎ | 工厂能力大小 | ○ | | — | |
| 13. 安装工程 | | — | | — | | ◎ | |
| 14. 做成手册（管理员用） | | ○ | 制作层、组装、整理 | ◎ | 制作录像带 | ○ | |
| 15. 作成单体实验书 | | — | | ◎ | | ○ | |
| 16. 管理者指导 | 组织参观看录像带和说明书 | ◎ | | ◎ | | ○ | |
| 17. 单体实验 | | ○ | | ○ | | ◎ | |
| 18. 移动计划 | | ○ | | ○ | | — | |
| 19. 手册编写责任者用 | | ○ | 制作层、组装、整理 | ◎ | 制作录像带 | ○ | |
| 20. 责任者指导 | 参观、录像等 | ◎ | | ○ | | ○ | |
| 21. 综合试运行书的编制 | | — | | ◎ | | — | |
| 22. 综合实验 | | — | | — | | ◎ | |
| 23. 责任者教育 | | ○ | | ○ | | ○ | |

注：○为主要负责人，◎为支援服务。

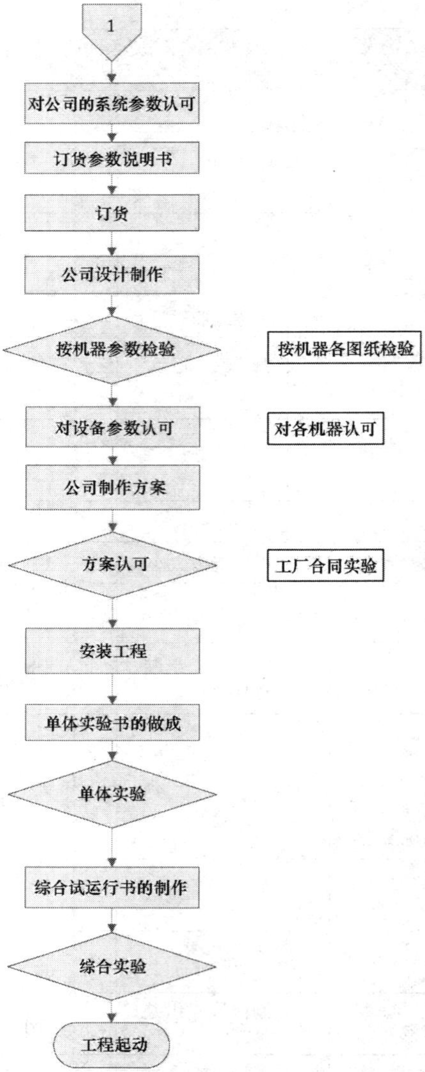


图5－45 详细设计步骤

## 思考题

1. 试述物流配送中心各个功能区域平面布置的步骤。
2. 试述物流配送中心设备平面布置的步骤。
3. 配送中心的建筑要求有哪些？

# 第六章　物流配送中心的设备

为了建设一个高效、省力、自动化的配送中心，设计者必须思考的问题是：选择什么样的搬运设备才能满足进货和发货的要求？选用什么样的存储设备才能方便而高效地存取货物？选用什么样的运送设备才能使货物从这个作业区快速、高效、准确地移动到另一个作业区？除了要有良好的软件系统外，适用的硬件系统也不可缺少。本章将重点介绍物流配送中心常用的三大主要设备，即存储设备、搬运设备和输送设备，着重介绍其功能规格及选用方式。此外对物流配送中心的码头设施、拣选设备、承载容器及配载车辆等，也做了相关说明。

## 6.1　存储设备

存储设备的形式种类很多，根据储存物品形状、重量、体积、包装形式等不同而有所差异。例如流体多使用桶装包装，适用重力货架；一般散品使用袋装或箱装包装，适用轻型货架；长形物件如钢材、木材，则使用悬臂式货架。一般物流中心的储存设备，主要是以单元负载的托盘储存方式为主，配合各种拣货方式的需要；另有容器及单品的储存设备。本文主要介绍这几类。

存储设备按储存单位分类，可大致分为托盘、容器、单品及其他等四大类。每一类型因设计结构不同，又可分为多种形式，如图 6－1 所示。

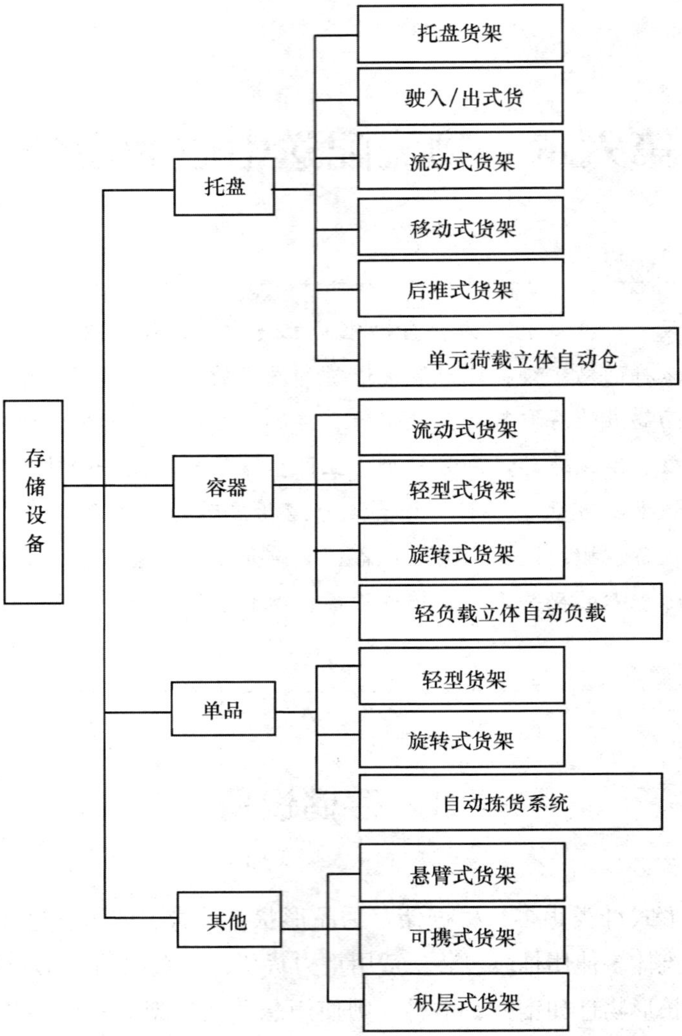


图6－1 存储设备的分类

### 6.1.1 托盘货架

图6－2所示为最普通的一种托盘货架，其优点是存取方便，捡取效率高。但是这种货架的储存密度较低，需要较多的通道。根据宽度不同，存取通道可分为传统式通道、窄道式通道和超窄式通道。

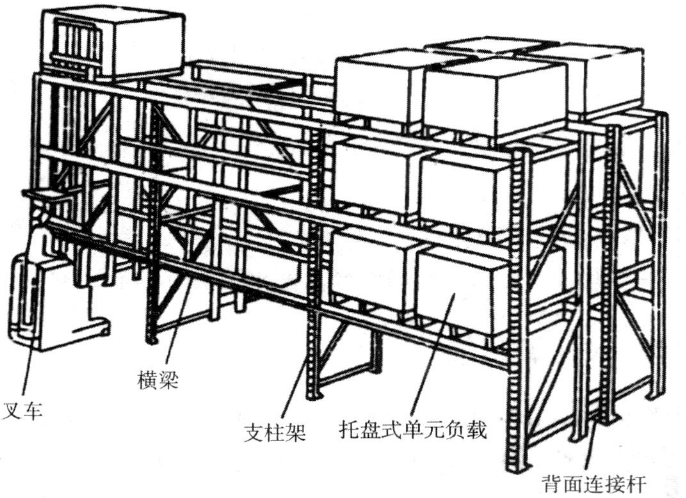


图 6－2　托盘货架

这种形式的货架适用于品种中量、批量一般的产品储存；通常高度 6m 以下，3～5 层为宜。此外，它可任意调整组合，施工简易，经济实惠，出入库不受先后顺序的影响，一般的叉车都可以使用。

在选用托盘货架时，应考虑单元的尺寸、重量和堆放层数，以便决定支柱和横梁尺寸。图 6－2 所示托盘货架为一般的托盘堆放方式，一个横梁开口存放两个托盘。

（1）背面连接杆的作用。这种连接杆用于两列货架背对背之间的链接，以增加整体刚性。图 6－3 所示货架长 1 150mm、支柱宽度为 1 000mm，如选用 100mm 连接杆时，货物将伸出架外，为此宜选用 300mm 连接杆。

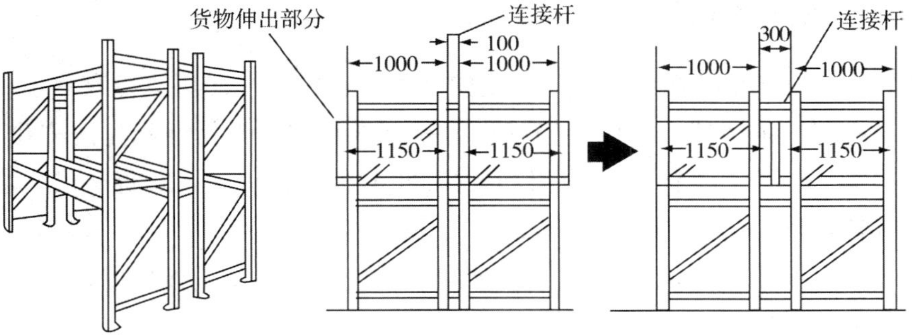


图 6－3　背面连杆作用

（2）货架与托盘的间隙尺寸。为便于存取作业方便，要求托盘与托盘之间的间隔大于100mm，货物与横梁的间隔在80～100mm之间为宜。

（3）货架上层横梁与天花板的距离。叉车最大高度将超过货架上层横梁的200cm以上，叉车最大高度与天花板最少有30cm的间隔。为此，要求货架上横梁与天花板的距离为230cm以上。

（4）支柱的选择标准。货架的承载能力决定于最下层货位的负荷能力。因此，要根据最下层支柱承受荷重以及最下层横梁的高度来选择支柱的类型。

## 6.1.2 倍深式托盘货架

倍深式托盘货架与一般托盘货架结构基本相同，只是把两排托盘货架结合起来增加储位而已。倍深式托盘货架的储位密度比一般托盘货架增加一倍，但是存取性和出入库方便性略差一些，并且必须采用倍深式叉车。如图6－4所示。

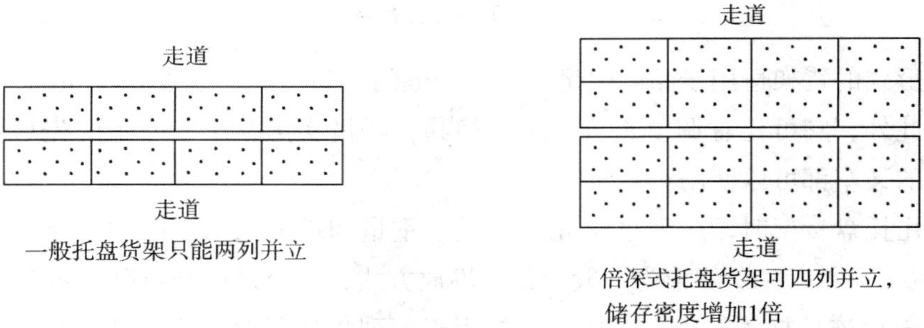


图6－4 倍深式托盘货架与一般托盘货架比较

## 6.1.3 驶入式货架

所谓驶入式货架是指托盘的存放由里向外逐一存放。在使用这种存储设备时，叉车进出使用相同通道，储存密度相当好；但是存取性差，不易做到先进先出的管理。由于叉车在整个货架中行走时要求操作者必须小心作业，故驶入式货架以4层、3～5列为宜。其特点是：储存密度高、存取性差；适合少品种大批量存取；高度可达10m；不易做到先进先出管理；不宜太长、太重的物品存储。驶入式货架如图6－5所示。

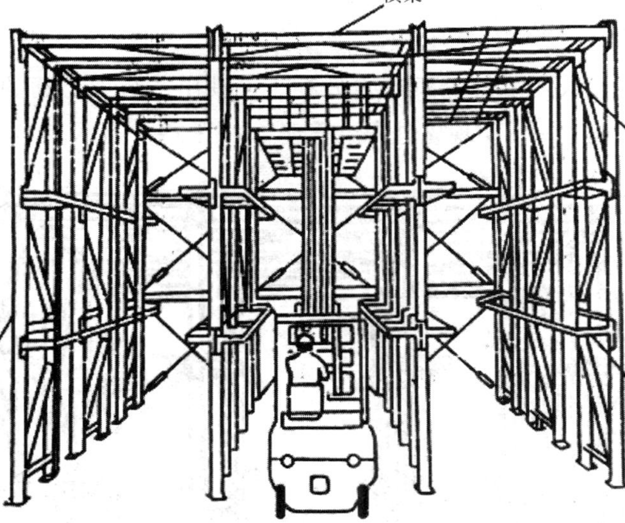


图 6－5 驶入式货架

驶入式货架标准如图 6－6 所示。货品与悬臂的间隙 $C_1$≥150mm，托盘与支柱的间隔 C≥80mm，托盘与悬臂搭载宽度 E＝C＋50mm，悬臂长度 L＝C＋E。

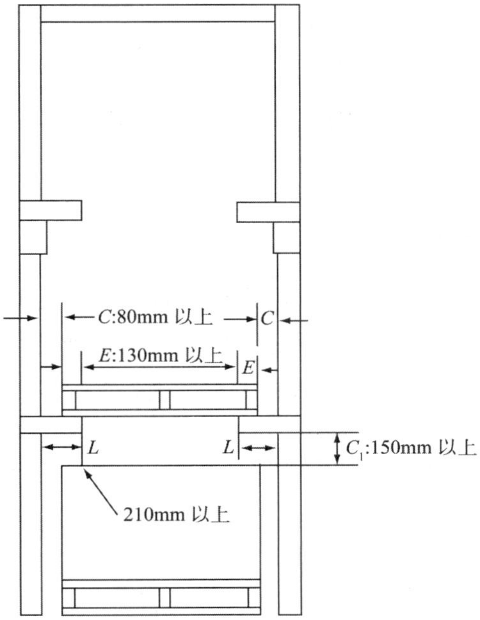


图 6－6 驶入式货架尺寸标准

### 6.1.4 驶出式货架

驶出式货架与驶入式货架的不同之处在于，驶出式货架是通的，没有拉杆封闭；前后均可安排存取通道，可实现先进先出管理。如图6－7所示。

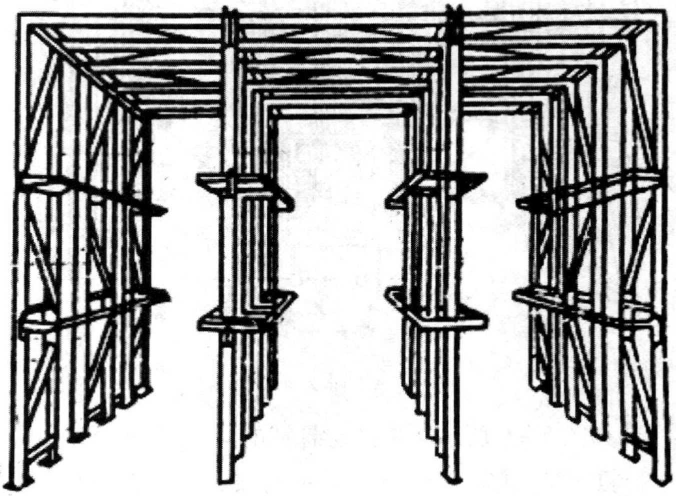

图6－7 驶出式货架

其特点是：空间利用率可达85%；适用于一般叉车存取；高度受限，一般在6m以下；费用高，施工慢。

### 6.1.5 流动式货架

图6－8所示为流动式货架。根据载荷流动方式，货架可分为托盘用和容器用两种。这种货架的一侧通道作为存放用，另一侧通道作为取货用，货物放在滚轮上。货架向取货方向倾斜一个角度，这个倾角的大小可根据实际情况来确定，利用货物重力使货物向出口方向自动下滑，以待取出。

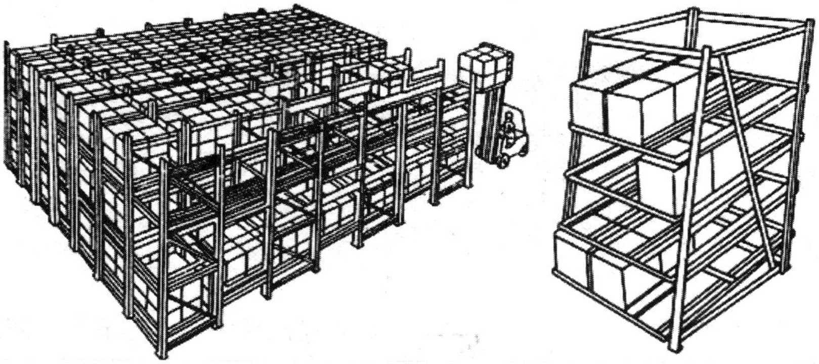

图 6－8　流动式货架

这种货架的特点是：①适用于大量储存、短时发货的货物；②适用先进先出；③空间利用率可达 85%；④适用于一般叉车存取；⑤高度受限，一般在 6m 以下；⑥安装快，易搬动；⑦人工拣取方便，可安装显示器，可实现计算机辅助拣货作业；⑧适用于超市、物流中心和直销邮购公司的仓库；⑨托盘流动式货架的储存空间比一般托盘货架的储存空间多 50% 左右。

## 6.1.6　移动式货架

这种货架又叫动力式货架，通过货架底部的电机驱动装置，可在水平直线导轨上移动；一般设有控制装置和开关，可在 30s 内使货架移动，叉车可进入存取货物。如图 6－9所示。

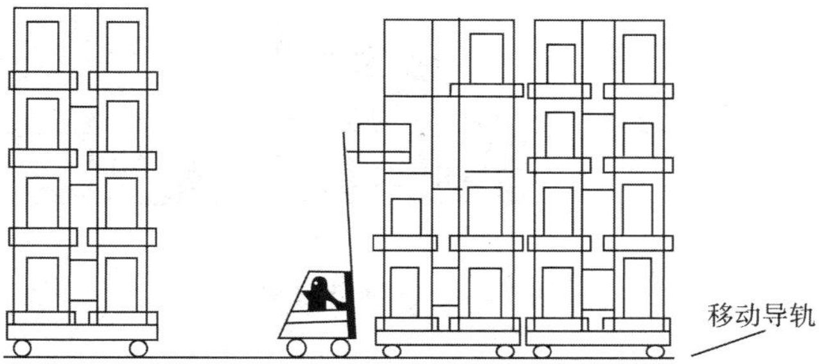


图 6－9　移动式货架

此外，这种货架有变频控制功能，可控制驱动和停止的速度，以防止货架上的物品抖动、倾斜或倾倒。在其适当位置，还安装有定位用的光电传感器和可刹车的齿轮马达，提高了定位精度。表 6－1 所示为移动式货架规格表。

**表 6－1 移动式货架规格表**

| 负载类型 / 作用条件 | 轻负载 | | 标准负载 | | | 托盘 | |
|---|---|---|---|---|---|---|---|
| | 人力 | 机构辅助 | 人力 | 机构辅助 | 电动 | 标准 | 超重 |
| 搬运能力/kg | 1 000 | 1 000 | 1 500 | 1 500 | 1 000 | 6 000 | 12 000 |
| 最小/最大搬运长度/m | 1/3 | 1/5 | 1/5 | 1/10 | 1/20 | 1/30 | 1/60 |
| 最小/最大搬运宽度/m | 45/90 | 45/90 | 45/120 | 45/120 | 45/120 | 45/120 | 90/360 |

移动式货架的特点是：①比一般固定式货架存储量大很多，节省空间。②适合少品种、大批量、低频率的物品的保管。③节省地板面积，地面使用率达 80%。④可直接存取每一项货品，不受先进先出的限制。⑤高度可达 12m，单位面积的储存量可达托盘货架的 2 倍左右。⑥成本高，施工慢。

## 6.1.7 后推式货架

后推式货架是这样一种货架：叉车把后到的货物由前方存入货架时，此货物会把原先的货物推到后方（图 6－10）。当从前方取货时，由于货架滑轨向前方倾斜，所以后方的货物自动滑向前方，以待拣取。这种货架的特点是：①存储密度高，但存取性差，一般深度方向达 3 个储位，最多达 5 个储位。②比一般托盘货架节省 1/3 空间，增加了储位。③适用一般叉车存取。④适用少品种、大批量物品的储存。⑤货物自动滑向最前储位。⑥不能先进先出地存取。

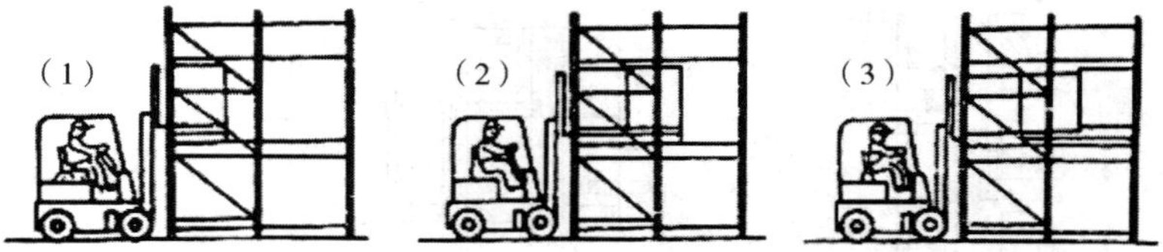


图 6－10 后推式货架

## 6.1.8 轻型货架

轻型货架的设计和托盘货架相同，只是结构轻量化而已。轻型货架适用于储存箱品和散品等重量轻、体积小的物品。由于拆装容易、防震、耐用，并且用挂钩或螺栓固定，可自由调整存放高度及间隔，故这种轻行货架最适合办公室、商店、仓库和物流中心的小物品存放使用。货架高度一般在4m以下。

根据货架隔板每层承载能力来区分，轻型货架可分为轻量型（承载75～100kg）、中量型（承载200～300kg）和重量型（承载1 000～5 000kg）三种类型；也可分为两类，即把轻量型和中量型统称为轻量型货架，把以托盘作为存取单位的货架叫作托盘货架。

轻型货架的特点如下：①挂钩式设计，可自由调整存取高度和间隔；②价格便宜，组装快速；③式样变化多，适用方便；④货架高度一般在4m以下；⑤适合存放纸箱、包、小件物品。

## 6.1.9 悬臂式货架

悬臂式货架由3～4个塔形悬臂和纵梁相连而成，分单面和双面两种。臂架用金属材料制造，并在金属悬臂上垫上木质衬垫或用橡胶带保护。悬臂尺寸不定，一般根据所存放长形材料的尺寸大小而定。这种货架适用于存放钢管、型钢以及长形的物品，如图6－11所示。悬臂式货架一般高在6m以下为宜，空间利用率低，约为35%～50%。

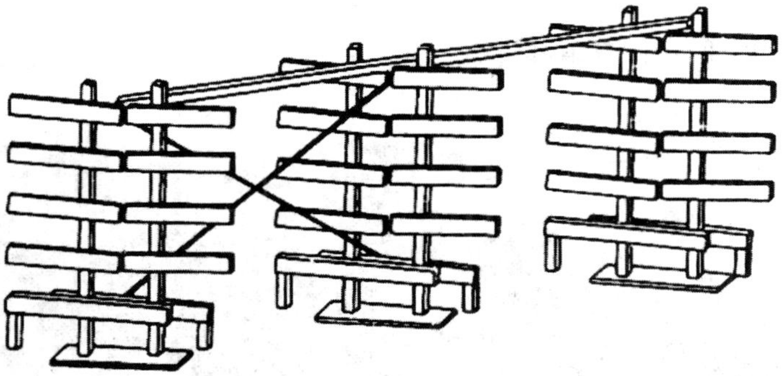

图6－11 悬臂式货架

## 6.1.10 堆叠式货架

这种货架可当作存放容器，随叉车搬运，不使用时可叠放，以节省空间。存放货物时，这种货架可相互叠放避免物品压损，高度可达4层。如图6－12所示。

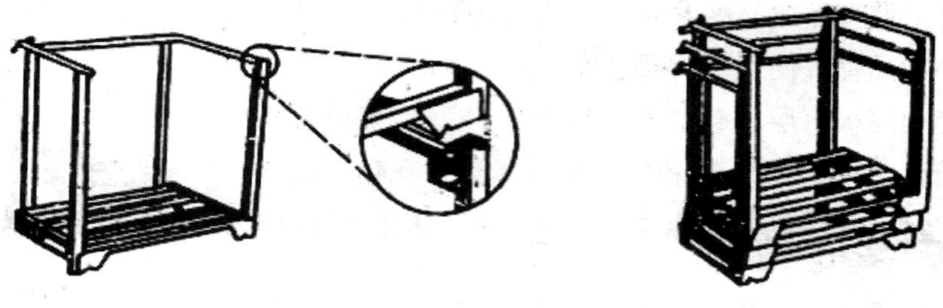

图 6－12　堆叠式货架

其特点是：①可当货架和容器使用，仓库利用弹性大；②价格低，不用维修；③叠放高度受限，太高易倒；④适用于不规则物品和易碎物品；⑤最低层物品最后才能取出，最适用于同时进货的相同物品。

### 6.1.11　阁楼式货架

阁楼式货架是两层堆叠制成阁楼布置的货架。其结构有的由底层货架承重，上部搭置楼板，形成一层新的库面；有的由立柱承重，上部搭置楼板形成库面。

使用阁楼式货架时，货物提升可用输送机、提升机、电葫芦，也可用升降台。在阁板上面可用轻型小车或托盘牵引车进行货物的堆码。阁楼式货架一般适用于旧库改造，可充分利用空间；但存取作业效率低，一般用于存放储存期较长的中小件货物。如图 6－13 所示。

图 6－13　阁楼式货架

### 6.1.12 旋转式货架

旋转式货架的操作特点是存取作业迅速，适用于电子元件、精密机械等少批量、多品种、小物品的储存及管理；货架转动很快，可达30m/min的速度；存取效率很高，通过计算机控制，可实现自动存取和自动管理。此外，旋转式货架的空间利用率很高。其特点为：①节省人力，增加空间；②由标准化的组件构成，可使用于各种空间配置；③存取入口固定，货品不易丢失；④计算机快速检索和寻找储位，拣货快捷；⑤取料口高度符合人机学，宜作业员长时间工作；⑥储存物可以是纸箱、包、小件物品；⑦需要电源，且维修费高。

旋转式货架一般有水平旋转式货架和垂直旋转式货架两种形式。

（1）水平旋转式货架，如图6-14a所示。这种货架又分一台马达驱的和多台马达驱动的两种形式。用一台马达驱动的旋转式货架是把上下层货物连在一起，实现水平旋转。另外一种多台马达驱动的旋转式货架是各层均有一台马达，可实现各层独立旋转。

（2）垂直旋转式货架，如图6-14b所示。这种货架的原理与水平式旋转货架大致相同，只是旋转方向垂直于水平，充分利用了上部空间。这是一种节省空间的仓储设备，比一般传统式平置轻型货架节省1/2以上的货架摆放面积。但这种货架的旋转速度比水平式旋转货架慢，每分钟为5~10m。垂直旋转式货架可以设计成独立式的，根据用户需要可任意组合。

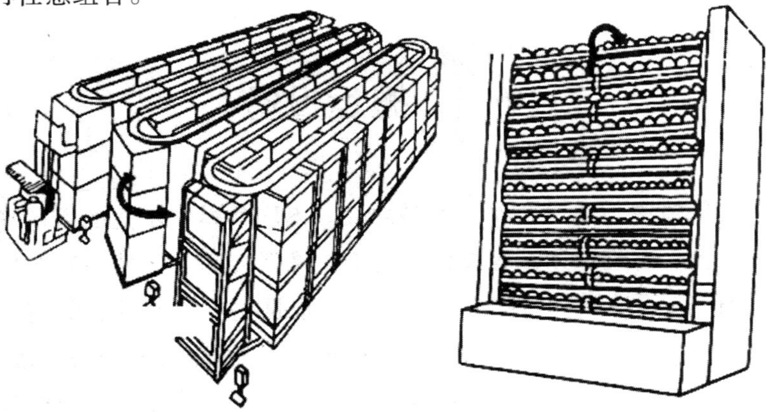

a 水平旋转式货架　　b 垂直旋转式货架

图6-14　旋转式货架

由旋转式货架组成的自动化立体仓库，单位储存成本低，安装容易，适用于少批量、多品种、高效率的存取。

### 6.1.13 积层式货架

图 6－15 为积层式货架。积层式货架把空间设计成了双层以上。在厂房地板面积有限的情况下，使用此种货架可进行立体规划，有效利用空间。积层式货架设计时，是利用钢梁和金属板把原有储区作楼层分隔，每个楼层可存放不同种类的货架。其特点如下：①提高储存高度，增加空间利用率；②上层仅放轻量物品，如箱、包和散件，下层存放托盘。

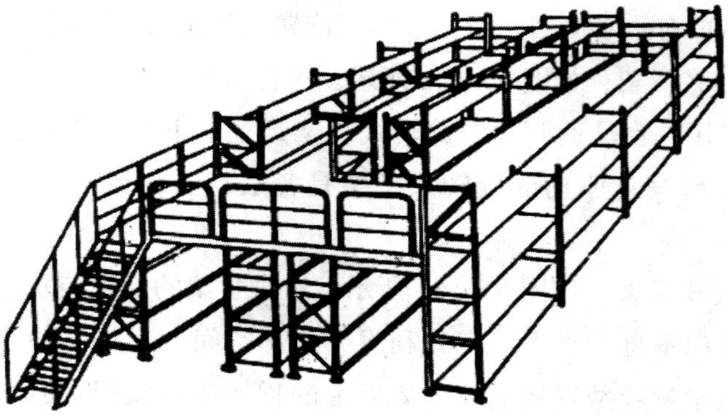

图 6－15 积层式货架

## 6.2 搬运设备

搬运设备是物流中心的主要作业设备之一。不同物料在不同的搬运场所，所需的搬运设备不尽相同。合理选择搬运设备，无论在降低装卸搬运费用还是提高装卸搬运效率上，都有着重要意义。随着物流业的发展，根据物流中心的实际需要，设计和生产出来的搬运设备种类越来越多，规格也越来越全。常用的搬运设备以搬运车辆为主，可以分为两大系列。一种是重载、适合长距离搬运的叉车系列，另一种是轻载、适合短距离搬运的手推车系列。

## 6.2.1 叉车系列

叉车主要用于举高和搬运货物，按举高能力可分为低提升叉车和高提升叉车两类。低提升叉车即一般托板车，其举高范围为100～150mm。高提升车辆即一般叉车，其举高范围为0～12m。按照操作者姿势、动力方式和应用范围等不同，可再对叉车进行细分，如图6－16所示。

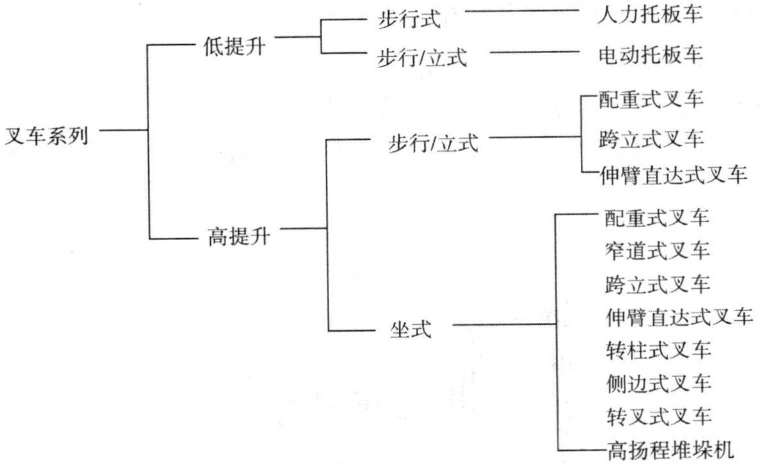


图6－16 叉车分类

**1. 低提升叉车**

低提升叉车又叫托板车，提升高度在100～150mm范围内，又有无动力式和电动式两种。无动力式通过人力操作，实现水平和垂直的移动。电动式则通过电瓶提供动力，实现提升和搬运工作。目前电动式托板车应用得比较普遍。无论是无动力式叉车还是电动式叉车，其操作者都是步行操作。如图6－17所示。

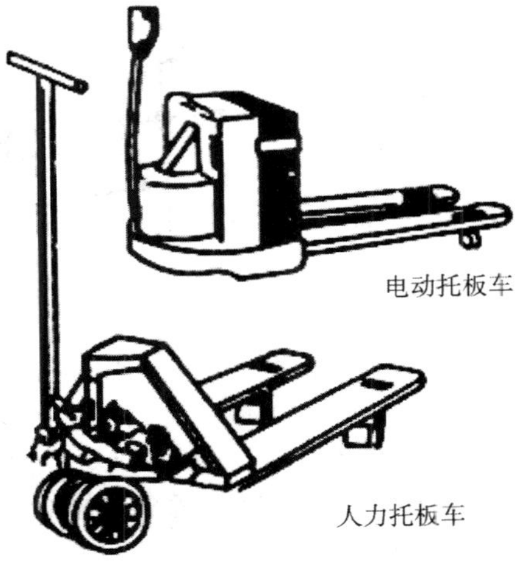


图6－17 两种形式的拖板车

（1）无动力托板车。无动力托板车一般用于1 500～3 000kg物体的搬运工作，货叉宽度适用于750～1 500mm宽的托盘。因为货叉宽度不可调整，所以要求货叉宽度必须适合标准的托盘尺寸。当使用双面托盘时，货叉长度应大于托盘长度。要求地板表面平整度较好，否则会影响安全提升速度、搬运效率和操作性。

（2）电动托板车。电动托板车适用于等重量的短距离运输。结构上和无动力托板车类似，只是动力为电瓶车，可达到省力的目的。具有加长型货叉的电动托板车可同时搬运两个或四个托盘。操作员站在托板车上进行操作，最大速度可达8km/h。用于拣选货品的电动托板车，操作员是站在其中间位置的。

**2. 高提升叉车**

这种叉车的提升高度可达12m，按操作者乘坐方式，可分为步行式、立式和坐立式几种。一般步行式和立式叉车可提升高度为2.7～3.9m。图6－18是一种高提升叉车的基本构造。

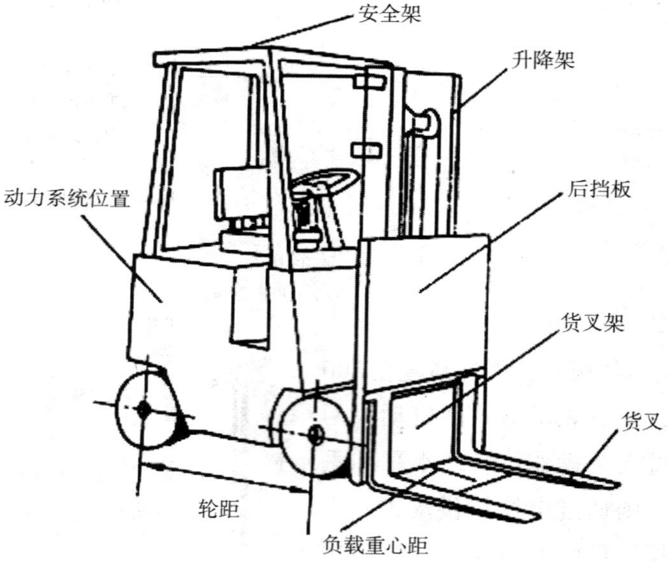


图6－18 高提升叉车的基本构造

各部分说明如下。

①安全架是保护操作者头部用的。

②升降架可设计成多段式。大部分是液压式的，也有采用电动提升装置的。

③货叉架是固定货叉和有关附件用的。

④货叉是直接搬运物品用的，一般100～150mm宽，1 000～1 200mm长，40mm

厚。两叉距离根据货物尺寸可以直接调整。

⑤轴距是决定负载能力、旋转半径、直角堆放通道宽度和离地高度等作业特性的重要参数。

⑥负载重心距是负载重心到货叉架的距离，是决定负载能力的因素之一。当负载在4 500kg以下时，标准负载重心距是0.6m。当大于0.6m时，叉车提升高度将大大降低。可以说，负载重心距是决定负载安全的重要因素。

⑦动力系统方面，托板车和窄道式叉车均用电动式，在室内工作。室外多用内燃机式叉车。

（1）高提升步行式叉车

高提升步行式叉车具有升降架，提升高度较高。常用的步行式叉车有步行无动力式、步行配重式、步行跨立式和步行直达式四种形式。

①步行无动力式。步行无动力式叉车主要用于非重要性工作，如模具或其他较重的负载。为了安全和省力，使用该种叉车时搬运距离不应太大，堆垛高度一般在2m以下为宜。如图6－19a所示。

②步行配重式叉车。步行配重式叉车是利用底盘来配重的，其提升能力为2.7～4m，可用于单面和双面的托盘。如图6－19b所示。

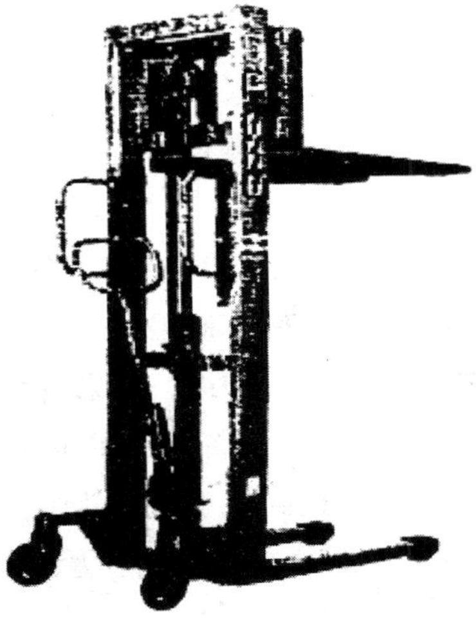
a）

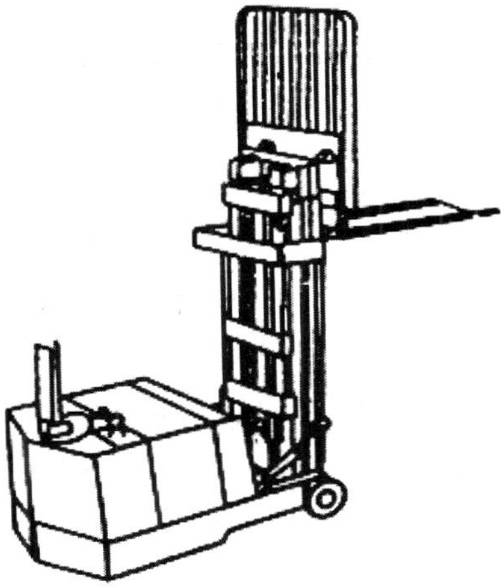
b）

图6－19 步行无动力叉车a步行配重式叉车b

③步行跨立式叉车。图6－20为步行跨立式叉车，由于它的跨架支撑面积较大，所以具有较高的稳定性和较轻的重量。

④步行直达式叉车。图 6－21 为步行直达式叉车，其货叉可在任意高度上前后伸缩存取托盘。由于跨架长可达 600mm，支撑面积较大，所以承载能力大，稳定性好。

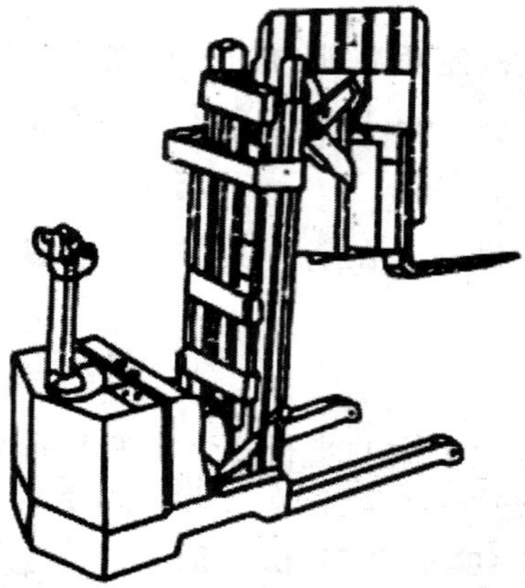

图 6－20 步行跨立式叉车

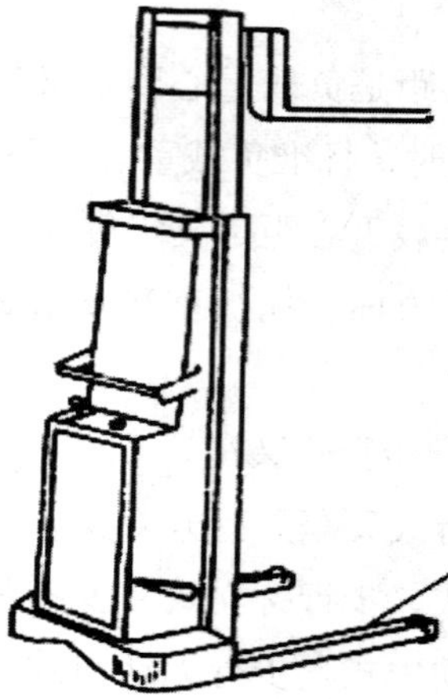


图 6－21 步行直达式叉车

（2）高提升坐立式叉车

高提升坐立式叉车的搬运距离长，负载较重，提升高度较高。大致可以分为以下几类。

①配重式叉车。配重式叉车有坐式和立式两种形式。坐式叉车多用于长距离搬运且物体经常离开叉车的情况下。坐式的轴距较立式的大，故负载能力也大。立式的轴距小，在窄道中作业比较灵活方便。如图 6－22 为立式配重式叉车，它利用配重底盘来平衡悬挂在前轴上方的负载，其负载能力与 LC 到叉车重心的距离有关。坐式配重叉车的负载能力一般为 1 000～1 500kg，立式的一般为 1 000～2 000kg。

②直达式叉车。图 6－23 为直达式叉车。其货叉可以前后伸缩，伸出时可超过底部跨架越 600mm，为此，此种叉车也叫跨架式叉车。这种叉车的特点是在存取货物时，货叉伸出长度可超过底部跨架长度，动力系统和操作者可达到配重作业效果，行走平稳。当货叉缩回时，这种叉车又会与跨立式叉车相同，稳定性好，负载能力大。

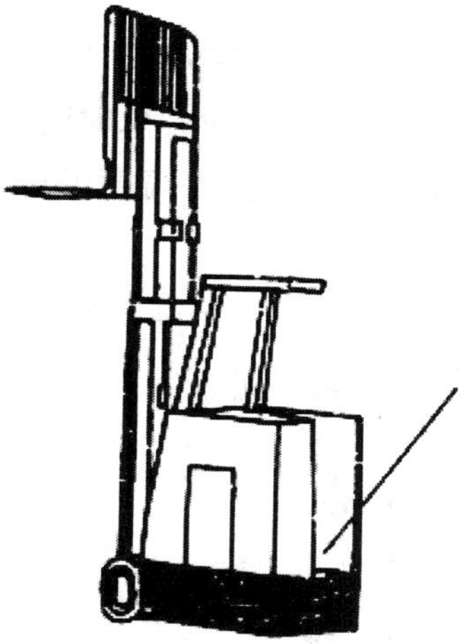


图 6－22　立式配重叉车

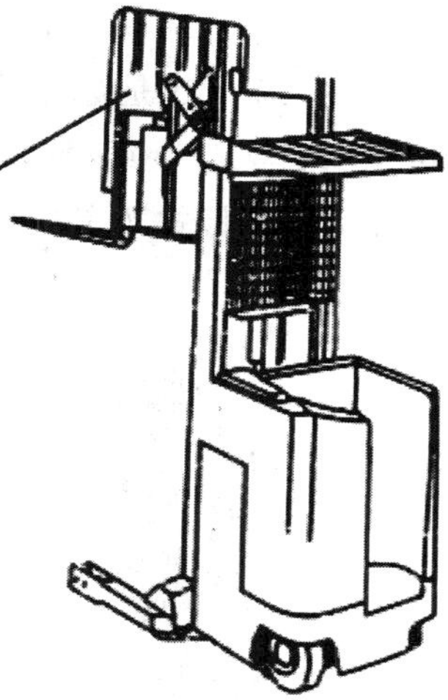


图 6－23　伸臂直达式叉车

③倍伸直达式叉车。这种叉车的货叉具有两节伸缩臂装置，可用于倍伸式货架的存取。图 6－24 为倍伸直达式叉车。该车要求货叉有足够的伸出长度来存取第二个托盘位置的货物，若伸出长度不够时，必须用两次动作来完成存取工作，这会给操作者带来不便。

④高位转柱式叉车。高位转柱式叉车是一种无轨巷道作业设备，用于物流中心的机械立体仓库的托盘存取作业。这种叉车特点是机动灵活，转弯半径小，作业巷道窄，门架可实现正反转 90°，刚性好；旋转、横移和举高等运动为液压传动，蓄电池做动力，动作平稳；最大提升高度可达 7.5m。

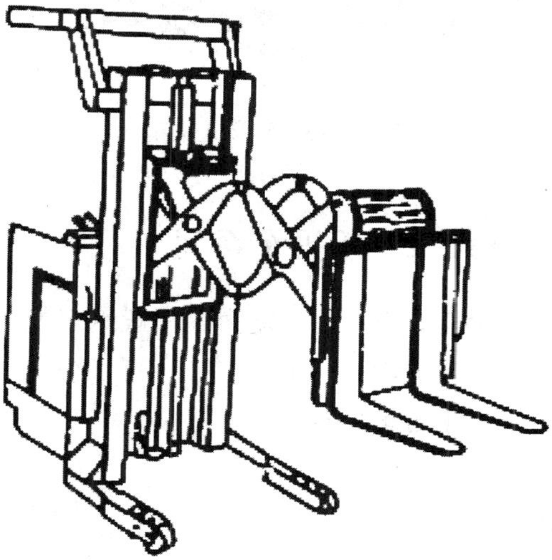

图 6－24　倍伸直达式叉车

⑤转叉式叉车。图 6－25 为转叉式叉车，可门架不动而货叉做旋转和侧移的动作。这种叉车的设计结合了侧边负载和配重式叉车的特性，轴距较大，稳定性好，门架宽度较大，刚性好。作业时的基本动作是：a. 提升：把负载提升到所需的高度。b. 旋

转：货叉向左或向右旋转，并对准所需的货位。c. 侧移：在货位中取出或存入货品。

⑥滑板式叉车。这是综合叉车和自动堆垛机的特点而研制的新型高车叉车。其行走速度可达2.1m/s，在通道内可同时完成行走和提升动作，从而减少存取时间，提高了出入库能力。滑板式叉车在存取货物时，滑板可深入托盘中；存取高度可达18m，如图6-26所示。

图6-25 转叉式叉车

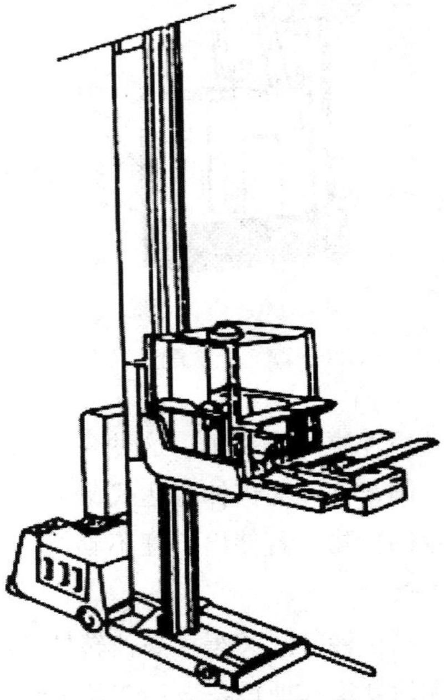

图6-26 滑板式叉车

### 6.2.2 手推车系列

手推车没有提升能力，一般承载能力在500kg以下。手推车轻便灵活，广泛用于仓库、物流中心、生产工厂、百货公司、货站、机场以及医院等场合。图6-27为最常见的平板手推车。

图 6-27　平板手推车

因制造厂家不同，手推车的规格尺寸也不一样。常用的手推车类型及规格尺寸如图 6-28 所示。

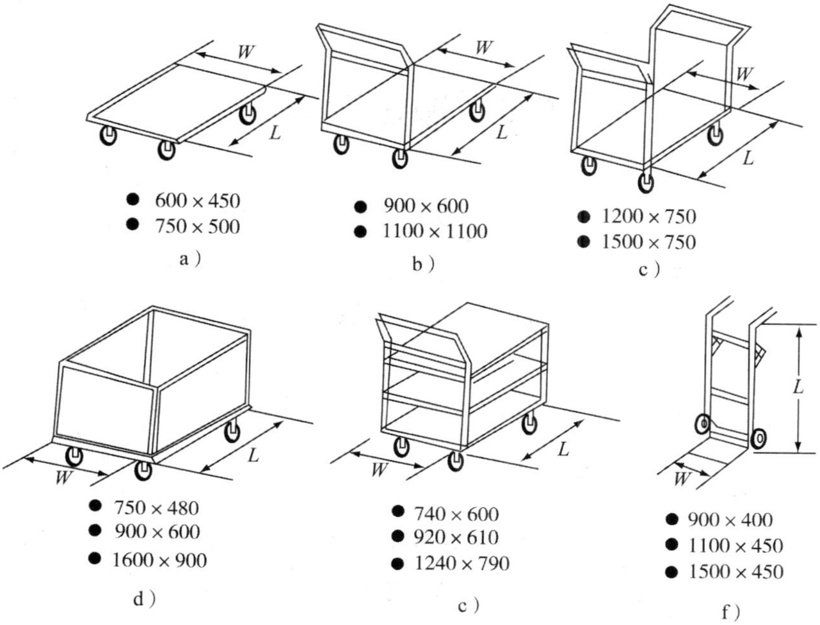


图 6-28　常用手推车类型及规格尺寸

物流笼车也是手推车的一种，如图 6－29 所示。笼车主要用于配送发货之前的集货使用，为此，在设计上要求空间大，存放货品多，一般高度为 1.7m 以上，并可折叠，便于空笼车回送。在制造上要求高强度焊接结构，表面进行镀锌处理，以增加使用寿命。

笼车有栅门式和挂钩式两类。栅门式用于存放体积小、易翻落的货品，挂钩式用于存放体积较大的货品。

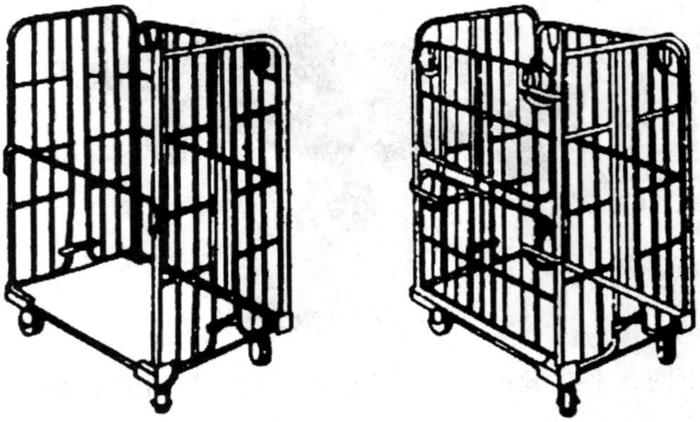

图 6－29 物流笼车两种基本类型

# 6.3 输送设备

物流配送中心的输送设备主要是输送机，它在物流配送中心中必不可少。它有水平和垂直搬运之分，也有整箱和托盘搬运之分。无论什么形式的搬运，决定输送机类别的主要参数都是搬运物的最大宽度和长度以及最大重量，此外，单位时间的搬运量也很重要。

在物流中心，使用最普遍的输送机是单元负载式输送机和立体输送机。

## 6.3.1 单元负载式输送机

单元负载式输送机包括滚筒式、带式和链条式三类。这些输送机主要用于固定路径的输送。输送机的单元负载有托盘、纸箱或固定尺寸的物品。

单元负载式输送机按动力源区分，可分为重力式和动力式两种。重力式输送机以输送物品的本身重量为动力，使之在倾斜的输送机上由上往下滑动。重力式输送机因滚子不同，又可分为滚轮式、滚筒式和滚珠式三种类型。

动力式输送机以马达为动力，按传送介质不同，可分为链条式、滚筒式和带式。图 6－30 为单元负载式输送机分类。

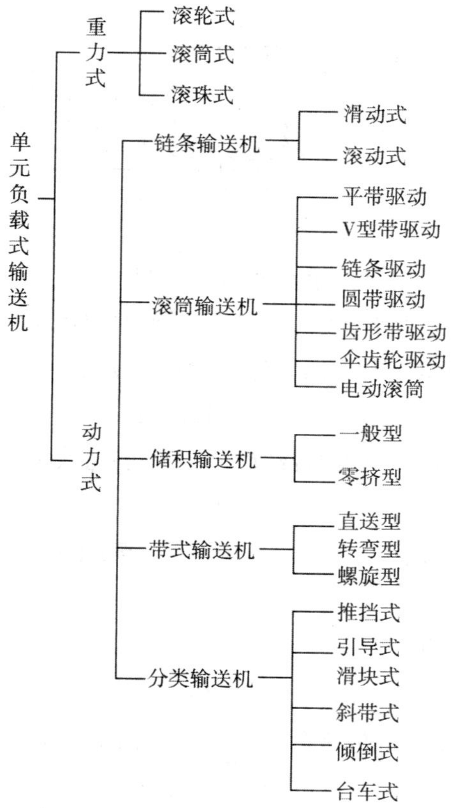


图 6－30　单元负载式输送机分类

**1. 重力式输送机**

重力式输送机的优点在于成本低、易于安装、可扩充，又分为重力式滚轮输送机和重力式滚筒输送机。

（1）重力式滚轮输送机

重力式滚轮输送机的主要特点是重量轻、易搬动、装卸方便。对于比较软的物品，如布袋之类，滚轮较滚筒式有较好的输送性。但是对于底部有挖空的容器，则不宜使用滚轮输送机。为使物品输送平稳，任何时候一个物品都最少有分布在三根轴上的 5 个轮子支撑，如图 6－31 所示。

滚轮输送机的宽度常用的有 300mm、400mm、500mm 和 600mm，标准长度为 1.5m、2m 和 3m。单位长度的滚轮数取决于物品大小，较小物品要求较多的滚轮。

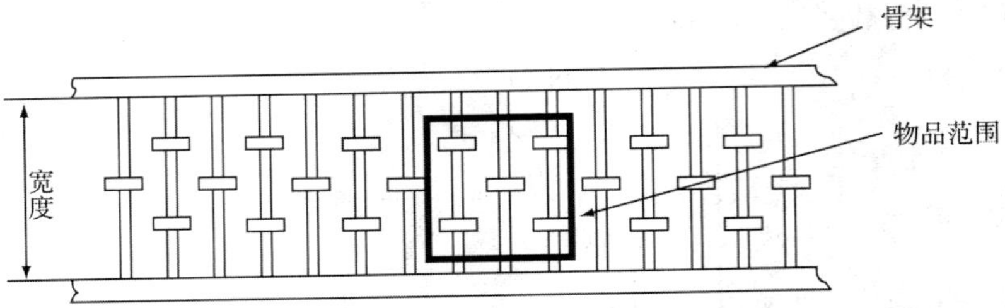


图 6－31　物品至少要有五个滚轮支撑

输送机的倾斜度与输送物品的重量和表面条件有关。对于纸箱等物品，倾斜度多为每 1m 高 2.5cm。物品表面结实光滑，需要的倾斜度较小，物品较软，则需要较大的倾斜角。选择多大的倾斜角，要根据具体经验和实际情况决定。这种重力式滚轮输送机，在没有减速装置的情况下，最长为 12～15m。

根据实际需要，滚轮输送机可组合成直线式、转弯式和分支式三种。转弯式有 45°和 90°两种。转弯式的滚轮平均倾斜角只有直线式的 1/2。为了保持物品的方向性和平稳性，转弯内侧半径尺寸最小应等于物品长度。按经验，物品应比输送机宽度两边小 50mm。

（2）重力式滚筒输送机

图 6－32 为重力式滚筒输送机。其特点是应用范围远远大于滚轮式输送机。一般不适合滚轮输送机的负载，如塑料篮子、容器、桶形物等，均适合于滚筒式输送机。滚筒支撑数与物品稳定性的关系，如图 6－32b、c、d 所示。最少也要三个滚筒支撑物品，才能保证运输工作正常进行。

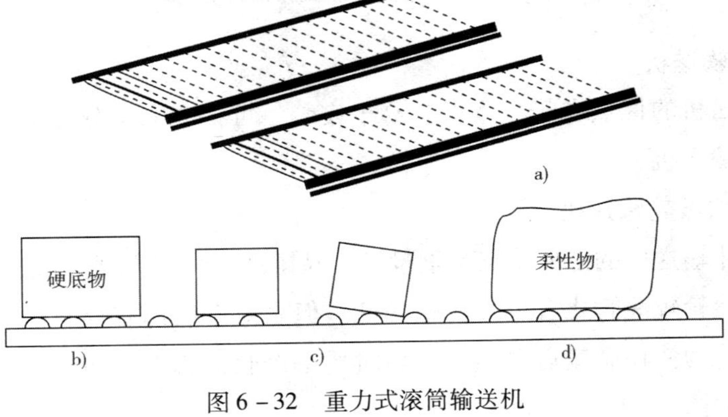


图 6－32　重力式滚筒输送机

关于重力式滚筒输送机的倾角，经验表明，对于布袋物品可采用5°~20°，薄纸箱可采用2°~12°，木箱可采用2°~8°。安装时，通过调整支脚高低可以调整倾角，直到满意为止。

**2. 动力式输送机**

根据物品特性，可选择动力式输送机的类型。如果物品有不规则表面，则只能选用带式输送机。一般规则物品，如纸箱、托盘，则可选用链条输送机或滚筒输送机。为了间隔控制物品、储积释放和精确定位等，则应选用带式输送机。如果物品重量较大，则应选用动力式滚筒输送机。此外，进行物品的分类与储积时，也多采用滚筒式输送机。

（1）动力链条式输送机

动力链条式输送机，主要用于输送单元负载，如盘、料箱等。在物流中心里，多用滑动式和滚动式链条输送机。

①滑动式链条输送机。图6－33为滑动式链条输送机，它由链条承受货物，链条直接在导轨上滑行。因为摩擦力大，故滑行导轨应采用摩擦系数小而且耐磨的材料。这种输送机适用于轻物品且短距离的运输。

图6－33 滑动式链条输送机输送方式

这种输送机虽然结构简单、维护容易、造价低，但噪声大、动力损耗大、承载能力小，为此逐渐被滚动式链条输送机所取代。

②滚动式链条输送机。图6－34为滚动式链条输送机，由于是滚动摩擦，故阻力小、动力损耗低、承载能力大。滚子材料一般为钢，有时为了降低噪声，也使用工程塑料。

这种输送机输送速度较慢、结构简单、易维护，常用于自动化立体仓库前段及配送、包装等区域。

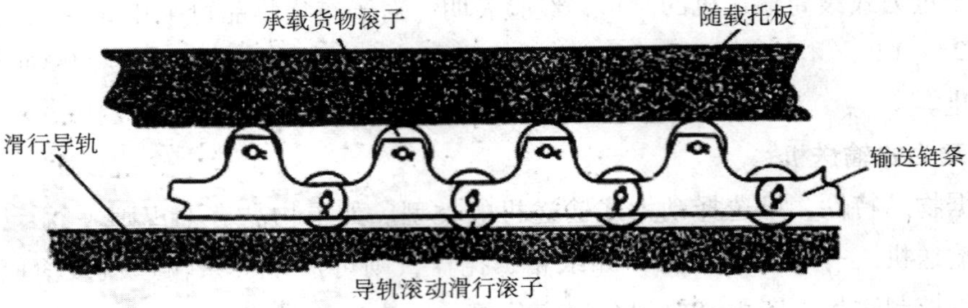


图 6－34　滚动式链条输送机

（2）动力滚筒式输送机

动力式滚筒输送机的应用范围较广，常用于储积、分支、合流和较重负载。此外，也广泛应用于油污、潮湿、高温和低温环境。

①平带驱动滚筒式输送机。图 6－35 中的平带驱动滚筒输送机在平带上安装了许多承载滚筒，下方装有调整松紧的压力滚筒。

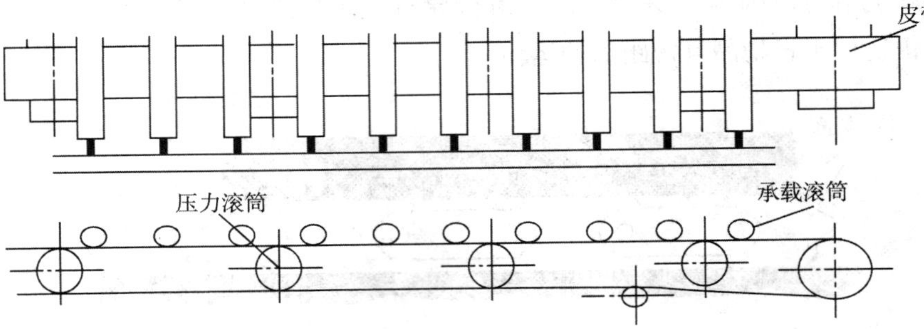


图 6－35　平带驱动滚筒输送机

承载滚筒的选择和间隔大小与承载物品尺寸大小、重量等有关。位于两承载滚筒之间的压力滚筒可以上下调整，从而达到调整带驱动力的目的。当纸箱被输送到分支点范围时，必须调高压力滚筒，从而增加对负载的驱动力。因带宽与实际输送物品的表面无关，故可选用较窄的带。但是选择带宽度必须考虑带的有效拉力和每英寸宽度的负载能力。在设计时，要考虑负载，并对照带的生产厂家提供的带拉力等数据进行选择。

②V 带驱动式滚筒输送机。V 带驱动滚筒式和平带驱动滚筒式工作原理相同，不同之处在于把平带改成 V 带。V 带驱动滚筒输送机主要用于轻负载、短距离输送作业。这种驱动方式还适用于输送线的转弯和结合部位，因为 V 带可沿曲线弹性变形。

③连套驱动滚筒式输送机。这种输送机可用于重载、油污、潮湿、高温和低温等

工作环境较差的地方。

④齿形带驱动滚筒输送机。这种驱动方式适用于轻负载的输送工作。由于各滚筒上的工程塑料齿轮配合齿形传动，故不但所占空间较小，而且噪声也小。

⑤锥齿轮驱动输送机。图6－36为锥齿轮驱动输送机，这种输送机的负载能力大，但输送机侧面所占空间较大。为保证安全生产，必须加安全罩。这种驱动方式也可用于转弯输送物品。

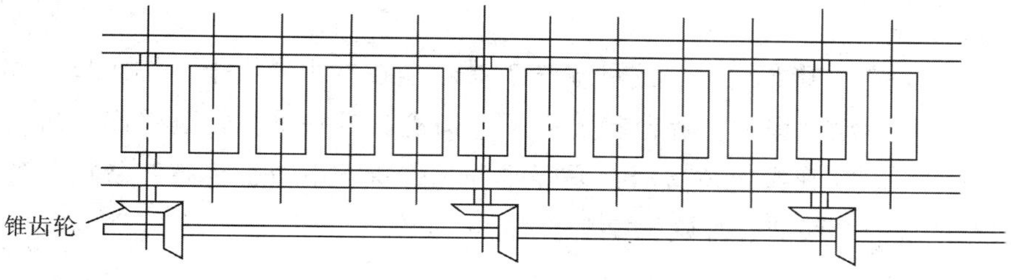


图6－36 锥齿轮驱动滚筒输送机

⑥电动滚筒。电动滚筒内部本身拥有电动机，故不需要任何传动设备。这种输送机简单、安全、干净，一般用于控制动停频繁的场合。但是它造价高、成本大，故在实际使用时，通常每隔几根无动力滚筒才安装一根电动滚筒。

⑦圆带驱动滚筒输送机。圆带驱动滚筒输送机是目前较先进的中等载荷的输送机，如图6－37所示。它的传动原理是电动机通过减速机、链轮链条，把运动传给线轴上的链轮，再通过线轴上的带轮和圆带传给各滚筒。这种输送机的优点在于干净卫生、安全可靠、成本低、噪声小、速度快。其他驱动方式输送机最高速度为30m/min，而这种输送机可达60m/min。在输送机的某处装入变速装置，还可以改变输送速度。这种驱动方式可以组合成各种圆弧和角度的分支与合流的输送线。这种输送机适合于中等载荷且地面平整的纸箱、塑料箱、木箱、托盘等的运输。

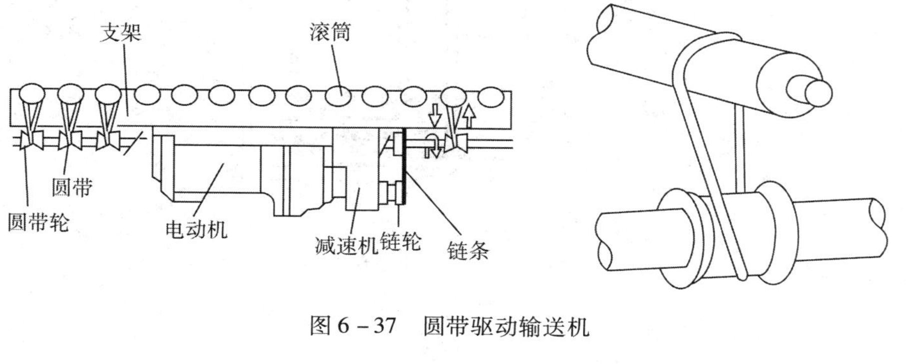


图6－37 圆带驱动输送机

## 6.3.2 立体输送机

在现代化物流中，为了节省占地面积，缩短输送距离，增加储存空间和使用面积，其建筑物大多采用多层形式。发达国家中有的物流中心高达4层。为了在各楼之间高效、自动地输送物品，必须使用立体输送机。立体输送机也叫空间输送机，下面介绍常用的几种。

**1. 空中移载台车**

图6－38为空中移载台车。这种输送工具悬挂在空中导轨上，按照指令在导轨上运动或停止。在运动过程中，货台装置通过卷扬机和升降带被提到最高位置，并与车体成为一体。当运动到指定位置时，升降带伸长，货台下落，进行卸货或装货。这种空中移载车的优点是快速、准确、安全、所占空间较小。

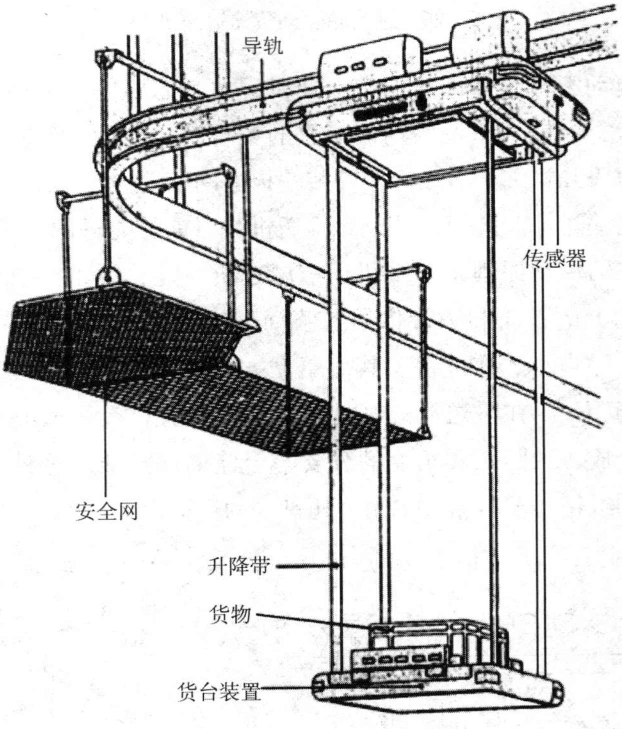


图6－38 空中移载台车

**2. 螺旋滑槽式垂直输送机**

图 6－39 为螺旋滑槽式垂直输送机。它利用重力及螺旋倾斜滑槽，使物品自上而下平稳滑下；因为没有驱动装置，故只能向下而不能向上输送货品。其特点是：①滑槽导轨用四氯乙烯原料做成，倾斜度在 12°以内，速度平缓，不损伤物品。②可连续输送料箱，当料箱很多时，可存于槽内。③因为没有驱动装置，故没有噪声。④结构简单，成本低，维修费用少。

这种输送机主要用于塑料箱的连续垂直运输；要求货箱尺寸长宽度为 560mm × 360mm ×263mm，货物重量为 2～24 千克/个；输送能力为 20～100 箱/分钟。

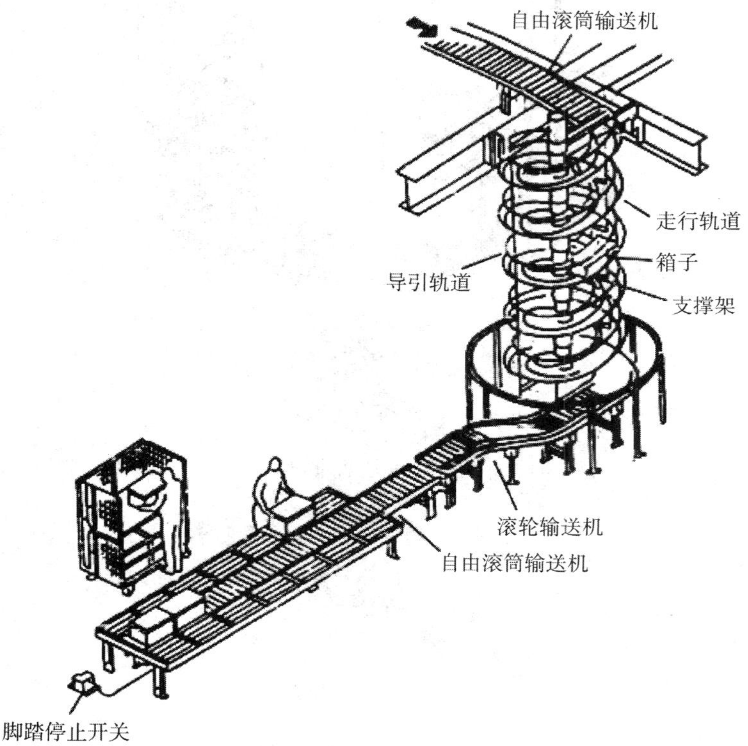


图 6－39 螺旋槽式垂直输送机

**3. 垂直升降输送机**

在物流中心的各楼层之间进行物品搬运是常见的要求。除了一般电梯之外，还必须有专用的垂直运输设备，这样可以充分利用空间。垂直输送机运动平稳，不会使物品振动而损坏。图 6－40 为垂直往复式升降机，其原理与电梯类似。垂直输送物品的升降平台的上下移动是由卷扬机或液压装置来驱动的。图 6－40a 为输送线用输送机，图 6－40b 为手推车用输送机，图 6－40c 为叉车用输送机。这三种输送机只是物品进出口的衔接方式不同而已。轻负荷时用输送线，可配合自动输送线、高速上线输送线箱或塑料箱。中等负荷时用手推车，可直接把货箱装入手推车，连车带货一起推入升降平台。重负荷时用叉车，把载重托盘放入升降平台，进行上下物品输送。

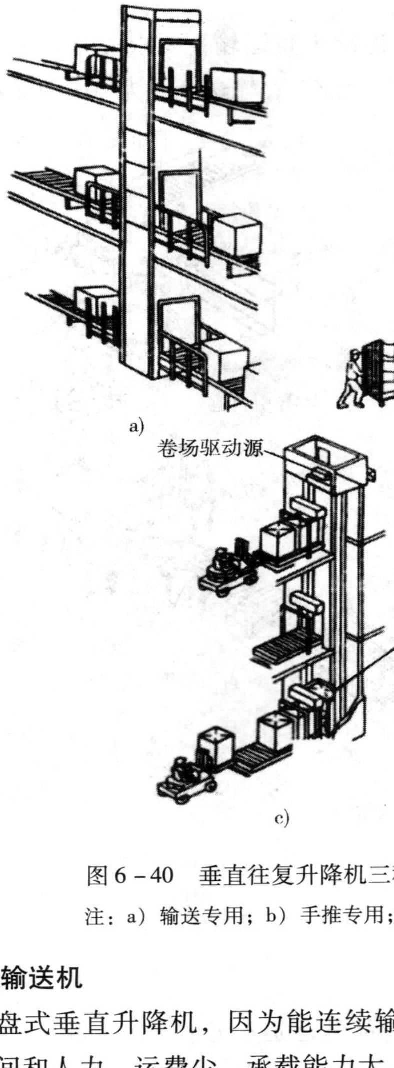


图 6－40 垂直往复升降机三种常用类型

注：a）输送专用；b）手推专用；c）叉车用。

**4. 托盘式垂直输送机**

图 6－41 为托盘式垂直升降机，因为能连续输送，所以效率较高：500 个/小时。这种输送机节省空间和人力，运费少，承载能力大，承载范围为 50～2 000kg。

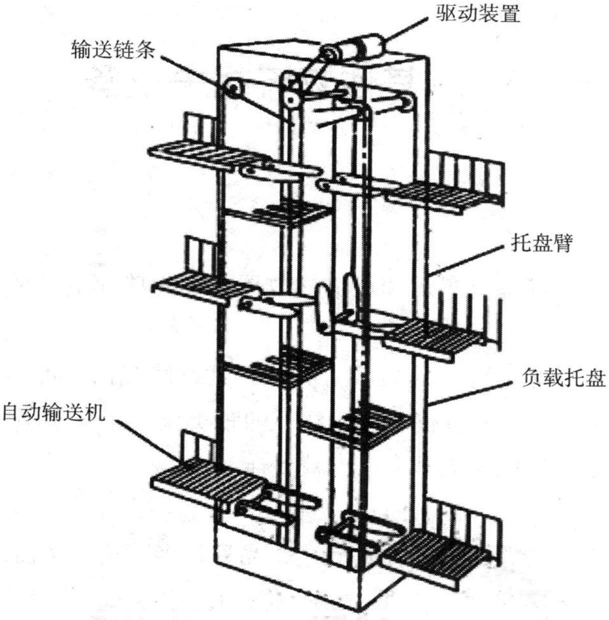


图 6－41 垂直托盘式升降输送机

**5. 悬挂式输送机系统**

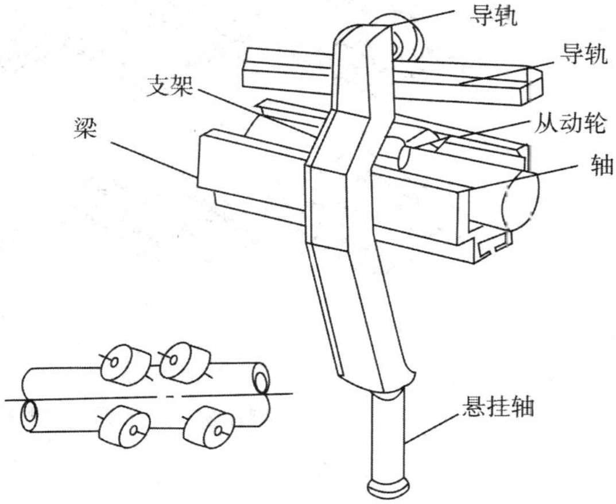


图 6－42 悬挂式输送机

图 6－42 为悬挂式输送机系统。这个系统由导轮、导轨、从动轮、轴、梁和挂物轴组成。当主动轴动时，与主动轴交叉成一定角度（小于 15°）的从动轮一方面转动，另一方面又沿主动轴方向前进，从而带动与 4 个从动轮固联一起的支架移动。被运输的物品是悬挂在物轴下端的。导轨支撑着导轮，主要起承载作用。主动轮是通过驱动装置来转动的。

这种输送机构主要用于服饰类等较轻物品的输送，最大可搬运 25～35kg 重的物品，其优点是没有噪声、平稳、安全、干净、卫生和效率较高，在物流中心中被广泛使用。

# 6.4 其他物流相关设备

## 6.4.1 托盘

托盘是用于集装、堆放、搬运和运输的放置，作为单元负荷的货物和制品的水平平台装置。

托盘是物流作业中必不可少的装载工具。它具有装载面，可供集合一定数量的物品，便于物品的装卸、运输和仓储。由于物品的种类繁多、性质不同、规格尺寸多样、形态各异，故与之相适应的托盘种类也多种多样。

**1. 托盘种类**

（1）平托盘。没有上层结构，用途较广，品种较多；按货叉插入口又分为二口型、四口型；按使用面可分为单面型、两面型。这种托盘主要运载箱式包装物。图 6－43 为各种类型的平托盘。

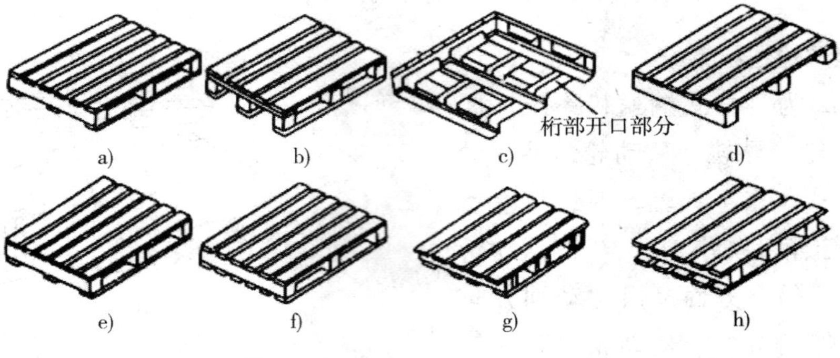


a）二口型托盘；b）四口型托盘；c）桁部开口四口型托盘；d）单面型托盘
e）单面使用型托盘；f）两面使用型托盘；g）单翼型托盘；h）复翼型托盘

图 6－43 平托盘

（2）箱式托盘。箱式托盘的面上具有上层结构，其四周至少有三个侧面固定，一个侧面是可折叠的垂直面；各种面可以是平板、条状板和网状板；多用于散件或散状物料的集装，也可装载蔬菜、瓜果等农副产品，金属箱式托盘还可用于热加工车间集装热料；一般下部可叉装，上部可吊装；可使用托盘搬运车、叉车、起重机等作业，并可进行码垛（一般为四层）。

（3）储槽式托盘。储槽式托盘主要用于粉状物的搬运。它具有密闭状的侧面和盖，顶部和底部有开闭装置，即是在箱式托盘中间加一个容器。

（4）柱式托盘。柱式托盘是在平托盘基础上发展起来的，是在平托盘的四个角安装四根立柱后形成的，立柱可以是固定的，也可以是拆卸的，主要用于无货架多层堆码的场合。其特点是在不压货物的情况下可进行码垛（一般为四层），多用于包装材料、桶装货物、棒料管材等的集装。

（5）轮式托盘。轮式托盘是在平托盘、柱式托盘或网箱托盘的底部装上脚轮而成。这种托盘不但具有一般柱式、箱式托盘的优点，而且可利用轮子作小距离运动，不需搬运机具就能实现搬运；也可利用轮子作滚上滚下的装卸，还有利于在装放车、船内移动位置。

**2. 托盘系列**

根据 ISO6 780《联运通用平托盘重要尺寸及公差》规定，托盘有 4 个系列。

（1）1200 系列（1 200mm × 800mm 和 1 200mm × 1 000mm）。1 200mm × 800mm 托盘也称为欧洲托盘，它的应用最广；1 200mm × 1 000mm 托盘多用于化学工业。

（2）1100 系列（1 100mm × 1 100mm）。这个尺寸系列是由发展较晚的国际集装箱最小内部宽度尺寸 2 330mm 确定形成的。

（3）1140 系列（1 140mm × 1 140mm）。1140 系列托盘是对 1100 系列的改进，目的是充分利用集装箱内部空间。

（4）1219 系列（1 219mm × 1 016mm）（48in × 40in）。这个尺寸系列是考虑北美国家习惯，以英寸为单位制定的。

ISO 标准的托盘平面尺寸是 800mm × 1 200mm、40in × 48in（1 016mm × 1 219mm）、1 140mm × 1 140mm、1 000mm × 1 200mm。平托盘的高度一般为100 ~ 150mm，单面取 140mm，双面取 150mm。一般要求托盘的宽度和长度的制造误差为 3mm 以下，两对角线误差小于 8mm。

## 6.4.2 分拣设备

分拣工作在物流配送作业中是极其重要的。人工分拣不但效率低、费劳动力，而且分错率很高。为了提高分拣效率和准确率、提高服务水平、节省劳力、缩短分类时间，故采用自动分拣装置。

所谓分拣是先识别和引入物品，然后通过分拣装置把物品分流到指定位置。分拣作业包括信息处理和分拣设备的运作。分拣通常有两种标准：①根据物品形状、重量和形式分拣。②根据用户、订单目的地进行分拣。

分拣过程是物品通过输送设备顺序进入识别区域，再经过识别之后送入分拣设备；控制器根据识别信息来控制分拣设备，把物品进行分类，并把分类完了的物品就送到指定位置。

常用的分拣设备如下。

（1）推式分拣设备。推式分拣设备在输送线外设计有推出装置，当需要推出物品时，推杆把物品推出输送线外。图 6－44 所示为气缸侧推式分拣设备。这种分拣方式主要由推杆直接去推、挡物品，强制物品离开主线进入分流输送线。图 6－45 所示为链条带动侧推式分拣设备。这是一种高速直角分拣设备，分流速度为 60m/s。图6－46所示为旋转挡臂式分拣设备。

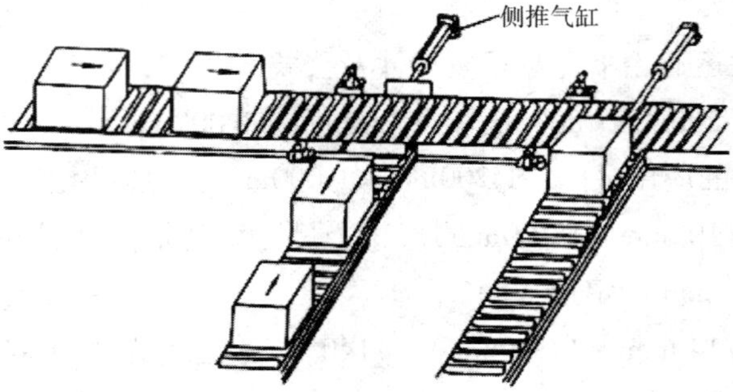


图 6－44 气缸侧推式分拣设备

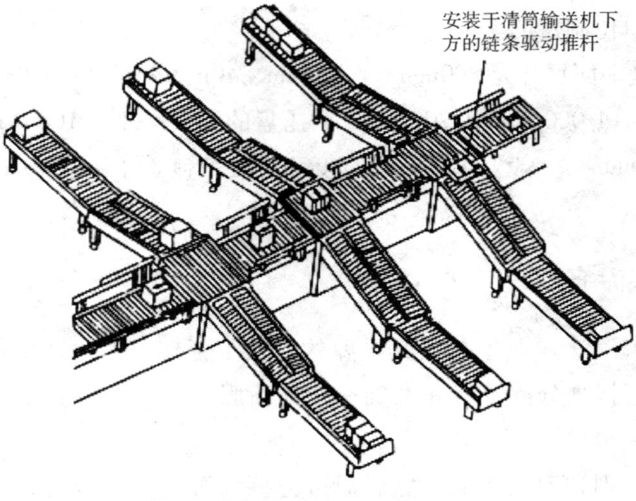


图 6－45 链条带动侧推式分拣设备

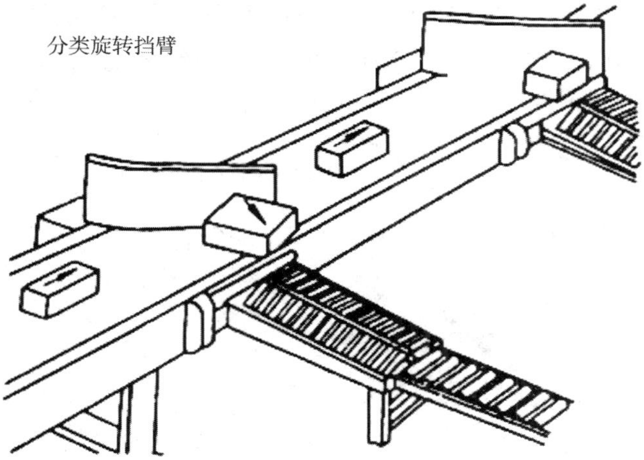


图 6－46　旋转挡臂式分拣设备

（2）导向式分拣设备。所谓导向式分拣设备是指利用浮起链条、传送带滚筒或轮子之类把被分流物品抬离主输送线，而引导流入分流输送系统中。当被分拣物品进入浮动轮子时，根据分拣指令，高速旋转的浮动轮子迅速上浮起来，把来自主线的物品抬起来，在浮动轮子的引导下分流到分拣输送线上，从而达到分拣目的。这些分拣方法要求物品不能太高太窄，否则容易倾倒。

（3）滑块式分拣设备。所谓滑块式分拣设备是指利用滑块在输送机的滑杆上前后滑动来推移分流物品，从而达到分流目的。如图 6－47 所示，根据物品长度来组合不同数量的浮块；每分钟可分流 150 次，最大可推动 100kg 左右。驱动滑块移动的动力一般是电磁力。

图 6－47　滑块式分拣设备

（4）斜带式分拣设备。图6－48所示，物品在倾斜带上输送前进，到分流位置时，倾倒盘按箭头方向打开，使物品滑离主输送线而实现分流动作。

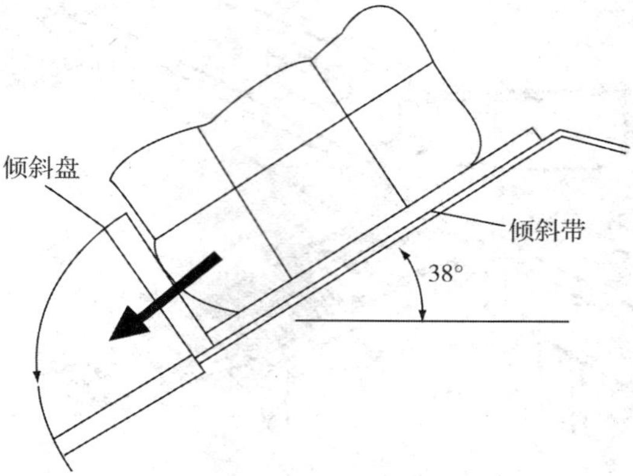


图6－48　斜带式分拣设备

（5）倾倒板式分拣设备。这种设备的分拣方式是当物品到达分流位置时，倾倒板突然向上转动。这种分拣方法效率高，每分钟可达200次。但是对物品冲击大，要求物品在分类之后没有方位要求。如图6－49所示。

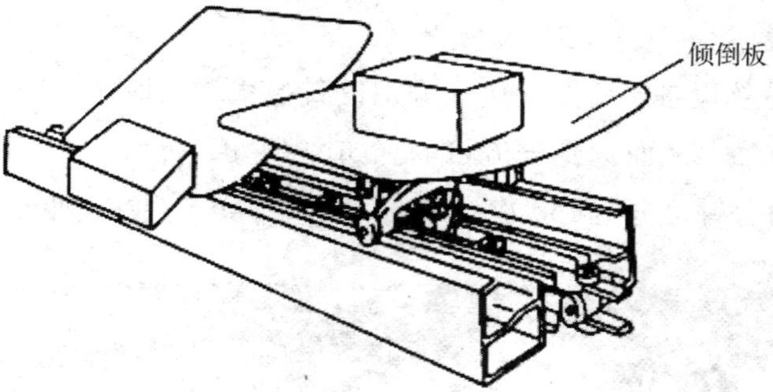


图6－49　倾倒板式分拣设备

（6）落入式倾斜分拣设备。图6－50所示为落入式倾斜分拣设备。这种分拣方法是当物品从主输送线来到分拣位置时，分拣设备突然抬起，使物品自然落入分流线的滑槽中。这种方法成本较低。

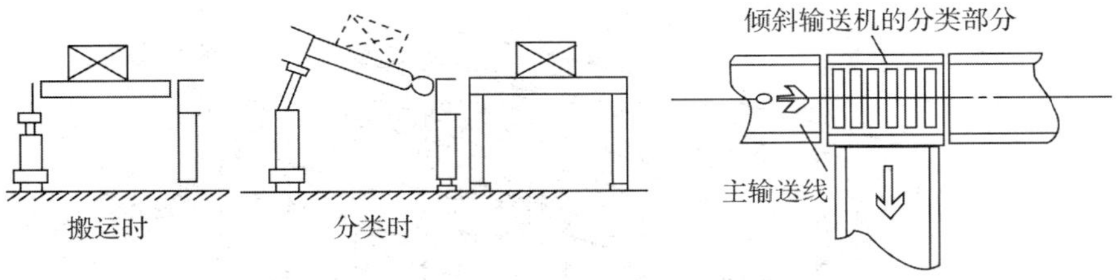


图 6－50　落入式倾斜分拣设备

（7）无人搬运车。无人搬运车种类和规格很多，分有轨和无轨、手动和电动等类，可根据实际情况进行选择。无人搬运车最简单的运用方法是实现从 A 到 B 点的往复运动，即“FROM－TO”方式；也有任何一站位可呼叫就近的无人搬运车的复杂方式，即“随叫随到”方式。

# 6.5　自动化仓库

## 6.5.1　自动化仓库是配送中心的重要组成部分

自动化仓库是配送中心中重要的仓储设施，又称立库、高层货架仓库、自动存储 AS/RS（Automatic Storage & Retrieval System）。它是一种用高层立体货架（托盘系统）存储物资，用电子计算机控制管理和用自动控制堆垛运输车进行存取作业的仓库。仓库的功能从单纯地进行物资的储存保管，发展到担负物资的接受、分类、计量、包装、分拣配送、存档等多种功能。这有助于实现高效率物流和大容量储藏，能适应现代化生产和商品流通的需要。

图 6－51 为配送中心的自动化仓库的结构图。

自动化仓库是生产物流的重要组成部分。生产物流从原材料采购开始，经过基本制造过程的转换活动，最后形成具有一定使用价值的产成品，并将其运至成品库或用户。物料经历着采购运进、入库验收、存放、加工制造、进入成品库以及成品外运等一系列实体运送的动态流转过程，其中均包含了存储环节。

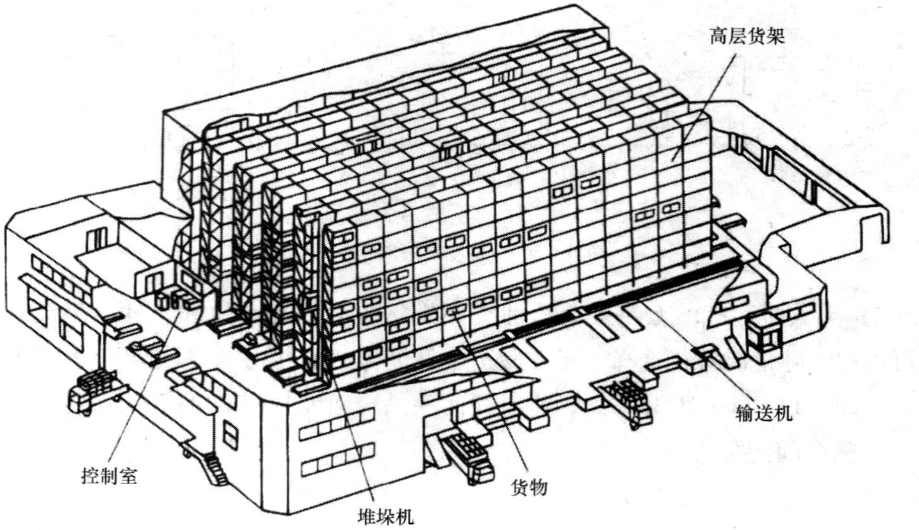


图 6－51　配送中心的自动化仓库

**1. 自动化仓库的作用**

配送中心的自动化仓库的重要作用如下。

（1）科学储备，提高物料调节水平。作为仓库，它首先应具有储存的功能。在自动化系统的管理和控制下，能对物料进行科学的管理，使物料在存储过程中合理利用各种资源，提高处理效率，适应多种存储要求。

（2）有效地衔接生产与库存，加快物资周转，降低成本。作为生产过程的中间环节，它应具有原材料、在制品和成品的缓冲存储功能。在自动化和机械化设备处理下，自动化程度提高，各种物料库存周期缩短，从而降低了总成本。

（3）适当加工，衔接产需，合理利用资源，提高效益。许多仓库或多或少地承担一些加工任务，如为存储进行组装、发货前的包装等。它可以提高原材料利用率，方便用户，提高加工效率、设备利用率和充分发挥各种输送手段的最高效率。通过存储环节，能把生产与需要有机地结合起来，减少生产的盲目性，充分利用已有的资源。因此，自动化仓库提高了企业对市场变化的反应能力，减少了损失，使之更易于在激烈的市场竞争中获胜。

（4）为企业的生产指挥和决策提供有效的依据。自动化仓库也是企业信息系统的重要环节，企业的领导者可根据库存信息制定相应的战略和计划，指挥、监测和调整企业的行动。

目前，装卸和储运作业即物流作业在国民经济中占用了大批劳动力，物流工作机械化和自动化的主要优点就在于提高劳动生产率和节省劳动资源。我国近几年来，在工业发达地区，已建立了一定数量的自动化仓库。

**2. 自动化仓库的效益来源**

历史和现实已充分证明，使用自动化立体仓库能够产生巨大的社会效益和经济效益，效益主要来自以下几方面。

（1）高层货架存储。由于使用高层货架存储货物，存储区可以大幅度地向高空发展，充分利用仓库地面和空间，因此节省了库存占地面积，提高了空间利用率。目前世界上最高的立体仓库已达50m。立体仓库单位面积的存储量是普通仓库的5～10倍。采用高层货架储存并结合计算机管理，可以实现货物的先入先出，防止货物的自然老化、变质、生锈或发霉。立体仓库也便于防止货物的丢失及损坏，对于防火防潮等大有好处。集装箱化的存储也利于防止货物搬运过程中的破损。

（2）自动存取AS/RS使用机械和自动化设备，运行和处理速度快，提高了劳动生产率，降低操作人员的劳动强度。同时，能方便地纳入企业的物流系统，使企业物流更趋合理化。

（3）与人工管理相比，计算机控制能够始终准确无误地对各种信息进行存储和管理，减少了货物处理和信息处理过程中的差错。同时借助于计算机管理还能有效地利用仓库储存能力，便于清点和盘库，合理减少库存，加快资金周转，节约流动资金，从而提高仓库的管理水平。如某汽车厂的仓库，在采用自动化仓库后，库存物资金额比过去降低了50%，节约资金数百万元。自动化仓库的信息系统可以与企业的生产信息系统联网，实现企业信息管理的自动化。同时，使用自动化仓库，可提高企业的管理水平，减少浪费，保证均衡生产，从而也提高操作人员素质和水平。由于仓储信息管理能保证及时准确，便于企业领导随时掌握库存情况，根据生产及市场情况及时对企业规划做出调整，故可提高生产的应变能力和决策能力。使用自动化仓库还会带动企业其他部门人员素质的提高，并带来其他间接的社会效益，如提高装卸速度等。

## 6.5.2 自动化立体仓库的构成

自动化立体仓库是机械和电气、强电控制和弱电控制相结合的产品，它主要由货物储存系统、货物存取和传送系统、控制和管理等三大系统所组成，此外还有与之配套的供电系统、空调系统、消防报警系统、称重计量系统、信息通信系统等。

**1. 货物储存系统**

本系统由立体货架的货格（托盘或货箱）组成。立体货架机械结构可分为分离式、整体式和柜式三种，起高度分为高层货架（12m 以上），中层货架（5～12m），低层货架（5m 以下），按货架形式可分为单元货架、重力货架、活动货架和拣选货架等。货架按照排、列、层组合，从而形成了体仓库储存系统。

**2. 货物存取和传送系统**

本系统承担货物存取、出入仓库的功能，它由有轨或无轨堆垛机、出入库输送机、装卸机械等组成。

堆垛机又称搬运车，其结构形式多种多样，通常有单柱、双柱结构；有轨、无轨结构；有人操作、无人操作；人控、PC 控制、遥控等方式；行走动力有电力、电瓶、内燃动力等；行动方式有直线运动和回转运动，合起来可以有四个自由度，也有多达六个自由度者。

出入库输送机可根据货物的特点采用传送带输送机、机动辊道、链传动输送机等，主要将货物输送到堆垛机上下料位置和货物出入库位置。装卸机械承担货物出入库装车或卸车的工作，一般由行车、吊车、叉车等装卸机械组成。图 6－52 为立体仓库存储系统结构图。图 6－53 为 T－1000 型中的堆垛机。图 6－54 为堆垛机各部分名称示意图。

图 6－52 立体仓库存储系统

图 6－53　T－1000 型中的堆垛机

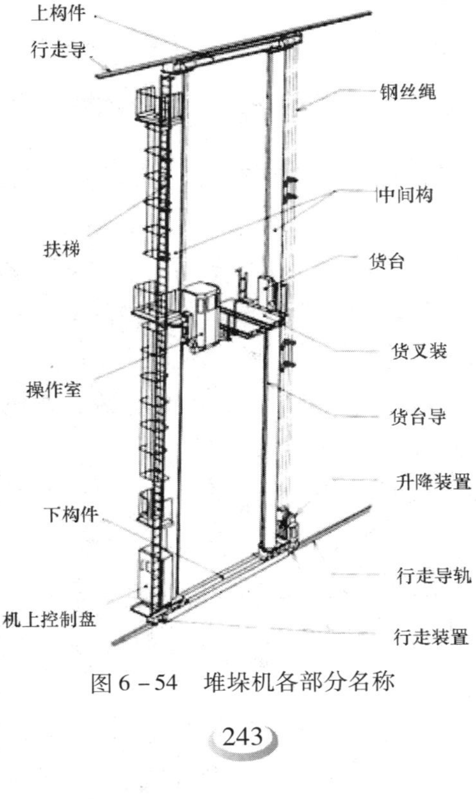


图 6－54　堆垛机各部分名称

**3. 控制和管理系统**

本系统一般采用计算机控制和管理，视自动化立体仓库的不同情况，采取不同的控制方式。有的仓库只采取对存取堆垛机、出入库输送机的单台 PLC 控制，机与机无联系；有的仓库对各单台机械进行联网控制；更高级的自动化立体仓库采用集中控制、分离式控制和分布式控制，即由管理计算机、中央控制计算机和堆垛机、出入库输送等直接控制的可编程序控制器械组成控制系统。

管理计算机是自动化立体仓库的管理中心，承担入库管理、出库管理、盘库管理、查询、打印及显示、仓库经济技术指标计算分析管理能力，它包括在线管理和离线管理。

中央控制计算机是自动化立体仓库的控制中心，它沟通并协调管理计算机、堆垛机、出入库输送机等的联系；控制和监视整个自动化立体仓库的运行，并根据管理计算机或自动键盘的命令组织流程；监视现场设备运行情况和现场设备状态，监视货物流向及收发货显示，与管理计算机、堆垛机和现场设备通讯联系；对设备进行故障检测及查询显示等。

直接控制是 PLC 操作的单机自动控制器，它直接应用于堆垛机和出入库输送的控制系统，实现堆垛机从入库取货送到指定的货位，或从指定的货位取出货物放置到出库取货台的功能。

## 6.5.3 自动化仓库的土建及公用工程设施

要建一座仓库，就必须有能存储货物的厂房（库房）以及其他配套设施。

**1. 厂房**

一般来讲，仓库的货物和自动化仓库中的所有设备都安放在厂房规定的范围内，库内容量和货架规格是厂房设计的主要依据。在我国的南方和北方，要根据不同的地质、地貌情况，不同的荷载情况，对厂房做出不同的设计。土木建筑要根据实际情况因地制宜，切不可不考虑具体情况大张旗鼓地兴建土木，造成不必要的人力、财力和时间的浪费；同时还要注意遵守国家的有关规定。

首先，要选取地址并对地质情况进行勘察，确定厂房基础的形式。如根据货架区的沉降要求，基础可采用桩基或整片筏基等形式。

其次，对墙体、屋面、地面、内墙、辅房、门窗、沟道等形式、所用材料、施工方法进行选择，以实用、安全、方便和美观为原则。在这些方面，国家和地方都有专门的标准和规定。

此外，还要设计中央控制室（机房）、办公室、更衣室、工具间等辅助区域。

**2. 消防系统**

由于仓库库房一般都比较大，货物和设备比较多而且密度大，且管理操作人员较少，故自动化仓库大都采用自动消防系统。它由传感器（温度、烟雾传感器等）不断检测现场温度、湿度等信息，当超过危险时，自动消防系统会发出报警信号，并控制现场的消防设施喷出水或二氧化碳沫等，从而达到灭火的目的。这种消防系统也可以由人工强制喷淋，即手动控制。

在消防控制室内设置有火警控制器，能接受多种报警信号，它的副显示器械一般设在工厂的消防站内，同时可向消防站报警。

我国的《建筑设计防火规范》是消防系统设计的主要依据，可再根据所存物品的性质，确定具体的消防方案和措施。

**3. 照明系统**

为了使仓库的管理、操作和维护人员能正常进行生产活动，必须有一套较发达的照明系统，尤其是在外围的工作区和辅助区。

仓库中运行的各种设备可以不需要照明，但考虑到人的工作和活动情况，库房内各区域应有适当的照明及相应的控制开关。自动化仓库的照明有日常照明、维修和应急照明。

对存储感光材料的黑暗库来说，由于不允许储存物品见光，因此照明系统应特殊考虑。

**4. 通风及采暖系统**

通风和采暖的要求是根据所存物品的条件提出的。对设备而言，自动化仓库内部的环境温度一般在 -5 ~ 45℃ 即可。保持温度的措施通常有配置厂房屋顶及侧面的风机、顶部和侧面的通风窗、中央空调、暖气等。对散发有害气体的仓库，可设离心通风机将有害气体排到室外。

**5. 动力系统**

自动化仓库一般不需要气源，只需动力电源即可。

配电系统多采用三相四线制供电，中性点可直接接地，动力电压为交流 380V/220V，50Hz，可根据所有设备用电量的总和，确定用电容量。

配电系统中的主要设备有动力配电箱、电力电缆、控制电缆和电缆桥架等。在具体设备供电时，可能还需增加稳压或隔离设备。

**6. 其他设施**

其他设施包括给排水设施、避雷接地设施和环境保护设施等，这些都是一个综合建筑系统中要考虑的。

给水主要指消防水系统和工作用水。

排水是指工业废水、清洁废水及雨水系统。雨水系统可采用暗管排放，经系统管线排入附近的河中。

立体仓库属于高层建筑，应设置避雷网防止雷击，其引下线不应少于 2 根，间距不应大于 30 米。

电气设备不带电的金属外壳及穿线用的钢管、电缆桥架等均应可靠接零；工作零线、保护零线均应与变压器中性点有可靠的连接；为了防止静电积聚，所有金属管道应可靠接地。

根据《中华人民共和国环境保护法》等有关规定，必须对生产过程中产生的污物及噪声采取必要的措施。

**思考题**

1. 配送中心存储设备有哪些？各适合应用在哪些环境下？
2. 配送中心搬运设备有哪些？各适合应用在哪些环境下？
3. 配送中心输送设备有哪些？各适合应用在哪些环境下？
4. 自动化仓库在配送中心中的作用如何？
5. 试述自动化仓库的构成。

# 第七章　物流配送中心的管理信息系统

配送中心管理信息系统（Distribution Centermanagement Information System，简称 DCMIS），是对配送中心的进货、验收、入库、上架、拣货、加工、包装、配货、出货检验、装货、运输等信息数据进行分析和处理的系统。

## 7.1　配送中心管理信息系统的业务流程及功能模块

### 7.1.1　业务流程

配送中心的总体业务包括进货、验收、入库、上架、拣货、加工、包装、配货、出货检验、装货、运输等环节，其总体业务流程如图 7－1 所示。业务流程解释如下。

（1）对客户报价，同客户洽谈合同，确定之后业务正式开始运作。

（2）在收到客户到货通知单之后，同客户确定实际到货日期。

（3）货物实际到货后，在收货区进行装卸并验货，确认货名和数量；对不合格的货物做退货处理。

（4）验货后，对货物分拣并安排储位，打印货物条码和储位条码，货物装入托盘通过叉车送入货区的储位；对需要拆零的货品，拆零后，把同一类拆零后货品集中放在同一存储区。

（5）对需要配送的货物，根据客户的要货配送清单进行拣选、加工、包装，装箱后，打印装箱条码。配好货后，送到发货区准备出库。

（6）据客户的要货配送清单制订配送计划，并向运输公司发送配送派车单；货物装车后生成装车清单，并安排配送路线运输。

（7）配送运输完成后，确认配送回执。

（8）物流中心的库内管理主要包括转储、转库、盘点等业务管理。

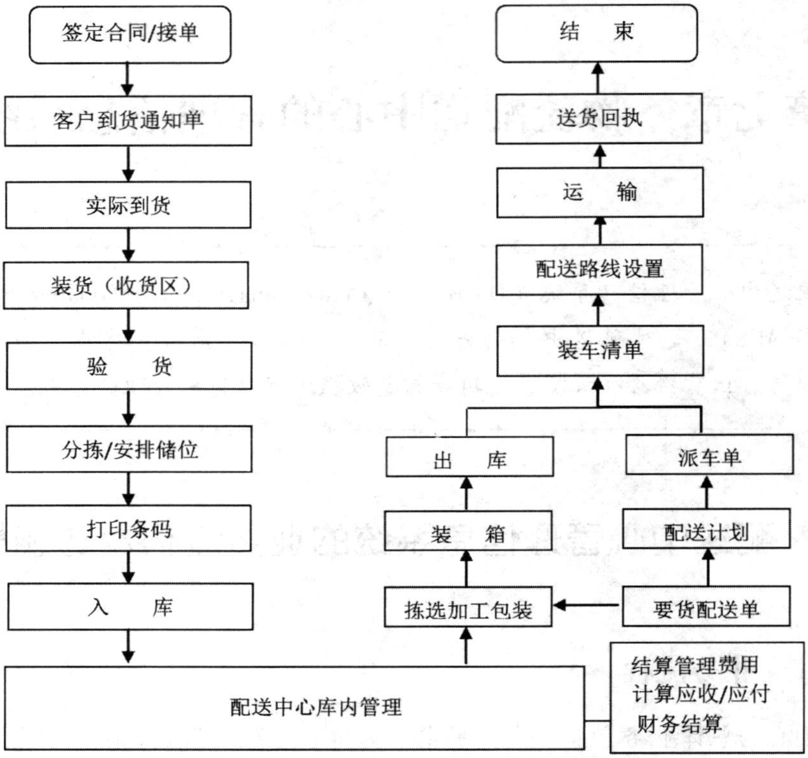


图7－1　总体业务流程图

## 7.1.2　功能模块

根据业务流程图，我们可以设计出配送中心的总体功能模块图，如图7－2所示。

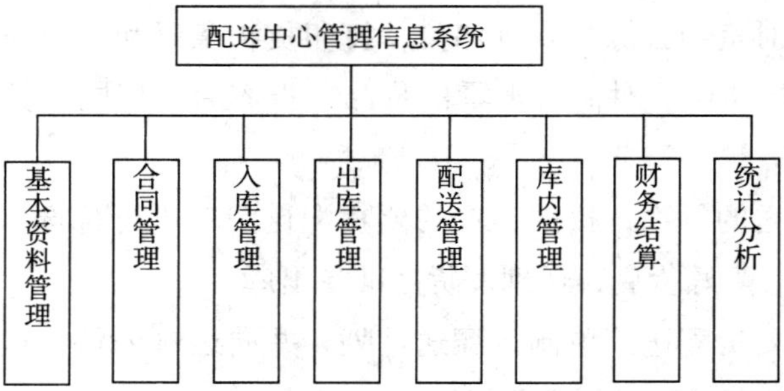


图7－2　配送中心管理信息系统

主要功能模块功能说明如下。

（1）基本资料管理：对货品资料信息、客户信息、储位信息的管理。

（2）合同：对价格、合同的管理。

（3）入库管理：对客户到货通知单、条码打印（货物、储位）、入库上架的管理。

（4）出库管理：对要货清单、分拣、加工、包装、装箱清单（条码打印）、出库的管理。

（5）配送管理：对配送计划、派车单、装车清单、配送路线设置、车辆跟踪、配送回执的管理。

（6）库内管理：对转储、转仓、盘点、库内作业单的管理。

（7）财务结算：对计费方式、应付/应付、发票、对账单、收/付款、财务核销的管理。

（8）查询统计分析：对库存查询及各种业务单的查询统计和分析。

## 7.2　配送中心管理信息系统典型功能模块介绍

### 7.2.1　基本资料管理

基本资料管理主要包括货位管理、货品信息管理、车辆管理、司机管理及客户信息管理等。

**1. 货位管理**

货位管理包括进行货位的分类（分类可能包括日用商品、冷藏商品、特殊商品、保税商品、家庭用品和家具等），对存货进行货位调整（在不知道货物的参数时要分配货位，以及在长期的存货流通中总结参数值，系统在调整货位时，自动调整货位）。

（1）仓位类型。储位也叫仓位，类型管理是指把具有相同性质的库位分为一类的管理模式，这些性质包括库位的长、宽、高，能保存商品的重量，是否具有冷冻冷藏功能等。如图 7－3 所示。

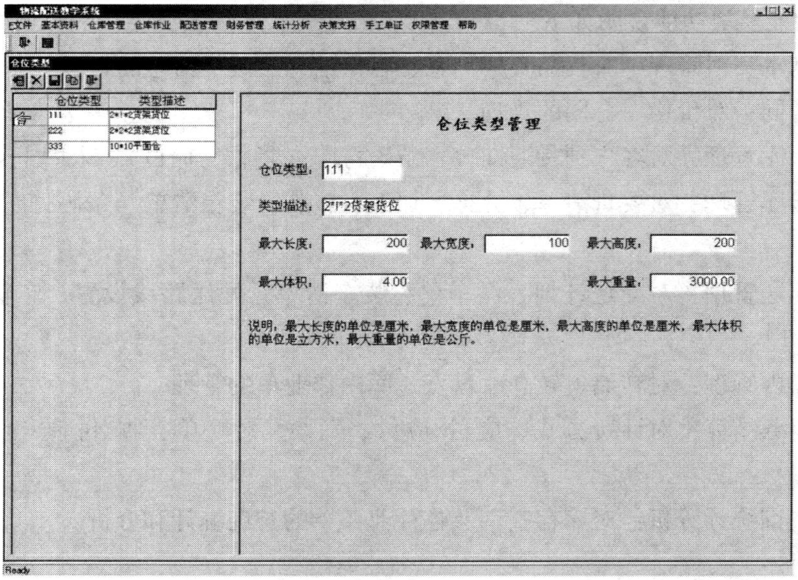


图 7－3　仓位类型

（2）仓位信息。仓位信息指管理仓库中存储货品的位置。如图 7－4 所示。

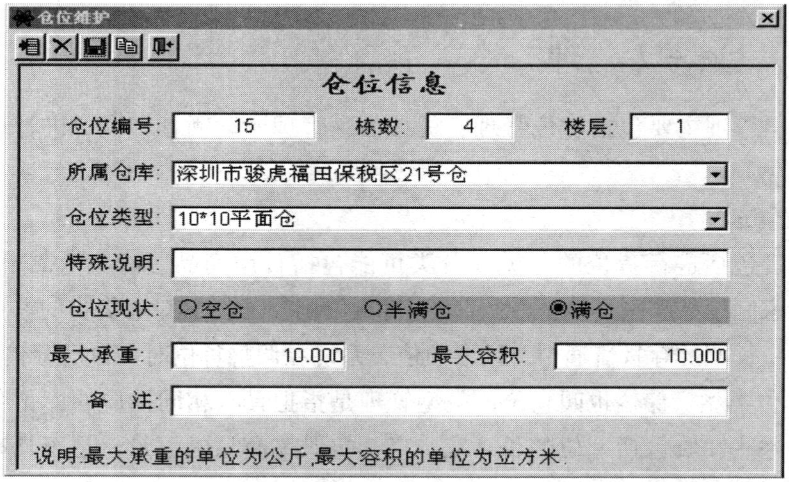


图 7－4　仓位信息

（3）储位分布图。储位分布图指仓位在仓库内部分布的平面图，并且根据各仓位中库存产品的多少显示为不同的颜色，用户可以一目了然地知道诸如仓位占用、空仓、损坏仓等信息。如图 7－5 所示。

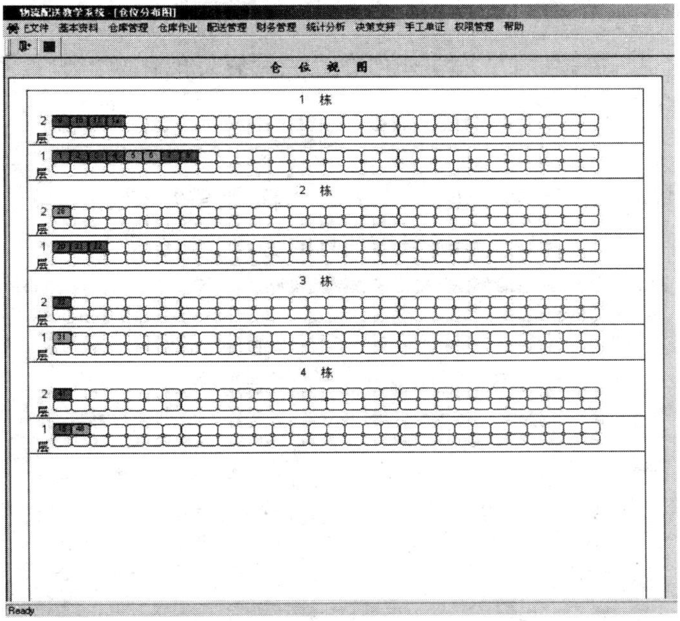


图 7－5　仓位分布图

（4）储位结构图。储位结构图表示在配送中心的储位管理中，占用、空仓以及损坏状态的仓位所占的比例，比如红色代表占用，绿色代表空仓，蓝色代表损坏等。如图 7－6 所示。

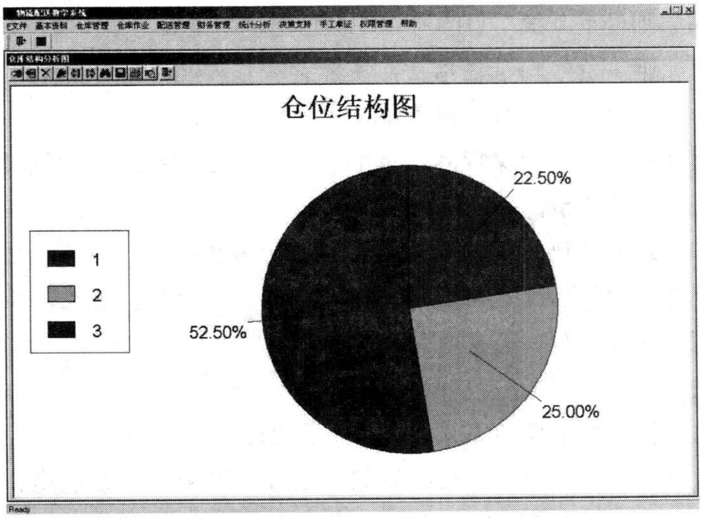


图 7－6　仓位结构图

**2. 货品信息管理**

从根本上说，货品管理就是说明如何在已经配置好的储位中分配货品以及对货品的数量、品质和状态实施管理的过程。

（1）货品信息

对仓库保存货品进行管理，包括对其货品名称、条码、类别、单位、规格、型号、重量、长、宽、高、保质期、安全库存等信息的管理。如图7－7所示。

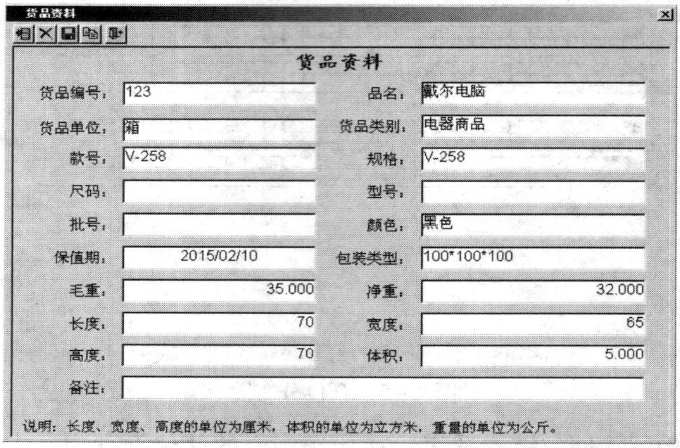


图7－7　货品资料

（2）货品管理的基本原则

货品管理的原则也是其根本目的所在，概括地说，主要有以下几点。

①货账相符原则。货账相符是指货品实际存放量要与账目数据相等。货账相符原则是各种仓储企业、物流中心所必须遵守的一项基本原则。

②货品品质保障原则。确保货品数量的正确并不是货品管理原则的全部，货品品质也是不可忽视的一个环节。

③货品的有效跟踪原则。货品在保管时可能会发生并垛、移库、质检、拣货等作业，出库时又将随运输过程发生物理位置的改变。这样，要对货品的状态、位置实施有效的管理，就要切实地对货品进行有效的跟踪。

（3）货品分类

只有对货品进行详细、准确的分类，并灵活地运用其出/入库SKU，才能实现对货品有效的管理。其实，货品的分类在前面储位划分中已经提到，这里，我们将就每种类型的货品及对其所包括的内容做详细的说明。

①食品类。食品类货品是指饮料、面包、生肉及肉制品、鲜奶、小食品等食用的

货品，但不包括面粉、饲料等容易产生粉尘污染的货品。此类货品共有的特性是：容易变质，对存储环境有温度限制，进出库频率较高，不同批号的同种货品要遵循距保质期近者先出库的原则，避免与挥发性、毒性货品同库存放，易于货架存储等。

②电器类。电器类货品包括电视、冰箱、空调、洗衣机、电脑、微波炉等大型家电以及熨斗、剃须刀、电动玩具等小家电，同时还包括电钻、电泵等小型工业电器。电器类货品有以下共有特性：存储环境须防潮，避免液体污染，避免粉尘污染，包装较为规整，易于装卸工具（如叉车）作业等。同时，某些此类货品具有季节性强的特性，如空调、风扇等。

③面粉类。面粉类货品包括面粉、饲料等粉状货品，但不包括水泥、石灰等建材。面粉类货品的主要特性有：需防潮、避免液体污染、通常以“袋”为单位、易造成粉尘污染、存储方式一般为堆垛等。

④危险品类。危险品类货品主要是一些易燃、易爆、强腐蚀的货品，如烟花爆竹、汽油、浓硫酸等。此类货品的共有特性为：搬运应以机械为主、储放方式严格等。

⑤服装/布料类。服装/布料类货品主要为服装、面料等纺织品；其共有特性为：随季节变化出入库量变化较大、避免液体污染、防粉尘污染等。

⑥药品类。药品类货品为各种成药、草药等；其特性为需恒温保存、季节性强、保质期要求较高、一般具有多个 SKU 等。

⑦建材类。此类货品包括水泥及其制品、钢材、木材等；其共同特性为重量较大、规格各异、需机械搬运、以堆垛为主等。

⑧化工制品类。化工制品类货品主要为化工原料；其特性为多有污染（气体、液体）属性、容易相互反应影响品质、以堆垛为主等。

⑨印刷品类。印刷品类货品主要为纸张、书籍等；此类货品的特性主要有防潮、避免液体污染、多以堆垛、货架储放等。

⑩大型货品/集装箱类。此类货品多体积、重量较大，需机械装卸。

⑪杂货类。杂货类货品主要为日用品等对存储无特殊要求的货品；其特性为无相互污染属性、存储条件要求不高、储放形式多样化等。

（4）货品的单位

货品的单位因货品各异而各不相同，如箱、盒、瓶、包、袋、吨、公斤、套、件、打等等。

一种货品可能同时存在几种单位，如一“套”空调包括 3“件”（室内机、室外机、套管）、一“箱”可乐有 12“瓶”、一“箱”药品有 50“盒”等。

同时，根据货品在不同的物流环节，可将货品单位划分为以下几种不同的类型：

①保管单位。保管单位是指货品在库保管时应用的单位。

②出入库单位。出入库单位是指货品出入库时的单位，出入库单位可能与保管单位相同，也可能不同。

（5）货品属性。货品依其固有特性、客户特性、保管需求、搬运需求等不同可定义如下属性。

①货品编码：可为条形码等，后面有对其的定义；

②货品名称：货品品名；

③规格：货品规格；

④型号：货品型号；

⑤货主：货主 ID；

⑥生产厂商：货品生产厂商；

⑦货品类型：标识货品类别（电器类、面粉类、食品类、化工制品类……）；

⑧重量：货品单重；

⑨长宽高：货品外包装尺寸；

⑩长宽高单位：规格单位（米、厘米、尺……）；

⑪单位：货品 ΣKY，一种可有多个单位；

⑫数量：货品数量；

⑬最小出入库单位：最小出入库 ΣKY；

⑭批号：货品的生产批号；

⑮保质期：多用于对保管时间期限有要求的货品；

⑯码高：货品可堆叠的层数，可根据货品来定，也可根据客户合同确定；

⑰承重：货品所能承受的最大压力；

⑱存储方式：堆垛、货架存放、托盘存放……；

⑲搬运方式：叉车、人工；

⑳存储区域类型：普通区、空调区、冷藏区；

㉑易碎：货品是否易碎；

㉒防潮：货品是否需存储于干燥环境中；

㉓倒置：货品是否可倒置存放；

㉔污染属性：货品具有的污染属性，如：气体污染、液体污染、粉尘污染等；

㉕避免污染属性：货品应避免的污染；

㉖货品状态：该货品所处的状态，如：保管、质检、运输中等。

（6）货品操作内容

货品的操作主要包括以下内容货品登录、货品注销、货品删除、货品入库、货品出库、货品移库、货品质检、盘点。

（7）库存控制及优化

库存控制应注意如下两方面。

①库存量控制/判断。每种库存货品都设定库存控制，该限制分为三种：a. 安全库存公式。录入主要参数，系统自动按照公式逻辑生成安全库存数量，在超过或低于该数量时系统自动报警。b. 自定义逻辑。客户可以自己定义计算库存控制的数量，录入这些参数后系统自动生成控制极限。c. 上下线控制。这是一种最简便的库存控制方法，客户可以根据经验输入库存的最大、最小极限，凡数量超过该极限，系统将自动报警。

②货品属性控制（保质期）。货品在库期间，有可能因各种疏忽造成货品超出保质期，对于临近保质期（设定一个时间段）货品，系统自动报警。

库存优化应遵循如下原则。

①储位分配原则（ABC 原则、同客户货品相临原则、同类货品相临原则）。储位分配指进入仓库的货品储位安排。本功能是系统的优化功能之一，一旦定义入库货品，系统自动根据历史记录分析货品的进出库频率，按照进出库频率与作业方便原则选择储位，即 ABC 原则。

由于进出库作业往往按照客户类别进行，所以属于同一客户的货品尽量放置于临近位置，以便方便拣取作业。

同类货品的属性相同，所需条件相同（如各种家电对于温湿度的要求基本相同），可以将同类货品储存在同一储区。

②作业任务分配原则（就近、循环排队）。作业任务分配原则指仓储系统内作业任务在人员及设备之间的分配，简而言之，即由谁由哪台设备完成作业任务。

作业任务的分配原则以就近就便原则为主，即系统记录人员设备的位置及作业状态。在生成一个新任务的时候，系统寻找最接近任务的资源来完成任务，或寻找完成任务最方便的资源完成任务。

在资源比较充沛的时候，系统可以按照循环排队原则分配任务，即所有资源循环作业。

③批次集合作业优化原则。在各种作业量比较大的情况下，系统可以将在一定时间段内发生的同一种作业集合起来作为一个作业批次，按照操作人员及设备的属性进行作业分配。该原则主要适用于运输配送作业、拣货作业、补货作业等。

批次控制即将一定时间段内发生的作业或以前尚未调度的作业作为一个作业批次，然后生成各项作业。批次控制可以优化作业效率。

④任务优先原则

在各种任务/作业同时大量发生的情况下，各种任务应该具有优先原则；一般情况下可以分为人为设定和系统自动确定。

凡是任务设定为优先的下一工序作业自动记录为优先。

人为设定是指人为设定每项作业或任务的优先等级，在同一时间段内产生的不同作业或任务按照优先等级进行调度。

系统确认优先的原则是时间上比较近的优先、高级客户的优先。

应用优先原则的作业、任务包括订单调度、采购调度等。

**3. 车辆管理**

对车辆基本信息的管理，如图 7－8 所示。

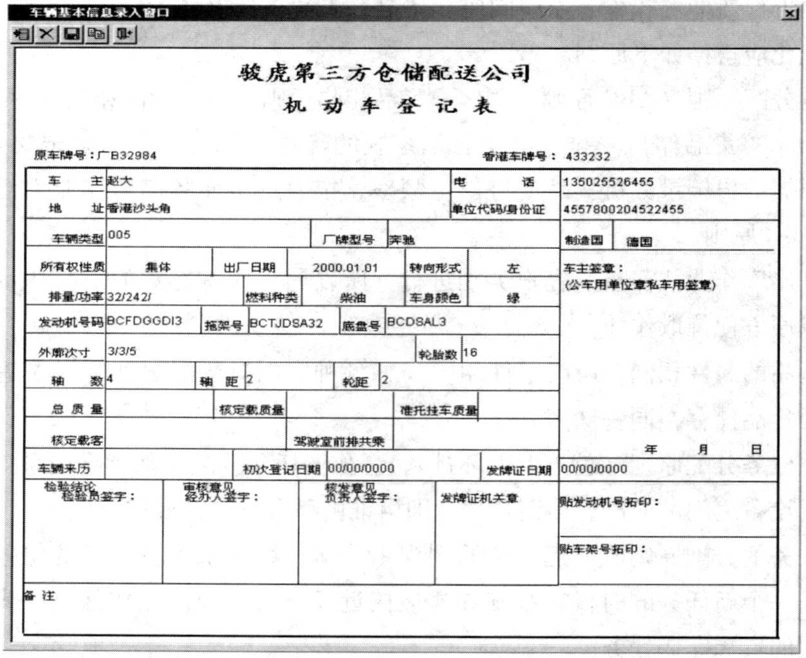


图 7－8 车辆信息

**4. 司机信息**

对司机基本信息管理，如图 7－9 所示。

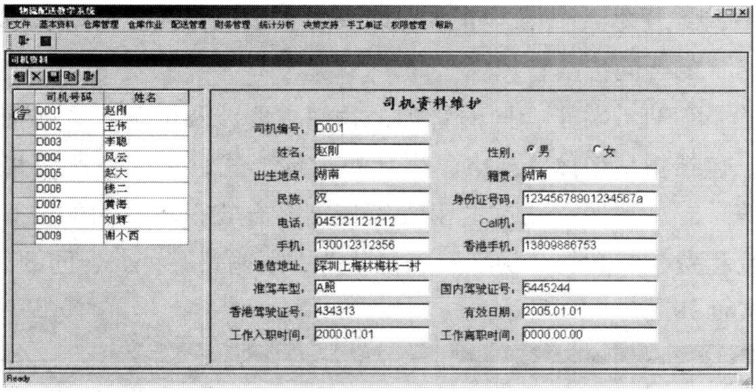


图 7－9　司机资料

**5. 客户信息管理**

（1）客户类型，如图 7－10 所示。

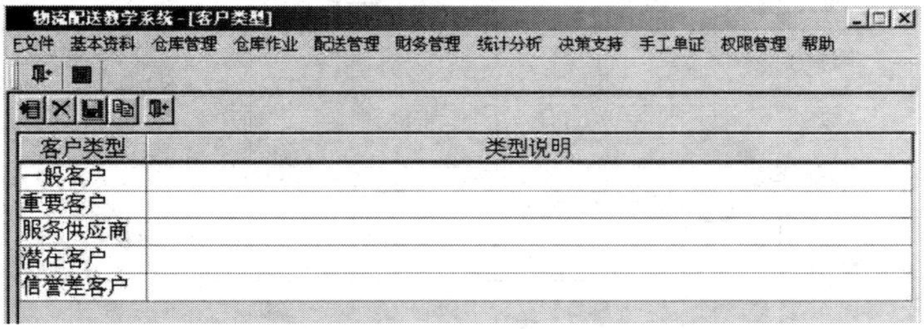


图 7－10　客户类型

（2）客户信息。客户基本信息包括客户的名称、地址、主要业务类型、客户与本公司的关系等信息。一个客户可能有多个联系人，在不同情况下，需要与不同的联系人接触。

## 7.2.2　合同管理

图 7－11 为合同管理的流程。

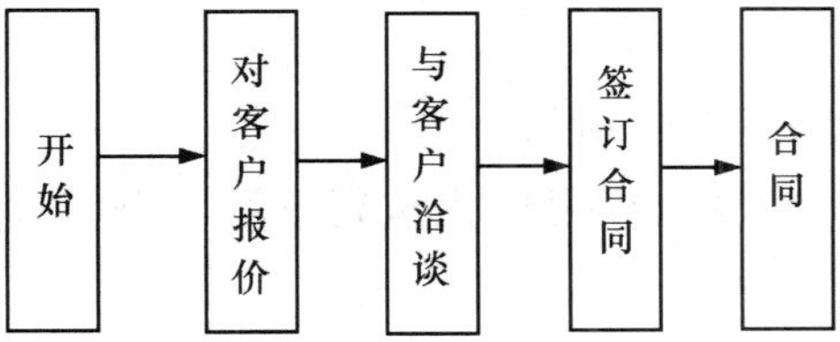


图 7－11　合同管理流程

（1）价格管理。在本系统中，价格管理分为三个层次：底价的管理、公司对外标准报价管理、客户的合同价格管理。

（2）客户合同管理。关于合同的管理，我们主要涉及以下几个方面：①客户所存放物品的性质，包括物品名称、规格、物品的包装形式；②客户所要租用仓库的面积的大小、位置等；③客户所存物品的出入库依据、方式；④费用的结算方式，以及费用项目，包括仓租费、装卸费、加工费、包装费、运输费等；⑤合同的有效期。

合同管理界面如图 7－12 所示。

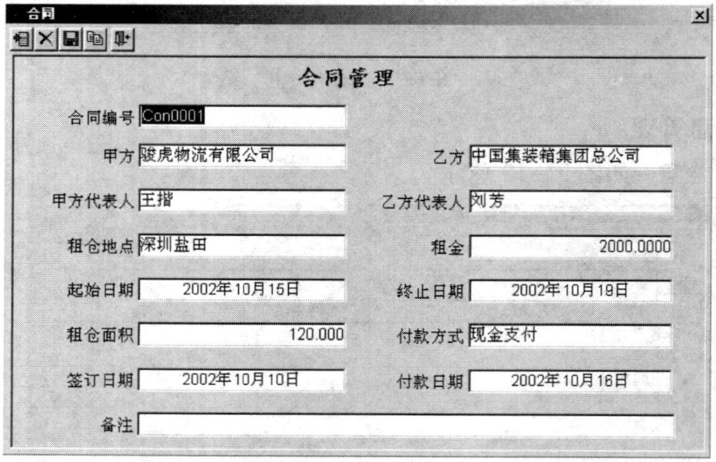


图 7－12　合同管理界面

## 7.2.3　入库管理

仓储系统应满足多种入库操作，包括常规入库、调拨入库、回收入库、退货入库、整箱入库等。系统能够为上述入库类型提供向导，引导操作员进行不同的流程。在入库时，系统根据预先设定的规则，引导操作员选择储区、货架、储位等，对订单不符的采取拒收或暂存处理。

**1. 入库流程**

基本入库操作流程如图 7－13 所示。

（1）入库信息接收：指令仓库可以先进行仓库设备、人员、场地等方面的准备工作。

（2）货物接收：主要业务操作是货物卸载、搬运到入库区的过程，同时录入入库单并记录使用仓库耗材情况和接收到的可重复利用的设备（如托盘）。

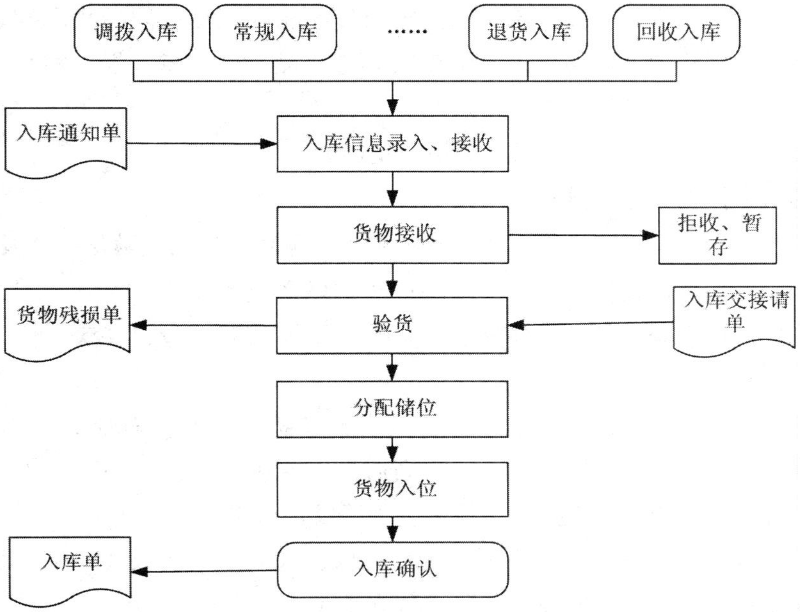


图 7－13　基本入库操作流程图

在货物接收环节要求使用条码识别技术和设备。在接收货物的同时，逐件读取货物的条码信息。对于有外包装的货物，原则上按照外包装为单位来管理货物，对于一些有特殊要求的、需要管理到包装内部的货物，若无法打开包装，则以包装内部的货物为单位，将整包信息作为货物的辅助信息来记录。

在有入库通知单的情况下，系统应提供在入库通知单基础上的修改功能，生成入库单。

（3）验收：入库的验收包括单据内容与货物的核对、货物的检验。应在系统中标注检验不符的货物，生成货物残损单，同时将处理情况提交给订单处理中心。

单据与货物的核对可使用条码阅读设备实现。对于没有粘贴货物条码的货物，系统应根据编码规则生成条码，并粘贴于货物上。

（4）分配货位：系统分配货位应满足以下原则，即根据货位的尺寸、重量、特性、保管要求选择货位；保证先进先出、缓不围急；出入库频率高的，使用方便作业的货位；小票集中、大不围小、重近轻远；作业分布均匀。

（5）入库确认：入库后对相应的库存量进行修改，同时生成入库交接清单。

（6）设备入库：对货物入库时使用到的仓库设备（可重复利用）也应记录、管理。

在进行储运分配时，应遵循如下原则：同客户货品相邻原则；同种货品相邻原则；货品不相互污染原则；如果规格经验数据没有相应货品存储信息，根据货品与储位属性分配一个保守数量；货品放满储位原则。

如果入库操作失败、异常，应及时进行反馈。

常见的入库操作失败、异常情况如下。

①装卸作业失败：失败的原因多为调用人力资源和设备无法满足卸货及入库需要。解决方法是让装卸负责人返回库工部或与库工部联系重新安排资源，得到新资源后继续作业。注意，重新安排资源后要修改作业人力资源表和作业设备表，保证系统记录与实际相符。

②装卸作业异常：异常情况包括人力或者设备损坏货品。解决方法为：由司机、库管员、作业负责人、实际损坏人四方共同协商，达成货品损失情况共识，由司机询问货品所属客户损失物品处理办法，损失金额可以过后再议。作业负责人在装卸单上、入库单上填写货品损失情况，如果损坏货品运回，则入库单实收要减少；如果损坏货品照样入库，由库管员负责处理把损坏货品单独处理（放入残品区）。

③装卸作业反馈：由作业负责人返回给库工部装卸单。

④放货失败：失败原因多为未分配储位区，货品存放空间不足。解决方法是由库管员联系票据中心或者自己解决，放置到其他区。

⑤储位分配失败：失败原因多为货品体积、重量估计错误。解决方法是主动联系票据中心，重新分配储位（根据实际情况附建议分配方案）。

一般由库管员和司机对入库操作失败、异常进行反馈。

①库管员反馈：根据实际情况，反馈某区规格储位存放某种商品的最大数量，有利于以后分配方案。一般库管员在接收到储位分配表时，每种货品每个储位会表明该分配是由经验数据得到还是优化得到，库管员要负责把表明是优化得到的，测试出最安全、最大数量，并且返回给系统。

②司机反馈：司机负责带回入库单给票据中心，系统接收实际入库数量，打印回执及出门条给司机。

储位分配流程如图 7 - 14 所示。

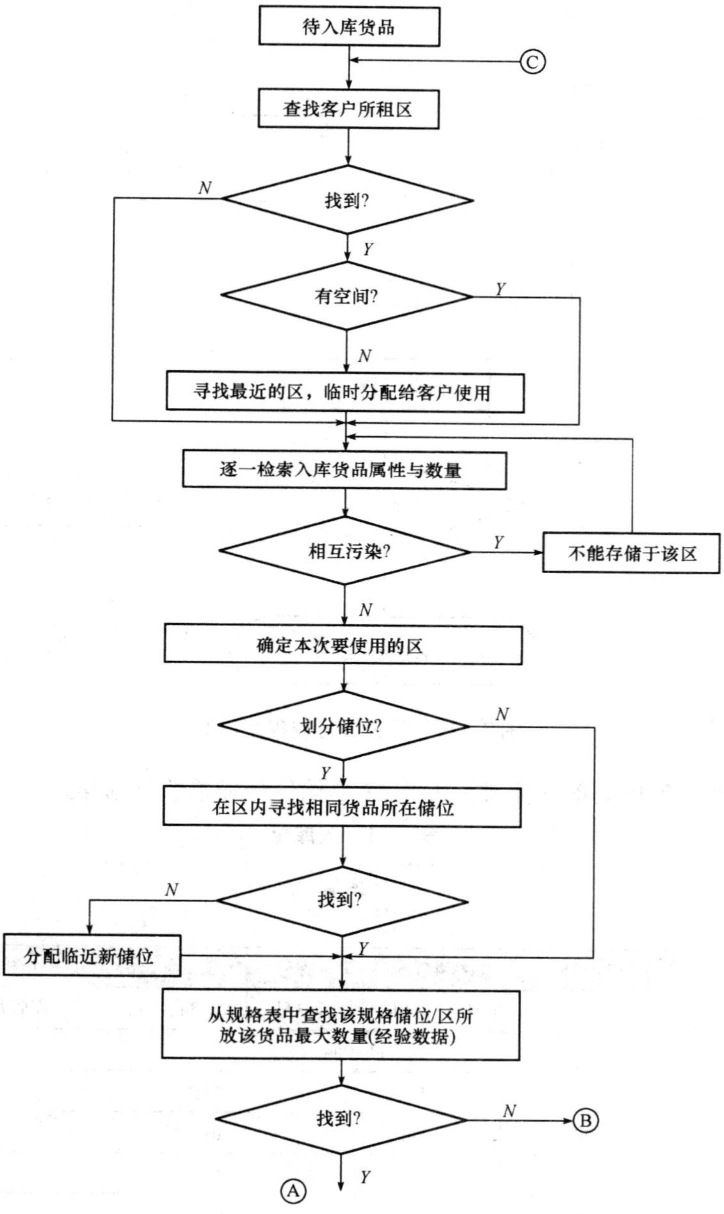


图 7－14　储位分配流程图（1）

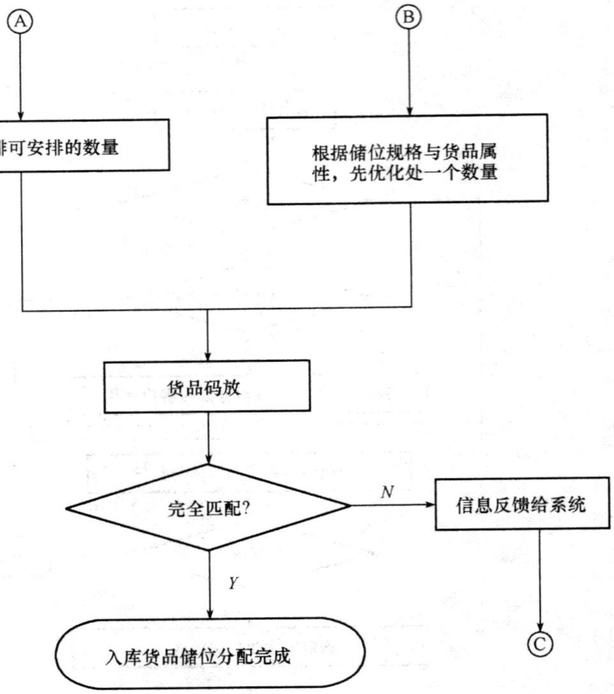


图 7－14 储位分配流程图（2）

表 7－1 是入库单的单据样式，表 7－2 是储位分配单的单据样式。

**表 7－1 入库单**

<table>
<tr><td colspan="8" align="center">入库单</td></tr>
<tr><td colspan="8" align="right">入库编码：0002</td></tr>
<tr><td>库房</td><td>001</td><td>凭证号码</td><td>0000457</td><td>车牌号</td><td>京 A－B5634</td><td>司机</td><td>臧广兴</td></tr>
<tr><td>客户</td><td>海尔</td><td>日期</td><td>2001－8－14</td><td>运单号</td><td>34，743</td><td>库管员</td><td></td></tr>
<tr><td colspan="8" align="center">货 品 明 细</td></tr>
<tr><td>序号</td><td colspan="2">货品</td><td>应入</td><td colspan="2">实入</td><td colspan="2">备注</td></tr>
<tr><td>1</td><td colspan="2">电脑</td><td>40</td><td colspan="2">40</td><td colspan="2"></td></tr>
<tr><td>2</td><td colspan="2">冰箱</td><td>40</td><td colspan="2">38</td><td colspan="2"></td></tr>
<tr><td>3</td><td colspan="2">洗衣机</td><td>40</td><td colspan="2">40</td><td colspan="2"></td></tr>
<tr><td colspan="8">库管员签字：</td></tr>
</table>

**表 7－2 储位分配单**

| 储位分配单 | | | | | |
|---|---|---|---|---|---|
| | | | | | 编码：0001 |
| 车牌号 | 京 A－A8888 | 司机 | 臧广兴 | 库房 | 001 |
| 货 品 明 细 | | | | | |
| 位置 | 货品 | 应放 | 实放 | 正品/次品 | 备注 |
| 0001－1010101 | 海尔尔彩电 21 | 40 | 40 | 正品 | |
| 0001－1010102 | 海尔尔彩电 25 | 20 | 20 | 正品 | |
| 0002－1010201 | 海尔尔彩电 25 | 20 | 18 | 正品 | |
| 0002－1010203 | 海尔尔彩电 29 | 30 | 30 | 正品 | |
| 0002－1020，103 | 海尔尔彩电 29 | 10 | 10 | 正品 | |

## 7.2.4 出库管理

出库管理应与入库操作对应，包括常规出库、调拨出库、虚拟出库、模糊出库等，业务流程图如图 7－15 所示。

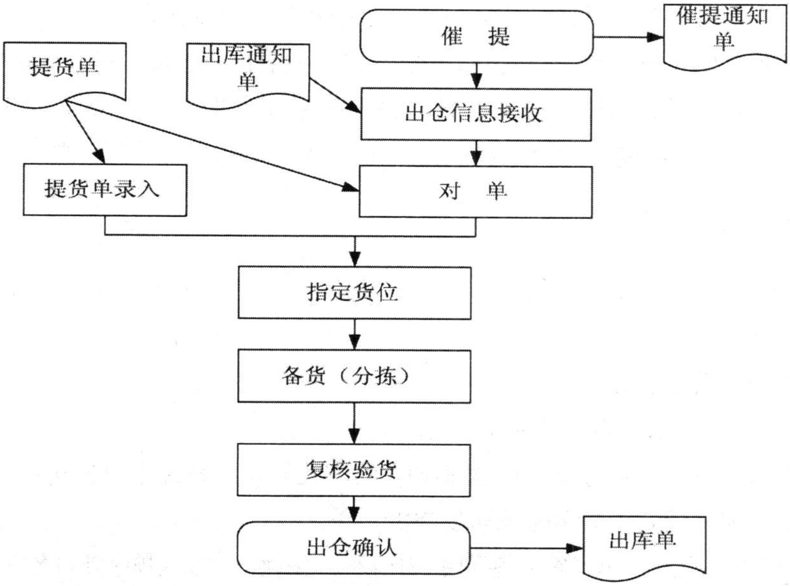


图 7－15 出库流程图

（1）催提：对于到约定期或将过保质期的货品进行催提，到期催提应在到期日的前一段时间进行。

（2）出库信息接收：指令仓库可以先进行仓库设备、人员、场地等方面的准备工作，并进行备货工作。

（3）对单：根据接收到的出库信息，按照某种原则（如先进先出原则）自动选出应出库的货物所在的储位信息，并与实际单据进行核对。如没有电子提货信息，则需要按照实际的提货单录入到仓库系统中。

（4）拣选：按照某种原则（如先进先出）优先选择某个批次的货物先出库，即选择符合条件每个储位上的货物出库。在仓库系统作业中的出库原则应至少支持货物有效期（保质期）在前的先出库、先进先出原则。选择储位后，提示每个储位的编号以及出库数量，供仓库操作人员确认。

（5）备货、加工按照订单信息（出库单）进行拣选备货，在备货的过程中可能包括增值加工的过程。仓储人员根据订单要求组装、包装货物、加贴标识，对货物进行加工。仓储系统应记录这些加工信息，包括所用到的原料、耗材，以备日后核算用。

（6）复核：在货物出库前，将出库单（订单）内容与实际备妥的货物一一核对，从数量、包装要求等方面检验；可使用条码识别技术和设备。

（7）出库确认：确认后，打印储位出库单据备案，修改库存量。

（8）设备出库：对货物出库时使用到的仓库设备也应记录、管理。拣货时应遵循取空原则和扩大空区域原则。至少设置三种预警系统，即货品保质期即将到达预警、客户所租空间期限即将到达预警、客户安全库存上限下限即将到达预警。

### 7.2.5 配送管理

配送管理主要是对配送计划、派车单、装车清单、配送路线设置、车辆跟踪、配送回执的管理。

**1. 配送业务管理流程**

配送业务管理流程，如图 7－16 所示。

（1）根据客户发出货订单，可通过 EDI 的方式导入，系统生成配送计划。

（2）根据配送计划，向运输公司发送派车单。

（3）司机打印配送清单（客户签字用，带条码，按优化的配送顺序排列客户）。

（4）司机用 RF 扫描配送清单条码，RF 显示本车应配送货品的详细信息，与出库暂存区的货品核对。

（5）配装：当单个用户配送数量不能达到车辆的有效载运负荷时，就存在如何集中不同用户的配送货物，进行搭配装载以充分利用运能、运力的问题，这就需要配装；和一般送货不同之处在于，通过配装送货可以大大提高送货水平及降低送货成本，所以，配装也是配送系统中有现代特点的功能要素，也是现代配送不同于以往送货的重要区别之处。

（6）运输、跟踪：可与 GPS（全球定位系统）和 GIS（电子地图系统）紧密集成。

（7）配送完毕后录入配送结果、计费（运输费用、仓储费用、装卸费用、管理费用等）、结算。

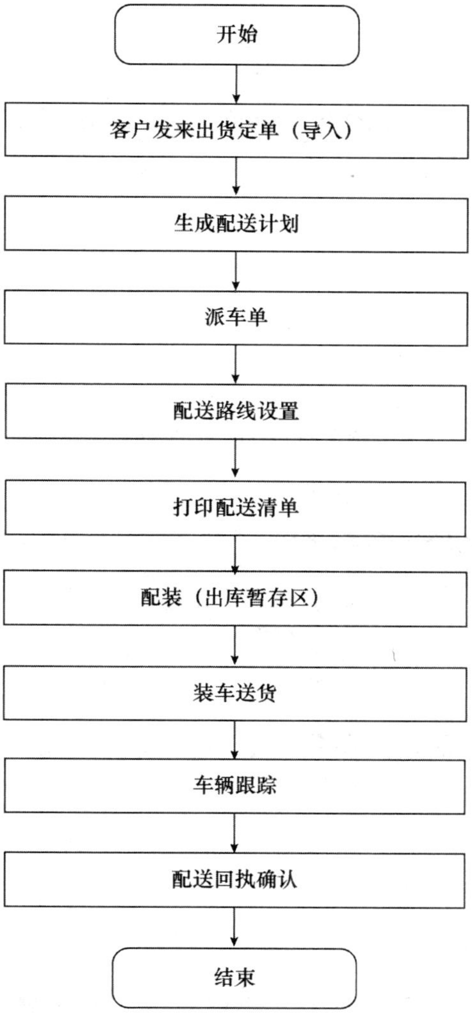


图 7－16 配送业务管理流程

**2. 配送计划的管理**

根据客户的出货订单，生成配送计划，配送计划的主要信息包括配送单号、配送日期、配送要求及货物的明细信息等内容。

（1）派车单。根据配送计划安排调度，向运输公司发送派车单。

（2）配送线路设置。根据货物配装情况，制订配送过程的行车路线。如图 7－17 所示。

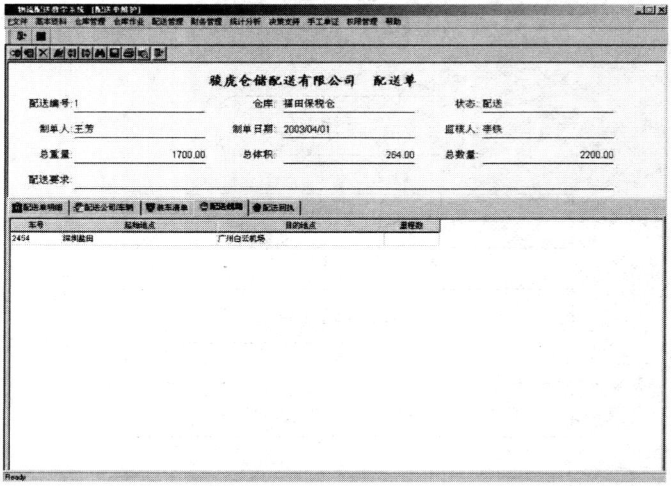


图 7－17　配送路线设置

（3）装车清单管理。如图 7－18 所示。

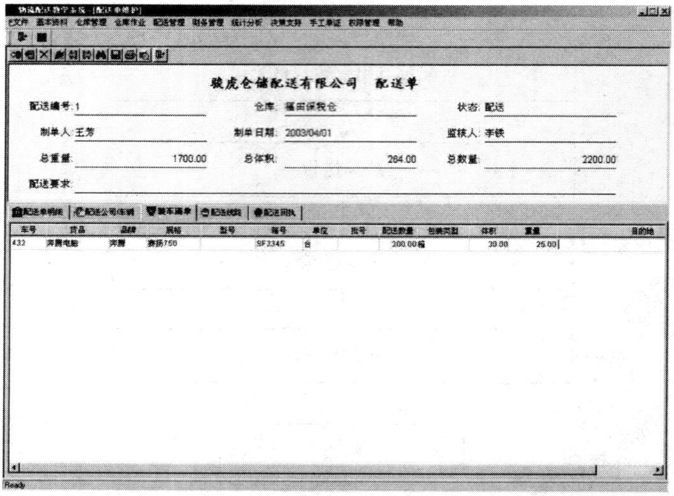


图 7－18　装车清单管理

（4）运输、车辆跟踪管理。可与 GPS（全球定位系统）和 GIS（电子地图系统）集成。

（5）回单确认。如图 7－19 所示。

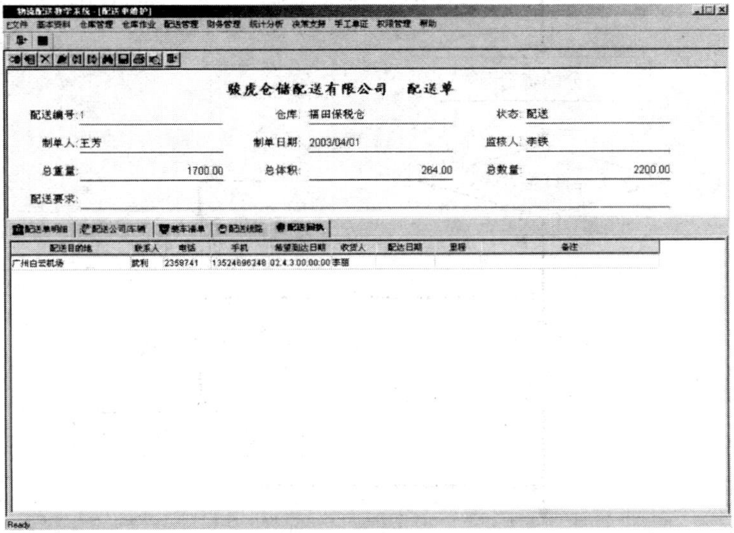


图 7－19　回单确认

## 7.2.6　库内管理

库内管理应有货物 ABC 分类管理功能，针对不同等级分别进行管理和控制。

**1. 移库**

移库是指库内货品改变存储位置。

（1）作业来源。移库的作业来源有四种：①存储位置优化，包括：将出入库频率高的货品移动到离门近位置，相反则移动到远的位置；保证同一客户货品相近的原则；保证同一货品相近的原则；保证储位内货品尽量满的原则；②货品质检需要抽样取货品；③货品加工作业，取材料，放成品；④货品出库移动到临时区。

（2）作业流程。移库作业流程如图 7－20 所示。

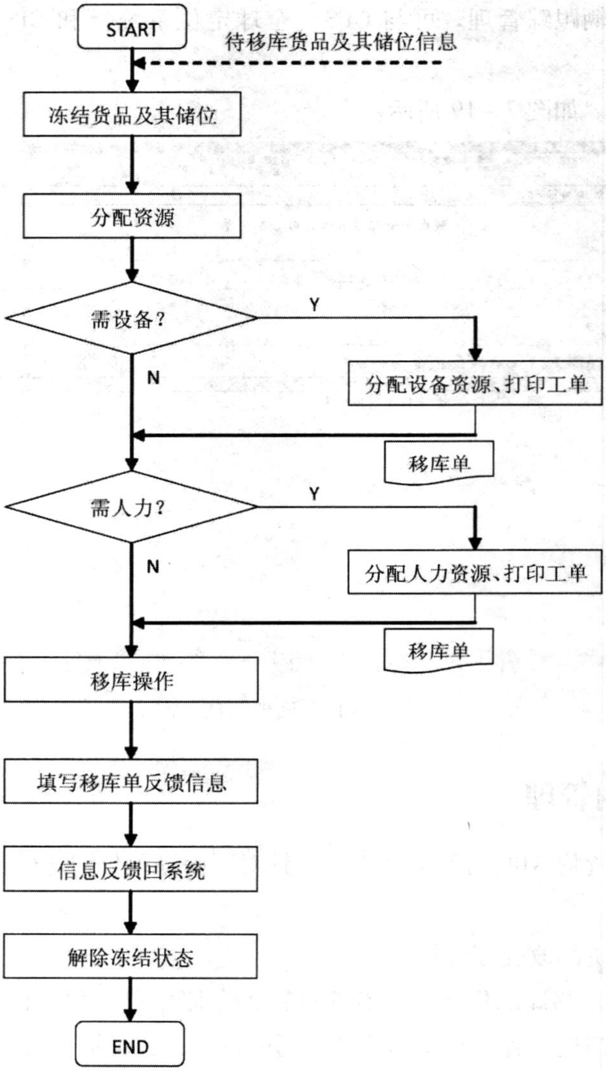


图 7－20　移库作业流程

下面对移库流程解释如下。

①依据货品存放表选择要移动的货品；

②将要移动的商品，标记为冻结的状态；

③根据客户货品操作要求，分配资源；

④打印移库单；

⑤开始移库；

⑥移库完毕要将移库的结果及时反馈回票据中心，结束库区的冻结状态，同时对所移动的货品在单据上及时修改、调整，并对发生的作业进行相应的处理；

⑦报溢、报损、报残的处理；

⑧库内货品储存位置优化。

库内货品存储位置优化包括如下三个程序：区之间移动、区内移动、移库死锁解决。

a. 区之间移动

用户租区：在临时区存储的货品要在不违背污染原则前提下移动到客户自己所租区。

用户未租区：尽量把客户所存储的货品移动到相同区中，首先寻找客户已经存储量最大的区，然后将该客户的其他区货品移动到本区。

b. 区内移动

首先寻找最大同一货品储位块，再相同货品移动到相邻储位，扩大同一货品储位块，以此反复。

c. 移库死锁解决

死锁发生在移动货品时互相申请对方储位，解决办法是申请临时储位存储货品，然后按一般情况处理。

（3）单据格式。移库单格式如表 7－3 所示。

**表 7－3　移库单**

<table>
<tr><td colspan="6">移库单<br>编号：0001</td></tr>
<tr><td>下达日期</td><td colspan="2">01－08－11　09：11</td><td>执行日期</td><td colspan="2">01－08－11　09：15</td></tr>
<tr><td>源库负责人</td><td>张三</td><td>目的库负责人</td><td>李四</td><td>回单人</td><td></td></tr>
<tr><td colspan="6">调　用　资　源</td></tr>
<tr><td>资源名称</td><td>负责人</td><td colspan="4">备注</td></tr>
<tr><td>叉车 01</td><td>王五</td><td colspan="4"></td></tr>
<tr><td></td><td></td><td colspan="4"></td></tr>
<tr><td></td><td></td><td colspan="4"></td></tr>
<tr><td></td><td></td><td colspan="4"></td></tr>
<tr><td colspan="6">货　品　信　息</td></tr>
</table>

续表

| 移库单<br>编号：0001 | | | | | | | |
|---|---|---|---|---|---|---|---|
| 品名 | 单位 | 源位置 | 目标位置 | 应拣数量 | 实拣数量 | 实存数量 | 备注 |
| 可口可乐 | 箱 | 001－1245501－033 | 002－3524851－012 | 100 | 100 | 100 | |
| 统一冰红茶 | 箱 | 001－5469124－012 | 002－3524852－011 | 125 | 120 | 120 | 短货 |
| | | | | | | | |
| | | | | | | | |
| | | | | | | | |
| | | | | | | | |
| | | | | | | | |
| | | | | | | | |
| | | | | | | | |
| | | | | | | | |
| 源库负责人： | | 目的库负责人： | | 拣货负责人： | | | |

**2. 盘点**

（1）盘点对象。盘点对象指某客户的货品、某库货品、某区货品、某类货品。

（2）盘点时间。①周期盘点：日盘、周盘、月盘、季盘、半年盘、年盘。②库内突击盘点。③客户要求盘点。

（3）盘点流程如图7－21所示。

盘点流程包括以下10个环节。①确定盘点对象；②冻结盘点对象，所有涉及该储位操作停止；③确定盘点需要使用的人力、设备资源；④生成盘点单；⑤开始盘点；⑥反馈盘点结果；⑦生成报损报溢单；⑧如果需要，对报损报溢的货品重新盘点；⑨修正盘点结果；⑨根据结果联系客户，并且补入库单和出库单。

注意，盘点单根据需要打印账目数量。

（4）盘点目的。盘点目的是保证货账相符，保证3个数量相同：①仓库内货品实际数量；②客户货品存放表数量（正品＋次品）；③客户凭证对应入库单和出库单总数量。盘点结束后，客户补凭证前保证①与②盘点数量相等，②与③相等；补凭证后保证①与②与③相等。

（5）单据格式。盘点单格式如表7－4所示。

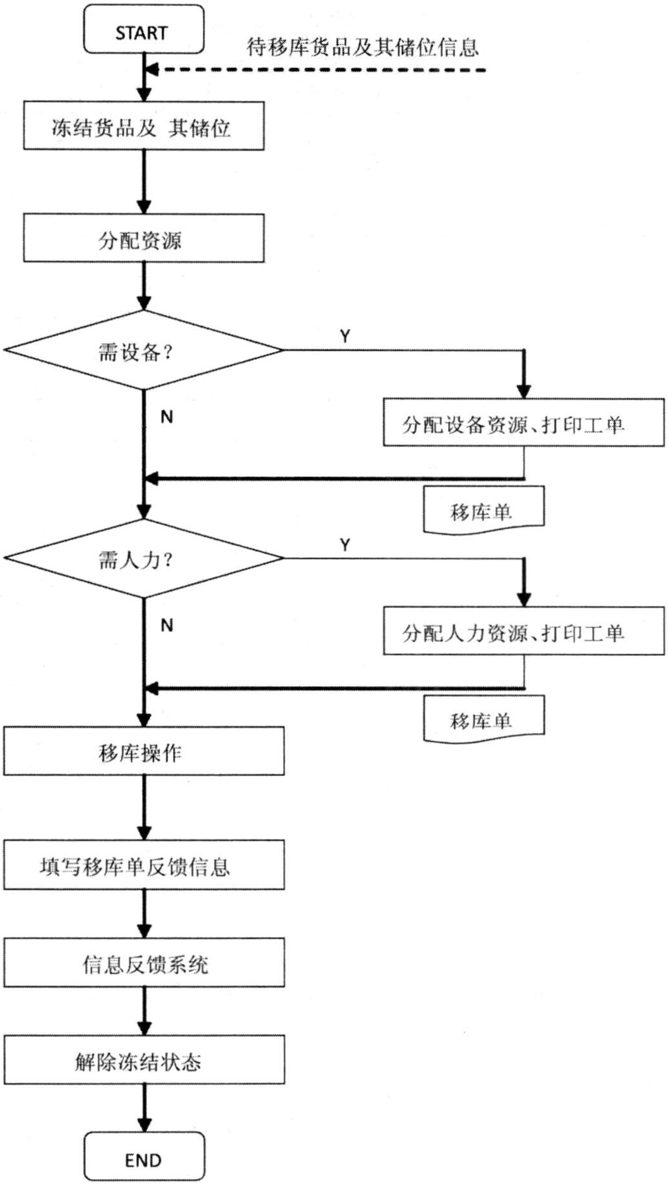
START
待移库货品及其储位信息
冻结货品及 其储位
分配资源
需设备?
Y
分配设备资源、打印工单
N
移库单
需人力?
Y
分配人力资源、打印工单
N
移库单
移库操作
填写移库单反馈信息
信息反馈系统
解除冻结状态
END

图7－21 盘点流程图

**表7－4 盘点单**

<table>
<tr><td colspan="9">盘点单<br>编号：0001</td></tr>
<tr><td colspan="2">下达日期</td><td colspan="2">2001－08－11 09：11</td><td colspan="2">执行日期</td><td colspan="3">2001－08－11 09：15</td></tr>
<tr><td colspan="2">库</td><td>001</td><td colspan="2">负责人</td><td></td><td>回单人</td><td colspan="2"></td></tr>
<tr><td colspan="9">调 用 资 源</td></tr>
<tr><td colspan="2">资源名称</td><td>负责人</td><td colspan="6">备注</td></tr>
<tr><td colspan="2"></td><td></td><td colspan="6"></td></tr>
<tr><td colspan="2"></td><td></td><td colspan="6"></td></tr>
<tr><td colspan="2"></td><td></td><td colspan="6"></td></tr>
<tr><td colspan="2"></td><td></td><td colspan="6"></td></tr>
<tr><td colspan="2"></td><td></td><td colspan="6"></td></tr>
<tr><td colspan="9">货 品 信 息</td></tr>
<tr><td>区</td><td>储位</td><td>货品</td><td>型号</td><td>帐面数量</td><td>实际数量</td><td>缺失数量</td><td>损坏数量</td><td>备注</td></tr>
<tr><td>001</td><td>1010101</td><td>彩电</td><td>65 CM</td><td>100</td><td>100</td><td>0</td><td>0</td><td></td></tr>
<tr><td>0001</td><td>1010102</td><td>彩电</td><td>65 CM</td><td>125</td><td>120</td><td>5</td><td>0</td><td></td></tr>
<tr><td>0001</td><td>1020101</td><td>彩电</td><td>74 CM</td><td>20</td><td>20</td><td>0</td><td>0</td><td></td></tr>
<tr><td>0001</td><td>1020102</td><td>彩电</td><td>74 CM</td><td>20</td><td>16</td><td>1</td><td>3</td><td></td></tr>
<tr><td>0002</td><td>1010101</td><td>彩电</td><td>81 CM</td><td>15</td><td>15</td><td>0</td><td>0</td><td></td></tr>
<tr><td>0003</td><td>1010101</td><td>彩电</td><td>81 CM</td><td>15</td><td>12</td><td>0</td><td>3</td><td></td></tr>
<tr><td colspan="9">库负责人：　　　　　　　复核人：</td></tr>
</table>

### 3. 越库管理

越库指货品不经过配送中心而直接送到用户，但为了管理的需要的，数据也要进入电脑，做虚拟入库的过程。我们把这种管理叫作越库管理，相当于做了入库和出库的业务流程。

### 4. 退货业务管理

验货后发现货品不对或质量有问题，要对货品进行退货处理。退货在业务逻辑上相当于出库的流程。

### 5. 补货管理

验货后发现货品的数量短缺，则要求进行补货处理。补货在业务逻辑上相当于入库的流程。

**6. 损益管理**

如货物有损益，则系统应产生损益报表。

### 7.2.8 业务统计分析

业务统计分析主要包括以下内容。

（1）入库历史记录统计。

（2）出库历史记录统计。

（3）仓储绩效指标。

（4）仓储成本分析。

（5）累计分析：汇总统计各时间段（年、季、月）内各类业务的累计数据。

（6）比较分析：在业务累计分析的基础上，按不同业务、不同时间等因素对累计分析结果进行比较分析。

（7）业务成本分析。业务成本管理是指对生产经营过程中所发生的业务生产费用，按照一定的对象和标准进行归集和分摊；采用适当的方法，计算出各管理对象的总成本和单位成本。

系统的原始数据采集自物流业务发生的各个环节。各业务子系统采集成本数据时，将成本分为直接成本与间接成本。间接成本指人员费、管理费等所有间接费用。

成本汇总是将生产业务环节成本数据进行采集汇总并进行管理，包括仓储环节、运输环节、配送环节。汇总频次为每月进行一次。

（8）资源管理分析。通过对现有资源（包括人员、仓储、运输及辅助设备，其中仓储和运输涵盖自有资源和社会资源）及其利用情况的统计分析，优化配置资源，并结合业务发展状况，制定资源发展规划。

## 7.3 配送中心管理信息系统的特点

（1）系统支持多物流中心（DC）的运作。

（2）对空间规划的管理：对仓库（Warehouse）的类型定义、储区（Zone）的定义、储位（Location）的属性、储位的状态及储位的大小及容积定义等。

（3）采用先进的自动识别技术，完全支持条码、射频识别系统（RFID）的应用。

（4）对库内的作业管理，除一般的进出库管理外，加强对越库作业（Cross docking）、上架确认（Putaway Confirm）、拣货确认（Pick Confirm）、出货确认（Ship Confirm）的管理。

（5）对入库上架作业提供多元化的选项，满足不同订单的上架要求。

（6）对拣货出库作业提供多元化的选项，满足不同的拣货出货要求。

（7）提供对多货主、多仓、多储位、多批次（Lot）的对库存查询。

（8）通过不同的作业方式产生不同的费用项目，系统根据不同费用项目、费率、折扣、自动生成费用清单。

（9）提供完整的权限管理功能。

### 思考题

1. 为何要建立配送中心管理信息系统？
2. 配送中心管理信息系统的主要包括那些功能模块？
3. 说明配送中心入库的业务流程。
4. 说明配送中心出库的业务流程。
5. 说明配送中心配送的业务流程。

# 第八章　物流配送中心的进出货系统及自动识别技术

物流配送中心的进出货系统是决定整个中心效率的关键一环，进出货是物流的中心环节，进出货系统是物流系统的重心。借助自动识别技术，物流中心的自动化系统工作效率会大大提升。

## 8.1　进货系统

进货系统流程是把入库品置于暂存区，按货单进行账物对照检验、确定保管场所。暂存区是物品从入库品质量检查到全部检查结束这一过程中的临时保管站。

当进货传票与质量、数量不符，或有残次品时，必须重新打印出追加订货传票。进货系统最重要的作用是缩短进货检查时间，并在检查结束后，直接指出物品保管场所，且迅速把其运到保管场所。

**1. 进货信息处理**

进货信息处理是把入库品的订单和进货单的明细表进行对照、检查，检视其实物是否全部到货，做到账物一致。同时检查物品有无残次品，若有残次品或者数量错误，则需作成处理指示书。

物品在入库的同时，附有进货明细表，应把它重新输入计算机中，或者把发货明细表通过计算机以联网方式传送出来。此时仅需输入发货传票代码，电脑屏幕上就会显示出进货明细单，根据进货明细单可对物品进行检验。现在，此法应用范围越来越广。

**2. 进货检查**

图 8－1 为用条形码检查物品流程。进货检查是为了检视物品和送货单的品名、数量是是否一致。在物品上粘贴条形码，通过条形码扫描仪对其确认，并把物品名称代

码输入计算机中，这样确认入库物品和订单数量时就简单易行了。进货检查后，必须指出物品的保管场所。

**3. 品质检查**

在进行品质检查时，如果发现有不良品，就应追加订货或改变订货数量，或采用其他相对应的对策。在检查结束之前，物品还不能入库，应置于暂存区临时保管。

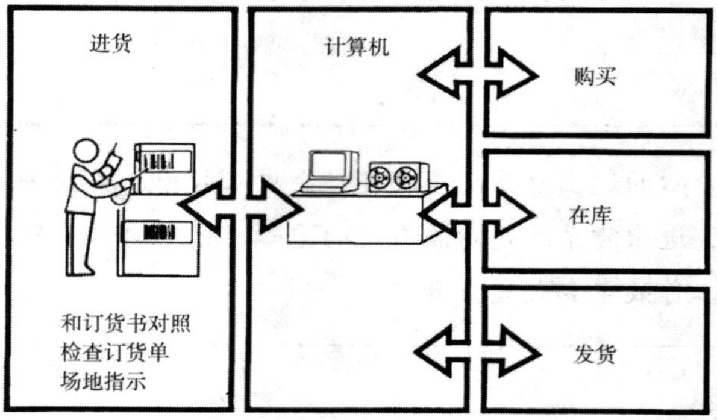


图 8－1　用条形码查物品

## 8.2　发货检查

在拣货之后，要进行发货检查，看看发出的物品是否存在纰漏或错误。拣货作业是一项费工、费时的作业。检查物品后在其表面上粘贴条形码，通过扫描仪可自动读取物品的条形码信息，并对照计算机中的物品信息，检验是否一致；或者通过声控编码读取物品的名称、数量，然后再把它们和计算机中的信息相对照。检品是检查物品有无错误的一项最后作业。

特别注意：有时拣货单上的文字太少或字迹模糊，拣货时可能把“8”和“3”混淆起来。另外，应研究出一些降低误拣率的拣货方式。检验物品和拣货，要花费许多时间和精力，如果能实现自动检验的话，就可缩短作业时间，减少人手。

## 8.3　流通加工

**1. 流通加工的概念和功能**

流通加工是物品从生产领域向消费者流动过程中，为了促进销售、维护产品质量、提高物流效率，对物品进行加工的过程，其目的是满足多样化客户需要、提高商品价值、提高物流效率。

流通加工是为了满足消费者多样化的需求，在物流配送中心对物品进行再加工，以提高其附加值。比如，对百货商店购进的衣料品附上价格牌子、对衣料品的裁剪、对上衣袖子和裤子长度的缩短等，都属于流通加工。开箱拆零、拆包分装、打价、贴标等作业也是增加物品附加值的方法。

**2. 流通加工的特点**

（1）加工对象。流通加工的对象是进入流通过程的商品，具有商品属性；而生产加工的对象不是最终产品，而是原材料、零配件、半成品。

（2）流通加工程度。流通加工一般都是简单加工，如拆包分装等作业。流通加工是对生产加工的辅助和补充。

（3）价值观。生产加工的目的，是创造价值及使用价值。

（4）加工责任人。流通加工的组织者是物流工作者根据流通需要进行的加工活动，加工单位是商业或物流企业。

（5）流通加工目的。流通加工是为了给消费者提供服务，目的是为了完善及使用价值，提高附加值。

**3. 流通加工的方式**

（1）加工方式，如切断、分割、涂装、组装、加热、冷却、冷冻、拣选、再包装、计量、分拣、贴标、拴标签等。

（2）加工场所，如物流中心、输配送中心、销售网点、仓库、客户交货所等。

**4. 流通加工的主要类型**

（1）弥补生产加工不足的深加工。

（2）满足多样化的服务性加工。

（3）保护商品的加工。

（4）提高物流效率、方便物流的加工。

（5）为促进销售的流通加工。

（6）提高原材料利用率的流通加工。

（7）衔接不同运输方式，使物流合理化的流通加工。

（8）提高经济效益、追求企业利益的流通加工。

## 8.4 发货捆包

拣货完毕之后，需要把散品集中起来再装入发货箱。这种发货捆包的方式也是一种提高效率的手段。由于每个用户的订货量不同，装载它们的发货箱的大小也各不相同，故应提前做好多种类的货箱，根据发货量灵活决定用哪一种，并分别掌握。可先用计算机计算出物品的容积，然后决定发货箱的大小。

还有另外一种方式，即拣货时直接把物品放入发货箱中，省略周转货箱这一环节，然后直接发货。采用流通货箱时，应考虑其返回成本，包括流通货箱的破损、丢失、清扫等工作带来的成本增加。返回时，尽量不要体积太大，采用折叠式的流通货箱较好。

## 8.5 跟踪调查

物品发货后，应该对其进行追踪调查，即对什么物品送给哪一个用户做到心中有数。做法是：在物品表面上贴上用户的条形码标签；把物品的条形码和用户的条形码都输入到计算机中，并记录下来，对照拣货；根据用户条形码标签拣货，可提高作业效率。

## 8.6 发货系统

发货系统是将拣选出来的物品，先放在发货暂存区临时保管，等待搬运车装车、配送。在这一过程中，如果能对发货车辆的到达时间进行管理的话，那么在拣货后，便可迅速地进行发货。应缩短进出货车装卸时间和错开进出货时间段，避免作业时间重合造成物流混乱。

## 8.7 应发物品的临时保管区

在发货的卡车到来之前，应设置物品暂存区（也叫临时保管区），把拣出物品暂时保管起来。拣货完之后，如能迅速发货，就无需物品暂存区。为此，要求配车系统和其他相关的配套系统有机联接，确保工作顺利。

## 8.8 直接配送

超市物流配送中心多采用直接配送方式，把来自商家或厂家的物品配送到各个店铺。即不必先把大量物品保管在临时库中，然后逐一配送到其他店铺；相反，按照规定的进货时间，使大量物品进入货场；在进货的同时，也分别把各种物品分类配送到各个店铺。物流配送中心在货箱和物品上附条形码信息，并把物品投入到自动分类输送机上。再通过计算机对条形码解读，并在计算机上把订货传票和纳品书进行对照后，标在各个分货点的货箱上。如此，便保证了直接配送的准确、顺利进行。图 8－2 为直接配送基本形式。

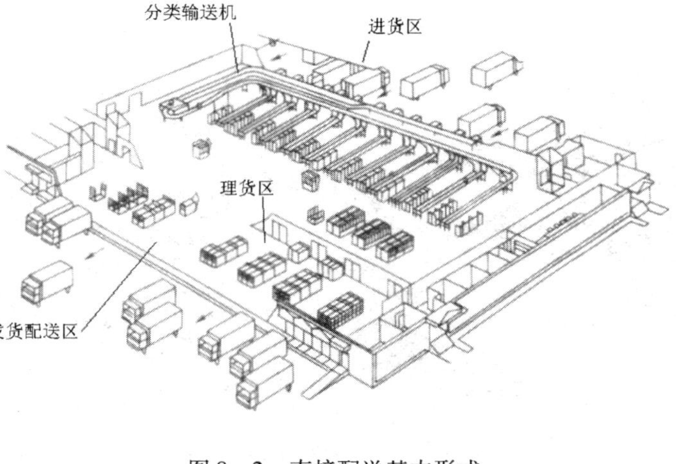


图 8－2 直接配送基本形式

## 8.9 进出货系统的机械化和自动化

进出货系统的自动化主要靠以下设备来实现：叉车、车桥、输送机、箱式自动装货系统、转动式笼车装载设备、托盘自动装货机械、索式牵引输送机设备、滚筒式输送机装卸机等。

**1. 叉车**

叉车是进出货系统常用的主要工具，其优点是价格低、操作简单、方便。对于以托盘为单位的物品，从货车卸货到进入保管场所的整个作业过程中，叉车都起着重要作用。

但是，当进出货量过多时，叉车台数增加容易引起物流路线混乱、叉车行走距离和时间变长、效率降低。

**2. 车桥**

物流配送中心的地面和高度不同，会给装卸货作业带来一定困难。为便于物品装卸，常在地面和货车底面之间架设一个倾斜式的过渡桥（车桥）。图 8－3 为车桥和货车槽底面的连接，图 8－4 为倾斜式车桥的基本结构。

另外，如图 8－5 所示，为方便起见，许多货车本身就具有取代车桥作用的能够转动的后车门装置。

图 8－3　倾斜式车桥

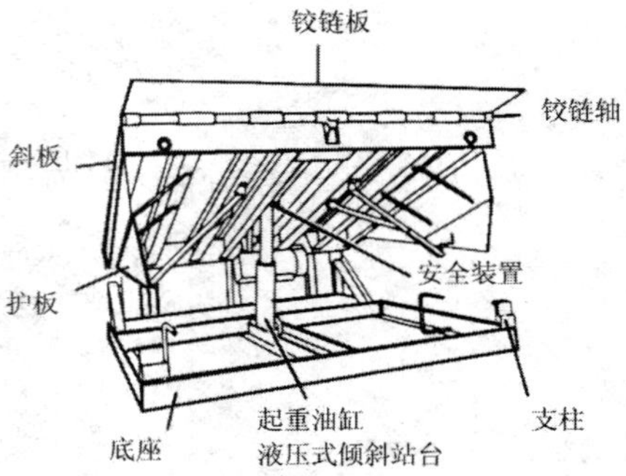


图 8－4　倾斜式车桥构造

图 8－5 转动的后车门

**3. 输送机**

（1）铝制输送机

轻量铝制输送机搬运方便，多用于输送、装载箱品。其工作原理是先把承载箱品的托盘运送到货车的货台旁边，再通过手工装货，即把铝制轻便式可移动的输送机安放在货车槽底上面进行装货。

（2）伸缩式输送机

伸缩式输送机分重力式和动力式两种。

①重力式。图 8－6 为伸缩动力式滚轮输送机。为了高效装卸物品，多采用伸缩式输送机，把箱品搬到货车内部，在末端时，通过手工装卸物品。同时，也可以采用折叠式伸缩输送机和伸缩曲线输送机，如图8－7 和图 8－8 所示。

图 8－6 伸缩动力式滚轮输送机

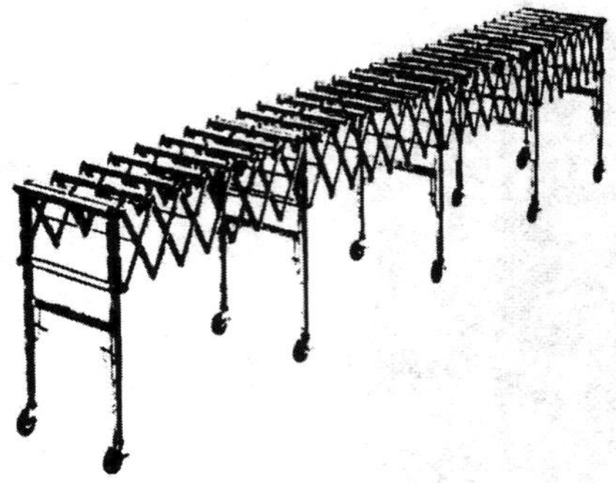

图 8－7 伸缩式滚筒输送机

图 8－8 伸缩式曲线输送机

②动力式。动力伸缩带式输送机，能够把通过其他输送机传送来的箱品，原封不动地再转载到货车上去。或者，把卡车上的物品卸下来放在输送机上，其效率很高。如图 8－9 所示。

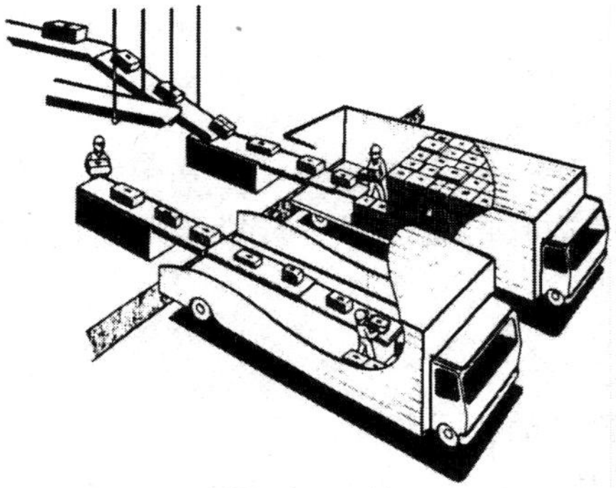

图 8－9 伸缩带式输送机

**4. 箱式自动装货系统**

如箱品尺寸基本一致，则把箱品装入货车里的作业也就简单了，其方法是借助机械式自动装货机。当箱品尺寸种类繁多时，则须先用计算机计算出物品装载线图，再通过机器人进行装载。图 8－10 所示，箱式自动装货系统先通过计算机计算出装载线图，然后再自动装货。

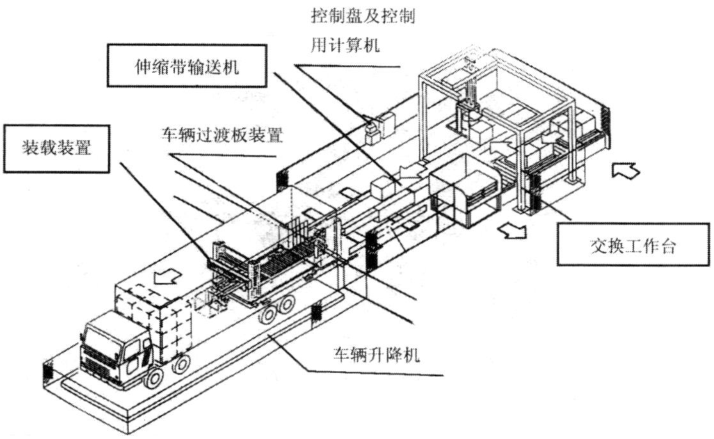


图 8－10 箱式自动装货系统

**5. 转动式笼车装载设备**

图 8－11 为转动式笼车装载车。在货车内配置环状链条输送机，固定在链条上的笼车随链条而移动，装在笼车里的物品在装卸位置被及时取出。

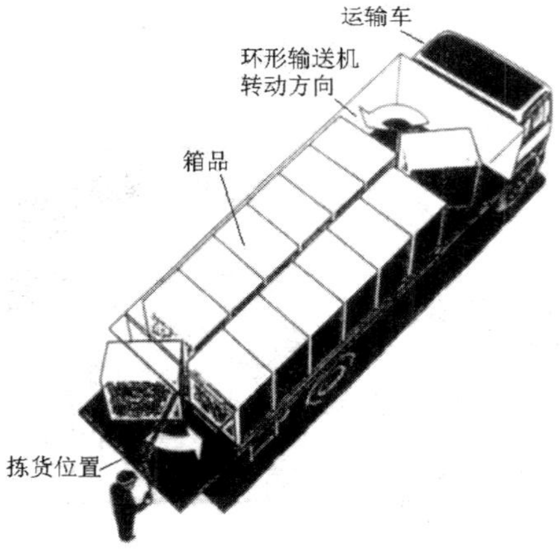


图 8－11 转动式笼车装载车

**6. 托盘自动装货机械**

图 8－12 为托盘自动装货机械。因为托盘的形状大体一致，出货量又很大，很多啤酒公司常常采用这种方法。箱啤酒公司常使用大量进出托盘的配送中心，用起重机一次把多个托盘自动装到运输车上去。这种机械可把堆积在托盘链条输送机上的托盘，每次向运输车的一侧装载入多个一组的托盘单元，使装载时间大为缩短。

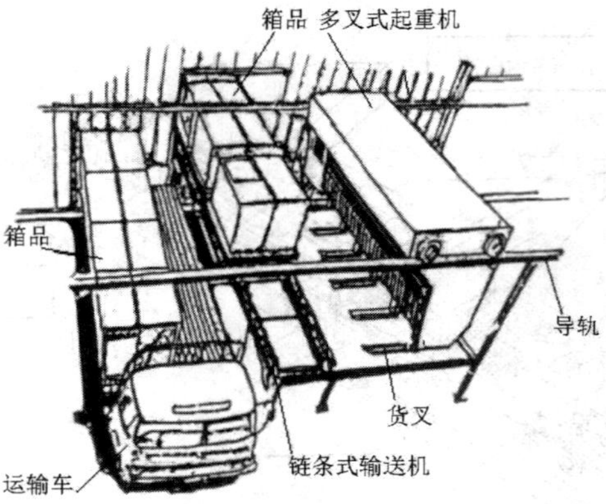


图 8－12　托盘自动装载机械

**7. 索式牵引输送机设备**

图 8－13 为索式输送机装卸装置。这是设置在发货场的、能够深入到运输车槽帮的装载机。在其底面是索式输送机，索式输送机上面是箱品等物品。具有动力装置的索式输送机可以伸到运输车的车槽底面。这样，若推压其上的移动隔板，物品便移动到运输车里，达到装车目的。

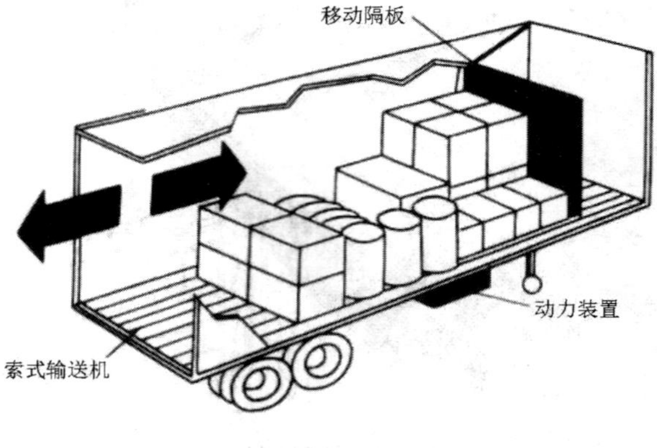


图 8－13　索式输送机装卸装置

图 8－14 为牵引式输送机设备的应用例。即在搬运车槽底面上设计有滚筒输送机、链条输送机或钢绳输送机，并可以正反方向转动，如此即可进行托盘和箱品的进出货了。

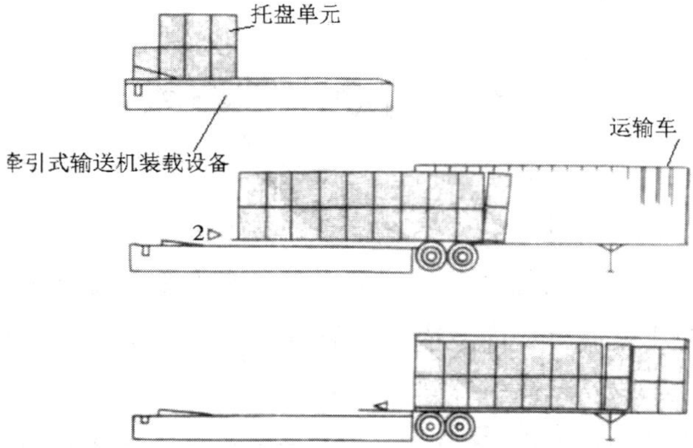


图 8－14　牵引式输送机装载设备应用

**8. 滚筒式输送机装卸机械**

图 8－15 为滚筒输送机装卸机械。在运输车槽底面和储货区的发货场内肯设置滚筒式输送机，之后再用人手或者外力把在滚筒输送机上的托盘单元或托板推入运输车内。这种方式装卸效率高、操作简单、省力。

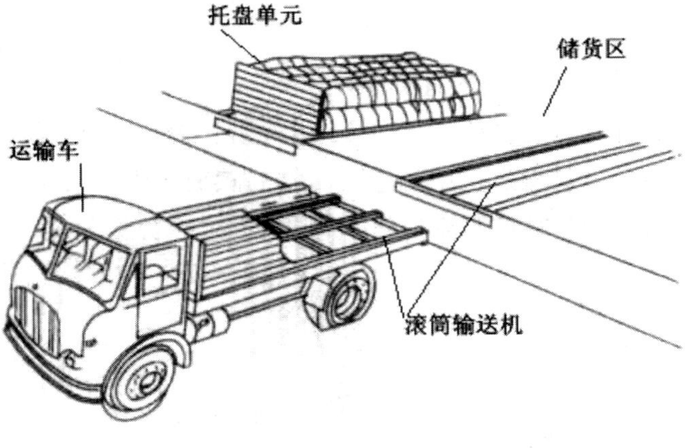


图 8－15　滚筒输送机装卸机械

# 8.10 自动识别技术

**1. 自动识别技术应用**

在物流工程中，进行物品处理时，物品之间的信息联结是很重要的。最具有代表性的联结手段，是使用条形码。许多物品上都附有条形码标签，它可记录物品的名称、价格、大小、重量、生产厂家甚至客户等信息。

图 8－16 为自动识别系统的条形码和光笔。它能够自动读取物品名称、记号、价格等全部信息，并能自动把这些信息输入计算机。

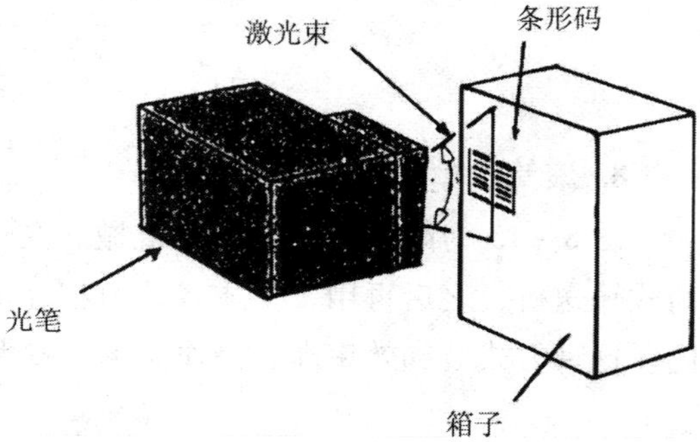


图 8－16　条形码和光笔

这种读取物品名称的方法叫作 OCR 的光学文字读取装置，也称为“光笔”，在物流自动识别技术中应用广泛。

在自动分类输送系统中，多用光笔读取物品上的条形码，并将信息输入计算机中。根据这些信息，计算机能自动分类物品。此系统称为自动分类输送系统，图 8－17 为自动识别技术在自动分类输送机中的应用。物品随输送机移动时通过“光笔”识别分类后，动作执行机构把物品按照箭头分析退出来，实现分类、拣货的目的。

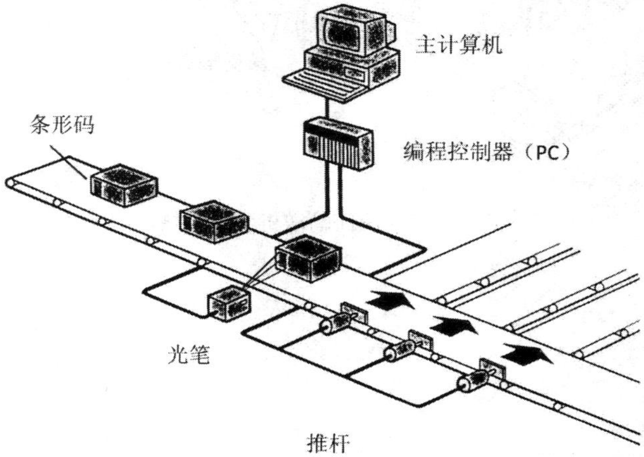


图 8－17　自动分类输送机

在自动化仓库的堆垛机上也大都安装读取条形码的装置，在物品或者托盘上也附有条形码。当堆垛机自动运行并识别每一个货位及其托盘单元时，则实现了自动盘点作业。这就能及时了解物流企业信息：具体盈亏情况，销售的物品名称、金额、时间，呆滞品名称、金额。据此信息可进行 ABC 分析，调整经营结构，谋求最大物流利益。

采用手提终端，扫描条形码进行盘点等作业，也可大幅度缩短盘点时间。若把计算机比作人的大脑，则自动识别系统就能起到眼睛的作用。

**2. 无纸作业**

自动识别系统与计算机在线连接，实现自动输入、输出信息后，就无须出入库的传票等之类单据了。这不但可节约单据纸张，而且还简化了许多作业环节。这是物流企业最关心的重要问题。通常，拣货作业是根据订货单或拣货单进行的。如果不用这些书面载体，而是通过计算机显示器来提示拣货数据，则这种拣货方式称为无纸拣货。

无纸拣货是把拣货信息及其相关信息通过有线、无线、软盘、IC 卡等载体并通过显示器表示出来，使作业者一目了然，拣货更方便、效率更高。另外，也可通过声音输入数据，用声音来指示作业。

在流动货架上安装数显装置和在叉车末端上安装无线数据接收装置，能够提高拣货效率。这也是无纸拣货的一种方式。

**3. 显示装置**

图 8－18 为拣货数显装置，在红灯指示的拣货处能够显示拣货数量。这种拣货方式称为数显拣货方式。此法多用在流动货架、托盘货架、货架、笼车上。拣货信息传递方式有无线、有线、光通信等。

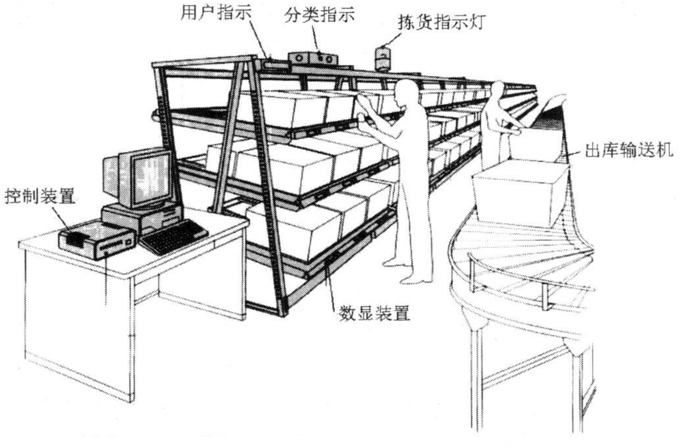


图 8－18　拣货数显装置

实现多品种、少批量物品的拣货自动化难度较大，手工拣货不可避免。数显装置能够大幅度提高手工拣货的准确率和工作效率。

**4. 无线方式（RF：射频）**

（1）RF 方式

这是用读数装置把安装在托盘上的 RF 信息读出或者写入的方式。它有以下优点：①双向信息读写；②储存容量大；③不易污染。

若在托盘上安装 RF 装置，就能够把放置托盘的位置番号和托盘上物品信息等写进这个数据载体中去。当这个托盘移到别的场地时，也能把新的地址写进去。

数据载体方式也叫 RF 方式，RF 终端也称为 ID 终端。数据载体方式由 RF 终端和读数装置组成，响应回答来自读取装置的呼叫信息，然后进行信息收发作业。图 8－19 为读数装置。

图 8－20 是在叉车上安装的一个读数装置，在托盘和货架上安装了托盘和货架地址的 RF 终端。叉车作业时，在货叉上可显示出货架号和托盘号，给叉车操作员提供可靠信息。

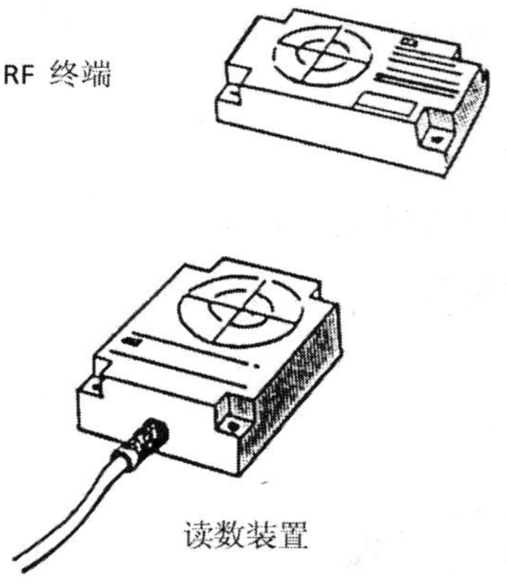


图 8－19 读数装置

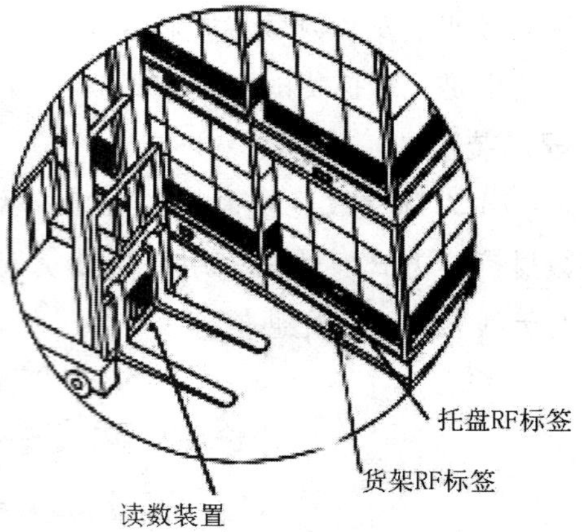


图 8－20 具有读数装置的叉车作业

（2）RFDC 系统（射频数据传输系统）

图 8－21 为射频数据传输应用例。管理计算机通过无线方式能够和移动终端交换信息。例，把终端安装在叉车上，通过无线方式来指示托盘、货架的位置及拣货的物品名称、数量等。叉车的驾驶员根据终端指示进行作业。根据终端显示拣货完毕指示，通过在线联网可以掌握在库情况，也能进行叉车的运行管理。

图 8－22 是无线数据传输系统的一个应用例子。操作者用手持终端进行保管、补货、进货、拣货、手持管理、盘点、劳务管理、通讯等作业的信息交换和指导工作。

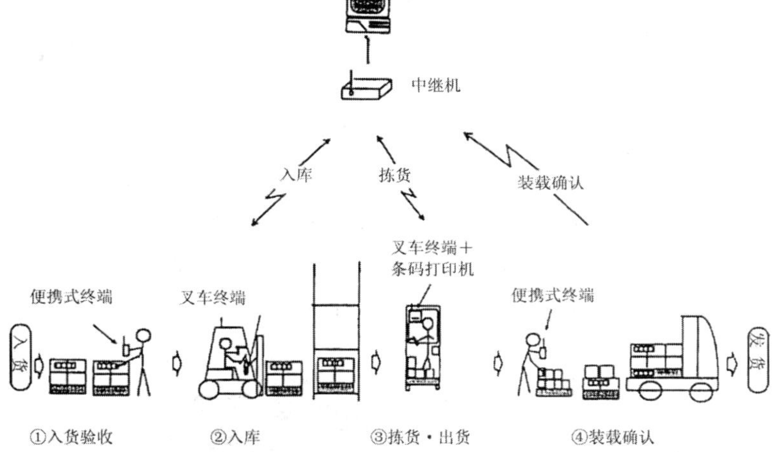


图 8－21 射频数据传输例

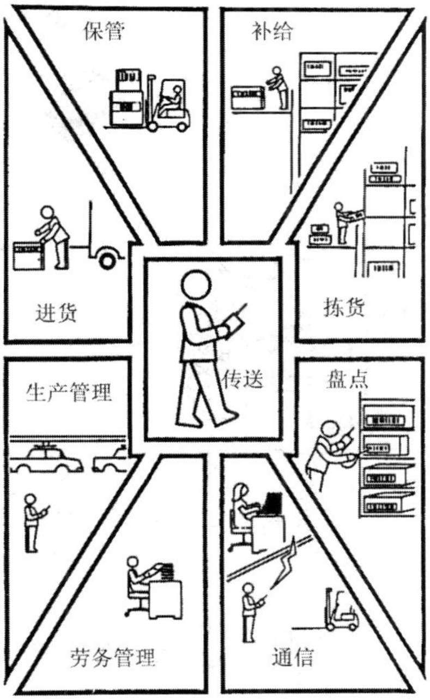


图 8－22 RFDC 系统（射频数据传输系统）

**5. 便携式终端**

便携式终端是一种袖珍式的信息机器。它通过无线方式接收拣货信息，指导拣货作业，也可以直接把拣货信息传输给便携式终端进行拣货。

另外，把拣货作业的结果信息储存起来，当作业结束之后，可把这些信息传给计算机，以作为在库更新和作业管理之用。

用 RF 方式的便携式终端和在线联网，也可进行在线管理。

**6. IC 卡**

图 8－23 为 IC 卡拣货台车。把写入拣货信息的 IC 卡插入拣货车的阅读器上，安装在拣货车上的显示器就能显示出拣货的货架位置、物品等信息。

另外，把拣货结果的数据写入 IC 卡，再把这些信息输入上级计算机，可以更方便在库管理。

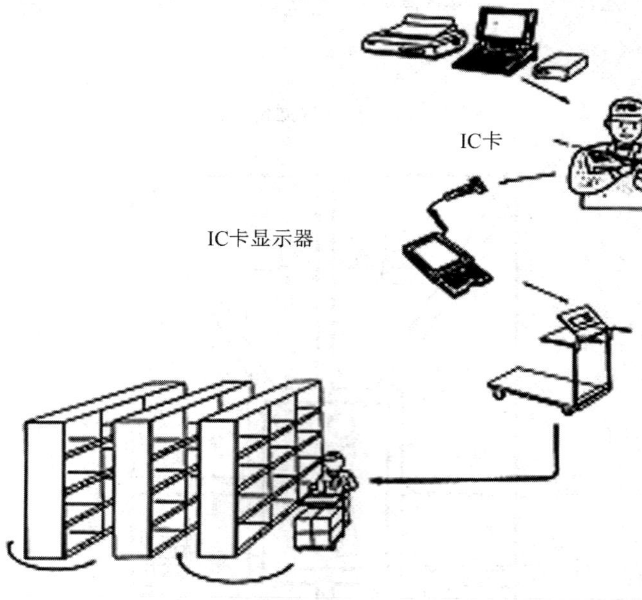


图 8－23　IC 卡拣货台车

**7. 声音系统**

声音系统分为两种，一种是通过作业员的声音来输入信息的方式，另一种是通过合成声音来传递信息的声音输出方式。

（1）声音输入方式。在进货时，读入物品名称和数量，其信息就能自动输入到计算机中，并同原来计算机中的信息进行比较。或者作业员通过声音输入方法，对自动分类输送系统读入物品的分货地址信息，所读物品将自动分类到指定分类滑槽去。

（2）合成声音。合成声音比声音输入法简单，它在物流业务和其他方面得到广泛应用。在物流中也采用合成声音拣货法，即通过合成声音，给拣货工指出拣货的货架号、物品名称和数量。其优点是不会在拣货时发生读错现象，同时两只手都可进行其他操作。

**8. 标签拣货**

把具有物品信息（物品名称、数量）的标签贴在物品表面上，可便于提示拣货作业。按标签拣货对于纸板箱之类的大物品，特别有效。

优点是：①只把标签贴在被拣物品上，就不会发生数量错误。②在标签上记载有物品信息的条形码和用户的条形码，使用这些条形码可使检查作业简单易行。③根据方向和用户类别，采用自动分类输送机，在自动读取条形码信息后进行自动分类，效率高。

**9. 喷墨方式**

此法不在物品表面上粘贴条形码标签，而是用墨水喷射方式在物品上喷射物品名称和条形码等信息。

其方法是：通过阅读进货物品的条形码，把其信息输入计算机中，之后基于此信息，再在墨水喷射装置、装载计算机的指引下，把物品条形码等信息写在物品上。

**10. 进出库系统自动化**

（1）影响进出库系统自动化的因素。谈到进出库系统自动化和机械化问题，容易联想到自动化硬件设备。其实自动化、机械化的关键，在于优化物流系统效率化的基本模式。

模式化，即使托盘、料箱、叉车、包装、运输车辆等的标准化，是提高进出库系统效率的有效方法。例如，从单品、箱品、托盘等的包装，都做到标准化。

自动化、机械化的基本要求是物品形状、尺寸等标准化。这不但容易实现自动化，而且降低了设备费用，对托盘、料箱、单品尺寸的标准化比开发自动化、机械化的机器更为重要。如果采用标准化的笼车搬送单品和箱品，则进出货作业自动化会变得简单易行，物流配送中心的拣货和拣货后向笼车的自动装货也很容易了。而且，物流配送中心内部的拣货自动化效率也提高了。

（2）发货、配送及收货系统一体化。在物流系统中有必要开发出一个发货、配送和收货三位一体的整体系统，比如说在运输车到达以后，能够自动卸货和暂时搁货的系统。在交通方便的夜间配送时，可用托盘、笼车，便于从运输车上自动卸货。由于托盘或笼车便于自动卸货，故在接收物品方面，也能实现无人收货。

①货车搭载进出货设备。在货车上安装一个装载物品用的装置，用此设备，能够从发货场把物品自动装到货车上，等货车到达接受方时，也可自动把物品从卡车上卸下来；就像吊车起吊物品车一样，货车搭载进出货设备就是在货车的基础上设计起吊托盘、筐子、箱子等卸货作业的装置。要实现它，必须遵守《道路交通法》，满足和车辆构造规格等要求。

②小型牵引车的开发。在日本，牵引车和拖车是一体化的，设有 4 吨、2 吨的拖车。比如说，如果牵引车带有笼车的话，在接收物品的一方，很可能是把笼车扔到一边，牵引车自己返回去了。我们有必要研究小型牵引车和货车相分离的系统。

**11. 条形码在出入库管理中的应用**

条形码技术使自动化仓库的在库管理精度提高到 90% ~96% 以上。图 8 – 24 为利用条形码技术和无线电终端，在出入库管理系统中的基本操作过程。

（1）系统作业管理

①入库。图 8 – 24 的入库操作流程是：a. 对来自生产工厂的产品卸车，并码垛在托盘上。b. 检货、进货作业。用图 8 – 25 为手提式终端读取物品信息，并并在液晶屏幕中显示物品数量（图 8 – 25 手提终端的液晶显示）。c. 制作条形码标签。d. 把标签粘贴在托盘单元上的物品表面上。e. 扫描条形码，并把信息输入计算机。f. 进货作业全部结束。

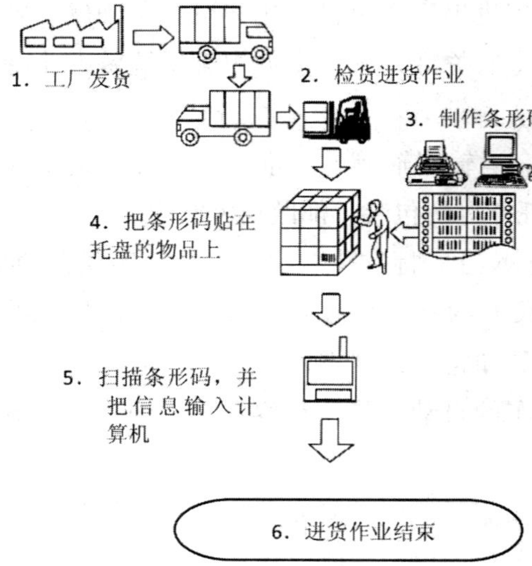


图 8 – 24　入库作业流程

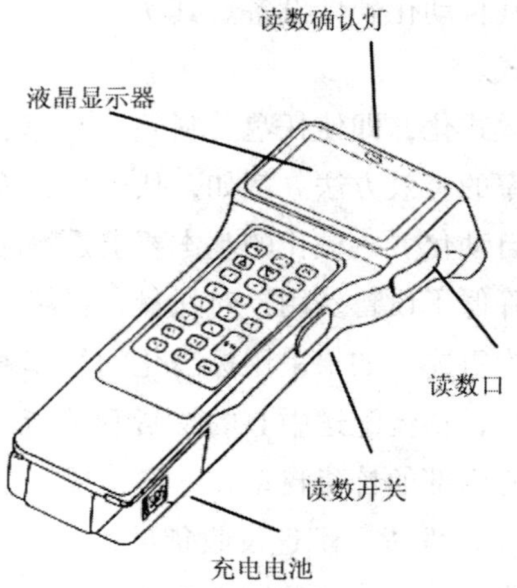


图 8 – 25　手提式终端

在哪一个托盘装载的什么物品等信息都完全记录在托盘数据库中，并在手提终端的液晶屏幕上显示出来，如图 8－26 所示。

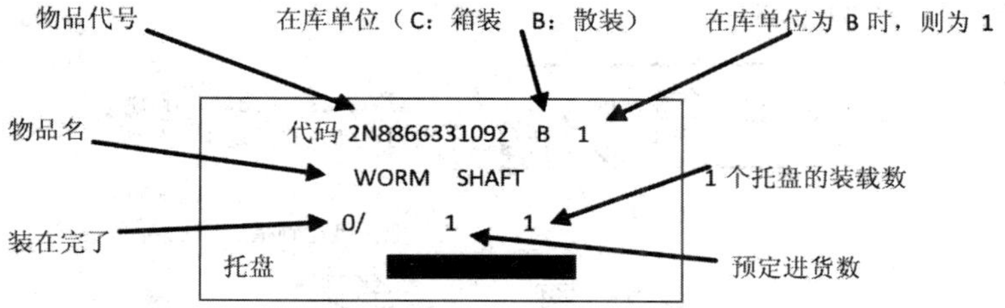


图 8－26 终端的液晶屏幕

②保管。图 8－27 为保管作业的操作过程。入库品通过验收之后，在入库口等待操作人员对物品上的条形码进行扫描。扫描用的无线终端安装在叉车上，扫描之后液晶显示出托盘上物品的全部信息和物品应放置的地方。把物品运到指定位置后，再对位置条形码进行扫描，以便确认位置信息有无错误。

③拣货作业。图 8－28 为拣货作业操作过程。在叉车上的无线终端的画面上显示出拣货位置号码，操作员到指定场所对托盘和货位的条形码进行扫描，从而确认物品是否正确。如果物品正确无误，则把托盘运到指定的场所。

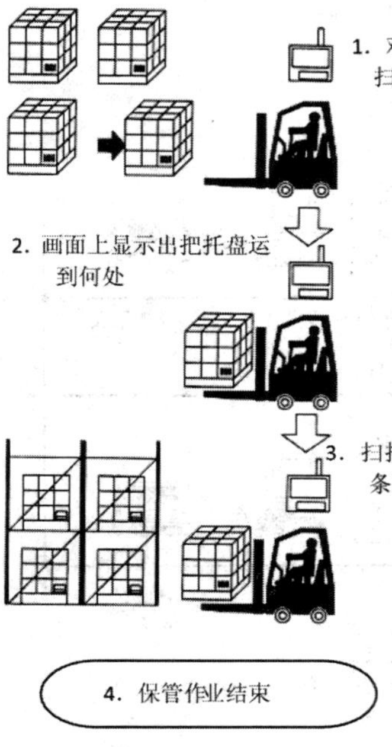


图 8－27 保管作业的操作过程

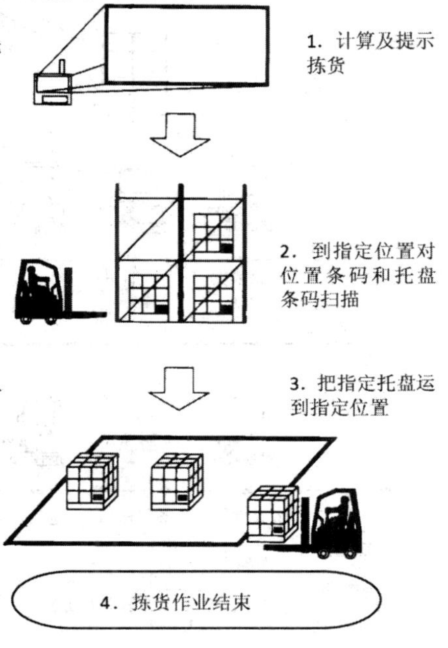


图 8－28 拣货作业操作过程

④发货作业。图 8－29 为发货作业操作过程，即从货架中取出应发货的托盘放在临时货场上，作业员对托盘条形码扫描之后确定发货地址和用户名称。图 8－30 为条形码出入库管理系统构成图。

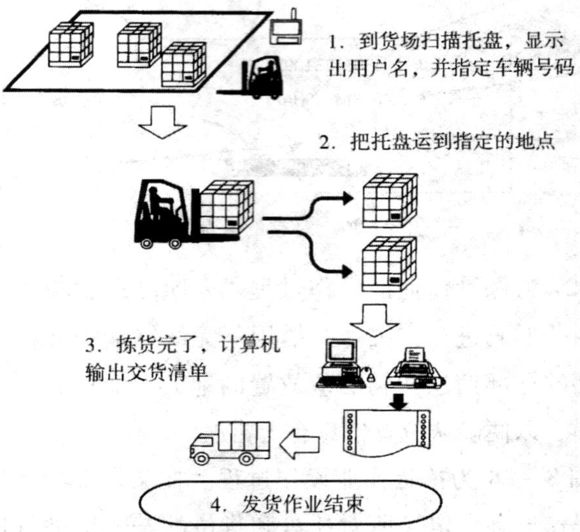


图 8－29 发货作业操作过程

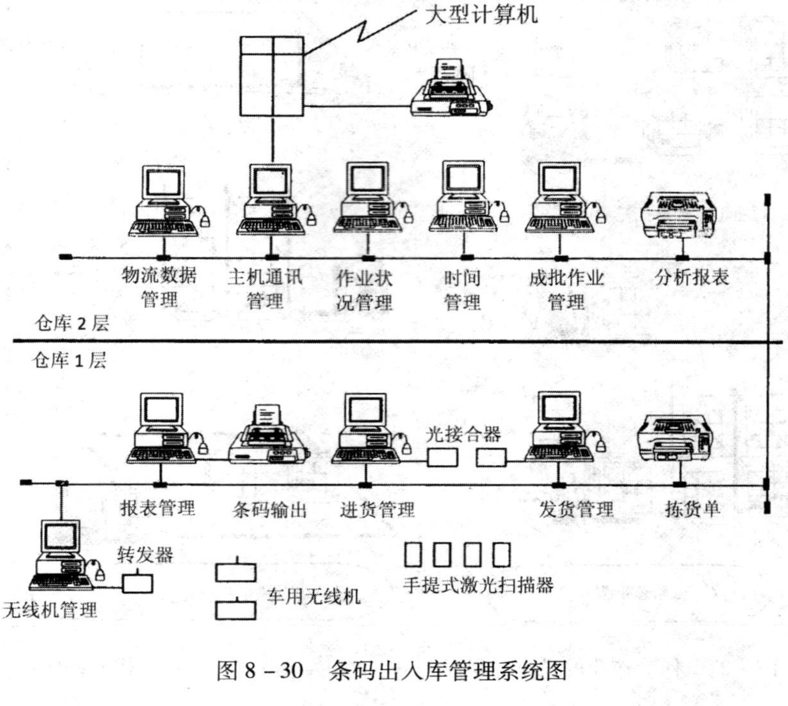


图 8－30 条码出入库管理系统图

（2）系统特点

该系统具有如下特点：①实用性强、成本低。②利用条形码技术和带有无线终端的叉车，在物品移动的条件下也容易收集到信息数据。③提高了在库管理精度和效率。④实现了位置管理。⑤实现了循环计数管理。⑥减轻了传票作业的劳动量。⑦彻底实现了“先入先出”的原则。⑧非专业人员也能操作这个系统。

**12. 系统模块**

随着物流的业种业态的变化，处理物品的方法也随之而变，物流仓库内的作业内容也将发生变化。一般说来，物流管理系统可分为两大类，即大型物流配送中心仓库用的条形码出入库管理系统和小型物流配送中心仓库用的条形码出入库管理系统。物流配送中心仓库用的条形码出入库系统包括内容如下：入库管理模块、拣货模块、盘货模块、无线控制模块、主机连接模块、出库管理模块和位置模块等。在两大类中，又可分为资材仓库用的条形码出入库管理系统和商用仓库用的条形码出入库管理系统。

（1）进出货条形码实时管理系统。社会的进步和人们生活水平的提高，要求物流配送中心可以实现多品种、小批量和高效率的配送，为此必须实现信息多样化、传输高速化和准确化。为了实现这一目标，必须构筑高效率和省力化的物流信息系统。条形码技术在物流信息工程中起到了极为重要的作用。

在物流工程中应用条形码技术，其读取错误率在万分之一以内，而且比键盘输入的效率高20%以上。近几年来，物流业为了高效率和省力化，不断引入条形码系统，把条形码系统巧妙地应用在商品的运输、包装、分类和配送的各个环节中，对各环节进行物流信息管理，提高了整体效率和效益。

（2）配送中心和条形码。条形码技术应用在物流配送中心的各环节中，不但有利于提高多品种、小批量和高频率的配送工作，而且有利于对物流配送中心布局的信息分析，为合理化和高效化的物流配送中心提供重要的理论根据。

物流配送中心的作用是把来自生产厂家的商品经过验收入库、再加工等一系列技术处理之后，及时满足各类用户的需要。在考虑物流系统时，最重要的是能及时满足用户需要并降低物流成本。物流是贯穿在生产和销售过程中的服务业，条形码信息技术必然附属其中。

（3）高效率的物流配送中心。一个高效率的物流配送中心不仅具有先进的保管和拣货系统，而且拥有先进的进货和出货系统。条形码技术在这样的系统中起了重要的作用，使整个物流作业省力化和效率化，加快了收回投资的速度。图8－31为进货、出货过程。

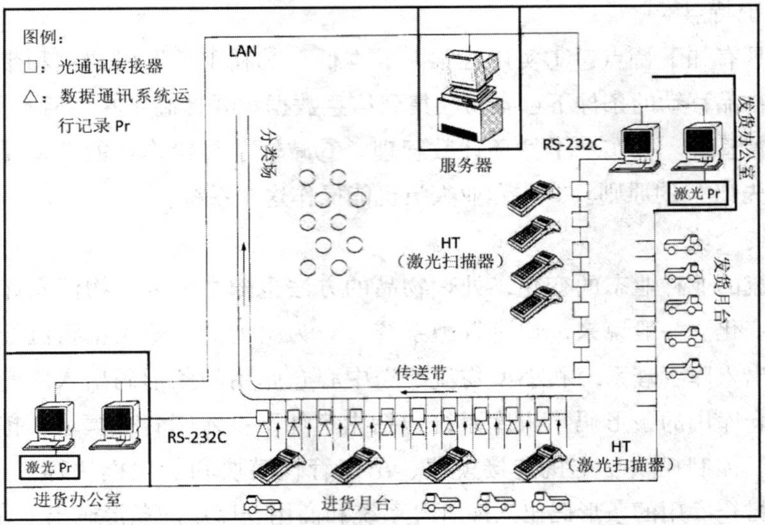


图 8－31 进出货流程

①进货、检货。把货从进货月台的运输车上卸下来放在进货输送机上，并用手提激光扫描器扫描商品上的条形码，即使条形码贴的方向不同，也能扫描读数，并存入计算机。把全车货品的条形码扫描完之后，由数据通讯系统打印机输出扫描数据。输出数据的内容是管理番号、用户代码、时间、总数等。这一系列的卸货和验收作业结束之后，运输车辆司机持计算机输出清单去进货办公室办理全部进货手续。到此，进货和检货手续全部结束。

激光扫描操作者把全部扫描的数据通过光通讯转接器进行通讯处理。这个操作十分简单，只需要按下开关就可以把扫描数据传输到进货办公室的计算机中。对进货、发货等各工序实行集中管理的服务器也参与了通讯工作。在对扫描的数进行传输时，计算机系统在接收信息的同时又指令激光打印机输出全部进货数据。

②发货。把来自进货线的商品按区号放入各分区中，每个分区代表一个用户。之后把各用户的商品搬运到发货月台，待激光扫描器扫描读数之后准备发货。把这些发货数据传给发货办公室的计算机的同时，服务器也参加了集中管理工作。当打印机输出配送物品清单并确认数据无误时，开始发货。图 8－32 为进货、发货系统结构图。

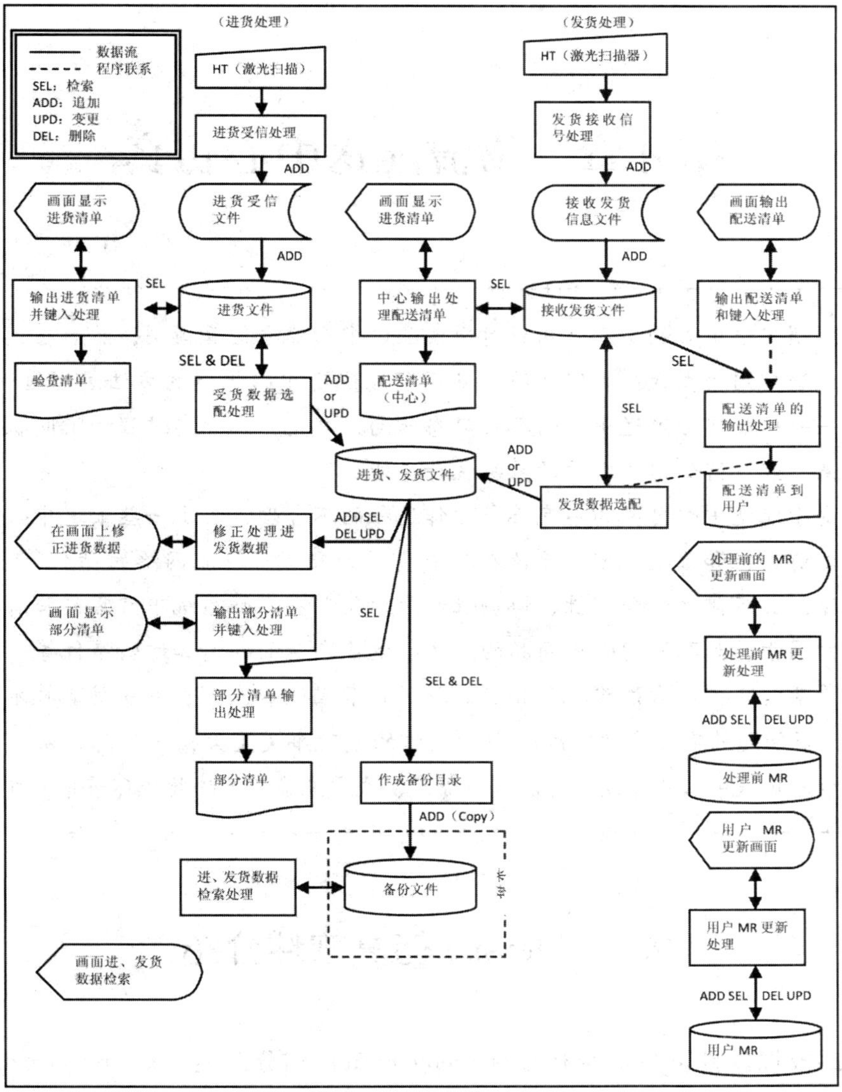


图 8－32 进货、发货系统结构图

## 思考题

1. 进出货系统有哪些设备？
2. 试述进出货系统流程。
3. RFID 和条码在出入库中的应用各有哪些特点？

# 第九章　物流配送中心仿真

所谓配送中心的仿真是指针对现实配送中心建立仿真模型，然后在模型上进行试验，用模型代替真实系统，从而研究配送中心性能的方法。通过仿真，可以一一仿效实际配送中心的各种动态活动，并把系统动态过程的瞬间状态记录下来，最终得到用户需要的系统统计性能。

由于配送中心自身的不完善或运作过程的不合理，加上一些配送中心设计上缺乏前瞻性和系统规划，导致在物流资源的配置、物流网络的结构等方面，很难保证其可靠性、合理性、协调性和最优化。在实际系统中常常包含有较多随机的因素，如配送中心中商品的到达、运输车辆的到达和运输事件等。对于这些复杂的随机因素很难找到相应的解析式来描述和求解，系统仿真技术成了解决这类问题的有效方法。配送中心运作的成败事关重大，而仿真方法可以完善、推进配送中心的建设，可以节省费用、减少浪费，消除物流环节中的瓶颈。

## 9.1　Flexsim 仿真软件介绍

一般的模拟软件可分成结构型（Hierarchical）和分散型（Discretemanufacturing）两大类，Flexsim 是属于分散型的模拟软件。它由美国的 Flexsim Software Production 公司出品，是一款商业化离散事件系统仿真软件。Flexsim 采用面向对象技术，并具有三维显示功能。建模快捷方便和显示能力强大是该软件的重要特点。该软件提供了原始数据拟合、输入建模、图形化的模型构建、虚拟现实显示、运行模型进行仿真试验、对结果进行优化、生成 3D 动画影像文件等功能，也提供了与其他工具软件的接口。

### 9.1.1 Flexsim 仿真软件的特点

Flexsim 仿真软件的特点主要体现在采用面向对象技术，突出 3D 显示效果，建模和调试简单方便，模型的扩展性强，易于和其他软件配合使用等方面。

（1）基于面向对象技术建模。Flexsim 中所有用来建立模型的资源都是对象，包括模型、表格、记录、GUI 等。同时，用户可以根据自己行业和领域的特点，扩展对象，构建自己的对象库。面向对象的建模技术使得 Flexsim 的建模过程生产线化，对象可以重复利用，从而减少了建模人员的重复劳动。

（2）突出的 3D 图形显示功能。Flexsim 是基于 OpenGl 开发的，也支持 3ds、wrl、dxf 和 stl 等文件格式，三维效果非常好，用户可以建立逼真的模型，从而对物流配送中心有一个直观的认识，并帮助模型的验证。用户可以在仿真环境下很容易地操控 3D 模型，从不同角度、放大或缩小来观测。

（3）方便建模和调试。Flexsim 给使用者提供了一个简洁的编排方式，可轻松地建构出图形化模式，功能齐全。元件库已详细分类为树状结构，通过 2D 图形化之模式建立，能自动产生 3D 实体化及 VR 虚拟实境之模式。建模的工作简单快捷，不需要编写程序。

（4）建模的扩展性强。Flexsim 支持建立用户定制对象，融合了 C + + 编程，用户完全可以将其当作一个 C + + 的开发平台来开发一定的仿真应用程序。它是迄今为止世界上唯一一个在图形建模环境中集成了 C + + 、IDE 和编译器的仿真软件。在这个软件环境下，C + + 不但能够直接用来定义模型，而且不会在编译中出现任何问题。这样，就不再需要传统的动态链接库和用户定义变量的复杂链接。

（5）开放性好。Flexsim 提供了与外部软件的接口，可以通过 ODBC 与外部数据库相连，通过 socket 接口与外部硬件设备相连，与 Excel、Visio 等软件配合使用。

Flexsim 应用包括：①物流行业资产项目评估；②物流行业有规律地运行模型，测试生产计划；③物流行业更改提案评估；④物流行业更改管理。

Flexsim 仿真系统已被广泛应用在例如交通路线规划，交通流量控制分析，生产能力仿真与分析，港口、机场、物流中心设计等多个领域。自从系统推出以来，已有上千家企业在使用 Flexsim。物流行业使用 Flexsim 平台的收益主要体现在以下几个方面：①评估装备与流程设计的多种可能性；②提高物流公司与资源的运行效率；③减少库存；④缩短制造物流行业产品上市时间；⑤提高生产线产量；⑥优化资本投资；⑦在一个小的增长阶段内，模型能被建立和测试，大大简化了模型构造，提供了识别逻辑错误的能力，使得模型更可靠；⑧在运行时，模型能在任何时候改变，更改能被立即合并，引导更快速地建立模型。

### 9.1.2 Flexsim 仿真环境

Flexsim 主界面由如图 9－1 所示。

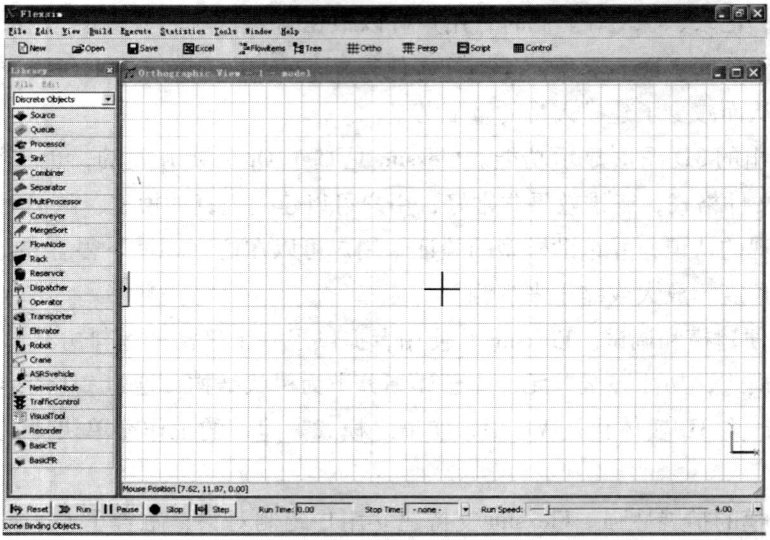


图 9－1　Flexsim 主界面

Flexsim 软件主界面由实体对象库、菜单栏、工具栏、模型视图、仿真控制栏五部分构成。

**1. Flexsim 实体对象库**

Flexsim 实体可在对象库栅格面板中找到。这些实体栅格被分为几组，默认状态下显示最常用的实体。

Flexsim 的实体对象库如图 9－2 所示。

Source：零件生成器，根据零件的生成序列生成零件。

Queue：缓冲器，临时存放零件的地方。

Processor：单道工序加工器，根据零件的类型来加工零件。

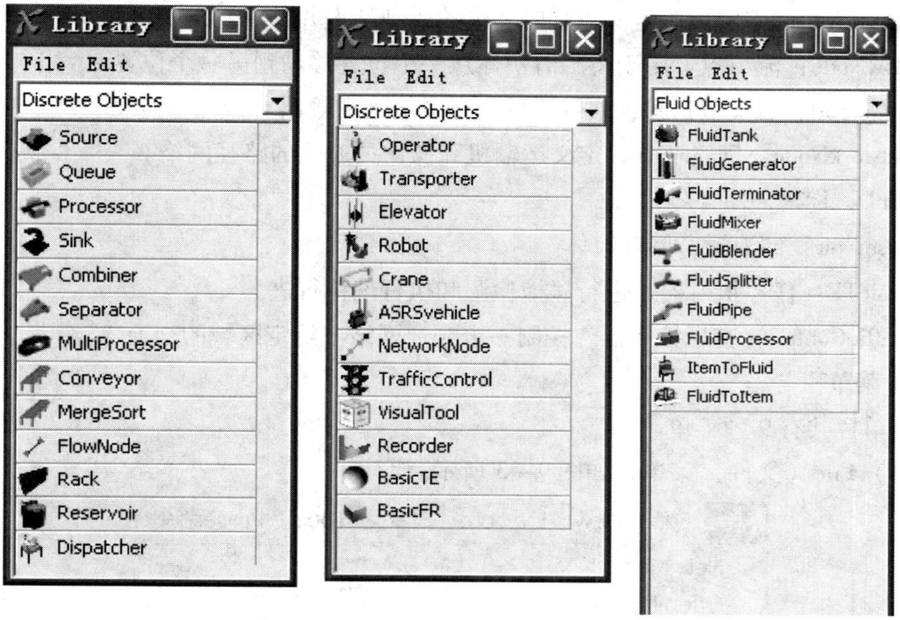


图 9－2 Flexsim 实体对象库

Sink：零件吸收器，零件加工工序全部完成后吸收工件。

Combiner：装配器，把部件装配到零件上。

Separator：衍生器，由一个源零件复制生产多个具有相同性质零件的副本。

MultiProcessor：多道工序加工器，加工零件要多个加工工序来完成。

Conveyor：零件输送带。

Dispatcher：工人调度管理器，根据调度策略派出工人，无需求时招回工人。

Operator：表示一个具体的工人。

Transporter：铲车，当要搬运的物件比较多或者比较大时需要铲车。

Elevator：升降机，上下运输移动零件。

Robot：机器人（机械手），加工零件或者在搬运距离很近的暂存区里工作时使用。

VisualTool：以文字的形式显示分析结果。

Recorder：以表或图的形式显示结果。

ASRSvehicle：堆垛机，专门设计用来与货架一起工作。

Crane：起重机，完成输送任务，用来模拟有轨梁导引的起重机，如门式、桥式和悬臂式起重机。

BasicFR：固定实体，定义将临时实体拉入到站点并继续发送实体的逻辑。

FlowNode：流节点，用于将临时实体从一个位置移动到另一个位置。

MergeSort：分类输送机，实现零件的分类输入和输出。

NetworkNode：网络节点，定义运输机和操作员遵循的路径网络。

Rack：货架，储存零件。

Reservoir：储液罐，储存液体。

BasicTE：任务执行器，进行碰撞检测和执行偏移行进。

TrafficControl：交通控制器，控制一个交通网络上给定区域的交通。

**2. 菜单栏**

菜单栏共有 9 种菜单。

（1）File（文件）菜单，如图 9－3 所示。

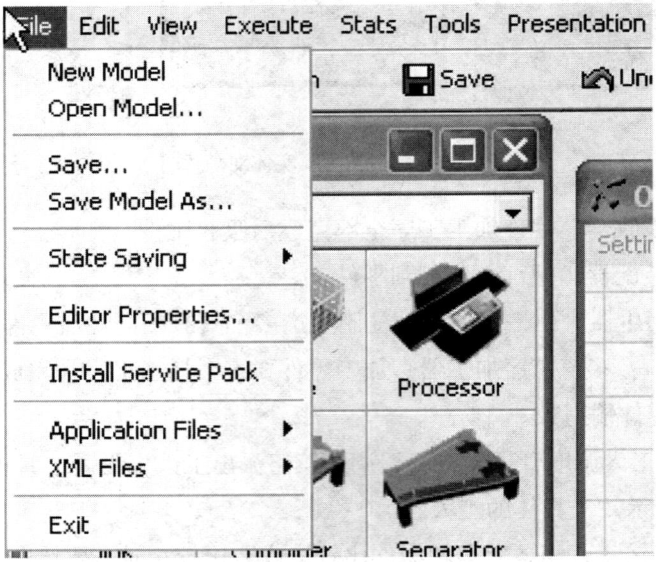


图 9－3 File 菜单

Newmodel（新建模型）：创建一个新的仿真模型。

Openmodel...（打开模型...）：打开一个 Flexsim 模型文件（扩展名为 .fsm）。

Save...（保存...）：保存当前模型文件（扩展名为 .fsm）。

Savemodel As...（模型另存为...）：将仿真模型保存为扩展名为 .fsm 的文件。

State Saving（状态存取）：保存模型的状态（模型当前运行），或者导入已保存的模型状态文件。该菜单又有下拉菜单，包括 Save State 和 Load State，见图 9－4。Save

State（保存状态）即保存模型的当前状态。Load State（导入状态）即载入并重新编译先前保存的状态模型。

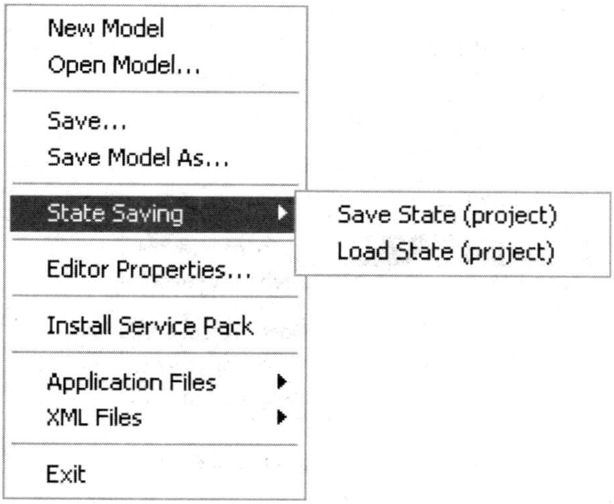


图 9－4 State Saving 的级联菜单

Editor Properties...（编辑器属性...）：打开字体视窗，为在任意一个 Flexsim 代码视窗中显示的文字选择字体类型和字体大小，也可以配置文字的高亮属性。

Install Service Pack（安装服务包）：安装 Flexsim 的补丁。

Application Files（应用文件）：载入或保存视图布局、项目或者整体文件（视图布局和项目）。它又有如下拉菜单，见图 9－5。Open View Layout（打开视图布局）即选择并打开一个 Flexsim 视图布局文件（扩展名为 . fsv）。Save View Layout（保存视图布局）即保存一个 Flexsim 视图布局文件（扩展名为 . fsv）。Open a project or session（打开项目或整体文件）即选择并打开一个 Flexsim 项目文件或整体文件（扩展名为 . fsp 或 . fss）。Save Project As...（项目另存为...）即保存项目文件（扩展名为 . fsp）。Save Session As...（整体文件另存为...）即选一个 Flexsim 整体文件（扩展名为 . fss）保存，或打开。

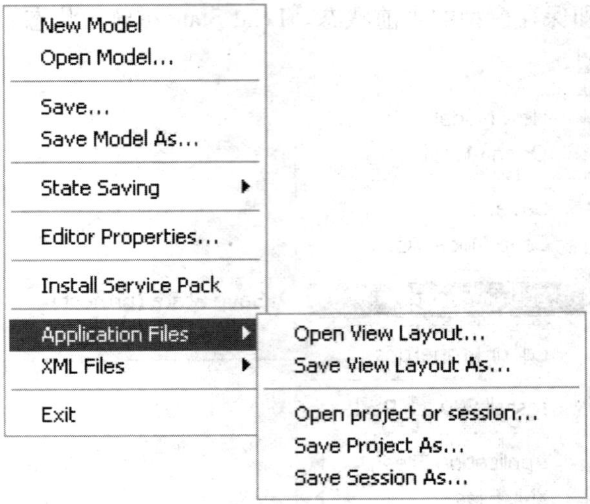


图 9－5　Application Files 的级联菜单

XML Files（XML 文件）：打开和保存 XML 格式的文件，而不是标准的 Flexsim 二进制格式。

Exit（退出）：在不进行任何保存的情况下关闭 Flexsim。

（2）Edit（编辑）菜单，如图 9－6 所示。

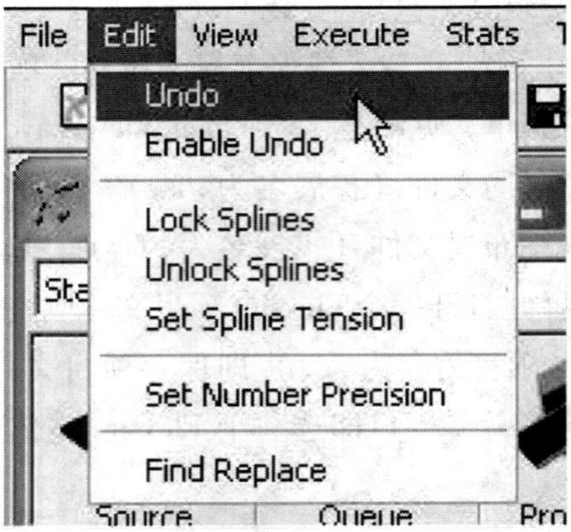


图 9－6　Edit 菜单

Undo（撤销）：撤销对模型做的最后一次改变。

Enable Undo（允许撤销）：激活或者关闭模型操作撤销功能的切换开关。

Lock Splines（锁定样条线）：锁定当前模型中所有网络路径的样条线。

Unlock Splines（撤销锁定样条线）：解除对网络路径的锁定。

Set Spline Tension（设定样条线张力）：设定模型中的样条线张力。

Set Number Precision（设定数值精确度）：设定数值精确度。

Find Replace（查找替换）：打开查找替换对话框。

（3） View（视图）菜单，如图 9 - 7 所示。

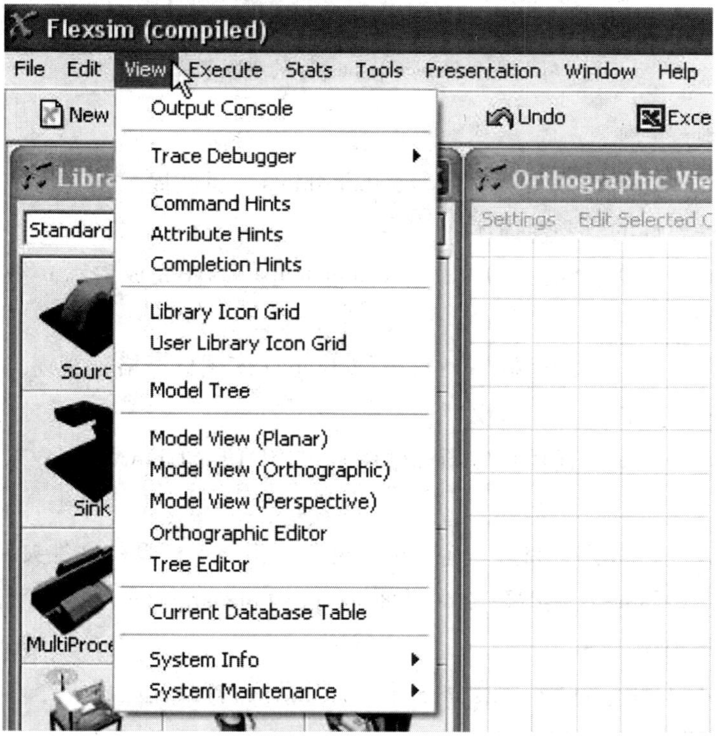


图 9 - 7 View 菜单

Output Console（输出控制台）：打开一个显示输出信息的视窗，可以使用 pt（）、pr（）、pd（）、pf（）等命令在输出控制台里打印自己的信息。

Trace Debugger 跟踪调试器：此级联菜单包含调整跟踪"设定""打开跟踪"以及打开"跟踪控制台"方面的信息。见图 9 - 8。Settings...（设定...）即打开一个跟踪调试器，选择要显示在跟踪视窗里的事件类型。Trace On（打开跟踪）即打开或关闭跟踪。Trace Console（跟踪控制台）：打开一个视窗，此视窗中将会打印模型中所选实体发生事件的相关信息。

Command Hints（命令提示）：打开 command hints（命令提示）视窗，列出可用的

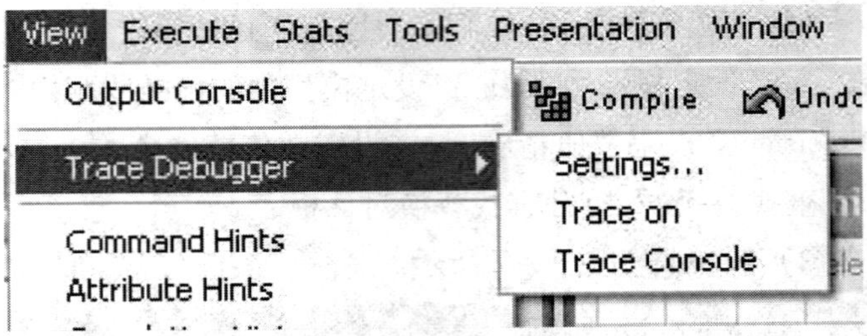


图 9-8 Trace Debugger 的级联菜单

命令以及其参数。

Attribute Hints（属性提示）：打开 attribute hints（属性提示）视窗，列出可用的实体属性以及这些属性的概要性描述。

Completion Hints（完成提示）：打开 completion hints（完成提示）视窗列出当前情况下可以使用的命令。

Library Icon Grid（库图标栅格）：打开 Library（库图标栅格）视窗，栅格中有实体图标，实体图标可以被拖动进入模型。

User Library Icon Grid（用户库图标栅格）：打开 User Library（用户库图标栅格）视窗。

Model Tree（模型树）：打开一个 tree（树）视窗显示模型的文件夹。

Model View（Planar）模型视图（平面）：打开 planarmodel view（平面模型视图），以 2 D 方式显示模型。

Model View（Orthographic）模型视图（正投影）：打开模型的一个新的 orthographic view（正投影视图）。

Model View（Perspective）模型视图（透视）：打开模型的一个新的 perspective view（透视视图）。

Orthographic Editor（正投影编辑器）：打开高级正投影编辑器。

Tree Editor（树编辑器）：打开高级树编辑器。

Database Table（数据库表）：打开一个视窗，显示当前激活的数据表，这些表可由命令 dbopen（）、dbchangetable（）、dbsqlquery（）打开或者查询。

System Info 系统信息：此级联菜单用来打开库树、主树以及视图树视图。

Compiler Console（编译器控制台）：打开一个视窗，模型编译时，相关信息在此视窗里被打印。

System Console（系统控制台）：打开一个视窗打印出程序引擎状态的相关信息。

Library Tree（库树）：打开显示库树的 tree（树）视窗。

MAIN Tree（主树）：打开显示项目树的 tree（树）视窗，在此视窗中对树进行操作。

VIEW Tree（视图树）：打开显示视图布局树的 tree（树）视窗，在此视窗中对视图布局树进行操作。

Systemmaintenance 系统维护：此子菜单在边编辑模型边想要清理碎片时采用。此选项包括生成和清理 Flexsim 脚本和重载媒体。

Build Flexscript（生成）：读取树中的所有节点，并为所有被标志为 Flexscript 节点的节点生成 Flexscript 树，允许它们被 Flexsim 引擎执行。

Compile Entire Session（编译整体）：编译所有定义在主树或视图树中的代码节点。

Clean Flexscript（清除）：读取树中的所有节点，并且从那些被标为 Flexscript 节点中删除 Flexscript 树。

Reloadmedia（重新导入媒体）：重新导入所设置的所有实体要显示的图像形状。

（4）Execute（执行）菜单，如图 9 –9 所示。

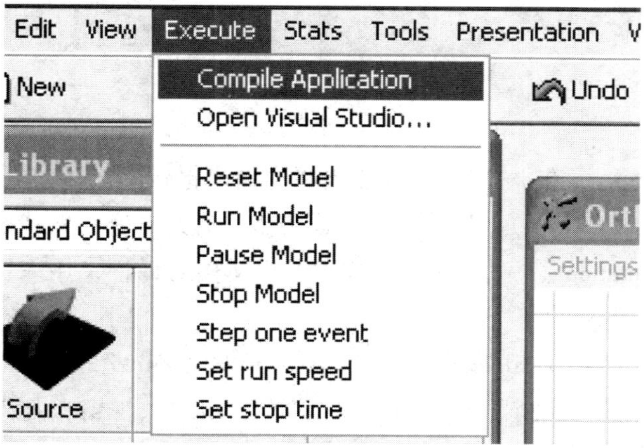


图 9 –9　Execute 菜单

Compile Application（编译应用）：编译模型。

Open Visual Studio...（打开 Visual Studio...）：打开 Microsoft Visual Studio（如果可用），里面含有 Flexsim 生成的 C + + 项目。

Resetmodel（重置模型）：与选择仿真运行控制面板上的“运行”按钮相同。

Runmodel（运行模型）：与选择仿真运行控制面板上的“运行”按钮相同。

Pausemodel（暂停模型）：与选择仿真运行控制面板上的“暂停”按钮相同。

Stopmodel（停止模型）：与选择仿真运行控制面板上的“停止”按钮相同。

Step one event（步进一个事件）：与选择仿真运行控制面板上的“逐步”按钮相同。

Set run speed（设定运行速度）：设定模型的仿真运行速度。

Set stop time（设定停止时间）：设定模型仿真运行的停止时间。

（5）Stats（统计）菜单，如图9－10所示。

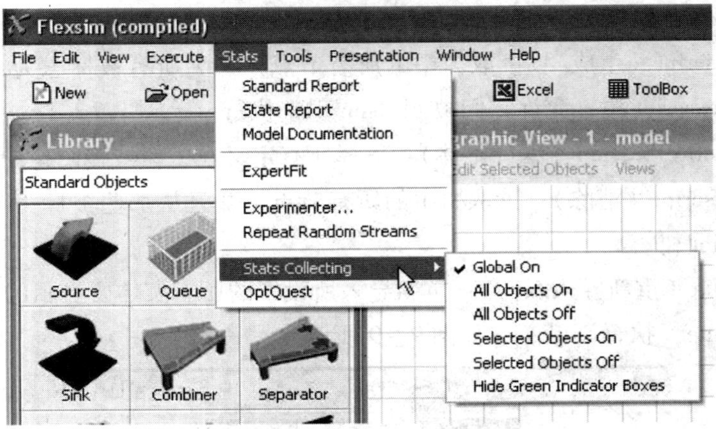


图9－10　Stats 菜单

Standard Report（标准报告）：打开创建标准输出报告的对话框。

State Report（状态报告）：创建并打开模型中所有选定实体的状态报告。

Model Documentation（模型文档）：打开模型文档对话框，用来在一个外部文本文件中保存模型相关信息。

ExpertFit：打开由 Averill Law 和 Associates 开发的 ExpertFit 软件。

Experimenter（实验控制器）：打开仿真实验控制导入视窗，与点击主视窗右下角的实验控制器按钮的功能一样。

Repeat Random Streams（重复随机数流）：在每次重置和运行模型的时候重复随机数流。

Stats Collecting（统计收集）：在 Flexsim 中打开一个子菜单来打开和关闭统计收集功能。

Global On（全局打开）：此选项被选中，那些本地统计被切换锁定的实体将开始在其不断更新过程中记录它们的临时实体数和停留时间信息。打开了本地统计的实体在模型中被一个绿色指示框框住（除非“隐藏绿色指示框”菜单被选中）。

All Objects On（所有实体打开）：打开模型中所有实体的本地统计。

All Objects Off（所有实体关闭）：关闭模型中所有实体的本地统计。

Selected Objects On（选定实体打开）：打开所有选定实体（用红色方框框住指示）的本地统计。

Selected Objects Off（选定实体关闭）：关闭所有选定实体（用红色方框框住指示）的本地统计。

Hide Green Indicator Boxes（隐藏绿色指示框）：此选项被选中，实体周围用来指示统计收集的绿色方框将被隐藏。

OptQuest：打开优化编辑器。

（6）Tools（工具）菜单，如图 9－11 所示。

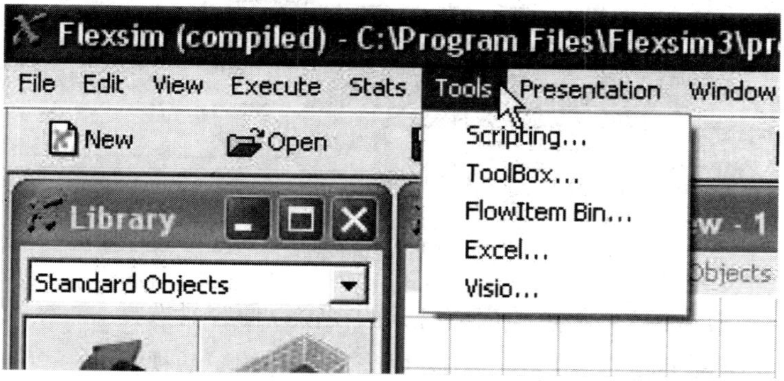


图 9－11　Tools 菜单

Scripting...（编写脚本...）：打开脚本编辑视窗。

ToolBox...（工具箱...）：与点击工具条中的“工具箱”按钮相同。

FlowItem Bin...（临时实体箱...）：与点击工具条中的“临时实体”按钮相同。

Excel...：与点击工具条中的“Excel”按钮相同。

Visio...：此选项打开 Visio 导入视窗。

（7）Presentation（演示）菜单，如图 9－12 所示。

Sky Box（背景设计箱）：为模型增加一个背景设计箱，并且打开背景设计箱编辑器。

AVI 从 aker（AVI 制作器）：打开 AVI 制作器。

Presentation Builder（演示生成器）：打开一个叫演示生成器的特定透视视图，用来进行演示过程的视角推移。

图 9－12　Presentation 菜单

（8）Window（窗口）菜单，如图 9－13 所示。

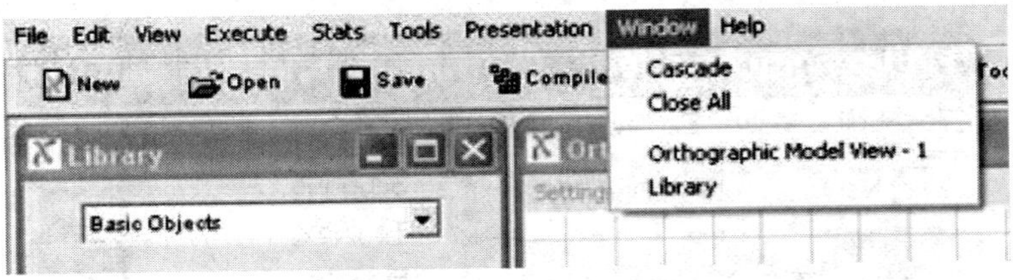


图 9－13　Window 菜单

Cascade（重叠视窗）：将重叠当前打开的视窗以便容易选择。

Close All（全部关闭）：关闭 Flexsim 中当前所有的激活视窗。

Other options（其他选项）：其它选项是 Flexsim 中当前打开的视窗。当选择其中的一个选项，那个选中的视窗就会变为活动视窗并呈现到屏幕顶层。

（9）Help（帮助）菜单，如图 9－14 所示。

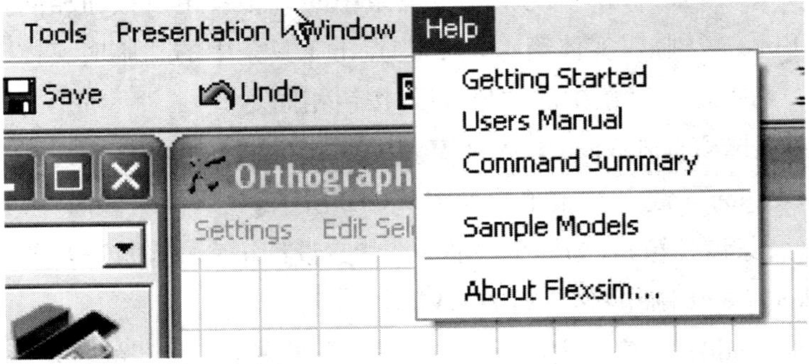


图 9－14　Help 菜单

Getting Started（开始起步）：打开 Flexsim 的帮助文档的“开始”部分。

Usersmanual（用户手册）：打开 Flexsim 的用户手册。

Command Summary（命令集）：打开命令集。

Samplemodels（模型例库）：打开模型例库对话框。

About Flexsim...（关于 Flexsim...）：打开一个有关 Flexsim 的信息，显示当前运行的 Flexsim 版本信息、此 Flexsim 的注册用户信息、显卡信息以及联系信息。

**3. 工具栏**

Flexsim 界面的工具栏如图 9－15 所示。

图 9－15　Flexsim 界面的工具栏

 New：建立一个新的模型。

 Open：打开一个先前保存的模型（文件扩展名为 .fsm）。

 Save：保存当前模型。

 Undo：撤销所做的最后一步操作。

 Excel：打开 Excel 界面对话框。

 ToolBox：打开工具箱。

 FlowItems：打开临时实体箱。

 Commands：打开命令集视窗。

 Hints：：打开命令提示视窗，提供 Flexscript/C＋＋命令提示。

 Tree：打开模型的树视图。

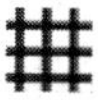 Ortho：打开正投影视图视窗。

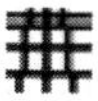 Persp：打开透视或者虚拟现实视图视窗。

 Script：打开脚本编辑器。

# 9.2 配送中心仿真案例

## 9.2.1 问题描述与模型参数

### 1. 配送中心设计方案与作业流程

物流配送中心仿真的主要目的是：①判断系统中设备地配置是否合理；②检验系统运行过程是否畅通及货物通过能力；③评价和改进配送中心系统的设备配置。

该配送中心的系统流程分为以下五个主要部分：入库处理区、存储区、流通加工区、拣货区和发货区。

配送中心根据空间属性和设备的物理位置，建立仓库的 Flexsim 三维模型。货物的到达和离开分别使用 Source（发生器）和 Sink（吸收器）模拟；自动分拣机用 Conveyor（输送机）来模拟，各段 Conveyor 之间通过一定的逻辑连接，并在参数中设置使用操作员；码盘作业使用 Combiner（合成器）模拟；对出入库托盘的处理使用 Processor（处理器）模拟，模拟一段时间的延迟；出入库台用 Queue（暂存区）模拟；拆分托盘用 Separator（分解器）模拟，并使用 Operator（操作员）；其他的运输工具、操作员等均使用 Flexsim 实体资源中相应的模型来模拟。各模型建立后按照前述的参数进行设置。

货物到达收货区以后，经过卸货、拆装、标示、验收等工作流程后入库。流通加工区从货物存储区或者拣货区取出货物以后，对货物进行贴价签、更换包装等二次加工后，将从货物存储区取出的货物送回货物存储区重新入库，从拣货区取出的货物送到发货区直接出库。作业控制区发出发货命令后，配送中心把相应货物送到发货区，等待装货。发货区的货物一部分来自货物存储区，另一部分来自拣货区。

设计配送中心整体概念运作方式如图 9－16 所示，配送中心作业流程图如下图 9－17 所示。

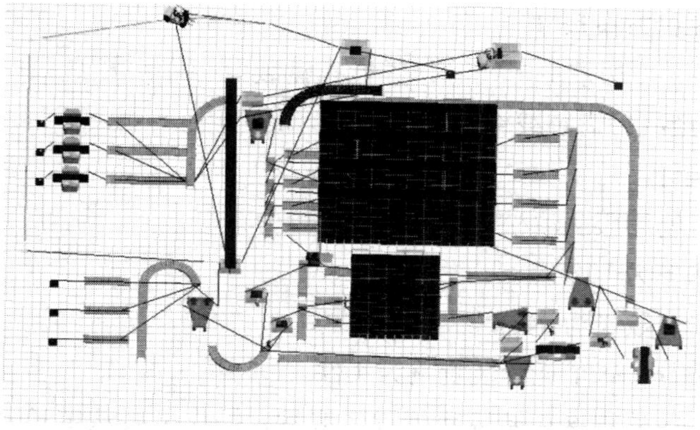

图 9－16 配送中心整体概念图

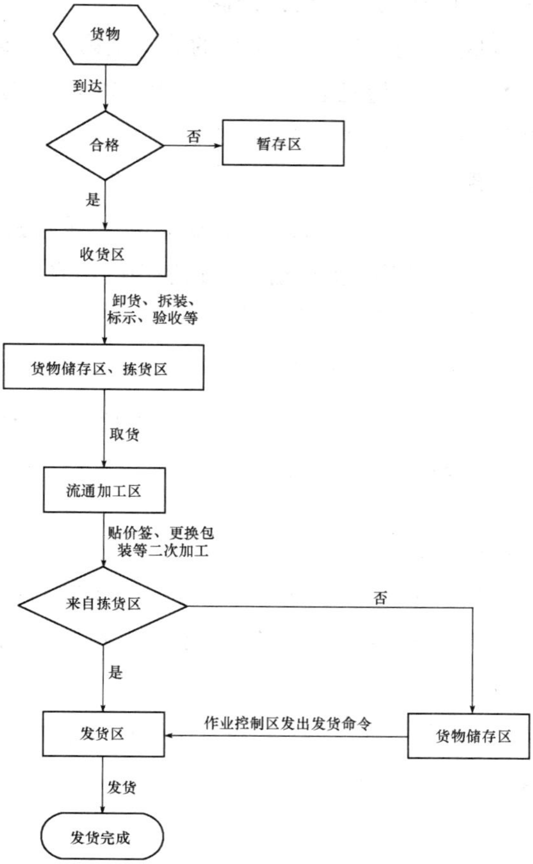


图 9－17 配送中心作业流程图

**2. 包装以及托盘方案尺寸**

三种产品在进入传送带主干线时，进行托盘装盘。库房托盘采用标准托盘 800mm ×1 000mm，每类产品每盘装载 4 件。

**3. 主要参数设计**

（1）收货：货物到服从泊松分布，数学期望为 55。

（2）不良货物率为 10%。

（3）生成托盘，数量为 340。

（4）合成器装盘，每个托盘装货量为 4 件。

（5）流通加工区从货物存储区和拣货区取货，操作员服从定长分布，均值分别为 68、92。

（6）到达流通加工区的时候用分解器去托盘。

（7）储存区货架设置成 10 行、10 列，货物的放置从第一排第一列开始放置，停留时间按泊松分布，均值为 7 200，随机数流为 1；拣货区货架设置成 10 行 5 列，停留时间按泊松分布，均值为 3 600，随机数流为 1。

**4. 建模仿真研究的问题**

仿真周期设为 10 小时，使用复演法做多次独立的仿真试验，然后通过观察、统计、分析实时状态图和导出的仿真实验数据，得到最终的仿真结果，解决以下问题。

（1）对堆垛机、运输小车、货架的仿真结果进行分析。

（2）找出并解决配送中心瓶颈，从而提高整个配送中心的效率。

（3）分析 340 个托盘是合适，并确定如果不合适如何进行优化。

## 9.2.2 Flexsim 仿真建模

**1. 入库处理区 flexsim 模型**

这个区域主要负责收货、检验、整理等工作，实现库外物资的转运。装载单元采用 AGV 运输小车或叉车。收货检查时，如果发现有不良品，货物不能入库，可将货物送入暂存区。入库处理区由 4 个发生器、1 个吸收器、3 个处理器、5 个输送机、3 个暂存区、1 个合成器和一辆叉车组成。如下图 9－18、9－19 所示。

入库处理区实体参数设置如下表 9－1 所示。

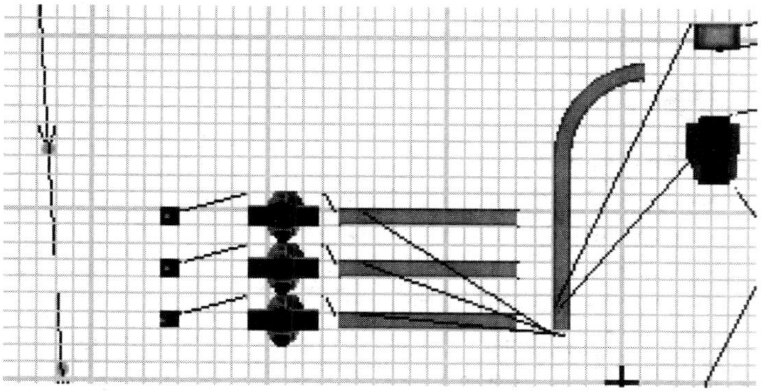

图 9－18 入库处理区（1）

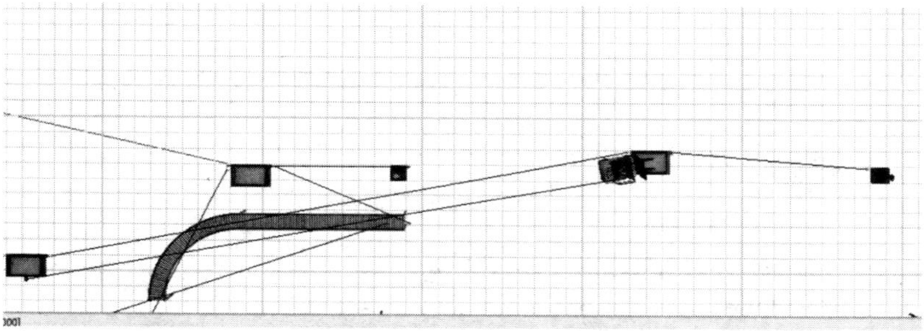

图 9－19 入库处理区（2）

**表 9－1 入库区里区对象参数设置**

| 实体名称 | 对象说明 | 参数设置 |
|---|---|---|
| Source1－3 | 产品发生器 | 发生器 1、2、3 代表 3 种货物的到达。货物都按照泊松分布到达，均值为 55，随机数流为 1 |
| Source68 | 托盘发生器 | 系统一开始运行就立即产生 340 个托盘；托盘产生的初始颜色为绿色 |
| Processor1－5 | 入库加工台 | 参数保持默认设置 |
| Conveyor7－9、Conveyor71 | 输送机 | 参数保持默认设置 |
| Conveyor10 | 输送机 | 货物的不良货物的概率为 10% |
| Queue11、Queue67 | 产品暂存区 | 参数保持默认设置 |
| Queue66 | 托盘存放区 | 最大容量设置为 350 |
| Combiner12 | 组盘合成器 | 合成器的托盘装货量为 4 件 |
| Transporter73 | 托盘叉车 | 参数保持默认设置 |
| Sink69 | 不合格物品区 | 参数保持默认设置 |

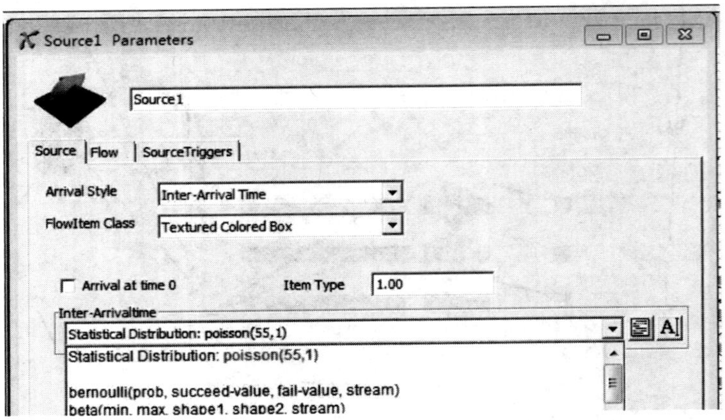


图 9－20

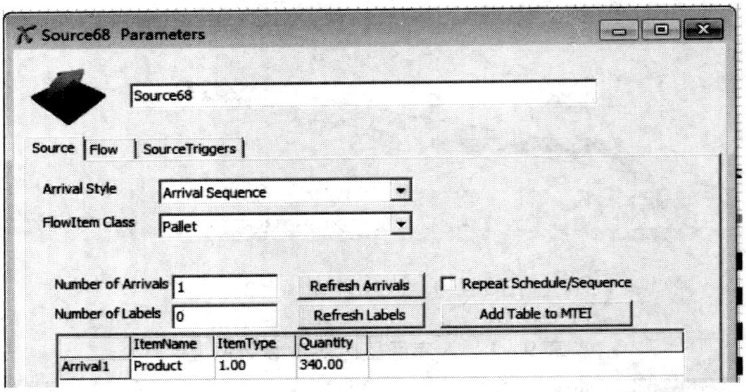


图 9－21

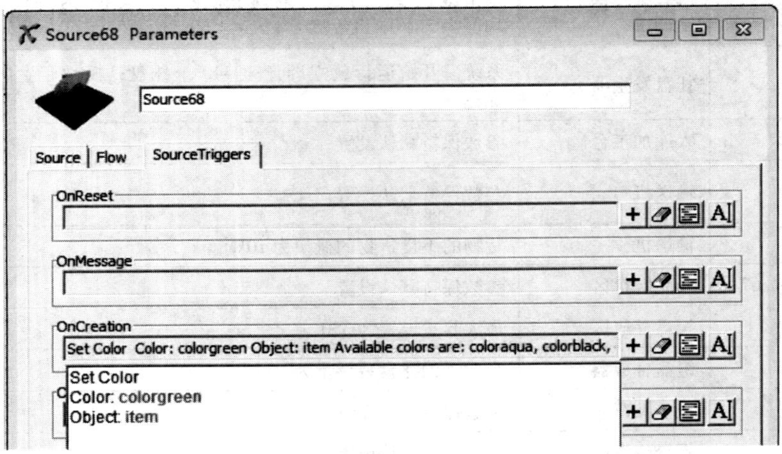


图 9－22

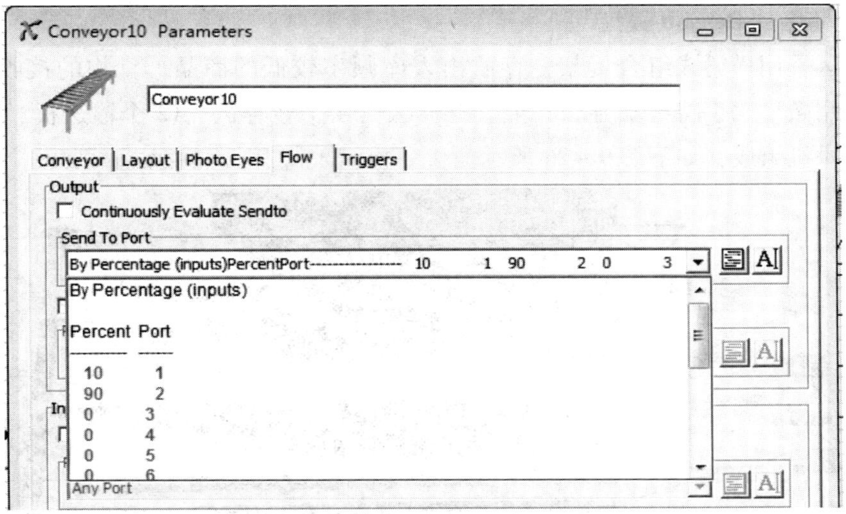


图 9－23

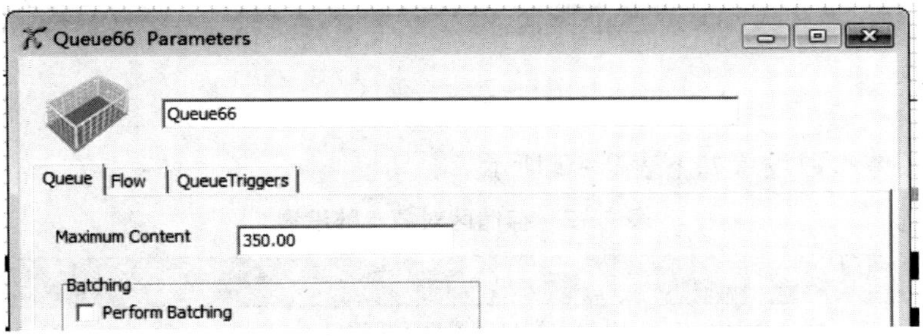


图 9－24

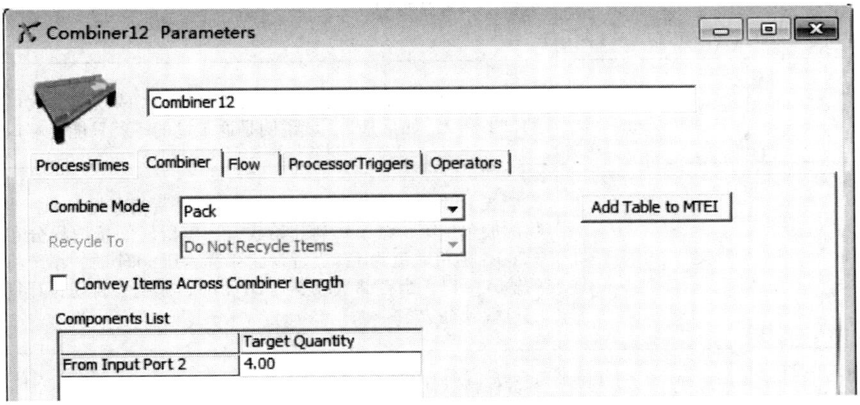


图 9－25

**2. 存储区的 flexsim 模型**

存储区采用横梁式组合货架，存放出入库频率较低的商品，货物的接收、上架、出库均采用条形码手持终端导引作业。存储区由 4 个暂存区、12 个输送机、4 个货架和 4 台堆垛机组成，如下图 9－26 所示。

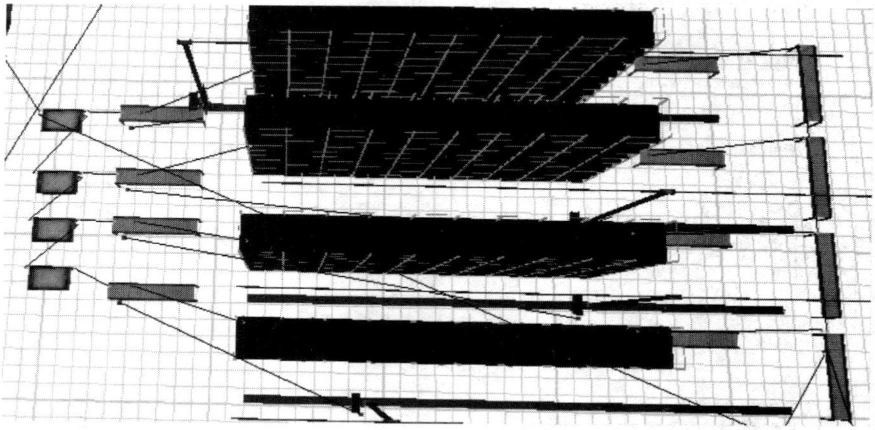

图 9－26　存储区

存储区实体参数设置如下表 9－2 所示。

**表 9－2　存储区对象参数设置**

| 实体名称 | 对象说明 | 参数设置 |
|---|---|---|
| Queue13－16 | 产品暂存区 | 输出端口设置为随机端口 |
| Conveyor17－20<br>Conveyor28－31<br>Conveyor32<br>Conveyor81－85 | 输送机 | 参数保持默认设置 |
| Conveyor86 | 输送机 | 当货物到达传送带 86 时，判断货物类型。如果是 1，就可以走输出端口 1 和 2；如果是 2，就说明是返工过的，就只能走端口 1 |
| Rack21－24 | 货架 | 设置成 10 行 10 列最大容量为 100，每个货格存放一个托盘产品，货物的放置从第一排第一列开始放置，停留时间按泊松分布，均值为 7 200，随机数流为 1；当货量储存量达到 80 个时，系统将关闭货架的输入端口，当存储量减少到 20 个时，系统将自动打开货架的输入端口继续补货 |
| ASRSvehicle22－27<br>ASRSvehicle83 | 堆垛机 | 参数保持默认设置 |

以下程序是 Conveyor86 输送机判断物品类型。

```
treenode item =parnode (1);
treenode current =ownerobject (c);
/* *Cases by Value */
/* * \nValue: */
int value =/* */getitemtype (rank (item, 1)) /* */;
/* * \nCases: */
switch (value) {
/* */
case 1: return duniform (1, 2);
case 2: return 2;

default: return 0; /* */
}
```

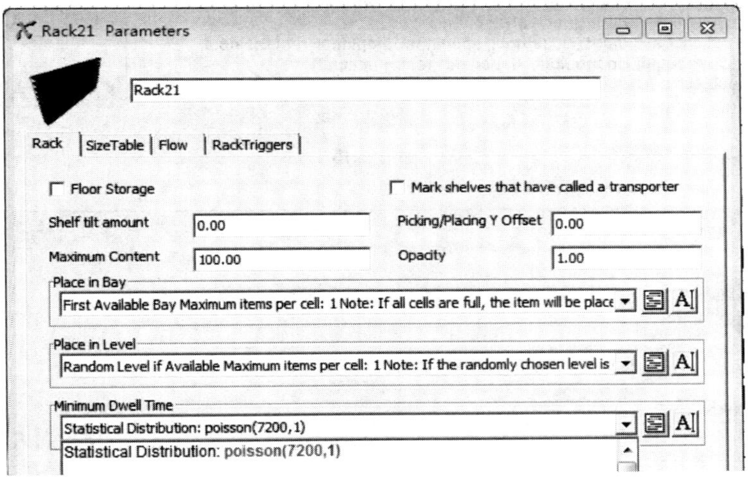


图 9－27

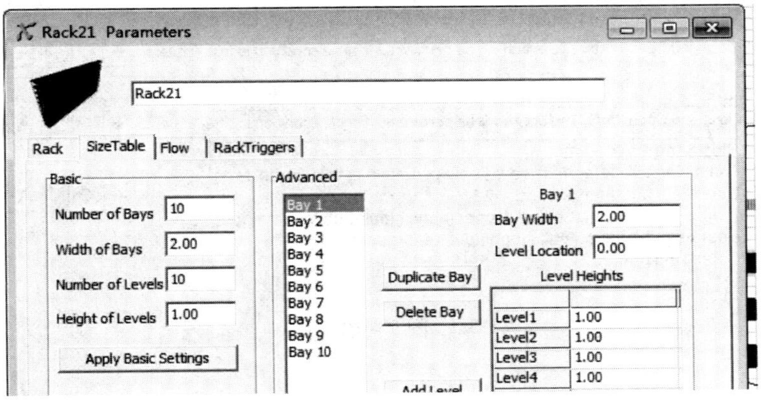


图 9－28

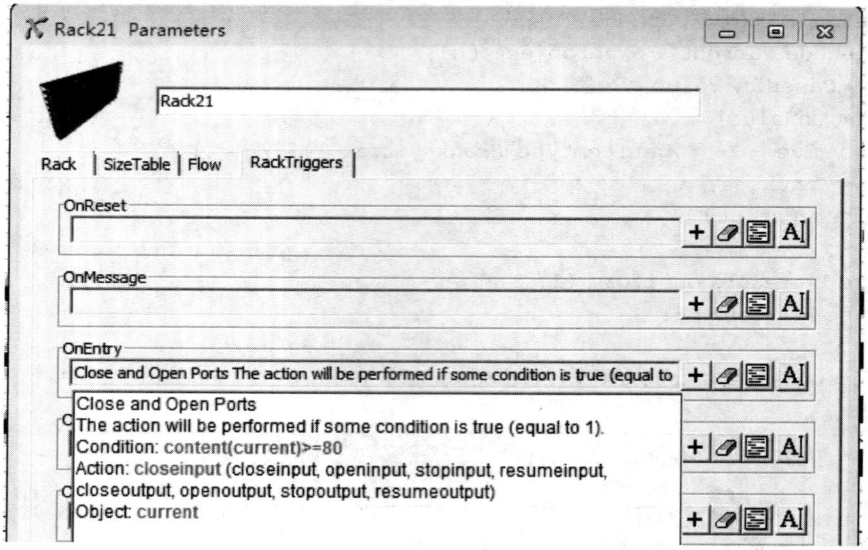
Rack21 Parameters
Rack21
Rack
SizeTable
Flow
RackTriggers
OnReset
OnMessage
OnEntry
Close and Open Ports The action will be performed if some condition is true (equal to
Close and Open Ports
The action will be performed if some condition is true (equal to 1).
Condition: content(current)>=80
Action: closeinput (closeinput, openinput, stopinput, resumeinput, closeoutput, openoutput, stopoutput, resumeoutput)
Object: current

图 9－29

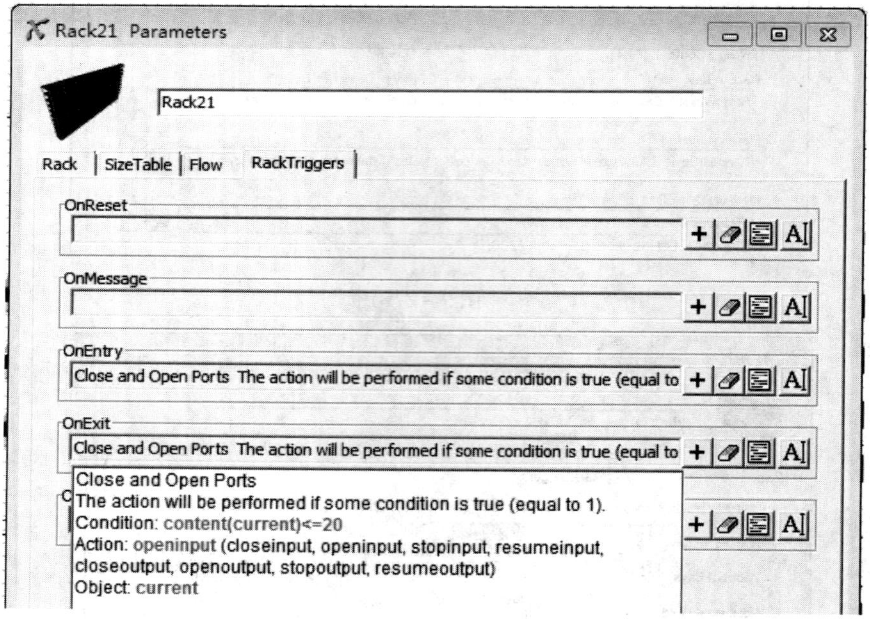
Rack21 Parameters
Rack21
Rack
SizeTable
Flow
RackTriggers
OnReset
OnMessage
OnEntry
Close and Open Ports The action will be performed if some condition is true (equal to
OnExit
Close and Open Ports The action will be performed if some condition is true (equal to
Close and Open Ports
The action will be performed if some condition is true (equal to 1).
Condition: content(current)<=20
Action: openinput (closeinput, openinput, stopinput, resumeinput, closeoutput, openoutput, stopoutput, resumeoutput)
Object: current

图 9－30

### 3. 流通加工区的 flexsim 模型

流通加工区放置一台条形码打印机、一台电脑和若干手持终端，进行分装包装、贴标签等加工活动。流通加工区由 2 个分解器、4 个暂存区、2 个操作员、2 处理器和 2 个合成器组成。如下图 9－31 所示。

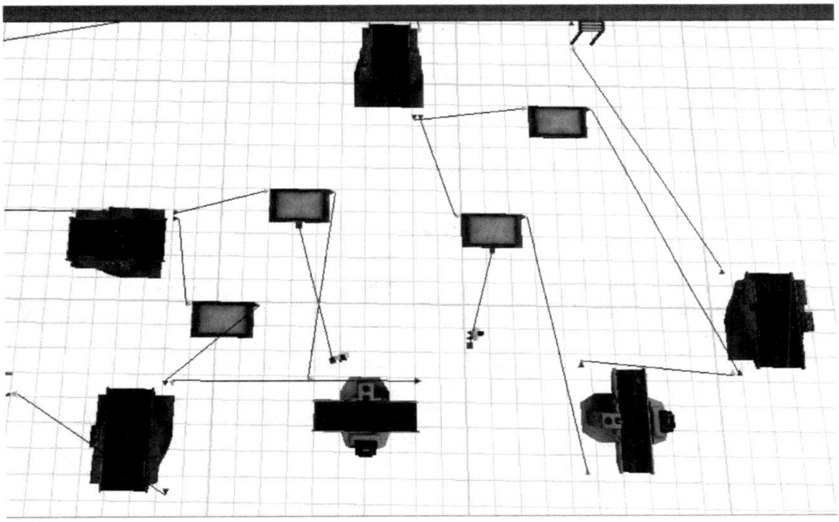

图 9－31 流通加工区图

流通加工区实体参数设置如下表 9－3 所示。

**表 9－3 流通加工区对象参数设置**

| 实体名称 | 对象说明 | 参数设置 |
|---|---|---|
| Separator35、Separator59 | 托盘分解器 | 设置为容器临时实体从端口 1 发送，将容纳的所有临时实体从端口 2 发送。如果没有拆包，则仅送往第一个可用端口 |
| Queue36、Queue61 | 产品暂存区 | 设置最大容量为 100 |
| Queue37、Queue60 | 托盘暂存区 | 设置最大容量为 100 |
| Processor63－64 | 处理器 | 设置为容器临时实体从端口 1 发送，将容纳的所有临时实体从端口 2 发送；如果没有拆包，则仅送往第一个可用端口 |
| Combiner62、Combiner65 | 组盘合成器 | 合成器的托盘装货量都为 4 件；Combiner65 设置通过流通加工区加工过后的类型为 2，托盘的颜射为红色，没通过的为类型 1 |
| Operator82、Operator87 | 操作员 | 操作员 87 与操作员 82 服从定长分布，均值分别为 68、92 |

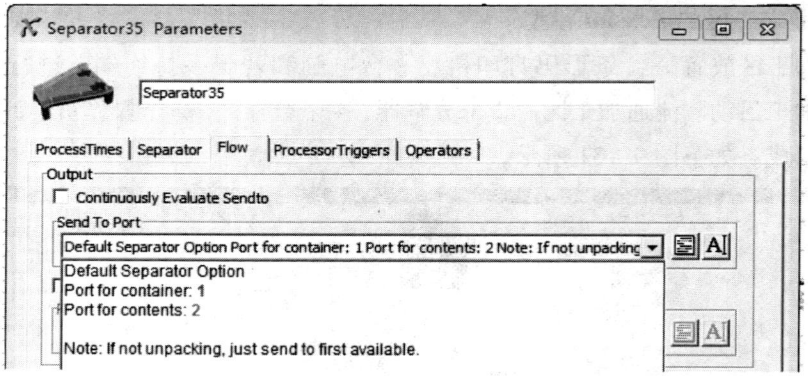


图 9 – 32

图 9 – 33

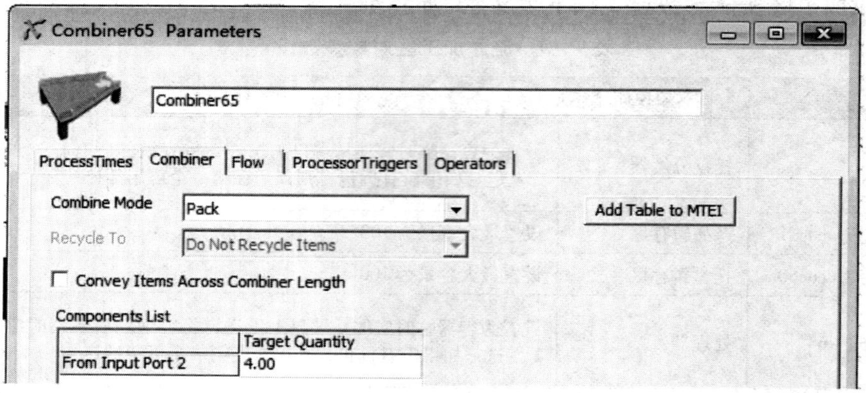


图 9 – 34

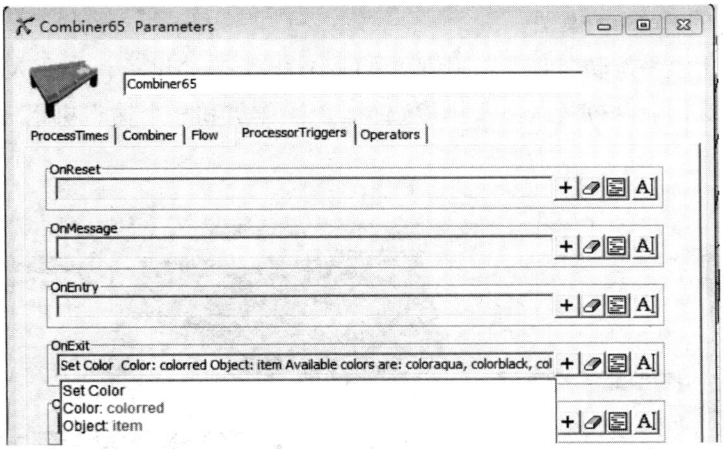


图 9－35

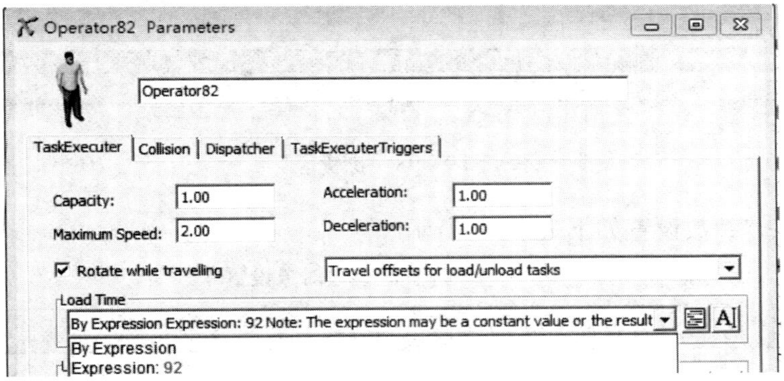


图 9－36

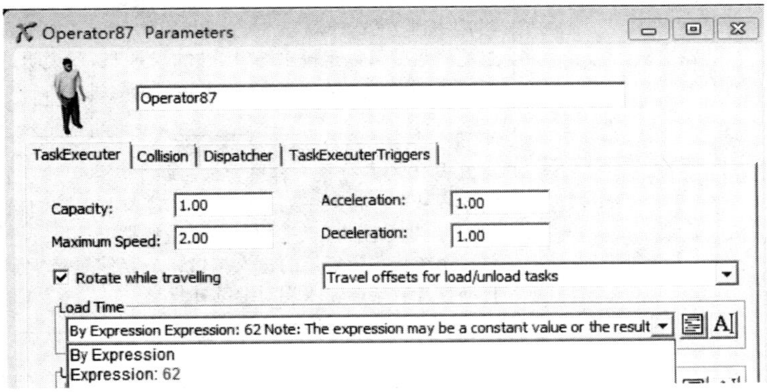


图 9－37

**4. 拣货区的 flexsim 模型**

拣货区采用水平旋转货架，在货架上可安置电子拣选设备，作业人员根据电子表指示，完成分拣作业。拣货区由 2 排货架、2 个操作员和 9 个输送机组成，如下图 9 - 38 所示。

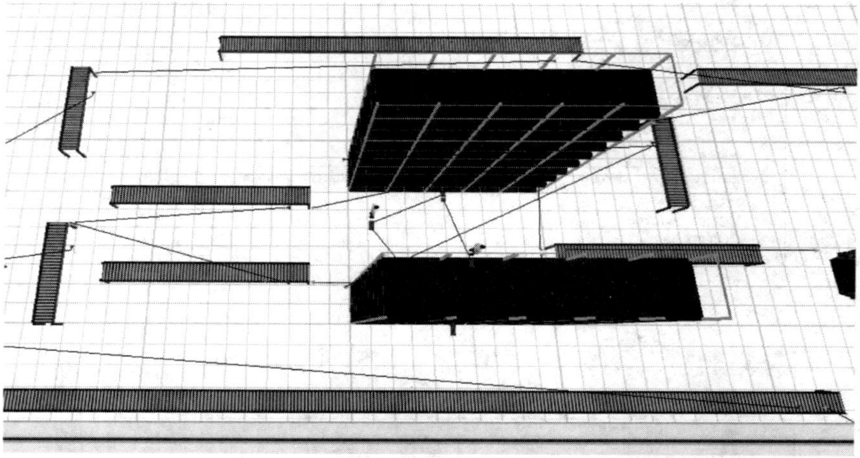

图 9 - 38 拣货区

拣货区实体参数设置如下表 9 - 4 所示。

**表 9 - 4 拣货区参数对象设置**

| 实体名称 | 对象说明 | 参数设置 |
|---|---|---|
| Conveyor34、Conveyor41 - 45、Conveyor58 | 输送机 | 参数保持默认设置 |
| Conveyor33、Conveyor38 | 输送机 | 当货物到达 Conveyor33 时，判断货物类型。如果是类型 2，是加工过的物品就可以走输出端口 1；如果是 1，就说明是未加工过的，就只能走端口 2；Conveyor38 输出端口为随机端口 |
| Rack39 - 40 | 货架 | 设置成 10 行 5 列最大容量为 50，每个货格存放一个托盘产品，货物的放置从第一排第一列开始放置，停留时间按泊松分布，均值为 3，600，随机数流为 1，输出端口为随机端口；当货量储存量达到 45 个时，系统将关闭货架的输入端口，当存储量减少到 5 个时，系统将自动打开货架的输入端口继续补货 |
| Operator80 - 81 | 操作员 | 参数保持默认设置 |

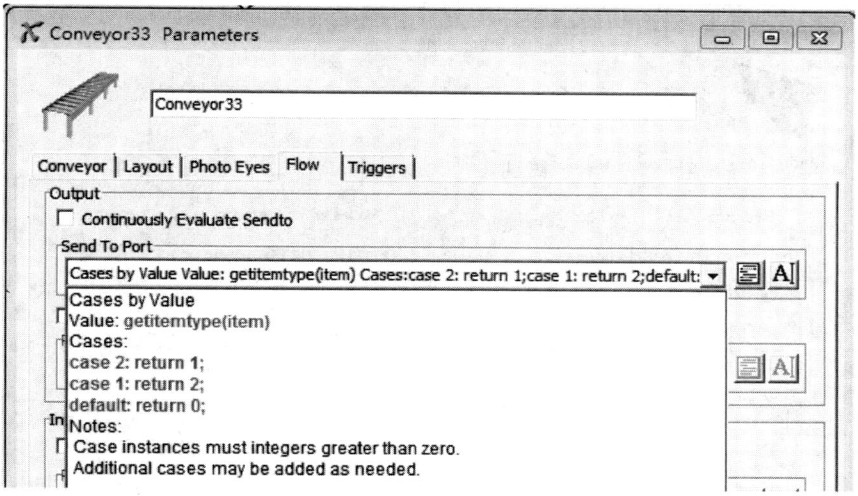
Conveyor33 Parameters
Conveyor33
Conveyor
Layout
Photo Eyes
Flow
Triggers
Output
Continuously Evaluate Sendto
Send To Port
Cases by Value Value: getitemtype(item) Cases:case 2: return 1;case 1: return 2;default:
Cases by Value
Value: getitemtype(item)
Cases:
case 2: return 1;
case 1: return 2;
default: return 0;
Notes:
Case instances must integers greater than zero.
Additional cases may be added as needed.

图 9 – 39

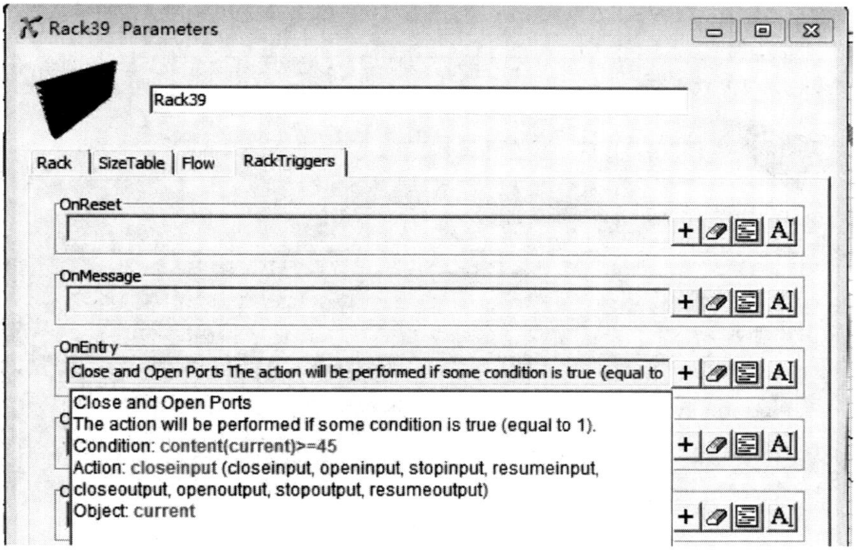
Rack39 Parameters
Rack39
Rack
SizeTable
Flow
RackTriggers
OnReset
OnMessage
OnEntry
Close and Open Ports The action will be performed if some condition is true (equal to
Close and Open Ports
The action will be performed if some condition is true (equal to 1).
Condition: content(current)>=45
Action: closeinput (closeinput, openinput, stopinput, resumeinput, closeoutput, openoutput, stopoutput, resumeoutput)
Object: current

图 9 – 40

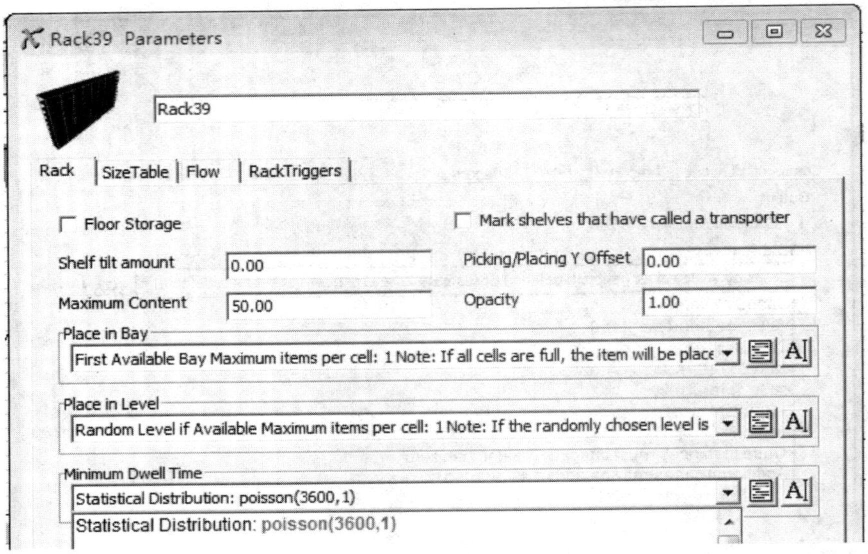
Rack39 Parameters
Rack39
Rack
SizeTable
Flow
RackTriggers
Floor Storage
Mark shelves that have called a transporter
Shelf tilt amount
0.00
Picking/Placing Y Offset
0.00
Maximum Content
50.00
Opacity
1.00
Place in Bay
First Available Bay Maximum items per cell: 1 Note: If all cells are full, the item will be place
Place in Level
Random Level if Available Maximum items per cell: 1 Note: If the randomly chosen level is
Minimum Dwell Time
Statistical Distribution: poisson(3600,1)
Statistical Distribution: poisson(3600,1)

图 9－41

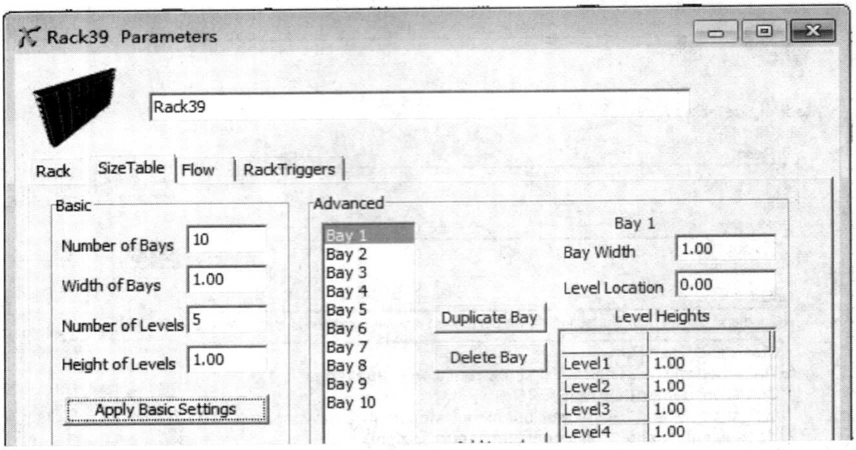
Rack39 Parameters
Rack39
Rack
SizeTable
Flow
RackTriggers
Basic
Number of Bays
10
Width of Bays
1.00
Number of Levels
5
Height of Levels
1.00
Apply Basic Settings
Advanced
Bay 1
Bay 2
Bay 3
Bay 4
Bay 5
Bay 6
Bay 7
Bay 8
Bay 9
Bay 10
Duplicate Bay
Delete Bay
Bay 1
Bay Width
1.00
Level Location
0.00
Level Heights
Level1 1.00
Level2 1.00
Level3 1.00
Level4 1.00

图 9－42

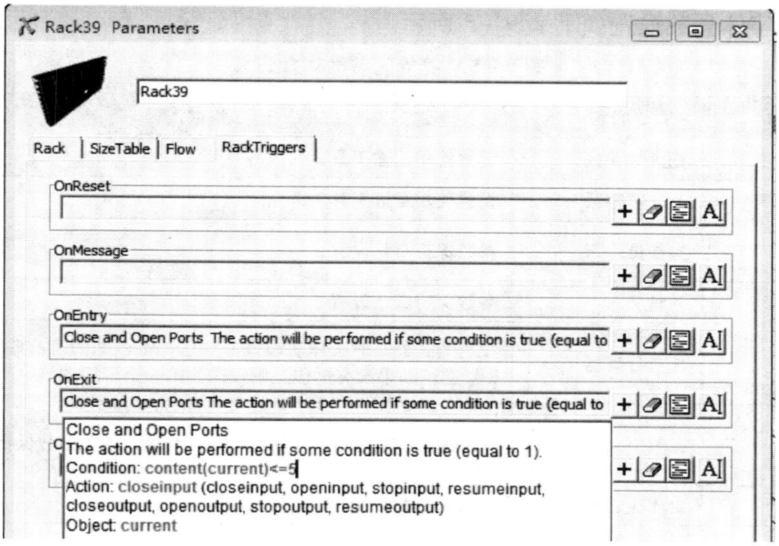


图 9－43

**5. 发货区的 flexsim 模型**

这个区域主要负责发货工作，实现库内物资的转运，装载单元采用 AGV 运输小车或叉车。发货区由 3 个暂存区、1 个分解器、一辆叉车、2 个操作员、5 个运输机和 3 个吸收器组成，如下图 9－44 所示。

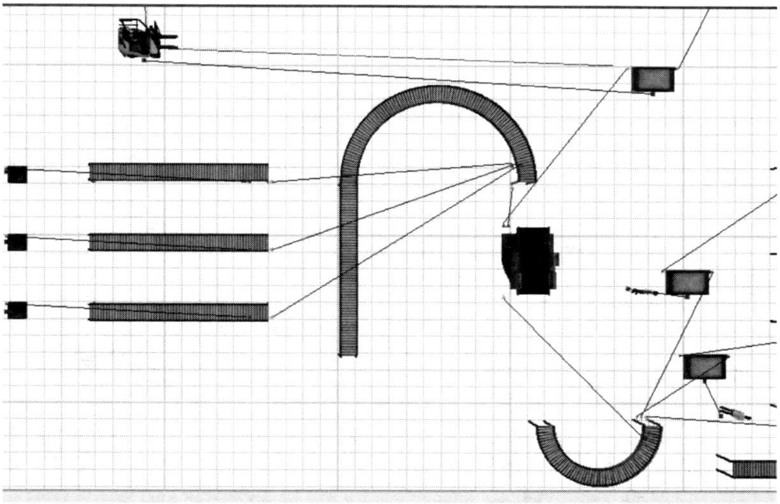

图 9－44 发货区

发货区实体参数设置如下表 9 - 5 所示。

**表 9 - 5 发货区参数对象设置**

| 实体名称 | 对象说明 | 参数设置 |
|---|---|---|
| Queue46 | 托盘暂存区 | 设置使用运输工具，最大容量为 350 |
| Queue47 - 48 | 产品暂存区 | 设置使用运输工具 |
| Operator79、Operator88 | 操作员 | 参数保持默认设置 |
| Transporter86 | 托盘叉车 | 参数保持默认设置 |
| Separator49 | 托盘分解器 | 设置为容器临时实体从端口 1 发送，将容纳的所有临时实体从端口 2 发送。如果没有拆包，则仅送往第一个可用端口 |
| Conveyor50 - 53、Conveyor57 | 运输机 | Conveyor50 输出端口为随机端口，其他运输机参数保持默认设置 |
| Sink51 - 56 | 出库吸收器 | 参数保持默认设置 |

图 9 - 45

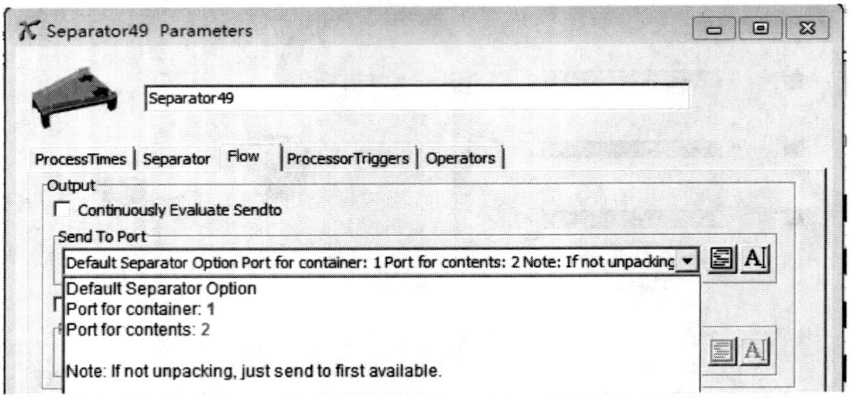


图 9 - 46

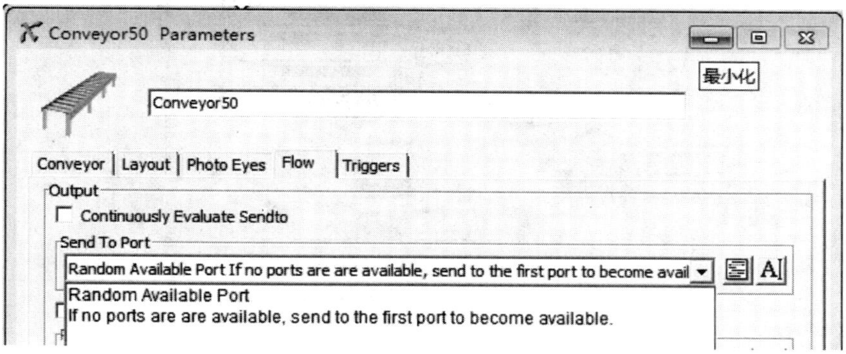


图 9－47

以上为配送中心主要的实体参数设置，其他没有说明的实体参数保持默认设置。经过以上全部参数设置后点击运行，可以得到配送中心的仿真运行过程图，如下图 9－48 和 9－49 所示。

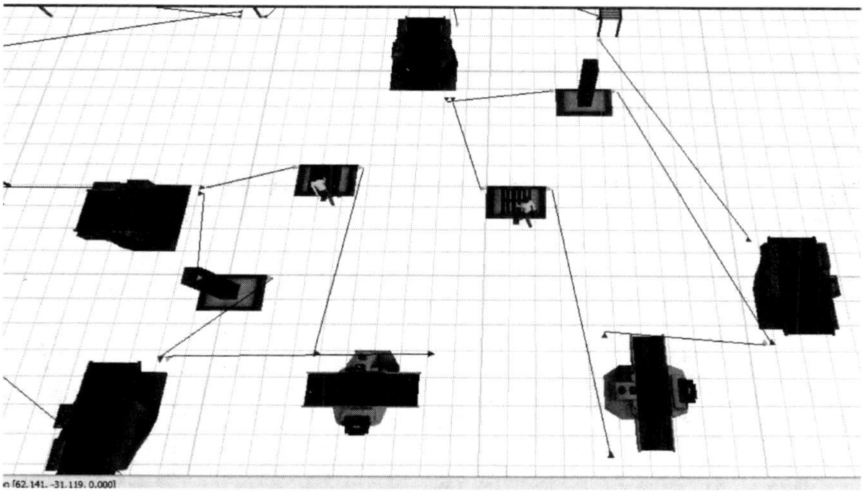

图 9－48　运行中的流通加工区和运行中的装盘过程

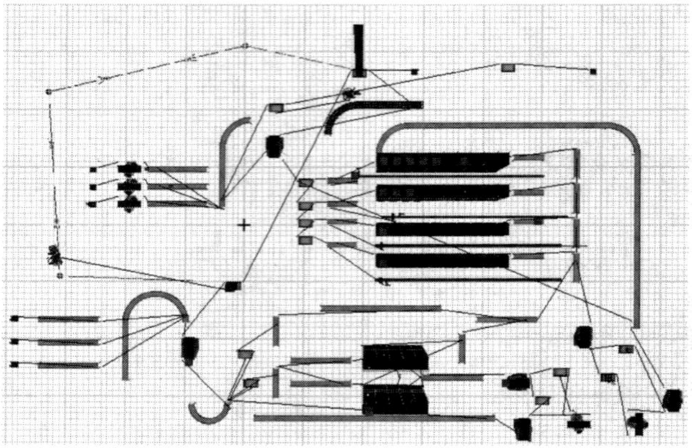

图 9-49 整体布局的运行正投影图

## 9.2.3 仿真结果分析

### 1. 仿真模型运行及结果统计

模型建立后，经编译、重置后就可以点击仿真时间控件“运行”来运行模型。仿真模型模拟自动化立体仓库一天真实的工作情况，即 10 小时（36 000s）的运作情况。

由于 Flexsim 是实时的仿真软件，故在仿真过程中，可对每一个堆垛机、运输小车、货架进行操作，检测其当前的状态。仿真结束后，通过“统计 > 状态报告”输出 Excel 状态报表，如图 9-50 所示。通过模型报告可以很清楚地了解模型中各实体的各种状态占总时间的百分比。

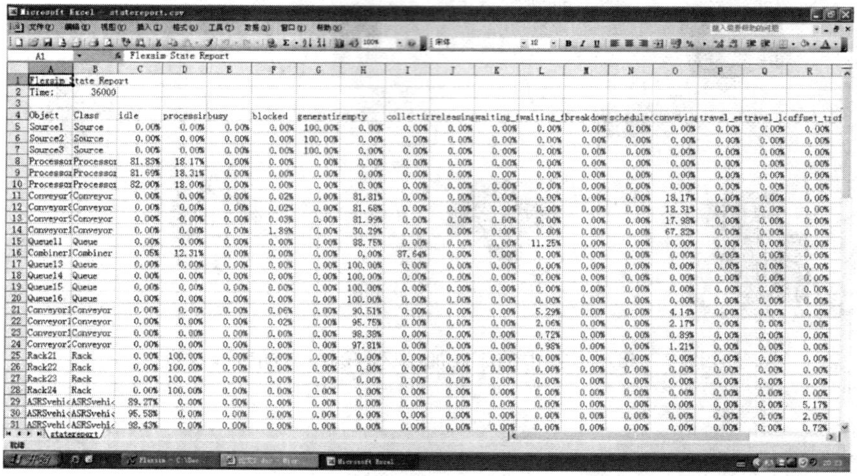

Microsoft Excel - statereport.csv

A1 Flexsim State Report

| | A | B | C | D | E | F | G | H | I | J | K | L | M | N | O | P | Q | R |
|---|---|---|---|---|---|---|---|---|---|---|---|---|---|---|---|---|---|---|
| 1 | Flexsim State Report | | | | | | | | | | | | | | | | | |
| 2 | Time: | 36000 | | | | | | | | | | | | | | | | |
| 3 | | | | | | | | | | | | | | | | | | |
| 4 | Object | Class | idle | processir | busy | blocked | generatir | empty | collectir | releasing | waiting_f | waiting_f | breakdow | schedule | conveying | travel_en | travel_l | offset_tr |
| 5 | Source1 | Source | 0.00% | 0.00% | 0.00% | 0.00% | 100.00% | 0.00% | 0.00% | 0.00% | 0.00% | 0.00% | 0.00% | 0.00% | 0.00% | 0.00% | 0.00% | 0.00% |
| 6 | Source2 | Source | 0.00% | 0.00% | 0.00% | 0.00% | 100.00% | 0.00% | 0.00% | 0.00% | 0.00% | 0.00% | 0.00% | 0.00% | 0.00% | 0.00% | 0.00% | 0.00% |
| 7 | Source3 | Source | 0.00% | 0.00% | 0.00% | 0.00% | 100.00% | 0.00% | 0.00% | 0.00% | 0.00% | 0.00% | 0.00% | 0.00% | 0.00% | 0.00% | 0.00% | 0.00% |
| 8 | Processor | Processor | 81.83% | 18.17% | 0.00% | 0.00% | 0.00% | 0.00% | 0.00% | 0.00% | 0.00% | 0.00% | 0.00% | 0.00% | 0.00% | 0.00% | 0.00% | 0.00% |
| 9 | Processor | Processor | 81.69% | 18.31% | 0.00% | 0.00% | 0.00% | 0.00% | 0.00% | 0.00% | 0.00% | 0.00% | 0.00% | 0.00% | 0.00% | 0.00% | 0.00% | 0.00% |
| 10 | Processor | Processor | 82.00% | 18.00% | 0.00% | 0.00% | 0.00% | 0.00% | 0.00% | 0.00% | 0.00% | 0.00% | 0.00% | 0.00% | 0.00% | 0.00% | 0.00% | 0.00% |
| 11 | Conveyor7 | Conveyor | 0.00% | 0.00% | 0.00% | 0.02% | 0.00% | 81.81% | 0.00% | 0.00% | 0.00% | 0.00% | 0.00% | 0.00% | 18.17% | 0.00% | 0.00% | 0.00% |
| 12 | Conveyor8 | Conveyor | 0.00% | 0.00% | 0.00% | 0.02% | 0.00% | 81.68% | 0.00% | 0.00% | 0.00% | 0.00% | 0.00% | 0.00% | 18.31% | 0.00% | 0.00% | 0.00% |
| 13 | Conveyor9 | Conveyor | 0.00% | 0.00% | 0.00% | 0.03% | 0.00% | 81.99% | 0.00% | 0.00% | 0.00% | 0.00% | 0.00% | 0.00% | 17.98% | 0.00% | 0.00% | 0.00% |
| 14 | Conveyor1 | Conveyor | 0.00% | 0.00% | 0.00% | 1.89% | 0.00% | 30.29% | 0.00% | 0.00% | 0.00% | 0.00% | 0.00% | 0.00% | 67.82% | 0.00% | 0.00% | 0.00% |
| 15 | Queue11 | Queue | 0.00% | 0.00% | 0.00% | 0.00% | 0.00% | 88.75% | 0.00% | 0.00% | 0.00% | 11.25% | 0.00% | 0.00% | 0.00% | 0.00% | 0.00% | 0.00% |
| 16 | Combiner1 | Combiner | 0.05% | 12.31% | 0.00% | 0.00% | 0.00% | 0.00% | 87.64% | 0.00% | 0.00% | 0.00% | 0.00% | 0.00% | 0.00% | 0.00% | 0.00% | 0.00% |
| 17 | Queue13 | Queue | 0.00% | 0.00% | 0.00% | 0.00% | 0.00% | 100.00% | 0.00% | 0.00% | 0.00% | 0.00% | 0.00% | 0.00% | 0.00% | 0.00% | 0.00% | 0.00% |
| 18 | Queue14 | Queue | 0.00% | 0.00% | 0.00% | 0.00% | 0.00% | 100.00% | 0.00% | 0.00% | 0.00% | 0.00% | 0.00% | 0.00% | 0.00% | 0.00% | 0.00% | 0.00% |
| 19 | Queue15 | Queue | 0.00% | 0.00% | 0.00% | 0.00% | 0.00% | 100.00% | 0.00% | 0.00% | 0.00% | 0.00% | 0.00% | 0.00% | 0.00% | 0.00% | 0.00% | 0.00% |
| 20 | Queue16 | Queue | 0.00% | 0.00% | 0.00% | 0.00% | 0.00% | 100.00% | 0.00% | 0.00% | 0.00% | 0.00% | 0.00% | 0.00% | 0.00% | 0.00% | 0.00% | 0.00% |
| 21 | Conveyor1 | Conveyor | 0.00% | 0.00% | 0.00% | 0.06% | 0.00% | 90.51% | 0.00% | 0.00% | 0.00% | 5.29% | 0.00% | 0.00% | 4.14% | 0.00% | 0.00% | 0.00% |
| 22 | Conveyor1 | Conveyor | 0.00% | 0.00% | 0.00% | 0.02% | 0.00% | 95.75% | 0.00% | 0.00% | 0.00% | 2.06% | 0.00% | 0.00% | 2.17% | 0.00% | 0.00% | 0.00% |
| 23 | Conveyor1 | Conveyor | 0.00% | 0.00% | 0.00% | 0.00% | 0.00% | 98.38% | 0.00% | 0.00% | 0.00% | 0.72% | 0.00% | 0.00% | 0.89% | 0.00% | 0.00% | 0.00% |
| 24 | Conveyor2 | Conveyor | 0.00% | 0.00% | 0.00% | 0.00% | 0.00% | 97.81% | 0.00% | 0.00% | 0.00% | 0.98% | 0.00% | 0.00% | 1.21% | 0.00% | 0.00% | 0.00% |
| 25 | Rack21 | Rack | 0.00% | 100.00% | 0.00% | 0.00% | 0.00% | 0.00% | 0.00% | 0.00% | 0.00% | 0.00% | 0.00% | 0.00% | 0.00% | 0.00% | 0.00% | 0.00% |
| 26 | Rack22 | Rack | 0.00% | 100.00% | 0.00% | 0.00% | 0.00% | 0.00% | 0.00% | 0.00% | 0.00% | 0.00% | 0.00% | 0.00% | 0.00% | 0.00% | 0.00% | 0.00% |
| 27 | Rack23 | Rack | 0.00% | 100.00% | 0.00% | 0.00% | 0.00% | 0.00% | 0.00% | 0.00% | 0.00% | 0.00% | 0.00% | 0.00% | 0.00% | 0.00% | 0.00% | 0.00% |
| 28 | Rack24 | Rack | 0.00% | 100.00% | 0.00% | 0.00% | 0.00% | 0.00% | 0.00% | 0.00% | 0.00% | 0.00% | 0.00% | 0.00% | 0.00% | 0.00% | 0.00% | 0.00% |
| 29 | ASRSvehi< | ASRSvehi< | 89.27% | 0.00% | 0.00% | 0.00% | 0.00% | 0.00% | 0.00% | 0.00% | 0.00% | 0.00% | 0.00% | 0.00% | 0.00% | 0.00% | 0.00% | 5.17% |
| 30 | ASRSvehi< | ASRSvehi< | 95.58% | 0.00% | 0.00% | 0.00% | 0.00% | 0.00% | 0.00% | 0.00% | 0.00% | 0.00% | 0.00% | 0.00% | 0.00% | 0.00% | 0.00% | 2.05% |
| 31 | ASRSvehi< | ASRSvehi< | 98.43% | 0.00% | 0.00% | 0.00% | 0.00% | 0.00% | 0.00% | 0.00% | 0.00% | 0.00% | 0.00% | 0.00% | 0.00% | 0.00% | 0.00% | 0.72% |

statereport

图 9-50 系统模型报告

堆垛机运行状况的主要评价指标是工作时间、闲置率和利用率。通过堆垛机的属性统计分页，可以得到堆垛机1、堆垛机2、堆垛机3和堆垛机4的状态饼图（见图9-51、9-52、9-53、9-54），从图上可以清楚地看出堆垛机的空闲时间、装载时间、卸载时间、装载行驶时间、空载行驶时间及其各自所占的百分比等仿真结果。图9-51为仿真时间结束后1号堆垛机的State图；图9-52所示为仿真结束后2号堆垛机的State饼图；图9-53所示为仿真结束后3号堆垛机的State饼图；图9-54所示为仿真结束后4号堆垛机的State饼图。将其数据整理后记录于表9-6中。

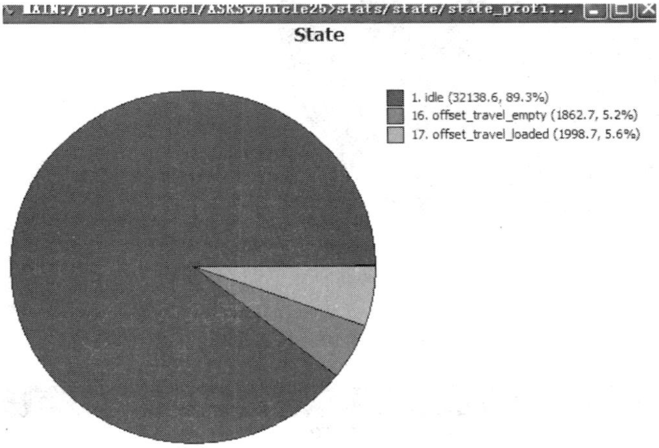


图9-51　1号堆垛机仿真结束后的状态饼图

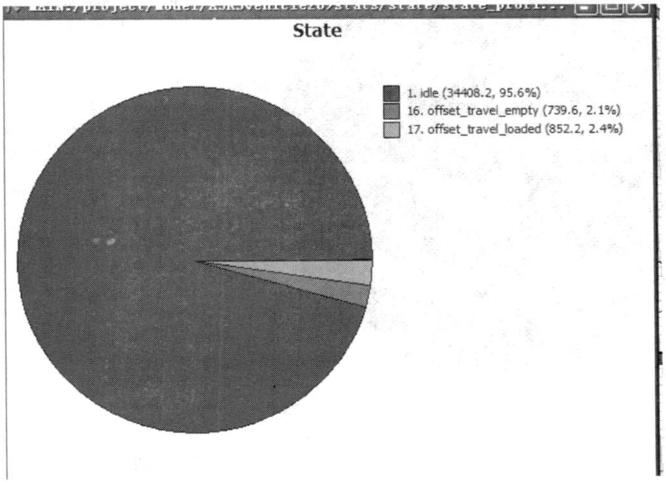


图9-52　2号堆垛机仿真结束后的状态饼图

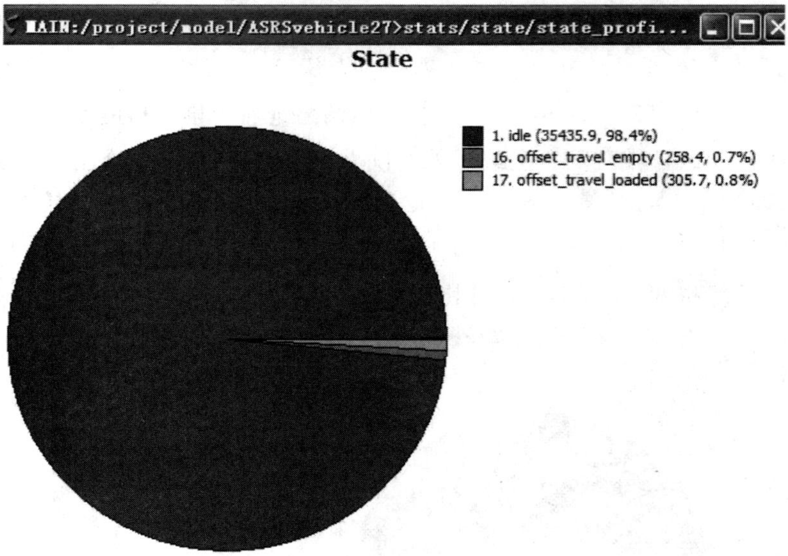


图 9－53 3 号堆垛机仿真结束后的状态饼图

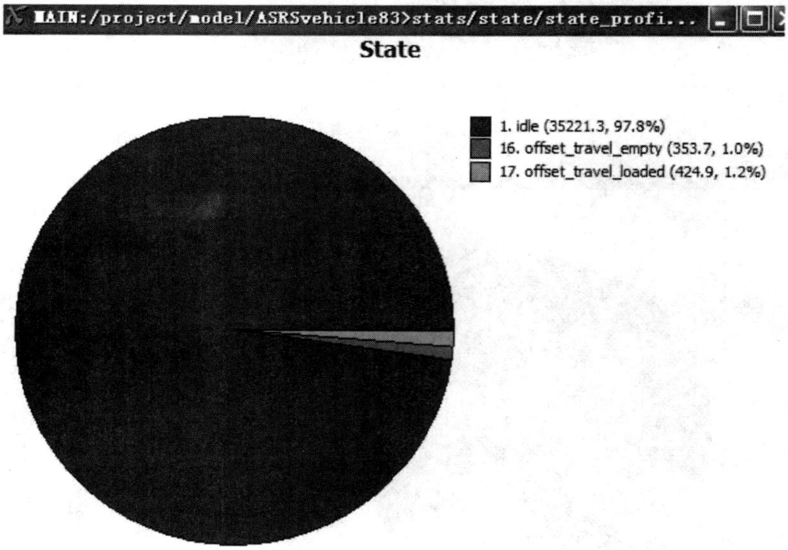


图 9－54 4 号堆垛机仿真结束后的状态饼图

表 9 – 6　堆垛机仿真输出数据

| | 1 号堆垛机 | 2 号堆垛机 | 3 号堆垛机 | 4 号堆垛机 |
|---|---|---|---|---|
| 最小等待时间 | 3.808 | 3.808 | 3.808 | 3.808 |
| 最大等待时间 | 10.313 | 9.000 | 9.000 | 9.000 |
| 平均等待时间 | 6.553 | 5.426 | 4.703 | 4.884 |
| 空闲时间百分比 | 89.3% | 95.6% | 99.4% | 97.8 |
| 空载运输时间百分比 | 5.2% | 2.1% | 0.7% | 1.0% |
| 装载运输时间百分比 | 5.6% | 2.4% | 0.8% | 1.2% |

运输机的主要评价指标是执行次数、空载运输时间、装载运输时间、装载时间和卸载时间。通过运输机的属性统计分页，可以得到运输机 1 和运输机 2 的状态饼图，从图上可以清楚地看出运输机的空闲时间、装载时间、卸载时间、装载行驶时间、空载行驶时间及其各自所占的百分比等仿真结果。图 9 – 55 为仿真时间结束后 1 号运输机的 State 图；图 9 – 56 所示为仿真结束后 2 号运输机的 State 饼图。将其数据整理后记录于表 9 – 7 中。

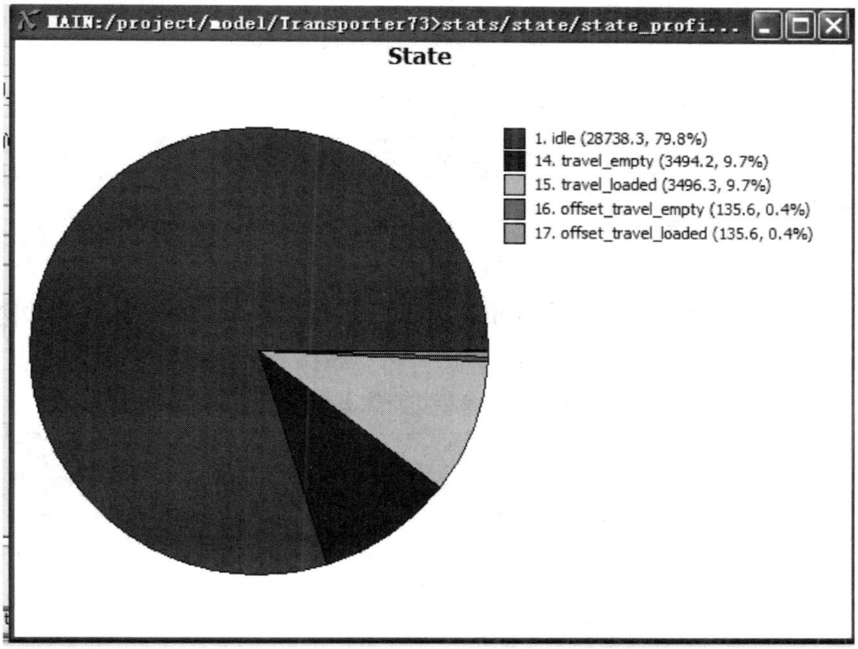


图 9 – 55　1 号运输机仿真状态饼图

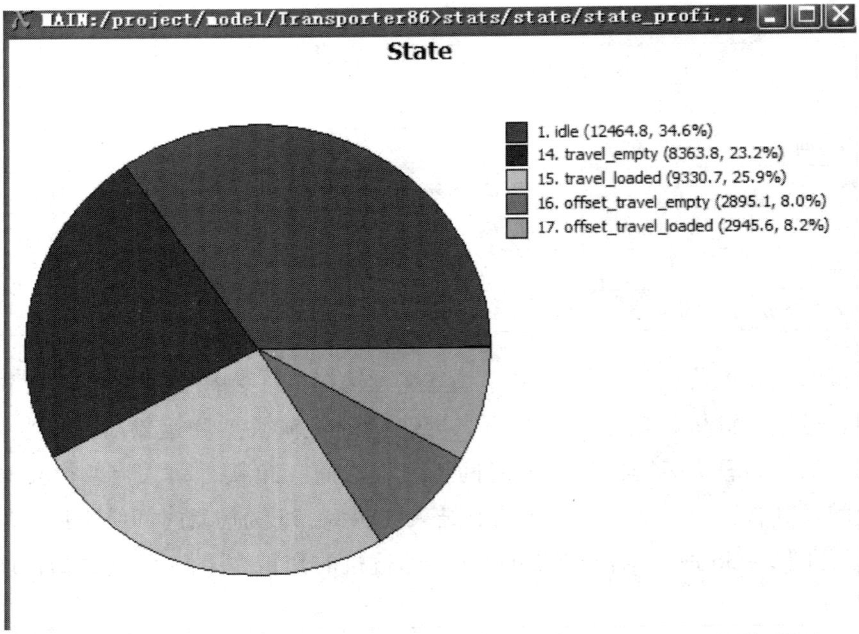


图 9－56　2 号运输机仿真状态饼图

**表 9－7　运输机仿真输出数据**

| | 执行任务次数 | 空闲率 | 空载运输时间 | 装载运行时间 | 装载时间 | 卸载时间 |
|---|---|---|---|---|---|---|
| 1 号运输机 | 186 | 79.8% | 9.7% | 9.7% | 0.4% | 0.4% |
| 2 号运输机 | 195 | 34.6% | 23.2% | 25.9% | 9.0% | 9.2% |

货架的主要评价指标是最大库存量、现有库存量、输入货物总数、输出货物总数和库位利用率，测试货架主要考虑储存区的货架，将仿真数据记录于表 9－8 中。

**表 9－8　货架仿真输出数据**

| 设备 | 当前库存量（盘/p） | 最大库存量（盘/p） | 平均库存量（盘/p） | 入库总数（盘/p） | 出库总数（盘/p） | 平均停留时间（秒/s） |
|---|---|---|---|---|---|---|
| 货架 1 | 71 | 74 | 54.582 | 305 | 234 | 7199.551 |
| 货架 2 | 34 | 44 | 27.835 | 157 | 123 | 7184.325 |
| 货架 3 | 10 | 19 | 11.774 | 65 | 55 | 7216.727 |
| 货架 4 | 18 | 23 | 15.053 | 87 | 69 | 7243.203 |

由表 9－8 的数据可以得出储存区 4 排货架入库总量为 614，出库总量为 481，库位的平均利用率为 33.25%，相对较低，需要加以优化以让配送中心能起到预期的作用，

所以模型中发生器的到达时间间隔和货架的最小停留时间均要调整。

**2. 仿真结果分析**

根据表 9-6、表 9-7 和表 9-8 可以得出堆垛机、运输机和储存区货架库位的利用率，如表 9-9 所示。

**表 9-9 仿真实验数据分析结果设备**

| | 利用率 | 设备 | 利用率 |
|---|---|---|---|
| 堆垛机 1 | 10.7% | 货架 1 | 71% |
| 堆垛机 2 | 4.4% | 货架 2 | 34% |
| 堆垛机 3 | 1.6% | 货架 3 | 10% |
| 堆垛机 4 | 2.2% | 货架 4 | 18% |
| 运输机 1 | 21.2% | 托盘 | 73.5% |
| 运输机 2 | 65.4% | | |

（1）由表 9-9 可以看出，4 架堆垛机的利用率非常低，而导致堆垛机利用率低的主要原因是配送中心到达的货物数量少以及货物的停留时间问题。如需要改善这个问题，我们必须在货物到达发生器上做出修改，让货物到达配送中心的数量多起来。

（2）由表 9-9 可以看出，2 号运输机的利用率也比较低，1 号运输机所运送的货物为不合格品。当然不合格品越少越好，但是根据货物的不合格品概率为 10%，可得知 1 号运输机的利用率低。2 号运输机是将空的托盘运送回到货物装盘前的暂存区去，从利用率来看，2 号运输机虽工作了但是利用率较低，造成这种状况的主要原因也是由于货物的数量较少。

（3）由表 9-9 可以看出，4 个货架的平均利用率只有 33.25%，这和我们建立配送中心的最初想法完全相反。试想一下，假如我们建立一个配送中心，而货架利用率很低，那这个配送中心还有何意义？建立配送中心的目的就是为了让货物能更加方便地周转。导致利用率低的原因主要是到达货物的数量少以及货物在货架上的停留时间问题。为了更好地解决货架问题，我们应该增加货物的到达数量以及增长货物停留在货架上的时间。

（4）由仿真模型可以看出，在产生托盘的暂存区中，还有 75 个托盘处于空闲状态，托盘的利用率只有 73.5%，也就是说有四分之一多的托盘没有用到，所以设置 340 个托盘根据数据仿真的话，就明显过多。因为托盘是循环使用，而且货物的到达数量少，所以说 340 个托盘不合适。优化托盘问题主要在于适当减少托盘的生成，这样就可以避免托盘的浪费。

以上就是配送中心在原始数据下进行仿真后的结果，从中我们可以发现系统运行过程中存在的一些问题，并为进一步优化系统配置提供重要的依据。由于仿真模型中的临时实体是通过发生器连续产生的，沿袭这样的思路和方法，待有条件时可以进行更加全面、真实的分析。

**3. 配送中心的优化**

（1）优化方案

上面提到系统中存在货物数量太少的现象，会造成配送中心极度空闲现象，导致堆垛机、运输机和货架利用率不高，未能达到建立配送中心的目的。针对这一问题，可通过调整货架参数、货物的出入库量、货物停留时间等手段，来寻找系统优化的最佳方案。

优化设计的第一步就是定义模型的决策变量，最优化决策变量的选择是通过待解决问题的重述获得的。例如，货架的货位是多少时可使货位的利用率达到最佳？此问题的陈述定义了模型的决策变量，即货架的最大容量和货位的利用率。但是，这两个变量却有不同的用途：容量最大值是要对其进行改变而进行仿真实验的，而货位利用率是作为结果反馈来体现改变的效果。在制定了变量的名称和类型后，将此变量与模型中某节点关联起来，选择持有此最大容量值的节点，且必须选择具有数值数据的节点，否则最优化将不能正常进行。定义了决策变量后，再定义最优化的约束条件，因为在最优化过程中，优化器将根据决策变量对若干场景进行实验，约束用来将不能满足约束条件的某些场景剔除出去，这样优化器就不会将一个无效的场景选作最优化方案。根据评价指标编写目标函数，设置仿真场景次数和场景运行时间，对其进行优化，获得最佳解答。

本文将通过多次仿真，在研究某一变量对系统的影响时视其他变量暂时为常数，从而避免复杂的分析过程。具体操作如下：

①假定托盘生成数量与货物的入库时间间隔不变，将货架中货物的最小停留时间及关闭货架的输入端口的上限容量视为变量。

②在以上基础上，假定托盘生成数量与货架中的货物最小停留时间不变，将货物的入库时间间隔视为变量。

③在以上基础上，假定货物的入库时间间隔与货架中货物的最小停留时间不变，将托盘生成数量视为变量。

④结合前三者的结果，通过反复的多次试验仿真综合优化系统的资源配置。在优化并仿真的过程中，分析每个参数的改变对系统的影响，找出参数改变与系统效率之

间的变化规律，并通过这种趋势修改实体参数，直至达到预期目标。

（2）模型修改及仿真

①货物的最小停留时间和货架输入端口的上限的优化及仿真分析。在仿真系统中，泊松分布有着很重要的应用，当随机事件发生的间隔时间相互独立且服从同一负指数分布，则固定时间内事件发生的次数服从泊松分布。货架中货物的最小停留时间也采用泊松分布，由于暂存区存放入库频率较低的货物，所以设置停留时间长。暂存区货架停留时间均值修改为9 000，使用随机数流1，储存区的货架关闭货架的输入端口的上限修改为90。参照此数据修改模型，仿真结果整理、记录于下列各个图表中。

**表9－10　修改后堆垛机仿真输出数据表**

| | 1号堆垛机 | 2号堆垛机 | 3号堆垛机 | 4号堆垛机 |
|---|---|---|---|---|
| 最小等待时间 | 3.808 | 3.808 | 3.808 | 3.808 |
| 最大等待时间 | 11.313 | 9.000 | 9.000 | 9.000 |
| 平均等待时间 | 7.169 | 5.643 | 5.077 | 5.027 |
| 空闲时间百分比 | 89.2% | 95.6% | 97.9% | 97.9 |
| 空载运输时间百分比 | 5.7% | 2.1% | 1.0% | 0.9% |
| 装载运输时间百分比 | 6.1% | 2.4% | 1.1% | 1.1% |

由表9－10可以得出修改后的堆垛机1、堆垛机2、堆垛机3和堆垛机4的工作效率分别为11.8%、4.6%、2.1%和2.1%。与修改前工作效率比较，得出下表9－11。从表9－11可以看出，堆垛机工作效率得到了一点提高，但并不明显。

**表9－11　修改前后堆垛机工作效率对照表**

| | 1号堆垛机 | 2号堆垛机 | 3号堆垛机 | 4号堆垛机 |
|---|---|---|---|---|
| 修改前工作效率 | 10.7% | 4.4% | 1.6% | 2.2% |
| 修改后工作效率 | 11.8% | 4.6% | 2.1% | 2.1% |

**表9－12　修改后的运输机仿真输出数据表**

| | 执行任务次数 | 空闲率 | 空载运输时间 | 装载运行时间 | 装载时间 | 卸载时间 |
|---|---|---|---|---|---|---|
| 1号运输机 | 172 | 81.3% | 9.0% | 9.0% | 0.3% | 0.3% |
| 2号运输机 | 179 | 41.1% | 21.4% | 23.8% | 7.4% | 6.3% |

由表9－12可以得出修改后的运输机1号和运输机2号的工作效率分别为29.4%和70.7%。与修改前工作效率比较，得出下表9－13。

表 9－13 修改前后运输机工作效率对照表

| | 1 号运输机 | 2 号运输机 |
|---|---|---|
| 修改前工作效率 | 20.2% | 65.4% |
| 修改后工作效率 | 19.7% | 59.9% |

由表 9－13 可以明显地看出，运输机的效率有了稍微的降低，但是也不明显。

表 9－14 修改后的货架仿真输出数据表

| 设备 | 当前库存量（盘/p） | 最大库存量（盘/p） | 平均库存量（盘/p） | 入库总数（盘/p） | 出库总数（盘/p） | 平均停留时间（秒/s） |
|---|---|---|---|---|---|---|
| 货架 1 | 78 | 87 | 65.815 | 304 | 226 | 8 983.169 |
| 货架 2 | 45 | 49 | 32.049 | 150 | 105 | 9 032.848 |
| 货架 3 | 24 | 31 | 17.577 | 81 | 57 | 9 071.825 |
| 货架 4 | 18 | 30 | 9 049.619 | 81 | 63 | 9 049.619 |

表 9－15 修改前后的货架利用率数据表

| | 1 号货架 | 2 号货架 | 3 号货架 | 4 号货架] |
|---|---|---|---|---|
| 修改前工作效率 | 71% | 34% | 10% | 18% |
| 修改后工作效率 | 78% | 45% | 24% | 18% |

由表 9－15 得出的数据可以看出货架的使用效率得到了提高，修改后的储存区货架平均利用率为 41.25%，与之前相比提高 8 个百分点。由上面的分析可知货物的最小停留时间和货架输入端口的上限为影响工作效率的因素之一。

②货物的入库时间间隔的优化及仿真分析。在上一优化方案的基础上，通过进一步的分析货物的入库时间间隔因素，优化该因素，提高堆垛机及货架利用率。具体操作如下：将货物的到达时间间隔按照泊松分布，均值为56，随即数流为1。参照此数据修改模型，仿真结果整理、记录于下列各个图表中。

表 9－16 修改前后堆垛机工作效率对照表

| | 1 号堆垛机 | 2 号堆垛机 | 3 号堆垛机 | 4 号堆垛机 |
|---|---|---|---|---|
| 修改前工作效率 | 11.8% | 4.6% | 2.1% | 2.1% |
| 修改后工作效率 | 12. 1% | 5.2% | 2.9% | 3.3% |

通过表 9－16 可以看出，堆垛机工作效率得到了一点提高，但并不明显。

表 9－17 修改前后运输机工作效率对照表

| | 1 号运输机 | 2 号运输机 |
|---|---|---|
| 修改前工作效率 | 19.7% | 59.9% |
| 修改后工作效率 | 21.9% | 60.8% |

由表 9－17 可以看出，运输机的效率得到了少许提高。

表 9－18 修改前后的货架利用率数据表

| | 1 号货架 | 2 号货架 | 3 号货架 | 4 号货架 |
|---|---|---|---|---|
| 修改前工作效率 | 78% | 45% | 24% | 18% |
| 修改后工作效率 | 82% | 36% | 25% | 25% |

通过表 9－18 可以看得出，修改后的平均货架利用率为 42%，与修改前相比又提高了一点。由以上数据我们可以看出，修改货物的入库时间间隔就能引起其他数据的有效变化，所以说货物的入库时间间隔为优化配送中心的重要因素之一。

③托盘生成数量的优化及仿真分析。在以上优化方案基础上，通过进一步分析来确定在现有资源配置下该配送中心的托盘生成数量，在提高提高堆垛机和货架利用率的同时避免过多托盘的浪费，使配送中心效益最大化。在托盘发生器中设置托盘的初始数量为 300，参照此数据修改模型，仿真结果整理、记录于下列各个图表中。

表 9－19 修改前后托盘的利用率数据表

| | 托盘利用率 |
|---|---|
| 修改前工作效率 | 73.5% |
| 修改后工作效率 | 85% |

通过表 9－19 中我们可以得出，修改托盘初始生成数量也可作为优化配送中心的影响因素之一，后面可再通过多次试验仿真，找出最优的托盘数量。

④最终优化方案结果。通过反复的测算和仿真运行分析，在现有配置下不出现堵塞的最大吞吐量为 2 182/1 210。货物到达时间间隔和储存区货架货物最小停留时间均采用泊松分布，分别采用均值 56、9、300，使用随机数流为 1，储存区的货架关闭货架的输入端口的上限修改为 90，托盘的初始生成数量为 280。参照此数据修改模型，仿真结果整理、记录于下列各个图表中。

**表 9－20　最终修改前后工作效率对照表**

| | 修改前工作效率 | 修改后工作效率 | | 修改前工作效率 | 修改后工作效率 |
|---|---|---|---|---|---|
| 1 号堆垛机 | 10.7% | 11.2% | 1 号货架 | 71% | 77% |
| 2 号堆垛机 | 4.4% | 4.1% | 2 号货架 | 34% | 36% |
| 3 号堆垛机 | 2.6% | 2.1% | 3 号货架 | 10% | 26% |
| 4 号堆垛机 | 2.2% | 2.3% | 4 号货架 | 18% | 31% |
| 1 号运输机 | 21.2% | 21.7% | 托盘 | 73.5% | 95% |
| 2 号运输机 | 65.4% | 79.9% | | | |

通过表 9－20 可以看出，堆垛机工作效率并没有太大的变化；运输机的效率得到了相对提高；我们可以明显看到储存区的货架利用率有了很大的提高，平均利用率由 33.25% 提高到了 42.5%；我们可以看出托盘的利用率有了很大的提高，避免了托盘浪费，提升了配送中心的效益。

综合以上结果，可以证明我们选择的优化方案是正确的，通过仿真分析，优化系统的资源配置后，可达到提高系统效率、优化投资效益的目的。

## 思考题

1. 试述对配送中心进行仿真的目的。
2. 通过书中例题，改变出入库量，再次优化配送中心系统。

# 第十章　现代物流配送中心实例

本章介绍了哈药三精制药物流配送中心、日本东京烟草物流中心、沃尔玛物流配送中心、冈村横滨物流中心和川崎物流配送中心的实例，通过学习这些例子，可以对本书前面的内容进一步理解和消化。

## 10.1　哈药集团三精制药物流配送中心

哈药集团三精制药有限公司作为一家全国知名企业，经过几十年的不懈努力，现已成为我国大型重点综合性制药企业。随着企业的迅速发展，原有的物流和仓储系统已经不能满足新形势的要求，必须要建造一个自动化的，能用于保管原材料、包装材料及成品药，集物流、信息流、资金流于一体的自动化物流管理中心，从而降低企业综合成本，提高企业综合效益。

本系统的建成标志着我国物流业和医药业的一次重大成功，系统所有设计同时符合国家和当地政府关于安全、消防、节能等诸方面的规范和要求。

图 10－1　哈药集团物流配送中心鸟瞰图

### 10.1.1 自动化物流管理中心的系统设计

本系统采用计算机对药品和原材料进行在库管理、储位管理、自动化立体仓库的入出库管理和输送机的控制，系统基本特点如下。

（1）布局合理，系统安全可靠。本系统分自动入库区域、自动出库区域、自动拣选区域，所有设备除货架以外，全部由日本进口。

（2）流程简洁，操作和维护简单。本系统的操作画面采用中文和人机对话的方式，操作简单。设备可以以手动、单机自动、联机自动作业的方式进行操作，保证在任何情况下都能作业。设备具有错误提示，作业人员可以根据此提示进行简单的维护。

（3）性价比最高原则。

（4）有限空间最大存储量原则。

（5）运作及投资成本低。

（6）满足医药行业 GMP 认证的要求，不同的货物严格区分保管。立体仓库具有自动将不同货物分配到不同区域里保管的功能，同时可根据需要，重新划分保管区域。

（7）适应将来的发展，有较大的扩展空间。该系统在进行软件设计时，拣选了出库区域预设接口，为将来的商业配送做好了准备。在建筑物设计时，就为将来的发展预留有较大空间。如果需要，可以在不更改建筑物的前提下，将保管量增加到 12 000 个货位。

系统设计参数如下表所示。

**表 10－1　系统参数 1**

| 库存量 | 6 000 货位 | | |
|---|---|---|---|
| 入出库能力 | 260 托盘/小时 | | |
| 堆垛机能力 | 1 吨 | | |
| 货物尺寸 | 1 100 × 1 400 × 1 500 | | |
| 货架尺寸 | 5 台 ×2 列 ×60 格 ×10 层 | | |
| 速度说明 | 升降速度 | 实载 35m/min | 空载 40m/min |
| | 走行速度 | 实载 80m/min | 空载 120m/min |
| | 货叉速度 | 实载 30m/min | 空载 40m/min |

表 10－2 系统参数 2

| 货物外形 | | 1 400×1 000（托盘装载物） |
|---|---|---|
| 荷重 | | 最大 1 000kg |
| 速度 | 走行 | 130m/min |
| | 升降 | 30m/min |
| | 叉式 | 40m/min |
| 马达控制方式 | 走行 | 变频器控制 |
| | 升降 | 极数变频马达 |
| | 叉式 | 变频器控制 |
| 供电方式 | | 绝缘轨 |
| 信号传送 | | 光传送方式 |
| 使用电源 | | 200V |
| 涂装色 | 架子 | 白色 |
| | Crane 升降平台 | 橘黄色 |
| | 叉式机上、地上控制盘 | 白色 |

## 10.1.2 主要物流设备及其能力

### 1. 自动化设备构成

（1）堆垛机本体，堆垛机上控制盘（T/D），堆垛机地上控制盘（T/C）。

（2）输送机（C/V），输送机控制盘，输送机动力盘。

（3）自动台车。

装载货物尺寸：1 400W×1 100L×1 500H；

装载货物重量：最大为 1 000kg；

速度规格：10m/min，空载时速度为 20m/min；

驱动马达：0.2kW；

台车移动距离：3 000mm。

图 10－2 为药品配送中心仓储区图。

图 10－2 药品配送中心仓储区图

（4）T－1000 立体仓库的出入库的工作能力。

出入库工作方式如图 10－3 所示。

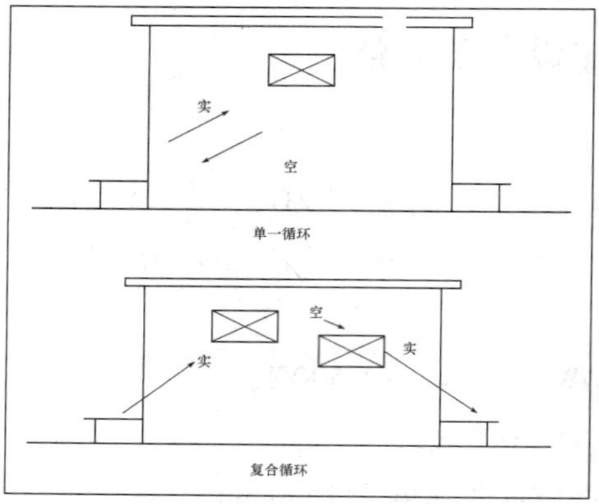


图 10－3 出入库工作

当以单一循环计算时，堆垛机单机的入库能力为 3 600 ÷ 83.1 = 43 托盘/小时；共有 5 台堆垛机，所以自动仓库的入库能力为 215 托盘/小时。

当以复合循环计算时，堆垛机单机的入出库能力为 3 600 ÷ 138.3 × 2 托盘 = 52 托盘/小时；共有 5 台堆垛机，所以自动仓库的入出库能力为 260 托盘/小时。

自动仓库在实际运行时，按复合循环进行计算，本自动仓库的设计能力为 260 托盘/小时；实际运用中所需要的159托盘/小时；实际负荷率为159÷260=61%。

**2. 物品入库**

（1）检测条形码，在入库终端上进行入库设定（托盘号码及货物种类、数量）。

（2）用叉车将托盘搬运到相应的入库站台。

（3）输送机上的固定读码器自动读取托盘上的条形码。

（4）传感器自动校验货物外形尺寸及重量。

（5）由堆垛机将不同的货物自动地存放在不同的保管区域进行保管。

（6）定期向上位机汇报入库情况。

**3. 物品出库**

（1）从总机上接受出库指示，发行出库清单。

（2）对出库指示DATE和库存DATE进行库存分析。

（3）判断是否为整托盘出库。如果是，则进行整托盘出库，相应的托盘货物从自动仓库通过堆垛机出库搬送到相应的出库站台上，将货物用叉车从出库站台上卸下，并根据出库清单上的指示要求将其搬送至相应的出库月台上装车出货。如果不是，则进行拣选出库，相应的托盘货物从自动仓库通过堆垛机出库搬送到相应的出库站台上，将货物用叉车从出库站台上卸下，并根据出库终端上的指示要求将其搬送至相应的拣选暂存区域，根据拣选出库清单上的指示要求拣选。

相应品种及相应数量的货物，汇总后按清单上的指示将其搬送到相应的出库月台上装车出库，剩余的托盘货物搬送到入库站台再入库。

## 10.1.3 物流配送中心的实际运作能力及效果

三精制药拥有一个高大的现代化物流中心，该物流中心占地6 270平方米、建筑面积9 083平方米，共有10 000个货位，出入库能力260托盘/小时，全部实现了微机控制，只要3个人就可以利用机器控制每天大量的产品输进与流出。

目前，哈药集团将以节约流通成本、提高流通效率和规模化程度为目标，加大医药商业流通市场开发力度，并将组建大规模的跨地区配送中心纳入日程。同时，继续大力发展连锁经营、代理制，构建批零一体化的营销网络推进产销结合，建立新型工贸关系，创建具有哈药集团特色的医药商业文化，进一步强化竞争机制，力争实现批发连锁网络化、物流配送现代化、两个终端规模化、批零一体效益化，在竞争中把哈药集团所属医药药材公司打造成国内市场具有较强竞争力的大型医药流通企业。

# 10.2 日本东京烟草物流中心

## 10.2.1 概况

日本东京烟草物流中心占地面积 27 383 平方米，建筑面积 11 373 平方米，建房层数 4 层，总楼层建筑面积 42 019 平方米，地址为东京千叶县船桥市。

这是一个精密、快速、无人化、综合了高科技的自动化物流中心。每天来自全日本香烟制造公司和保税仓库的 60 辆大型货车的香烟，通过高级计算机的处理和自动化设备的作业，从入库到出库，物流量的 90% 完全实现自动化处理。平均一年处理 6 百亿支香烟，为 3 万个香烟零售店配送货品。平均拣选一条香烟时间为 0. 11s。一条香烟重量约为 0. 2kg，这个拣选速度已经达到了物理极限。

每天有 60 辆大型货车的香烟入库，同时按照香烟零售店的要求，分别进行拣选、分类、包装和配送到中转站和零售店，一年处理的香烟数量相当于全日本销售量的五分之一。这个配送中心作业效率高，上午接到订单，下午立即拣货、包装，并配送到中转站，次日中午送到分店。

图 10 –4 为该配送中心内部局部图。

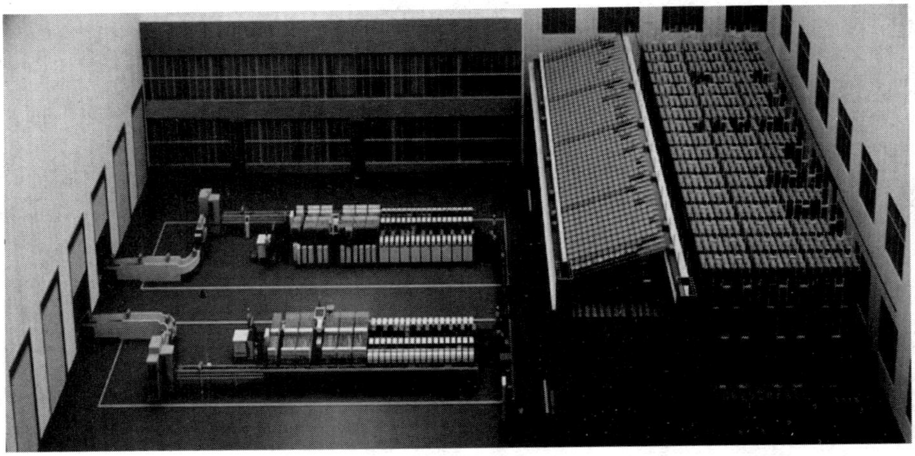

图 10 –4 日本东京烟草物流中心内部局部图

## 10.2.2 物流系统的构成

图 10－5 中所示为该配送中心作业流程图。

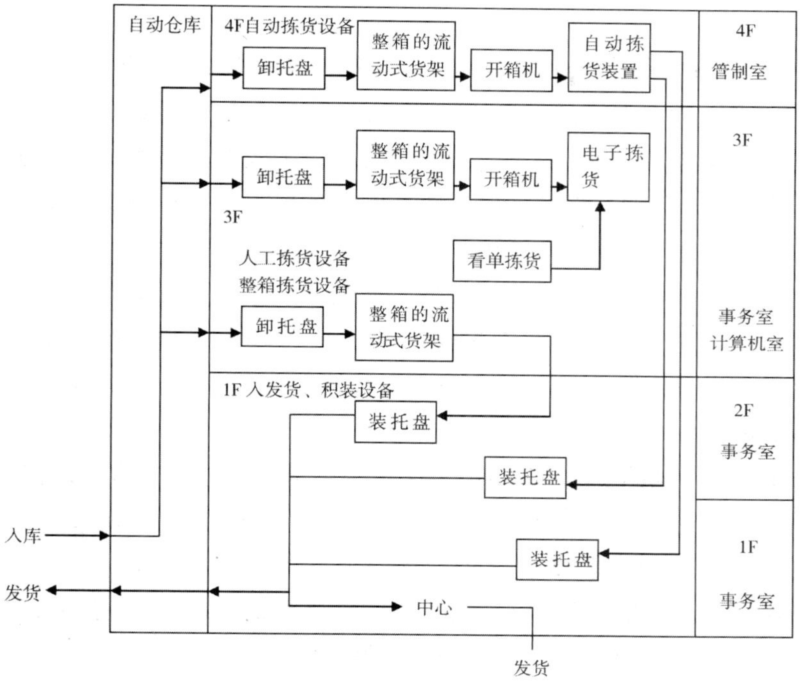


图 10－5 物流系统的作业流程图

从香烟生产厂家运来的产品以托盘为单位进入自动化立体仓库，根据各零售店要求的香烟品种和数量，把香烟装在塑料箱中后在家和成托盘。

（1）以条为单位自动分类（四楼）。销售量最大的 80 种香烟占物流中心处理量的 68%，条烟自动拣货设备首先自动进行拆卸托盘，进入整箱流动式货架，开箱机开箱处理，以条为单位拣货装箱，再把箱装在托盘上，实现无人化的发货。

（2）人工拣选（三楼）。三楼有人工拣选设备，比较不畅销的产品或难用自动化分类处理的产品，则以条为单位或五包一装，由人工电子显示来拣货（占 7%）。看单拣货占 0.3%，其作业过程是通过卸托盘机、箱式流动货架、开箱机后，进行电子拣货或看单拣货。之后进过装托盘机后，以托盘为单位发货。

（3）电子拣货线。不好销售的品种和难以自动处理的产品，可用电子显示器人工拣货。按照货架上亮灯显示的数量拣选，如果拣选数量不正确，则亮灯提示拣选错误。

（4）以托盘为单位发货。同一品种也有以整个托盘进行发货的，这占总处理量的5%。

### 10.2.3 设备能力

从入库到发货的作业过程中，许多设备发挥了重要作用，简介如下。

（1）自动化立体仓库。来自全日本的个工厂和保税区的香烟，以托盘为单位，进入自动仓库进行保管。在分货处理时按照先进先出的保管原则自动进入卸托盘机。产品在入库前要在每个托盘上贴条形码，托盘规格为1 100m×1 100m，每层可堆放4个箱子，可放8层，即每个托盘堆放32个箱子。

（2）自动卸托盘机。自动卸托盘机在计算机的指示下，从自动仓库送来的托盘上以4箱为单位取出箱子，并把箱子方向调整为同一方向，以便条码识别机自动识别，之后通过滚轮输送机把箱子移栽到箱式流动货架上。为了满足作业量，需要在四楼有8台自动卸托盘机。

（3）流动货架。箱子送入流动货架暂存，之后按开箱机的要求，以箱为单位送出，以便开箱作业。这组箱式流动货架有60列×6层360间口，此外还有整条烟的流动货架，这个流动货架有120列×5层600间口。

（4）装箱机。在计算机控制下自动筛选，来自流动货架的一条条香烟，以0.11秒/条的速度进入各自相应的输送带。一条条香烟在输送带前端排成一列，以30条为单位装在塑料箱中，装一箱时间只要3.3s，其速度是相当快的。在塑料箱上，贴有零售店的名称和有关配送信息的标签。

（5）装托盘机。把装满香烟的塑料箱按照6箱×6层3的堆积方式自动堆放在托盘上，为了配送时取下方便，塑料箱的放置顺序按用户远近来堆放，远的在下，近的在上。

（6）自动拣货线。用机械手把整箱香烟自动拣取后，堆放在托盘上以备发货。

## 10.3 沃尔玛物流配送中心

### 10.3.1 概况

20世纪初，沃尔玛的配送中心基本实现了完全自动化，每个配送中心拥有差不多

200 辆车头、400 节车厢、13 条长约 13.7 公里的激光控制的配送输送带，配送场内设有 170 个接货口、600 到 800 名员工，占地约 60 平方公里。

沃尔玛公司的总部在阿肯色州的一个小城市本领维尔，本领维尔现在人口大约是 20 000 人。沃尔玛的最早创始人山姆·沃尔顿在 1962 年开设了第一家沃尔玛商场。早在 1969 年，沃尔玛就在公司总部所在地，建立起第一家物流配送中心（Distribution Center，DC），集中处理其高达 40% 的商品配送。沃尔玛的总部就在这个配送中心之中，该配送中心也称沃尔玛第一配送中心。第二个物流配送中心成立于 1975 年，约 1.4 万平方米，它承担了商品的仓储功能，充当了一个转运站的角色，统一接收供货厂商送来的大宗货物，经检测、编配后再转移到沃尔玛的送货卡车上。

到 20 世纪 80 年代末，沃尔玛的物流配送中心已增至 16 个；20 世纪 90 年代初达到 20 个，总面积约为 160 万平方米。如今，沃尔玛已建立起 100 多个物流配送中心，为全球 5 300 多家门店提供物流配送服务。沃尔玛集团全球销售的 80 000 多种商品的 85% 都由这些物流配送中心集中供应，而其竞争对手只有 50% ~65% 的商品集中配送。

沃尔玛的配送中心一般设在 100 多家零售店的中心位置，其商圈运输半径为 320 公里，品种为 4 万多个，主要产品为食品和日用品；其区域可分为收货区、拣货区、发货区。沃尔玛所有的系统都是基于 UNIX 的配送系统，采用传输带、非常大的开放平台、产品代码，以及自动补货系统和激光识别系统。这些为沃尔玛节省了很多成本。

图 10－6 为沃尔玛物流配送中心外部图。

图 10－6　沃尔玛物流配送中心

## 10.3.2 配送流程

配送中心的基本流程是供应商将商品送到配送中心后，经过核对采购计划、进行商品检验等程序，分别将其送到货架的不同位置存放。商店提出要货计划后，电脑系统立即将所需商品的存放位置查出并打出印有商店代号的标签。整包装的商品直接由货架上送往传送带；零散的商品由工作人员取出后也送到传送带上。站在传送带的上方看到各种各样的商品从四面八方汇集到一起，就像是一条商品的“河流”，经传感器对标签进行识别后自动分送到不同商店的汽车装卸口。一般情况下商店的要货当天就可以送出。

图 10－7 为沃尔玛配送中心的配送流程。

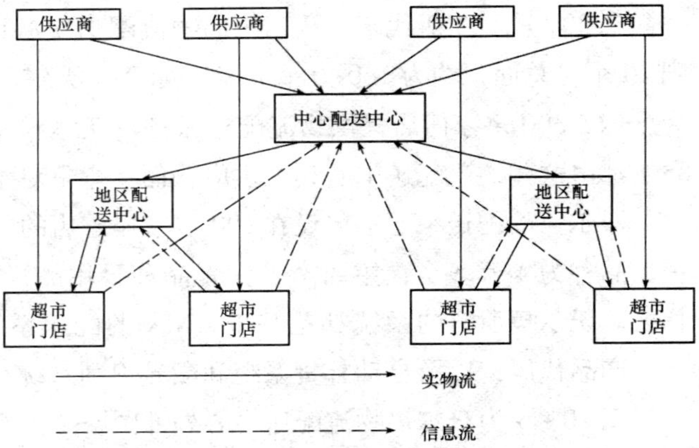


图 10－7 沃尔玛的配送流程

另外，大宗商品通常由铁路送达沃尔玛的物流配送中心，再由沃尔玛公司卡车送达各区域相关门店。每店一周约收到 1～3 卡车货物。60% 的卡车在返回物流配送中心途中，又捎回沿途从供应商处购买的商品（俗称为“公交车方式物流”）。这样的集中配送方式为沃尔玛节约了大量的物流成本。据统计，早在 20 世纪 70 年代初，沃尔玛的配送成本只占销售额的 2%，比一般大零售公司低了近一半。同时，集中配送还为各门店提供了更快捷、更可靠的送货服务，并能更好地控制存货。

如今，沃尔玛物流配送中心的运行完全实现了自动化。每个物流配送中心约 10 万平方米，相当于 10 个足球场大，占地约 60 平方公里。物流配送中心的货物从牙膏、卫生纸、玩具到电视、自行车等应有尽有。每种商品都有条形码，由十几公里长的传送带传送商品，激光扫描器和电脑追踪每件商品的储存位置及运送情况，每天能处理约 20 万箱的货物配送。

商品在沃尔玛的物流配送中心停留的时间总计不超过 48 小时。物流配送中心每年处理数亿次商品的进出库，而 99% 的订单都准确无误，堪称“神奇的无与伦比的配送中心”。总之，沃尔玛的物流配送中心夯实了其“天天低价”营销策略的基础。

## 10.3.3 配送中心类别及主要功能

**1. 沃尔玛物流配送中心六大类别**

（1）干货配送中心。主要用于生鲜食品以外的日用商品进货、分装、储存和配送。该公司目前这种形式的配送中心数量最多。

（2）食品配送中心。包括不易变质的饮料等食品，以及易变质的生鲜食品等。需要有专门的冷藏仓储和运输设施，直接送货到店。

（3）山姆会员店配送中心。这种业态批零结合，有1/3的会员是小零售商，配送商品的内容和方式同其他业态不同，使用独立的配送中心。由于这种商店1983年才开始建立，数量不多，故有些商店使用第三方配送中心的服务。考虑到第三方配送中心的服务费用较高，沃尔玛公司已决定在合作期满后，用自行建立的山姆会员店配送中心取代。

（4）服装配送中心。不直接送货到店，而是分送到其他配送中心，再统一组装配套配送。

（5）进口商品配送中心。为整个公司服务，主要作用是大量进口以降低进价，再根据要货情况送往其他配送中心。

（6）退货配送中心。它接收店铺因各种原因退回的商品，其中一部分退给供应商，一部分送往折扣商店，一部分就地处理，其收益主要来自出售包装箱的收入和供应商支付的手续费。

**2. 沃尔玛配送中心的主要功能及部门分工**

沃尔玛配送中心基于降低物流成本，提高配送水平的目的，主要功能如图10－8所示。

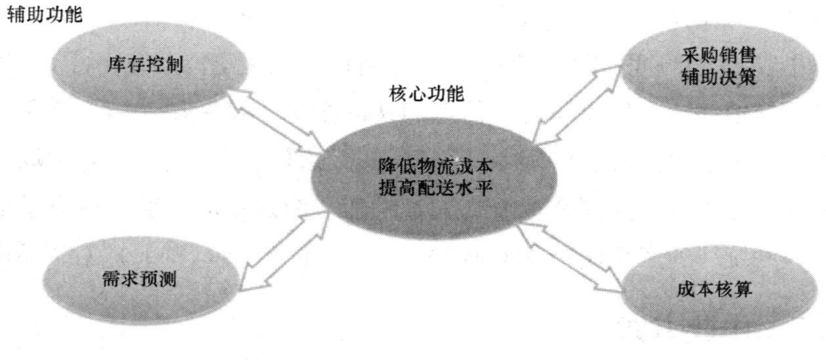


图10－8 沃尔玛配送中心的主要功能图

沃尔玛内部的组织结构如图 10－9 所示。

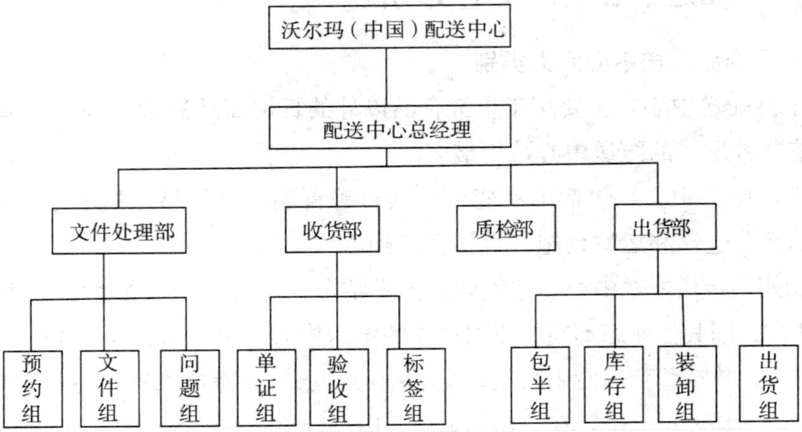


图 10－9 沃尔玛配送中心的内部组织结构图

## 10.3.4 信息系统

在信息爆炸的今天，每个企业为了提升管理水平并获得相应的信息，都在信息系统的建设方面进行了投入，连锁企业为了在世界范围内有效地管理分店，更是这样。沃尔玛在 2001 年 11 月 23 日这天，卖出了 12.5 亿元的商品。它有 4 457 个仓库，3 万个供应商，年收入超过 2 170 亿元。而正是它的这种集中式信息管理系统，为其支撑着这么庞大的规模，且让它在同行的费用结构中处于低价。

其主要应用的信息技术有：射频技术；条形码技术；自动补货系统；电子自动订货系统；有效客户反馈技术；快速反应技术；电子数据交换技术；销售时点数据技术。此外沃尔玛早在 20 世纪 80 年代初期，就有了自己的卫星定位系统，可支持从订单确认到自动订货再到销售信息传递和会计信息确认的全球连锁区域经营。连锁店遍布各地的电脑工作站、电子收银机、信用卡读卡器、条形码扫描装置均可互相联系以及全方位的资源整合，还可以监控到全球所有的连锁店、配送中心、商品所有的购销调存信息，并利用一种统一的产品代码 UPC 代码（Universal Product code）对货品进行管理。

## 10.3.5 作业方式

配送中心的一端是装货的月台，另外一端是卸货的月台，两项作业分开。这种设计看似与装卸一体的方式没有什么区别，但是运作效率由此提高很多。配送中心看起来像是一个大型的仓库，但又与仓库有所区别。

交叉配送（Cross Docking）的作业方式非常独特，而且效率极高。进货时直接装车出货，没有入库储存与分拣作业，降低了成本，加速了流通。800 名员工 24 小时倒班装卸搬运、配送。沃尔玛的工人工资并不高，他们的学历基本上是初中或高中，只是经过了特别培训。

商品在配送中心停留不超过 48 小时。沃尔玛要卖的产品有几万个品种，吃、穿、住、用、行各方面都有。尤其像食品、快速消费品这些商品，由于停留时间直接影响到使用，故流通得更快。每家店每天送 1 次货（竞争对手每 5 天 1 次），这意味着可以减少商店或者零售店里的库存，从而降低零售场地费用和人力管理成本。要达到这样的目标，就要不断完善组织结构，来建立这样一种运作模式。

沃尔玛的物流循环系统当中的可变性使得这些卖方和买方（工厂与商场）可以对顾客所买的东西和订单能够进行及时的补货，配送中心可以直接从供货商那里拿到货。这个系统与配送中心联系在一起。沃尔玛的配送中心实际上是一个中枢，将供货方的产品提供给商场。供货商只供货给配送中心而不是给每个商店，因此可以减少很多成本。

## 10.3.6 配送中心的特色

**1. 与供应商共赢**

沃尔玛降低配送成本的另外一个方法是与供应商一起来分担。供货商们可以送货到沃尔玛的配送中心，也可以直接送到商店当中，这两者进行比较，如果供货商们采用集中式的配送方式，就可以节省很多钱，且可以把省下来的利润让利于消费者。通过这样的方法，沃尔玛就从整个供应链中，将这笔配送中心的成本费用节省下来，实现了低投入、高产出。

**2. 沃尔玛完善的补货系统**

沃尔玛之所以能够取得成功，是因为其在每一个商店都有一个补货系统。它使得沃尔玛在任何一个时间点都可以知道现在这个商店当中有多少货品、有多少货品正在运输过程当中、有多少是在配送中心等。同时它也使沃尔玛可以了解，某种货品前一周卖了多少、去年卖了多少，而且可以预测将来可以卖多少这种货品。沃尔玛之所以能够了解得这么细，就是因为它的所有货品都有一个统一的产品代码，这对提高物流效率是非常重要的。沃尔玛之所以认为这种代码非常必要，是因为可以对它们进行扫描和阅读。这种代码的存在，使得沃尔玛的所有商场都不需要用纸张来处理订单。

**3. 建立开放式的平台**

沃尔玛每一个星期可以处理120万箱产品。沃尔玛公司的商店众多，每个商店的需求各不相同，沃尔玛的配送中心能够根据不同商店的需要，自动把产品分类放入不同的箱子当中。沃尔玛所有的系统都是基于的UNIX系统的配送系统，这是一个非常大的开放式的平台，不但采用传送带，还采用产品代码以及自动补货系统和激光识别系统，这样，员工可以在传送带上就取到自己所负责的商店所需的商品。在传送的时候，员工可以根据信号灯的提示来确定商品应被送往的商店，并将正确取到的商品放到一个箱子当中。这样，所有这些商场都可以在各自所属的箱子当中放入不同的货品。由于供应链中的各个环节都可以使用这个平台，因此节省了拣选成本。

## 10.3.7 运输方面战略和策略

第一，提高实载率，沃尔玛每次送货都把卡车装得非常满；第二，注重时间管理，一些商场只在白天开门，但是物流部门却是24小时地在进行工作。在配送中心，沃尔玛也和供货商定好时间，按照运行的时间表来进行配送，这样大大节省了时间、提高了效率。另外，沃尔玛还让供应商采用沃尔玛的运输系统完成运输，因为沃尔玛的运输成本比供货商低。采用沃尔玛的物流配送系统可以使供货商节省成本，而且从厂商到货架的过程，沃尔玛并不会增加运作的成本，合理安排后反而会降低成本。

通过以上分析研究可以发现，沃尔玛给人们留下印象最深刻的是它的一整套先进、高效的物流和供应链管理系统。沃尔玛在全球各地的配送中心、连锁店、仓储库房和货物运输车辆以及合作伙伴（如供应商等），都被这一系统集中、有效地管理和优化，形成了一个灵活、高效的产品生产、配送和销售网络。为此，沃尔玛甚至不惜重金，专门购置物流卫星来保证这一网络的信息传递。

## 10.3.8 对我国零售业发展的启示

首先，建立和发展现代化的物流和信息管理系统是提升我国零售企业科技含量的重要策略。沃尔玛的竞争优势不仅在于其拥有巨大的经营规模，而且在于它们所运用的一套现代化的管理方式和手段、高科技的信息管理平台支撑整个企业的作业决策。高效的物流配送中心使其能够真正地降低成本，增强产品的竞争力。我国零售业应该重新设计物流配送模式，如在新开发地区慎重选择拓展门店，开始可以由供应商直接配送商品，在成熟的、商店分布较密集的地区中心，则应建设配送中心，商品通过配送中心转送至周边商场，降低商品运输成本。当代零售业已经从过去的小店规模向大店和组织化程度较高的连锁店发展，零售业的管理已从过去传统方式向运用现代信息技术方向发展，所以说高科技的电子信息技术在超级零售企业中的运用也是必需的。

随着商品价格的竞争愈加激烈以及零售业的利润空间被挤压，以及我国零售业的开放和世界一流零售企业的进入，我国零售企业面临严峻的挑战。因此，要想在竞争中取得优势，加强我国零售业配送中心的建设和管理就显得尤为重要和迫切。

## 10.4 冈村横滨物流中心

### 10.4.1 概况

冈村横滨占地面积 43 968 平方米，建筑面积 22 911 平方米，总楼层建筑面积 77 110 平方米，容积率 175%，建筑物布置为：管理楼，5 层；计算机控制中心，2 层；第 1 层为车辆管理控制室；自动化立体仓库楼，7 台堆垛机；仓库楼，4 层，空中移载车 36 台，垂直输送机 16 台，电梯 6 台，载重卡车 82 辆；门卫室。图 10－10 为冈村物流配送中心内部图。

图 10－10 冈村物流配送中心内部图

## 10.4.2 管理楼

管理楼具有先进的管理制度和舒适的办公环境。此外，所有的办公室、接待室和会议室都装备新式办公家具，其色彩与墙壁、地板及屋顶的清淡色泽十分协调，加之与照明充足的灯光交相辉映，完全符合人机学和心理学，使作业者工作起来心情舒畅，效率倍增。可以说这是一个拥有搞计算机和最先进办公设备的智能信息大楼，物流中心的全部管理和运营工作都在这里进行。各室名称为管理办公室、物流总社、办公家具总社、迎客厅、休息式的职工食堂、爽快的休息角。

## 10.4.3 控制中心

为了对物流中心的进发货车辆进行实时控制，该中心采用了先进的计算机车辆管理系统和作业管理系统软件。利用这套管理软件可以随时跟踪和判断车辆的出入情况、待命车辆情况和车辆的作业情况，从而迅速调整进货发货的工作程序。

## 10.4.4 自动仓库楼

这个自动化立体仓库所占空间的长宽高分别为96m、36m、30m，拥有10 192个货位，完全是以标准托盘为单位实现单元载荷化，实行条形码系统管理。这是高密度和高精度的在库管理，提高了物流中心和工厂之间的输送效率。这个自动化仓库楼拥有两个自动入出库所用的装载系统，实现了无人管理的自动入出库作业。此外，该自动仓库楼还装备了低噪声、高速、高精度和高柔度的入出库输送机，大大改善了工作环境。

自动化仓库的主要参数如表 10－3 中所示，入出库输送机参数如表 10－4 所示。

**表 10－3 自动仓库的主要参数型式**

<table>
<tr><th></th><th>承载重量</th><th colspan="3">货态</th><th colspan="2">货架参数</th><th colspan="6">堆垛机参数</th></tr>
<tr><td rowspan="7">整体式</td><td rowspan="7">最小 300kg/托盘 最大 600kg/托盘</td><td>W/mm</td><td>W/mm</td><td>W/mm</td><td>全高</td><td>储位</td><td>额定载重</td><td>行走速度</td><td>升降速度</td><td>货叉速度</td><td>设备台数</td><td>电源</td></tr>
<tr><td>1 450</td><td>1 150</td><td>2 250</td><td rowspan="6">29. 92m</td><td rowspan="6">14 排×52 列×14 层＝1 092 个</td><td rowspan="6">600kg /托盘</td><td rowspan="6">3～105 m/min</td><td rowspan="6">3～105 m/min</td><td rowspan="6">3～105 m/min</td><td rowspan="6">7</td><td rowspan="6">AV400 150HZ</td></tr>
<tr><td>1 450</td><td>1 150</td><td>1 600</td></tr>
<tr><td>1 450</td><td>1 150</td><td>1 200</td></tr>
<tr><td>1 150</td><td>1 150</td><td>2 250</td></tr>
<tr><td>1 150</td><td>1 150</td><td>1 600</td></tr>
<tr><td>1 150</td><td>1 150</td><td>1 200</td></tr>
</table>

**表 10－4 入出库输送机参数**

| 总长 | 链式输送机 | | | | | | 滚筒输送机 | | | 垂直输送机 | | | |
|---|---|---|---|---|---|---|---|---|---|---|---|---|---|
| | 噪声 | 搬运速度 | 机械速度 | | 链条数 | | 型式 | 搬运速度 | 机械速度 | 自动装载机 | 托盘库 | 垂直输送机 | |
| 1400m | 铝框架、低噪声 | 12m/min | 1450mm | 1200mm | 3 条 | 2 条 | 链驱动滚筒输送机 | 12m/min | 1330 mm | 2 台出入库用 | 2 个 | 入库用 2 台 | 出库用 2 台 |

## 10.4.5 仓库楼 1

在仓库的楼 1 里可实现高速三维空间自动搬运作业。这个楼的仓库是 4 层楼，用 16 台垂直搬运机与各层仓库联络，同时又在各层的天井空间处与水平行走的空中移载车有机配合，实现库内三维空间自动搬运，空中移载车对库内保管效率和叉车动线毫无影响。由于它是高效水平搬运设备，所以大大减少了叉车的搬运作业范围；以各层的拣选作业到卡车发货工作，作为分类搬运装置的空中移载车发挥了极大的作用。

空中移载车的参数表如表 10－5 所示。

**表 10－5 空中移载车的参数**

| 最大搬运重量 | 装载货态 | 行走速度 | 加速速度 | 驱动方式 | | 运用系统 | | | |
|---|---|---|---|---|---|---|---|---|---|
| | W×L×H/mm | | | 行走部 | 装卸部 | 管理卡车数 | 站台数 | 行走搬运通讯方式 | 各站及移动通讯 |
| 600kg | 1 400×12 00×2250 | 0～120 m/min | 通过参数设置变速 | 直接传动马达2台 | 辊子输送机方式 | 12 台/层 | 16/2、3 层 20/1 层 | 地区分配系统 | 光通讯方式 |

## 10.4.6 仓库楼 2

在仓库楼 2 里装备了家具桌面自动装配线。从自动仓库到出库零件的开包、分类、供给、组装和成品的输送，是以圆形带输送机为主体的自动生产线，在这条生产线上使用了空气平衡器，大大地减少了较重物体的搬运作业量。由于使用计算机控制，减少了装配作业人数，缩短了装配时间，提高了效率。此外，还装备了与旋转货架相匹配的高级自动分类供给系统和堆垛机器人，不但大幅度缩短整体作业时间，而且节省了许多人力。旋转货架参数如表 10－6 中所示。

**表 10－6 旋转货架的参数**

| 存储物 | 用途 | 装载重量 | 最大货态 | 储位 | 旋转速度 | 旋转电机 | 自动搬运机 | | | 定位管理方式 | 出入库时间 |
|---|---|---|---|---|---|---|---|---|---|---|---|
| | | | | | | | 入库用 | 出库用 | 升降速度 | | |
| 桌面零用件 | 装配线自动分类供给装置 | 30kg/托盘～45kg/托盘 | W×L×H/mm 825×490×209 | 216个 | 20m/min | 0.75kw（变频器） | 1 台（有缓冲区） | 2 台（有缓冲区） | 最大 50m/min | 自由定位管理 | 最大 240 次/h |

## 10.4.7 人、物和信息一体化

冈村公司的上级计算机和物流中心的管理计算机已网络在线化，物流中心管理计算机直接与物流机械控制计算机和以管理计算机为中心的 LAN 系统相联系，形成了在库状态、作业程序管理、运输车辆派车计划和进发货指示的人、物、信息流一体化的一元化管理。

横滨物流中心系统构成如图 10－11。

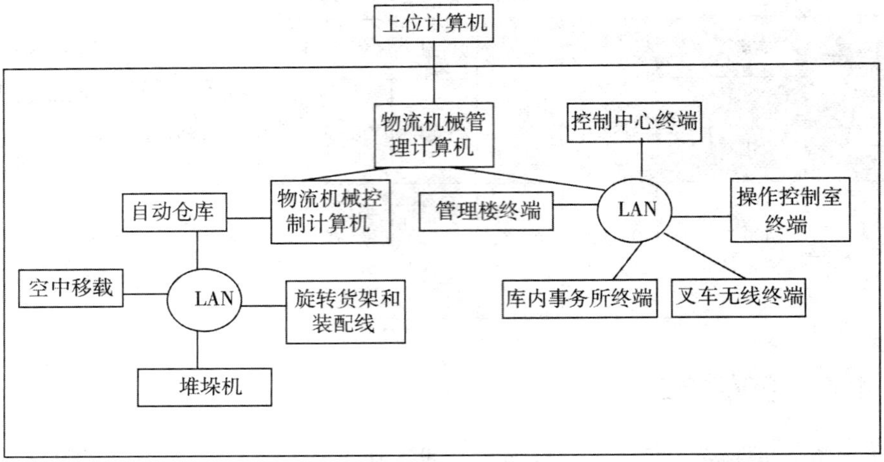


图 10－11 横滨物流中心系统构成图

# 10.5 川崎物流配送中心

## 10.5.1 概况

川崎物流配送中心基本情况如图 10－12 所示。

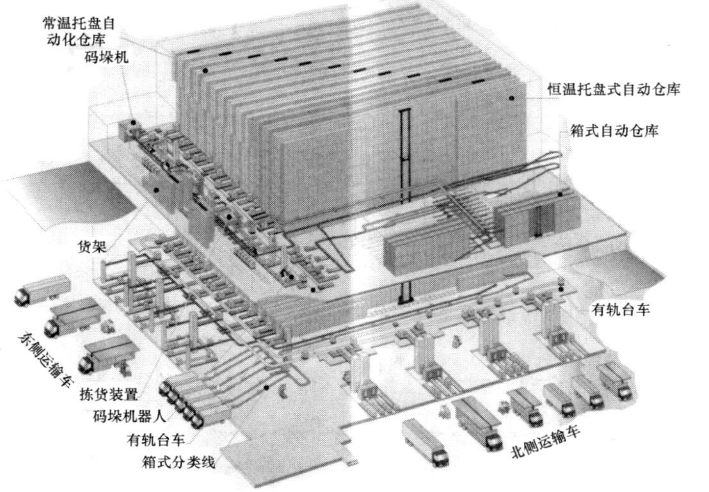


图 10－12 日本川崎物流配送中心外观图

川崎物流配送中心的规模为：占地面积 41 亩；预留土地 70 亩；建筑面积 14 001$m^2$；设备包括：9 巷道的常温自动仓库一个（15 768 个托盘）；3 巷道的恒温自动仓库一个（3 828 个托盘）；其中一层设备：东侧出/入库站 3 处，东侧纸箱投入站 6 处，北侧出/入库站 8 处；二层设备：22 巷道的箱式自动仓库一个，保管箱数 25 300 个，码垛机 1 台，机器人码垛机 4 台，拣货装置 2 台，普通货架 364 个托盘，有轨台车 12 台。

## 10.5.2 物流和信息流

川崎物流配送中心物流和信息流如图 10－13 所示。

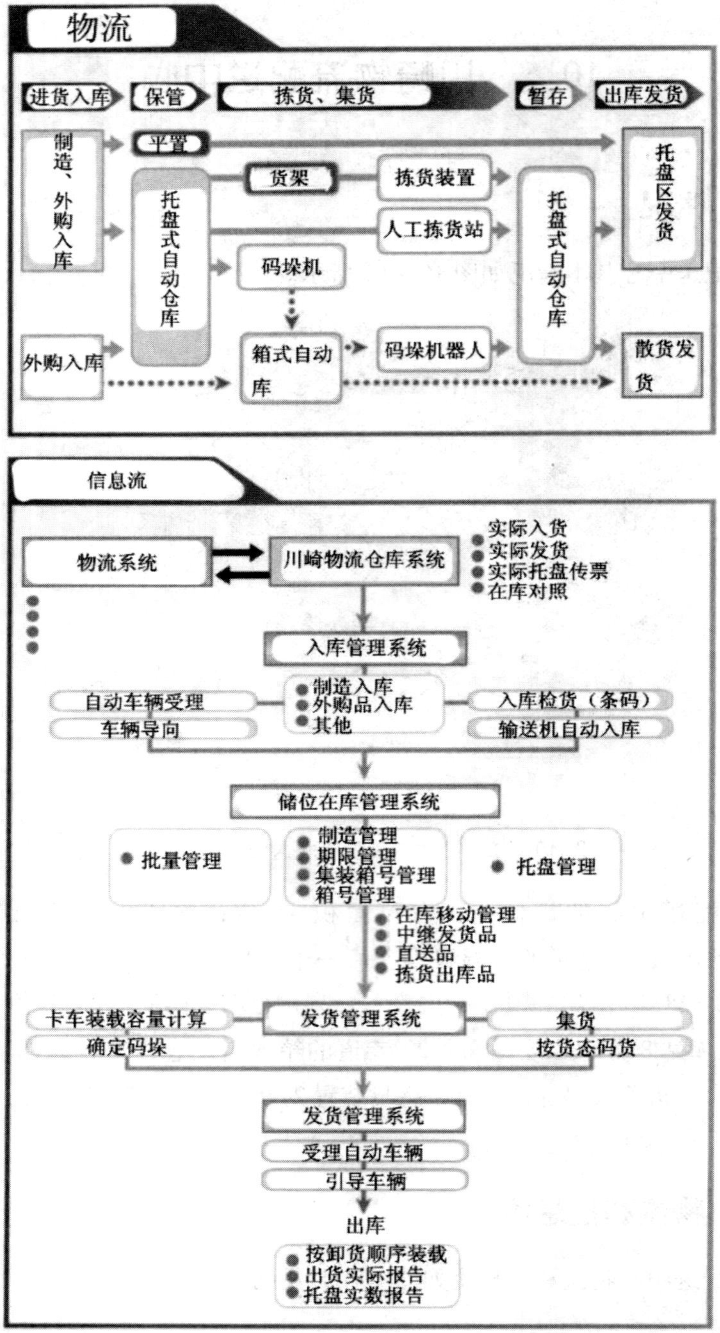


图 10－13　川崎物流配送中心物流和信息流

### 10.5.3 川崎物流配送中心系统构成

川崎物流配送中心系统构成如图 10－14 所示。

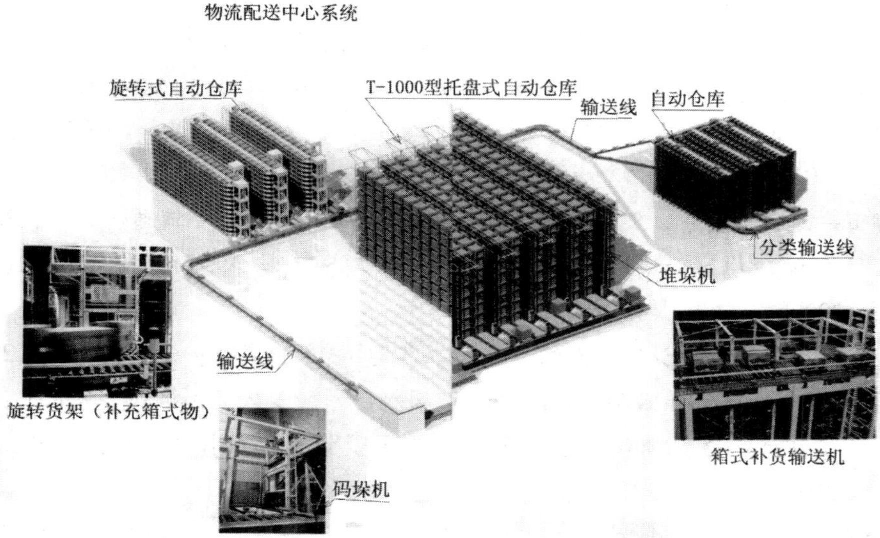


图 10－14 川崎物流配送中心系统构成

# 参考文献


[1] 刘昌祺．物流配送中心设计［M］．北京：机械工业出版社，2002.

[2] 刘昌祺．自动化立体仓库设计［M］．北京：机械工业出版社，2004.

[3] 广重茂延．仓库自动化システムハンドブック［M］．東京：流通研究社，2000.

[4] 菊田一郎．物流配送ャンタ－システムハンドブック［M］．東京：流通研究社，2001.

[5] 菊田一郎．物流ャンタ－システム事例集Ⅱ［M］．東京：流通研究社，2000.

[6] 三野重和．物流设备机器计划・设计ハンドブック［M］．東京：流通研究社，2002.

[7] 间野勉．物流机器システム综合カタログ集［M］．東京：流通研究社，2003.

[8] 冈村制作所．System & Space Produce．冈村制作所システム机器事业本部，1998.

[9] 刘昌祺，金跃跃．仓储系统设施设备选择及设计［M］．北京：机械工业出版社，2010.

[10] 刘昌祺，徐正林．自动化立体仓库实用设计手册［M］．北京：机械工业出版社，2009.

[11] 刘昌祺．物流配送中心拣货系统选择及设计［M］．北京：机械工业出版社，2005.

[12] 欧阳文霞．物流信息系统［M］．北京：机械工业出版社，2006.